高等职业教育
市政工程类专业教材

总主编◎杨转运

MUNICIPAL
ENGINEERING

市政道路养护与管理

主编 李书芳　李红立

副主编 蒋贞贞　陈杨　唐显枝

参编 苟彬松　陈鑫　胡犀

主审 张建

重庆大学出版社

内容提要

本书根据交通运输部发布的最新规范编写。全书共 12 章,内容包括市政道路养护概述、市政道路养护机械设备、市政道路路基的养护、市政道路路面的养护、市政桥梁的养护、市政排水管道的养护、人行道及附属设施的养护、市政道路沿线设施的养护、市政道路绿化、市政道路养护管理、道路养护的作业安全防护及预防性养护技术等。

本书可作为高职高专院校市政工程技术专业教学用书,也可供道路桥梁工程技术等相关专业教学使用,或供从事市政工程养护与管理的工程技术人员学习参考。

图书在版编目(CIP)数据

市政道路养护与管理/李书芳,李红立主编.--重
庆:重庆大学出版社,2022.5
高等职业教育市政工程类专业教材
ISBN 978-7-5689-2871-7

Ⅰ.①市… Ⅱ.①李… ②李… Ⅲ.①城市道路—公
路养护—高等职业教育—教材 Ⅳ.①U418

中国版本图书馆 CIP 数据核字(2021)第 249133 号

高等职业教育市政工程类专业教材
市政道路养护与管理
主 编 李书芳 李红立
副主编 蒋贞贞 陈 杨 唐显枝
主 审 张 建
策划编辑:范春青
责任编辑:李定群 版式设计:范春青
责任校对:刘志刚 责任印制:赵 晟

*

重庆大学出版社出版发行
出版人:饶帮华
社址:重庆市沙坪坝区大学城西路 21 号
邮编:401331
电话:(023)88617190 88617185(中小学)
传真:(023)88617186 88617166
网址:http://www.cqup.com.cn
邮箱:fxk@cqup.com.cn(营销中心)
全国新华书店经销
重庆市美尚印务有限公司印刷

*

开本:787mm×1092mm 1/16 印张:22 字数:496 千
2022 年 5 月第 1 版 2022 年 5 月第 1 次印刷
印数:1—2 000
ISBN 978-7-5689-2871-7 定价:59.00 元

前　言

　　为深入贯彻党的十九大精神和全国教育大会部署,落实党中央、国务院关于教材建设的决策部署和《国家职业教育改革实施方案》有关要求,突出职业教育的类型特点,推动校企"双元"合作开发教材,本书以国家规划教材建设为引领,加强和改进职业教育教材建设,充分发挥教材建设在提高人才培养质量中的基础性作用,努力培养德智体美劳全面发展的高素质技术技能人才。

　　本书以高职高专学生就业为导向,着力贯彻以实践能力为本位,注重技能培养,特别是学生创新能力和实践能力的培养,加强了实训教学环节。本书紧密跟踪我国市政工程技术的发展,采用了最新的国家标准、行业标准以及相关规范与规程,及时将产业发展的新技术、新工艺和新规范纳入教材内容,反映典型岗位职业能力要求,具有较强的针对性。在教材内容的取舍上,力图体现基础理论以"必需、够用、能用"的原则,加强应用性、实用性和针对性,使教学内容与实际养护工作紧密结合。

　　本书图文并茂地详述基本知识,重视理论联系实际,力求做到叙述简明、文字简练。各章前设有知识目标和能力目标,并配有思考题,重要知识点配有相关动画与视频,可通过扫描二维码开展线上学习。

　　本书由重庆工程职业技术学院李书芳、李红立任主编,蒋贞贞、陈杨、唐显枝任副主编,苟彬松、陈鑫、胡犀参与编写。具体编写分工为:第1—6章由李书芳编写,第7,8章由重庆工程职业技术学院唐显枝编写,第9,10章由重庆工程职业技术学院蒋贞贞编写,第11章由重庆工程职业技术学院陈杨编写,第12章由重庆工程职业技术学院李红立编写,重庆市渝中区住房和城乡建设委员会苟彬松、重庆建筑工程职业学院陈鑫、重庆市市政设计研究院有限公司胡犀为本书提供了信息化素材。全书由李书芳、李红立进行统稿、修改,由中机中联工程有限公司高级工程师张建主审。

　　在本书编写过程中,参考了一些公开发表的文献,在此对参考文献作者们一并表示衷心感谢。

　　由于编者的理论水平和实践经验有限,在对规范的深入理解和使用经验等方面多有欠缺,书中疏漏和不足之处在所难免,恳求专家、同人及广大读者批评指正。

编　者

2021 年 10 月

目 录

第 1 章　市政道路养护概述

知识目标

1.掌握市政道路的概念与分类。

2.掌握市政道路养护的分类与内容。

3.描述市政道路养护的技术政策。

4.描述市政道路的检测方法和评价方法。

能力目标

1.进行市政道路分类。

2.进行市政道路养护分类。

1.1　市政道路的分类

市政道路是指城市内部的通路,是城市组织生产、安排生活、搞活经济、流通物资所必需的车辆、行人交通往来的道路,是连接城市各个功能分区和对外交通的纽带。

道路的功能和分级

我国的城市道路是根据其在道路系统中的地位、交通功能,以及对沿线建筑物的服务功能及车辆、行人进出频率而分类的。中华人民共和国住房和城乡建设部颁发的行业标准《城市道路工程设计规范(2016 年版)》(CJJ 37—2012),根据城市道路在道路网中的地位、交通功能以及对沿线的服务功能等,将城市道路分为快速路、主干路、次干路及支路 4 个等级。

1.1.1　按城市骨架分类

根据道路在城市总体布局中的位置和作用,城市道路按城市骨架,可分为以下 4 类:

1)快速路

快速路又称城市快速干道,为城市中大量、长距离、快速的交通服务,属城市交通主干道。

在《城市综合交通体系规划标准》(GB/T 51328—2018)中规定,对人口在 200 万人以上的大城市,或长度超过 30 km 的带状城市,应设置快速路。另外,在大城市外围的卫星城镇与中心市区之间,远距离的卫星城镇之间也宜设置快速路。25 万~30 万人的居民区间距大于 10 km 时,也可设快速路。快速路布置有 4 条以上的行车道,全部采用立体交叉,且全部控制出入,分向分道行驶,一般应布置在城市组团之间的绿化分隔带中,成为城市组团的分界。快速路与城市组团的关系可比作藤与瓜的关系。

快速路是大城市交通运输的主要动脉,同时也是城市与高速公路的联系通道。在快速路上的机动车道两侧不宜设置非机动车道,不宜设置吸引大量车流和人流的公共建筑出口。对两侧建筑物的出入口应加以控制,且车流和人流的出入应尽量通向与其平行的道路。

快速路两旁的视野要开阔,可设绿化带,但不可种植大乔木和灌木,以免阻碍视线,影响交通安全。在有必要且条件允许的城市,快速路的部分路段可考虑采用高架的形式,也可采用路堑的形式,以更好地协调用地与交通的关系。

2)主干路

主干路又称城市主干道,是城市中主要的常速交通道路。它主要为相邻组团之间和与中心区的中距离运输服务,是联系城市各组团及城市对外交通枢纽联系的主要通道。主干路在城市道路网中起骨架作用。它与城市组团的关系如同串糖葫芦的关系。

主干路上机动车与非机动车应分隔行驶,交叉口之间的分隔带要尽量连续,以防车辆任意穿越,影响主干路上车流的行驶。主干路两侧不宜设置吸引大量车流、人流的公共建筑出入口。

主干路多以交通功能为主,除可分为以客运或货运为主的交通性主干道外,也有少量主干路可成为城市主要的生活性景观大道。

3)次干路

次干路是城市各组团内的主要干道,与主干路结合组成城市干道网,起集散交通的作用。

次干路兼有服务功能,两侧可设吸取大量车流、人流的公共建筑住宅,设置机动车和非机动车的停车场,并满足公共交通站点和出租车服务站的设置要求。

次干路可分为以下两种:

(1)交通性次干道

交通性次干道常为混合性交通干道和客运交通次干道。

(2)生活性次干道

生活性次干道包括商业服务性街道或步行街等。

4)支路

支路又称城市一般道路或地方性道路,应为次干路与相邻道路及小区的连接线,解决局部地区交通,以服务功能为主。

支路不得与快速路直接相接,只可与平行快速路的道路相接。在快速路两侧的支路需要联系时,需用分离式立体交叉跨越。支路应满足公共交通路线行驶的要求。

除快速路外,各类道路按所在城市的规模、设计交通量和地形等分为Ⅰ,Ⅱ,Ⅲ级。大城市应采用各类道路中的Ⅰ级标准;中等城市应采用Ⅱ级标准;小城市应采用Ⅲ级标准。各级道路的设计速度应符合表1.1的规定。

表1.1　各级道路的设计速度

道路等级	快速路			主干路			次干路			支　路		
设计速度/(km·h^{-1})	100	80	60	60	50	40	50	40	30	40	30	20

《城市道路工程设计规范(2016年版)》(CJJ 37—2012)规定,城市道路交通量达到饱和状态时的设计年限,快速路、主干路为20年;次干路为15年;支路为10~15年。

城市按照其市区和郊区的非农业人口总数,可分为以下3类:

①大城市,即50万以上人口的城市。

②中等城市,即20万~50万人口的城市。

③小城市,即不足20万人口的城市。

上述4类道路的交通功能关系见表1.2。

表1.2　各类道路交通功能的关系

类别	位　置	交通特征						
快速路	组团间	交通性	货运	高速	隔离性大	交叉口间距大	机动车流量大	无自行车、步行流量
主干路	组团间							
次干路	组团内	生活性	客运	低速	不需隔离	交叉口间距小	机动车流量小	自行车、步行流量大
支路	组团内							

1.1.2　按功能分类

城市道路按功能分类的依据是道路与城市用地的关系,按道路两旁用地所产生交通流的性质来确定道路的功能,具体可分为以下两大类:

1)交通性道路

交通性道路是以满足交通运输为主要功能的道路,承担城市主要的交通流量及对外交通的联系。

交通性道路的特点是车速高、车辆多、车行道宽,道路线形要符合快速行驶的要求,道路两旁要求避免布置吸引大量人流的公共建筑。

根据车流的性质,交通性道路可分为以下两类:

(1)以货运为主的交通干道

这类道路主要分布在城市外围和工业区,对外货运交流枢纽附近。

(2)以客运为主的交通干道

这类道路主要布置在城市客流主要流向上,可分为客运机动车交通干道、全市性自行车专用路和客货混合性交通道路。

交通干道之间的集散性或联络性的道路,或用于用地性质混杂的地段。

2)生活性道路

生活性道路是以满足城市生活交通要求为主要功能的道路,主要为城市居民购物、社交、游憩等活动服务。它以步行和自行车交通为主,机动车交通较少,道路两旁布置为生活服务的、人流较多的公共建筑及居民建筑,要求有较好的公共交通服务条件。生活性道路具体可分为:

①生活性干道,如商业大街居住区主要道路。

②生活性支路,如居住区内部道路等。

1.2 市政道路养护的分类与政策

1.2.1 市政道路养护的目的和任务

1)市政道路养护的目的

市政道路建成投入使用后,由于反复承受载荷的作用和自然因素的侵蚀破坏,以及设计、施工中留下的某些缺陷,致使现有市政道路的使用功能日益退化,难以适应社会发展对市政道路服务质量的要求。因此,加强市政道路保养、维修和改善具有十分重要的意义。

市政道路养护的目的是经常保持市政道路及其设施的完好状态,及时修复损坏部分,保证行车安全、舒适、畅通,以提高运输经济效益。

2)市政道路养护的基本任务

市政道路养护的基本任务是:采取正确的技术措施,提高养护工作的质量,延长道路的使用年限,以节省资金;防治结合,治理道路的病害和隐患,逐步提高道路的抗灾能力,并对原有技术标准过低或留有缺陷的路线、构造物、路面结构、沿线设施进行改善或补建;确保道路及其沿线设施的各部分均保持完好、整洁、美观,保障行车安全、舒适、畅通,以提高社会的经济效益。

1.2.2　市政道路养护的工作内容

市政道路的养护工作内容,包括市政道路设施的检测评定、养护工程和档案资料存管。道路设施应包括车行道、人行道、路基、停车场、广场、分隔带及其他附属设施。

1.2.3　市政道路养护的分类

1)市政道路养护施工分类

市政道路养护根据其工程性质、技术状况、工程规模及工程量等内容,可分为保养小修、中修、大修及改扩建 4 个工程类别。

(1)保养小修

为保持道路功能和设施完好所进行的日常保养,对路面轻微损坏的零星修补,其工程数量宜不大于 400 m²。

(2)中修

对一般性磨损和局部损坏进行定期维修,以恢复道路原有技术状况的工程。其工程数量宜大于 400 m²,且不超过 8 000 m²。

(3)大修

对道路的较大损坏进行全面综合维修、加固,以恢复到原设计标准,或对局部进行改善,以提高道路通行能力的工程。其工程数量宜大于 8 000 m²,含基础施工的工程宜大于5 000 m²。

(4)改扩建

对道路及其设施不适应交通量及载重要求而需要提高技术等级和提高通行能力的工程。

2)市政道路养护分级

根据各类市政道路在城市中的重要性,将市政道路分为以下 3 个养护等级:

(1)Ⅰ等养护的市政道路

快速路、主干路、次干路和支路中的广场、商业繁华街道、重要生产区、外事活动及游览路线。

(2)Ⅱ等养护的市政道路

次干路及支路中的商业街道、步行街、区间联络线、重点地区或重点企事业所在地。

(3)Ⅲ等养护的市政道路

支路、社区及工业区的连接主次干路的支路。

1.2.4　市政道路养护的方针与政策

1）市政道路养护的方针

根据交通运输部颁发的《公路科学养护与规范化管理纲要》要求,从我国当前道路建设、养护管理工作的实际出发,市政道路养护的基本指导方针是:以深化改革为动力,以技术进步为手段,以提高职工队伍素质为基础,以强化管理为依托,以依法治路为保障,建立现代化的道路养护管理体系。

结合高等级道路的特点,现阶段我国高等级道路养护工作的指导方针是:全面规划、协调发展、加强养护、积极改善、科学管理、提高质量,依法治路保证畅通,普及与提高相结合,以提高为主。

因此,各级道路管理机构应把养护技术改造作为首要任务。

2）市政道路养护工作的基本原则

在制订市政道路养护技术措施时,应遵循以下原则:

①认真开展路况调查,分析道路技术状况,针对病害产生的原因和后果,采取有效、先进、经济的技术措施。

②加强养护的前期工作以及各种材料试验及施工质量检验,确保工程质量。

③推广路面、桥梁管理系统,逐步建立道路数据库,实行病害监控,实现决策科学化,使现有的资金发挥最大的经济效益。

④认真做好市政道路交通情况调查工作,积极开发、采用自动化观测和计算机处理技术,为道路规划、设计、养护、管理、科研及社会各方面提供全面、连续、可靠的交通情况信息资料。

⑤改革养护生产组织形式,管好、用好现有的养护机具设备,积极引进、改造、研制养护机械,逐步实现养护机械装备标准化、系列化,以保障养护工程质量,提高养护生产效率,降低劳动强度,改善劳动环境。

⑥加强对交通工程设施(包括标志、标线、通信、监控等)、收费设施、服务管理设施等的维护、更新工作,保障市政道路应有的服务水平。

3）市政道路养护的技术政策

市政道路养护的技术政策主要有以下内容:

①以预防为主,防治结合。根据积累的经济技术资料,进行科学分析,预先防范,增强市政道路及其设施的耐久性和抗灾能力,特别要重视雨季防护,减少水毁损失。

②因地制宜,就地取材,尽量选用当地天然材料和工业废渣;充分利用原有工程材料和原有工程设施,以降低养护成本。

③推广应用先进的养护技术和科学的管理方法,从而改善养护生产手段,提高养护技术水平。

④重视综合治理,保护生态平衡、路旁景观和文物古迹;防止环境污染;注意少占农地。

⑤全面贯彻执行《公路桥梁养护管理工作制度》,加强桥梁的检查、维修、加固和改善,逐步消灭危桥。

⑥市政道路养护工作设计,应符合现行《公路工程技术标准》(JTG B01—2014)的规定;道路施工时,应注意社会效益,保障道路畅通。

⑦加强以路面养护为中心的全面养护。

⑧大力推行和发展道路养护机械化。

1.3　市政道路的检测、评价和养护对策

对使用中的市政道路必须按规定进行检测和评价,及时掌握道路的技术状况,并采取相应的养护措施。市政道路的检测根据内容、周期,可分为经常性巡查、定期检测和特殊检测,并应根据检测结果进行评价。

市政道路检测和评价的对象包括沥青混凝土、水泥混凝土和砌块路面等类型的机动车道、非机动车道,以及沥青类、水泥类和石材类等铺装类型的人行道。

1.3.1　市政道路检测和评价工作的内容

市政道路检测和评价工作的内容如下:

①记录道路当前状况。

②了解车辆和交通量的改变给设施运行带来的影响。

③跟踪结构与材料的使用性能变化。

④对道路检测结果进行评价。

⑤将评价结果提供给养护和设计部门。

1.3.2　经常性巡查的内容与要求

经常性巡查应由经过培训的专职道路管理人员或养护技术人员负责。巡查应对结构变化、道路施工作业情况,以及各种标志及其附属设施等状况进行检查;巡查宜以目测为主,并应填写市政道路巡查表;巡查应按道路类别、级别、养护等级分别制订巡查周期。

Ⅰ等养护的市政道路宜每日一巡,Ⅱ等养护的市政道路宜两日一巡,Ⅲ等养护的市政道路宜3日一巡。经常性巡查记录应定期整理归档,并提出处理意见。在巡查过程中,如发现设施明显损坏,影响车辆和行人安全,应及时采取相应的养护措施,特殊情况可设专人看护,并填写设施损坏通知单。

①经常性巡查包括以下内容：

A.路面及附属设施外观完好情况。

a.沉陷、坑槽、壅包、车辙、松散、搓板、翻浆、错台，井框与路面高差、剥落、啃边、缺失、破损、淤塞等损坏。

b.检查井盖、雨水井完好情况。

c.积水情况。

B.路基沉陷、变形、破损等情况。

C.检查在道路范围内的施工作业对道路设施的影响。

D.其他损坏以及不正常现象。

②在经常性巡查中，当发现道路沉陷、空洞或大于 100 mm 的错台，以及井盖、雨水口箅子丢失等影响道路安全运营的情况时，应按应急预案处置，立即上报，设置围挡，并应在现场监视。

1.3.3　定期检测

1)定期检测的评价单元

定期检测的评价单元应符合下列规定：

①道路的每两个相邻交叉口之间的路段应作为一个单元，交叉口本身宜作为一个单元；当两个相邻交叉口之间的路段大于 500 m 时，每 200~500 m 作为一个单元，不足 200 m 的按一个单元计。

②每条道路应选择若干个单元进行检测和评价，应以所选单元的使用性能的平均状况代表该条道路路面的使用性能。当一条道路中各单元的使用性能状况差异大于两个技术等级时，则应逐个单元进行检测和评价。

③历次检测和评价所选取的单元应保持相对固定。定期检测的情况记录、评价及对养护维修措施的建议，应及时整理、归档、上报。

定期检测可采用下列仪器设备：

①平整度的检测宜采用激光平整度仪等检测设备；次干路、支路可采用平整度仪或 3 m 直尺等常规检测设备。

②路面损坏的检测宜采用路况摄像仪等检测设备；次干路、支路可采用常规方法测量。

2)定期检测的内容

定期检测可分为常规检测和结构强度检测。

(1)常规检测

常规检测应每年一次。常规检测应由专职道路养护技术人员负责。

①常规检测规定要求：对照市政道路资料卡的基本情况，现场校核市政道路的基本数据，检测损坏情况，判断损坏原因，确定养护范围和方案。对难以判断损坏程度和原因的道路，提出进行特殊检测的建议。

②常规检测的内容：

a.车行道、人行道、广场铺装的平整度。

b.车行道、人行道、广场设施的病害与缺陷。

c.基础损坏状况。

d.附属设施损坏状况。

（2）结构强度检测

结构强度检验应由专业单位承担，并由具有城镇道路养护、管理、设计、施工经验的技术人员参加。检测负责人应具有5年以上城镇道路专业工作经验。

结构强度检测快速路、主干路宜2~3年一次；次干路、支路宜3~4年一次。

①路表回弹弯沉值测定。结构强度检测应用路表回弹弯沉值表示。检测设备宜采用落锤式弯沉仪、贝克曼梁等检测设备。

②抗滑性能检测。市政快速路、主干路应进行路面抗滑性能检测，以粗糙度表示。检测设备可选用摆式仪等。

1.3.4 特殊检测

①当出现下列情况时，应进行特殊检测：

a.进行道路大修、改扩建时。

b.道路发生不明原因的沉陷、开裂、冒水时。

c.在道路下进行管涵顶进、降水作业、隧道开挖等工程施工期间。

d.道路超过设计使用年限时。

②特殊检测部位和有关的要求与定期检查相同。

③特殊检测应包括以下内容：

a.收集道路的设计和竣工资料；历年养护、检测评价资料；材料和特殊工艺技术、交通量统计资料等。

b.检测道路结构强度。

c.调查道路沉陷原因，检测道路空洞等。

d.对道路结构整体性能、功能状况进行评价。

思考题

1.简述城市道路的概念及分类。

2.市政道路养护的技术政策有哪些？

3.市政道路养护的基本任务是什么？

4.如何对市政道路养护工程进行分类？

5.市政道路检测与评定工作包括哪些内容？

扩展资源1

第2章　市政道路养护机械设备

1.掌握养护工程机械的分类。

2.描述市政道路日常养护常用机械的类型。

3.描述压实和破碎机械的构造和安全使用常识。

4.描述路基养护工程机械的构造和安全使用常识。

5.描述路面养护工程机械的构造和安全使用常识。

进行养护工程机械的分类和安全使用。

2.1　道路养护机械的基本知识

道路养护工程机械的使用,可节省大量人力,降低劳动强度,完成靠人力难以承担的高强度工程施工;能大幅度地提高工作效率和经济效益,降低成本;为加快工程建设速度,确保工程质量,提供可靠保证。

2.1.1　道路养护工程机械的分类

根据道路养护工程的作业对象,道路养护工程机械可分为路基养护工程机械、沥青路面养护工程机械和水泥混凝土路面养护工程机械。

路基养护工程机械主要有推土机、铲运机、平地机、挖掘机、装载机、稳定土拌和机、石料破碎筛分机、石料撒布机、洒水车及压路机等。

沥青路面养护维修机械见表2.1。

水泥混凝土路面养护维修机械见表2.2。

2.1.2　道路养护工程机械安全使用的一般规定

道路养护工程机械安全使用的一般规定如下:

①操作人员应体检合格,无妨碍作业的疾病和生理缺陷,并经过专业培训、考核合格,取

得建设行政主管部门颁发的操作证或公安部门颁发的机动车驾驶执照后,方可持证上岗。

表 2.1　沥青路面养护维修机械

项目	机械设备名称	规　格	备　注
日常养护机械	割清除草机	30 cm^2/s,1.84 kW	背携式
	路面划线机	线宽 80~300 mm	手推式或自行式
	车载升降机	高度 6~8 m	构造物、沿线设施、行道树用
	除雪机	除雪宽度 2~2.6 m	根据地区需要配备
	路面清扫车	清扫宽度 2~3 m	或真空吸扫车
	洒水车	5 000 L	可带喷药装置
	多功能养护车		可换装挖掘、挖护坑、挖沟等养护作业常用的多种装置
	推土机(或装载机)	>56 kW	
	水泵	扬程 25 m,吸程 6 m	清塌方、堆雪用
	摩托车	三轮	
	巡路车	3~6 座	
	路面破碎机械	宽度 0.5~2 m	液压或气压破碎装置
	路面铣刨机	宽度 0.5~2 m	
	沥青路面加热机	汽车底盘	用于热铣或铲油包
	沥青路面综合养护车	汽车底盘	具有破碎、洒布、拌和功能
	沥青路面热养护修补车		用于沥青路面坑槽、裂缝、壅包等修补
	沥青洒布机	500~2 000 L	
	沥青洒布机	3 500~8 000 L	
	稀浆封层机	厚度 3~12 mm	拖式或自行式
	沥青混合料摊铺机	宽度 2.5~12 m	
	路缘石成形机	25 cm×25 cm	
	回砂机	宽度 1.8~3 m	
	石屑撒布机	宽度 1~3 m	
	砂浆拌和机	7~12 m^3/h	包括钻孔机械、压浆泵等
	装载机		
	稳定土拌和机	宽度 2 m	
	夯实机械		平板振动夯或冲击夯
	静作用压路机		
	振动压路机		

表 2.2　水泥混凝土路面养护维修机械

项　目	机械设备名称	规　格	备　注
面板修复机械	路面破碎机械		液压或气压破碎装置
	混凝土拌和机		
	混凝土搅拌楼（站）		
	机动翻斗车	容积 0.4~1.2 m³	
	自卸汽车		
	手推车	容积 0.16~0.18 m³	
	平板振动器	功率 1.1~2.2 kW	
	插入式振动器	功率 1.1~2.2 kW	高频振捣器
	振动梁	功率 1.1 kW	
	表面抹光机	抹盘直径 800 cm	
	压纹器		手扶式
	切缝机	功率 4~5 kW 刀片直径 60~80 mm	
板下封堵机具	砂浆搅拌机	最小转速 800 r/min 最大转速 2 000 r/min	
	喷射压力泵	压力 1.75 MPa 泵送能力 5.7 L/min	也可选购由喷射泵、胶体搅拌机及砂浆回流系统组成的多功能板下封堵机
	水箱		按需配备
	钻径设备	口径 3~5 mm	旋转钻、风钻
旧混凝土再生机械	路面破碎机械		落锤式
	轧石机		可选用反击式轧碎机
	振动压路机		

②在作业过程中，操作人员必须按照使用说明书规定的技术性能、承载能力和使用条件，集中精力，正确操作，合理使用，严禁超载作业或任意扩大使用范围，随时注意机械工作情况，不得擅自离开工作岗位或将机械交给其他无证人员操作。严禁无关人员进入作业区域或操作室内。

③实行多班作业的机械，应执行交接班制度，认真填写交接班记录；接班人员经检查确认无误后，方可进行工作。

④操作人员应遵守机械有关保养规定，认真及时做好各级保养工作，经常保持机械的完好状态。机械不得带病运转，运转中发现异常现象时，应先停机检查，排除故障后，方可使用。

⑤在工作中，操作人员和配合作业人员必须按规定穿戴劳动保护用品，长发应束紧，不得

外露。高处作业时,必须系安全带。

⑥机械进入作业地点后,施工技术人员应向操作人员进行施工任务和安全技术措施交底。操作人员应熟悉作业环境和施工条件,听从指挥,遵守现场安全规则。

⑦现场施工负责人应为机械作业提供道路、水、电、机棚或停机场地等必备的条件,并消除有碍机械作业的不安全因素。夜间作业,应设置充足的照明。

⑧机械上的各种安全防护装置及检测、指示、仪表、报警等装置应完好齐全。有缺损时,应及时修复。安全防护装置不完整或已失效的机械不得使用。

⑨机械集中停放的场所,应有专人看管,并应设置消防器材及工具;大型内燃机械应配备灭火器;机房、操作室及机械四周不得堆放易燃、易爆物品。

⑩所有从路面上铣刨的或铲除、废弃的沥青混凝土、水泥混凝土、基层残渣以及机械设备的修理残渣和油污等废弃物,均应分类后集中堆放处理。

⑪在机械产生对人体有害气体、液体、尘埃、渣、放射性射线、振动、噪声等场所,必须配置相应的安全保护设备和三废处理装置。

⑫停用 1 个月以上或封存的机械,应认真做好停用或封存前的保养工作,并采取预防风沙、雨淋、水泡、锈蚀等措施。

⑬机械使用的润滑油(脂),应符合出厂使用说明中规定的种类和牌号,并按时、按质更换。

⑭汽车及自行轮胎式机械在进入城市交通或公路时,必须遵守国务院颁发的《中华人民共和国道路交通安全法》。

⑮机械设备不得靠近架空输电线路作业,如限于现场条件,应采取安全保护措施;机械运行范围与架空线的安全距离应符合有关规定。

⑯当机械发生重大事故时,企业各级领导必须及时上报和组织抢救,保护现场,查明原因,分清责任,落实及完善安全措施,并按事故性质严肃处理。

2.1.3 道路养护工程机械化施工的意义和要求

1)道路养护工程机械化施工的意义

现代化施工建设是当今世界的发展主流。机械化施工是道路养护工程的重要措施与手段,是道路建设发展的必然趋势。道路养护工程的特点是建设周期短,质量要求高,施工难度日趋复杂。在实行招标投标制的今天,企业更加注重施工的质量与经济效益。

机械化施工是通过合理地选用施工机械、科学地组织施工来完成工程作业的全过程。机械化施工的评价是以施工的机械化程度来衡量的,即

$$机械化程度 = \frac{机械设备完成的实际工作量(或实物工作量)}{全部工程量} \times 100\%$$

机械化程度越高,工程施工中机械完成的实际工作量占总工程施工量的比例就越大。机械化施工程度的高低,在一定程度上反映工程施工周期的快慢、施工质量的高低和施工效益的好坏。

2)道路养护工程机械化施工的要求

机械化施工是提高工作效率、保证施工质量、加快施工建设速度、减轻施工强度、降低施工成本及提高施工效益的重要手段。机械化施工在技术、组织与管理上都具有更高的要求。

首先,机械化施工要有严密的施工组织与管理,有具有一定业务专长的技术人员与较为熟练的技术工人,有良好的维修设备、高素质的维修人员,完善的附属设施,充足的燃料能源和零配件供应,以及相应的运输条件等。

其次,为了在整个施工过程中均衡协调各个作业和各道工序,需要有足够数量、种类和规格的机械施工设备及管理、操作与维修人员。

机械化施工程度在很大程度上决定了工程施工质量的好坏、施工效率的高低、工期的快慢以及施工成本和效益的多少。但是,机械化施工程度高也不完全能说明机械施工的优越性,因为即使机械化程度一定时,由于施工技术、管理水平和施工组织的差异,完成相同的工程量,在施工进度、技术经济效果和节约劳动力等方面也会出现较大的差别。因此,机械化施工不仅仅是代替人的劳动,而是完成人工无法完成的施工作业。机械化施工有着更为广泛的内涵,它不仅体现在机械化程度上,而且更注重在机械化施工水平上,体现在机械化设备利用程度与利用率上。机械化施工应该是涉及施工机械、施工技术、施工组织及施工管理等学科的现代施工技术,是施工技术与管理技术的结合,是技术经济在工程施工中的体现。

2.2 市政道路日常养护机械

2.2.1 市政设施巡查车

市政设施巡查车用于市政设施的日常巡查。一般采用小型或微型货车改装,喷涂专用的标志和车身颜色,配置相应的警示标志,以便随时停车检查(见图2.1)。

2.2.2 道路检测车

道路检测车集成和应用了现代信息技术,以机动车为平台,将光电、IT和3S技术集成一体,在车辆正常行驶状态下,能自动完成道路路面图像、路面形状、道路设施立体图像、平整度及道路几何参数等数据采集、分析、分类与存储,为高速公路、高等级公路、城市市政道路、机场跑道等路面的破损、平整度、车辙、道路安全隐患的检测,以及道路附属设施的数字化管理提供有效的数据采集手段(见图2.2)。

图 2.1　市政设施巡查车

道路检测车可为道路质检部验收检测、日常养护调查等提供权威、公正的基础检测数据，为道路养护部门提供专业的技术方案，为交通资产管理部门提供科学的决策依据。

道路检测车工作时，可不分昼夜，以最高 100 km/h 的速度完成路面状况全自动检测。随着车辆前进，前置的车辙仪和平整度仪、后置的路面破损检测仪，分别将检测到的数据传至车中的 CPU 数据处理工作站，经过分项实时和自动处理，形成道路检测报告。该系统的所有检测数据能与公路信息化管理平台的数据库实现无缝连接，进而可完成决策分析，并生成养护方案。

图 2.2　道路检测车

2.2.3　道路清扫车

道路清扫车是集路面清扫、垃圾回收和运输为一体的新型高效清扫设备。在专用汽车底盘上改装道路清扫功能的扫地车型，车辆除底盘发动机外，另外加装一个副发动机，4 把扫刷由液压马达带动工作，带风机、垃圾箱、水箱等配套设备。这种全新的车型可一次完成地面清扫、马路道牙边清扫、马路道牙清洗及清扫后对地面的洒水等工作，适用于各种气候和不同干燥路面的清扫作业。

道路清扫车可广泛应用于干线公路，市政以及机场道面、城市住宅区、公园等道路清扫。

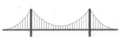

道路清扫车不但可清扫垃圾,而且还可对道路上的空气介质进行除尘净化,既保证了道路的美观,维护了环境的卫生,维持了路面的良好工作状况,又减少和预防了交通事故的发生,进一步延长了路面的使用寿命。目前,在国内利用道路清扫车进行路面养护已成为一种潮流。

1)清扫车的类型

清扫车的类型如图 2.3 所示。

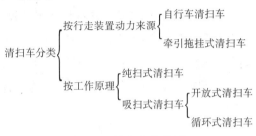

图 2.3　清扫车的类型

2)清扫车的构造

(1)开放吸扫式清扫车

目前,绝大多数开放吸扫式清扫车是一种自行式清扫车。其构造示意图如图 2.4 所示。它由自行底盘、副动力装置、风机、排风口、垃圾箱、水箱、吸口、水平柱刷及侧盘刷等组成。

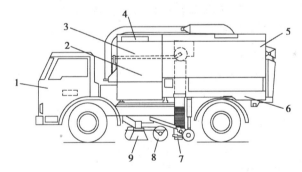

图 2.4　开放吸扫式清扫车构造示意图

1—自行底盘;2—风机;3—副动力装置;4—排风口;5—垃圾箱;
6—水箱;7—吸口;8—水平柱刷;9—侧盘刷

清扫车上的副动力装置、风机位于底盘驾驶室后方,一般通过液力耦合器或干式摩擦离合器联接。垃圾箱位于底盘中后部,并在后部与车架铰接,前部或下部有一个液压倾翻油缸,铰接在垃圾箱和车架之间。水箱与垃圾箱做成一体,位于垃圾箱的下部,或作为一个独立部位固定在垃圾箱下方。侧盘刷固定在车架中部两侧。水平柱刷位于车架下方,可向左或向右偏转一定角度,以配合左侧盘刷或右侧盘刷工作。吸口位于侧盘刷与水平柱刷的稍后位置。

开放吸扫式清扫车的工作过程是：选择右侧作业方式或左侧作业方式，将相应的侧盘刷和水平柱按作业方式要求置于工作状态，侧盘刷和水平柱刷在底盘行进的过程中配合作业，将垃圾侧横向抛射至吸口前方，形成一条垃圾带。当吸口经过其前方的垃圾带时，将垃圾尘粒吸入吸管，输送到垃圾箱内。

（2）循环吸扫式清扫车

循环吸扫式清扫车与开放吸扫式清扫车的差别是没有水平柱刷和向上通入大气的出气口。其构造示意图如图 2.5 所示。该清扫车的正下方不是水平柱刷，而是一个与底盘宽度尺寸基本相等的宽吸口，它取代了开放吸扫式清扫车下部的一个水平柱刷和两个较窄的吸口。宽的吸口中不仅有向上吸取垃圾尘粒的吸管，还有向下吹气的吹管。空气由吸管吸入，经过除尘分离后重新送回吹管吹出，形成空气的循环流动，空气作为载体将路面上的垃圾尘粒送进垃圾箱，再回到下边继续工作。

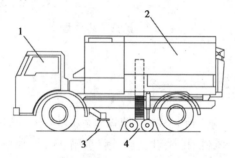

图 2.5　循环吸扫式清扫车构造示意图

1—自行底盘；2—垃圾箱；3—侧刷盘；4—宽吸口

（3）纯扫式清扫车

如图 2.6 所示为纯扫式清扫车构造示意图。它由副动力装置、自行式底盘、侧盘刷、水平柱刷、输送带、底盘部分、垃圾箱及举升机构等组成。

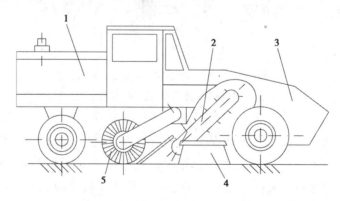

图 2.6　纯扫式清扫车构造示意图

1—副动力装置；2—输送带；3—垃圾箱；4—侧盘刷；5—水平柱刷

它与吸扫式清扫车相比较，在结构上的主要差别在于没有风机和吸口，而且一些主要部

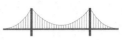

件的布置也完全不同。如图 2.6 所示,侧盘刷仍然位于车辆中部、车架两侧(有的位于底盘前部两侧),而直径很大的水平柱刷则位于整机的后部,输送皮带从柱刷前方倾斜向上前伸至位于中部的垃圾箱内。此时,垃圾箱不能向后倾卸,而是借助于攀升机构向某一侧或前方倾卸。清扫系统的副动力装置和液压装置都布置在整机的后部,全部动作由液压或气压操作,副动力装置直接驱动液压泵,使动力传递非常简便。纯扫式清扫车具有消耗功率小、工作噪声小等特点。因此,该车广泛应用于高速公路城市街道的养护清扫工作。

3)清扫车的特点

(1)自行式清扫车

该车依靠自身所带的动力装置驱动行走,具有良好的整体性、独立性和机动性,其行驶速度快,作业范围大,工作效率高。自行式清扫车通常以货车底盘为基础,为了提高其性能,要对货车底盘作必要的改造,如加装左右两套行驶转向操纵装置等。清扫车的作业装置与行走装置的动力彼此独立,便于控制和调整。

(2)吸扫式清扫车

该车有伸到基础车体以外的盘刷或柱刷以及吸口。盘刷用于将路缘、边角、护栏下的垃圾输送、集中到吸口前方,利用空气动力通过吸口将垃圾捡拾和输送到垃圾箱中。吸扫式清扫车具有清扫范围宽、适应性好、对微细垃圾尘粒的捡拾及输送效果好等特点。

(3)牵引拖挂式清扫车

该车是利用另外的动力机械或人力推动、牵引行走的。因此,其独立性、整体性及机动性都相对较差,行驶速度较慢,工作范围小,效率低。但其结构简单,通常在简单的机架上安装必需的工作装置即可,制造成本和价格都较低。该车的作业系统所采用的动力源类型较多,有的自带小型汽油机或柴油机,有的从牵引主机上取得动力。这种清扫车只适用于一般公路清扫养护,以及厂、矿、院校、道路的环境清扫作业。

(4)纯扫式清扫车

该车有可伸到基础车以外的盘刷、柱刷、输送机构及垃圾箱等。与吸扫式清扫车的盘刷相同,也用于将路岩路缘、边角、护栏下的垃圾输送到柱刷前方,柱刷在滚动过程中,其刷毛将垃圾尘粒抛射到输送带或链板上,使垃圾尘粒随输送带的运动而进入垃圾箱。因此,纯扫式清扫车具有适应性能好、清扫范围宽等特点,但对微细尘粒的除净率较低,适用于人口稠密的市区、街道以及大颗粒块状垃圾为主的场合。

4)清扫车的安全使用要点

合理地选择和正确地使用道路清扫车,既可确保清扫车的作业性能,减少工作中出现的各种故障,延长使用寿命,还可防止事故发生,避免人身伤亡。因此,操作道路清扫车之前,必须认真、仔细地阅读使用说明书,严格遵守操作规程。通常应注意以下要点:

（1）认真做好使用前的准备工作

①给动力装置添加燃料油及润滑油，添加冷却水；认真检查空气滤清器的堵塞情况及安装是否正确；检查齿轮减速箱中润滑油的液面；冷却风扇驱动皮带的张紧状况；油门控制是否正常，有无漏油、漏水、漏气现象。

②认真查看液压系统的运转情况，响声是否正常，油箱中是否缺油，有无漏油现象。

③检查吸扫系统所有摩擦件（包括扫刷、吸口、耐磨衬板等）的工作状态是否正确，风机工作是否正常及干净。如发现有不正常现象，则经维修后再投入养护工作。

④仔细检查喷水系统中的吸水过滤器是否堵塞和清洁；水阀通断是否正常；驱动水泵的皮带传动装置张紧状态是否正常，如有松动应及时更换新的皮带；检查水阀是否漏水等。

⑤检查举起垃圾箱时，其支承垃圾箱是否稳固可靠。

（2）保持清扫车工作装置的最好状态

路面清扫车的工作装置处于最好的工作状态，是确保清扫车的清扫效果、提高作业效率的关键。要仔细阅读清扫车的使用说明书，掌握各种装置的工作原理、结构组成、要求的最佳状态及具体的调整方法。

①确保吸口的最佳离地位置。通过实验及现场的实践证明，对密度比较大的垃圾尘粒，吸口的离地间隙应小一些；对轻质垃圾，像树叶纸屑等数量较大时离地间隙应大一些。通常开放吸扫式清扫车的吸口后沿距路面的高度间隙尤为重要，应始终保持为 6~10 mm，吸口前沿距路面的高度间隙为 35~40 mm。

②保证侧盘刷接地方位正确和水平柱刷两端接地压力相等。路面清扫车侧盘刷的结构设计能保证其具有三自由度的可调性，能调出盘刷的最好方位。水平柱刷两端由两个气缸悬挂，如果两个气缸调压阀的调定压力不相等，柱刷两端的接地压力就会不相等，这会造成两端扫除垃圾的效果不相同、刷毛磨损不平衡等问题。

③保证喷水雾化效果和适当的喷水量。要按照路面清扫车的使用说明书，根据路面地段的垃圾状况，合理、适当地喷水，并保证有良好的雾化效果。

2.2.4　洒水车

洒水车是用于道路建设、工程建设、道路养护及环境保护等吸洒水的专用汽车，也可用于生产供水、浇灌、城市绿化等。随着道路建设的发展，道路工程及养护作业对洒水车不断提出新的要求，如前喷、后喷、自流浇灌、冲洗路面及绿化等功能，洒水功能的增加，扩大了洒水车的使用范围。

1）洒水车的类型

洒水车是带有储水容器和进行喷洒作业的罐式汽车，按结构类型可分为车载式和半挂式两种，按洒水功能可分为前喷式、后喷式和侧喷式 3 种；同时，还有单洒水和多功能（即有洒水

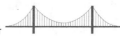

功能、应急消防高压喷水功能、喷洒农药功能及绿化管理)之分。

车载式洒水车的结构是将水罐等各专用装置直接安装在汽车的底盘上,一般都是利用汽车的底盘进行改装。半挂式洒水车是利用汽车作牵引动力,将水罐制成半挂式结构,其载重量在相同的条件下可增大1倍左右,但增加了一根半挂轴,相应增加了整车的长度,其机动性和运行条件略低于车载式洒水车,适用于用水量大及道路条件较好的场合。

2)洒水车的结构

用汽车底盘改装的洒水车除底盘外,其专用装置主要由水罐总成、传动总成、管路总成及操纵系统组成。其外形图如图2.7所示。

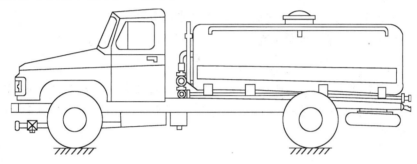

图2.7 洒水车外形图

(1)水罐总成

洒水车的水罐总成由隔仓装置、人孔、罐支架及罐身等组成。水罐用钢板焊制,罐身断面形状可做成圆形、矩形和椭圆形3种。罐支架可分为分置式底架和整体式底架两种。水罐上必须设置人孔,以便于操作人员进入罐内进行维修。人孔根据罐身容积的不同,可设置1~2个孔,其直径应不小于450 mm。为了防止洒水车在高速行驶时罐内水冲击晃动,罐内必须设有隔仓结构,并加纵向防波板。

(2)传动总成

洒水车的传动总成主要由水泵、传动轴、减速器或增速器及动力装置等组成。其主要作用是满足水泵在工作中的转速和旋转方向要求。系统的动力可采用附加内燃机或电动机。目前,洒水机的动力装置多从汽车的变速器加装取力器引出动力。传动轴一般选用成熟的汽车产品。洒水车上的水泵多采用离心泵或自吸水泵。如果使用离心式水泵,则在每次使用前,需要加引水后,方能进行洒水作业。

(3)管路总成

洒水车上管路总成的作用是将水吸入罐内或使用罐内的水进行喷洒、养护公路等。吸水管通常由橡胶软管和硬管组成。洒水管由主管、阀门和喷头等组成。主管一般用钢管制成,喷头可以是固定喷头,也可以是可调喷头。固定喷头喷出水的流向和洒水密度是一定的;可调喷头喷水的水流向和洒水密度在较大范围内可任意进行控制与调整。

（4）操纵系统

洒水车的操纵系统是由吸水、洒水操纵系统和取力箱操纵系统组成的。操纵方式有手动和气动两种。手动操纵系统包括挂挡机构、传动机构和操纵杆等。吸水/洒水操纵系统最常用的是气动操纵，气动操纵系统包括执行机构、气管路和控制阀等。由控制阀通过气管控制执行机构的动作，以决定水的流向，从而达到吸水与洒水的目的。

3）洒水车的工作过程

洒水车的工作过程由两大部分构成，即行车洒水和停车吸水。

（1）行车洒水

当洒水车装满水行驶到洒水位置后，停车挂上取力箱工作挡和行车挡，然后操纵离合器等按设定车速行驶，同时打开洒水开关，将水罐中的水洒向所需要的地方。

（2）停车吸水

当洒水车停靠在水源处后，迅速连接好吸水软管。如水泵是离心式水泵时，则应加足引水，然后将取力箱挂于工作挡，保证水泵处于正常运转状态。同时，打开吸水开关，将水抽入水罐内，直至灌满为止。

4）洒水车的使用要点

使用洒水车前，应仔细、全面地阅读使用说明书，严格按使用要求操作，这是确保洒水车正常运行的关键。具体的使用要点如下：

①对水源的要求。在城市使用洒水车时，可从城市的供水管网直接接入洒水车内。如果作为公路养护或建设时，洒水车只能在就近的河沟、池塘找水源，应注意其吸水管端全部进入水中，为避免吸入石块或较多的泥沙、漂杂物，吸水管端部一般设有过滤装置。吸水时，严禁将过滤装置拆下。如果水源较浅，需要事先将吸水处挖得深些，以保证不含有杂物及不吸进空气。不同洒水车的水泵对水源的要求是有区别的。清水泵要求水中不能有杂质，污水泵则要求水中不能有石块和过多的泥沙。

②吸水前的操作注意事项。洒水车在吸水前，应注意以下事项：

a.仔细检查各连接处有无漏气，底阀潜入水中深度是否达到。

b.认真检查吸水管有无破损、漏水现象，一旦发现应及时更换新的吸水管。

c.离心式水泵每次吸水前，必须向水泵内加入一定数量（30~40 L）的引水，加完后必须迅速关闭加水口。如果是自吸式水泵第一次吸水时，需要加引水，以后则不必再加引水。各种洒水车的性能有所不同，使用前注意参阅使用说明书。

d.吸水时，进水管系统必须保持一定的真空度，才能将水吸入罐内。进水管路必须密封，否则将产生漏气现象，导致吸不上水。

e.洒水车无论是在吸水前，还是在洒水前，都必须将取力装置挂挡在停车时进行。正确

的做法是:车先停下来,踩下离合器踏板,待主变速箱轴完全静止后,再挂挡。如果取力挂挡是气动操纵阀时,必须观察气压表,压力必须达到规定的压力值后,才能开始挂挡。

③洒水注意事项。如果是准备行车洒水,则应在停车后,先将主变速箱挂好,再挂好取力挡位,后缓慢抬起离合器踏板,车在行走中,打开洒水开关,就可开始洒水。

洒水车前,喷头位置较低,靠近地面,喷洒压力较大,可用于冲洗路面;后喷头位置较高,洒水车后喷头一般左右各安装一个,其位置较高,故洒水面较宽,用于公路施工洒水。使用后喷水时,应将前喷管关闭。使用可调喷头洒水时,洒水宽度可根据实际情况调整,洒水宽度越宽,中间重叠量越少,洒水密度越均匀。

④喷水枪的使用。当洒水车改为绿化浇水时,必须将洒水各球阀关闭,同时关闭消防开关,打开喷水枪球阀,然后按洒水操作规程进行工作。喷水枪射程的远近,随着发动机的油门开度大小而变化。喷水枪不但可在汽车行驶中进行工作,车辆停靠时也可进行工作,完全能满足城市道路两旁绿化浇水的需要。

⑤消防工作。当洒水车临时投入消防救火时,将洒水管道的各球阀关闭,同时关闭喷水枪开关,将消防帆布带上的快速接头接在车辆消防接头上,按洒水操作规程进行工作。在使用消防水枪时,应将帆布管拉直,因水泵压力大,水枪摇摆振动很厉害。因此,操作时必须由两人扶持水枪。

⑥每当冬季洒水车完成作业后,应及时打开水罐、水泵、水管,将其内的水放尽,避免冻裂,特别是我国北方地区,一般在严冬不再施工,故洒水车的施工结束后,应立即将水泵、水管等内的水全部排空,以防隐患而缩短洒水车的使用性能。

⑦洒水车行驶中,非洒水工作时,取力器应保持空挡位置,禁止拨动取力器操纵杆。气动控制阀的手柄置于中间的位置,以防漏气影响制动性能。

⑧水泵无水空转不得超过 3 min,以免损坏水泵。洒水完毕,应把取力器操纵杆回到空挡位置。

⑨当自抽失灵时,应检查吸水管两端是否漏气,接头处是否拧紧,吸水管是否灌满了水。

⑩如发现水泵、取力器、增速箱有异常响声,应停止工作,检查修理,防止损坏机件,保证洒水系统正常工作。

2.2.5　排障车

1)排障车的发展历史

排障车是城市、公路交通工程的重要装备之一。它的主要功能是将城市道路上发生故障而不能行驶的车辆、发生肇事而损坏的车辆以及违章停放的车辆等拖运移离现场,排除路障,疏导交通,保证车辆正常运行。

我国第一台排障车诞生于 20 世纪 90 年代初期。它是随着国内城市交通、公路建设的发展需要,在努力吸收国外先进技术的基础上,结合我国国情而研制成功的产品。其示意图如图 2.8 所示。目前,我国已有多家生产排障车企业,满足着日益增长的市场需求。但是,国内生产的排障车均为多功能的小型、中型机种,其底盘均采用双桥型通用底盘,其综合性能与发达国家相比,还存在一定的差距。随着我国的城市市政道路事业和公路运输事业的蓬勃发展,特别是重型车辆的不断增加,大型化以及与之适应的专用底盘将是我国排障车生产的发展方向。

目前,发达国家的交通及通信设备都较先进,道路面条件好,并行线路多,平均车速高,货车吨位大。因此,为了提高排障效率,排障车正向着大型化与专业化的方向发展。

图 2.8 排障车示意图

国外发达地区排障车的技术水平较高,主要表现在以下 4 方面:

(1)工作能力大

目前,有些排障车静态最大托举能力可达到 250 kN(托臂伸出 1.3 m 时),托臂伸至最长的 2.8 m 时,也可使最大托举能力为 160 kN;这种车的最大起吊能力为 200 kN;最大的牵引力可达到 300 kN。

(2)功能齐全

排障车都具有起吊、托举和牵引等功能,可较好地处理各种状态的肇事车辆及拖移违章停放的车辆。

(3)专用底盘

目前,排障车的底盘部分均采用适合其工作特点的专用底盘。对大型的排障车,其专用底盘为三桥型的,能确保其牵引、起吊和托举等能力。

(4)操作方式先进

排障车的传动和操作装置全部采用液压系统,并能进行远距离电液控制,以确保车辆的安全作业。

2)排障车的构造

如图 2.9 所示为排障车总体构造示意图。它由底盘、配重、副车架、附具、传动与控制系统及工作装置等组成。

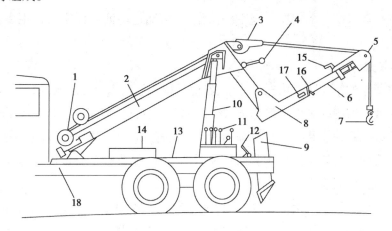

图 2.9 排障车总体构造示意图

1—绞盘;2—举升臂;3—导向轮;4—折臂锁紧装置;5—起吊滑轮;6—伸缩臂;7—吊钩;
8—折臂;9—支腿;10—举升液压缸;11—操作手柄;12—举升臂安全锁紧装置;13—副车架;
14—油箱;15—横梁锁定销;16—伸缩臂锁定销;17—伸缩臂锁紧装置;18—基础底盘部分

（1）底盘

底盘是综合型排障车的重要组成部分。其主要功能除了装置各个部件和作业行走外，还为排障作业提供动力源。目前，我国的排障车均采用通用载货汽车二类底盘作为基础底盘部分。

（2）配重

根据综合型排障车的工作特点，除拖挂牵引外，其他各项作业（如托举牵引、起吊、拖曳）的负荷都作用于后轴之后，为使底盘前后轴承载合理分布，确保排障车良好的运行性能，应在前轴的前面设置适当质量的配重。

（3）副车架

由于综合型排障车在作业时，其运动部分的机件（如绞盘、液压缸等）施于底盘集中载荷。因此，为了不使基础底盘部分发生变形而影响排障车的正常作业和正常运行，必须设置一副车架。排障车的副车架一般为箱梁框形结构，与基础底盘部分刚性联接。各种作业的动作部件都安装于副车架上，使作用在基础底盘部分上的载荷均匀分布，以保护和延长轮胎的使用寿命。

（4）附具

附具主要用于排障车对肇事车辆或违章车辆的稳固停放，一般包括支承和托举肇事车或违章停放车的前后桥的支承钢叉，支承和固定肇事车或违章停放车辆的轮胎托架，以及锁紧用棘轮尼龙锁紧带。

（5）传动与控制系统

排障车均采用液压传动，一般由基础底盘部分驱动液压泵提供液压油，从而使绞盘和各液压缸实施有关动作,以完成各种相应的作业。

排障车的控制系统多采用换向阀手柄操作,也可通过电液元件实行远距离控制,以确保车辆安全作业。

(6)工作装置

综合型排障车的工作装置由托举系统、着地系统和卷扬系统等组成,如图2.9所示。

①托举作业。实施托举作业的托举系统由举升臂、折臂、伸缩臂及举升液压缸等组成。

②着地系统。它由安装在底盘后部的两个支腿组成。两支腿可通过液压缸的伸缩实现着地和离地。支腿主要用于排障车起吊作业时的着地,保持整车稳定性和拖曳作业时着地,提高了整车与地面的附着力。

③卷扬系统。卷扬系统由液压绞盘以及固定在举升臂上的导向轮和安装在伸缩臂上的起吊滑轮组成。该系统主要用于综合型排障车的拖曳和起吊作业。

3)排障车的工作过程

高速公路上或城市道路上一旦出现交通事故,其现场的情况是较复杂的,但最为常见的是肇事车辆前桥损坏或后桥损坏。因此,排障车在现场处理的工作过程是:利用附具将肇事车辆损坏的前桥或后桥稳固在伸缩臂上,然后托举牵引移离肇事现场。这里需要说明的是,伸缩臂的伸缩长度可根据车型确定。

如若肇事车辆翻倒,则需要利用卷扬系统起吊并将其扶正后再托举牵引;如若肇事车辆掉入边沟,则需利用卷扬系统拖曳、起吊将肇事车辆拖到路上,并扶正后再托举牵引拖走。

4)排障车的使用要点

(1)排障车的操作注意事项

①对装有可燃汽油或易爆化学品的已损坏的车辆,首先不要靠近,应先对这类物品进行处理后,并确认不会发生爆炸、不会发生燃烧的情况下再进行排障作业。

②在使用排障车时,必须了解其托臂在不同伸长位置时的安全排障能力。

③对排障车的排障能力要清楚,对超过设备极限排障能力的肇事车辆,应更换大型的排障车去处理此事;否则,会损害排障车,甚至会发生新的安全事故。

④不应使设备在工作时超载,如遇上特殊情况时需要超载,则必须减慢行车速度。

⑤当排障车在拖曳作业时,其余人员应远离钢丝绳,以防钢丝绳折断后弹抛伤人。

⑥当排障车起吊作业时,严禁站在吊起的损坏车辆上工作。

⑦经常对设备的钢丝绳、链条、牵引设备等进行仔细检查。对已发现的损坏设备,应及时更换或修理。

(2)对小客车和轻型越野车的排障操作

对小型客车和轻型越野车排障的处理方法是采用固定车轮法。其操作步骤如下:

①首先将排障车靠近小型客车(或轻型越野车),然后将托臂翻转下来,并将托臂接近路面。

②取下叉头紧固销,将加长梁一端插入横梁,用紧固销固定,另一端插入车轮托架插头,同样用紧固销固定。

③将托臂伸长,使车轮托架插头接触到轮胎前部。

④将车轮托架插入托架插头,用弹簧销紧固,并用锁紧带将车轮系好。

⑤将叉头紧固销插入销孔,同时操纵控制阀,将升臂升高,使被托车辆轮胎离开地面一定高度,最后启动基础底盘部分,将损坏的车辆拖移现场。

(3)对载货汽车和大型客车的排障操作

载货汽车和大型客车的前轴荷(后轴荷)很大,为缩短托举的力臂,对上述车辆可采用钢叉支承法。其具体操作步骤如下:

①首先将排障车靠近载货汽车或大型客车,然后将托臂翻转下来,并将托臂接近路面。

②伸长托臂,取下叉头紧固销,将横梁插入叉头,装上横梁紧固锁。

③迅速取下止动销,装上钢叉插头,并将支承钢叉插入钢叉插头,安装好止动销。

④将支承钢叉对中车架的纵梁,同时将叉头紧固销插入销孔。

⑤操纵控制阀,将举升臂升高,使被托车辆前桥(或后桥)离开路面一定高度,最后启动基础底盘部分,将损坏车辆托起拖移现场。

2.2.6　除雪机

1)除雪机的发展历史

除雪机是清除道路积雪和结冰的专用设备。它是寒冷积雪地区公路、城市道路、机场、广场等养护部门必备的冬季养护机械。

我国对除雪机的开发和生产是从 20 世纪 80 年代中期才开始的,经过 30 多年的努力,现在不仅有拖挂顶推螺旋转子式除雪机,而且研究并生产了适合我国除雪生产急需的犁式和转子式除雪机、拖式撒盐机等。但与世界发达国家相比,除雪机的数量、品种及性能差距较大,且远远不能适应我国目前公路、城市道路的除雪要求。

国外发达国家除雪机的品种规格较为齐全。在发达国家各类除雪机的保有量迅速增长,在性能方面朝着自动化和一机多能方向发展,一些 800~1 000 马力(600~750 kW)的超大型旋转除雪机已在发达国家使用。这些除雪机的作业安全性和操作舒适性在不断提高,主要发展趋势表现在:

①开发多功能的大型除雪机。如在除雪机上搭载滑雪装置、高雪堤处理装置、药剂撒布装置等作业装置,以提高作业效率和减少更换除雪装置的时间。

②开发高性能的专用底盘,普遍采用液力变矩器、动力换挡装置和全自动电液控制系统。

可在除雪作业时实现自动变速换挡的功能,使作业速度自动适应除雪作业的负荷变化,这样可大大提高除雪的作业效率。

2)除雪机的类型与特性

(1)按主机特性分类

①融雪车。其特点是在货车上装有螺旋集雪装置、燃烧加热装置、融雪槽等,主要应用于城市的道路除雪。

②消融剂撒布车。其主要特点是在卡车底盘上装有料仓、输送器、撒布圆盘等装置。该车应用在降雪前撒布防冻剂和降雪后撒布融雪的药剂或防滑作用的沙子。

③旋转除雪机。该机的工作装置由集雪螺旋和风扇转子等转动件组成,一般采用装载机底盘。该机与犁板式除雪机配合作业,能铲除厚雪。

④除雪推土机。其特点是在推土机前装有各种除雪犁板,行走装置有履带式和轮胎式,能清除公路或城市道路上较厚的积雪。

⑤路面除冰机。该机的工作装置有螺旋刃切削式和转子冲击式,底盘部分一般用装载机,专用于城市道路铲除、破碎冰块等。

(2)按工作装置的特性分类

①螺旋式除雪机。其特点是由螺旋和刮刀为主要除雪方式,侧向推移雪或冰碴。

②转子式除雪机。其特点是以高速风扇转子的抛雪为主要除雪方式,适应范围广。

③犁板式除雪机。该机以雪犁或刀板为主要除雪方式,可推雪、刮雪。同时,该车可装在卡车推土机、平地机、拖拉机、装载机等基础底盘上,适应各种条件下的除雪作业。

④清扫式除雪机。该机是以旋转扫路刷为主要除雪方式,广泛适用于高等级道路、机场进行无残雪式的除雪。

⑤吹风式除雪机。该机以鼓风机高速气流为主要除雪方式,将新降下来的雪吹出路面。

⑥化学消融剂式撒布机。该机主要以化学溶剂消化雪,以防雪落地后结冰。一般情况下是降雪前撒于路面,降雪后还可将灰渣撒布在雪面上,加速雪的融化。

3)除雪机的安全使用要点

使用除雪机进行作业时,除严格执行操作说明外,还应注意以下要求:

(1)作业前的准备

①内燃机部分,严格按通用操作规程的有关规定执行。

②基础车的行驶,按照卡车出车前的各项准备工作执行。

③检查限位滑块、铲刀是否磨损超限。

④检查并旋转螺旋切削装置内各部件是否牢固,有无破损和松动的现象。

⑤除雪机启动前,先将变速杆处于"空挡"位置,各操纵杆置于"停车"位置。

⑥检查液压管路及连接部位是否有松动、渗漏现象，液压油温是否过低。若不符合要求，则要及时进行热处理后才可作业。

⑦调整工作装置雪橇及支承轮，使工作装置底部与路面之间的间隙满足路面不平的需求，一般间隙为 10~20 mm。

⑧对顶推拖挂式除雪机，要考虑牵引车的抗滑性能及雪雾对驾驶视野的影响。必要时，安装防滑链。对犁式除雪车，尽量选用平头牵引车。

⑨如果发动机启动后 15 min 内机油压力不见升高，则应停止启动，并进行必要的检修。

⑩在水温未达到 66 ℃ 以前，发动机应低速、小负荷运转。发动机预热期间检查所有仪表。

（2）作业与行驶的要求

①行驶中，在不妨碍通过性能的情况下，旋切装置应尽可能降低高度。

②除驾驶室外，除雪机的其他地方严禁载人。

③除雪机在上坡、下坡和通过弯道时，不可高速行驶，避免紧急制动。

④除雪机在进行除雪作业中，要定时清除除雪装置内的积雪，以防止堵塞。

⑤除雪机在清雪作业时，要随时注意观察前后左右车辆，在确保安全的情况下进行操作。

⑥除雪机的除雪角度要随着工作环境的变化随时调整。

⑦除雪机在整个工作过程中，应注意观察操作盘上的各种仪表是否正常。如果发现有异常情况，则应及时停机检查维修。

（3）作业后的要求

①除雪机停用后，要将整机清洗干净，尤其是轴承转子叶片与壳体接触面更应及时清理，以避免结冰损坏风扇叶片。

②加注满除雪机的燃油，以防燃油中聚积水汽。

③将除雪机水箱内的水全部放干净，以免停车后结冰。

④注意检查整机各部位，应无渗漏现象；进行局部调整，拧紧松动的螺栓等。

⑤选择液压油时，要考虑其黏度等级，一般黏度指数高的工作油所适应的温度范围大。

⑥除雪机在车库停放时，使液压油温保持在一定范围内，从而保证液压系统随时可进行工作。

⑦按规定进行例行保养。

⑧除雪机在闲置不用时，为避免液压油在低温时黏度增高及各部件锈蚀，需将机器晾干并停放在机库内。

2.2.7　路面画线机

路面画线机是在城市街道、公路等路面上画出各种交通标线的机械。它还可在厂矿道路、机场、公园、广场、体育场等画停车线、分区线等其他标线。

道路标线是交通设施的重要组成部分，鲜明完整的道路标线给驾车人和行人以良好的信号提示，可有效地减少事故和提高行车效率。道路标线也是调节和处理交通纠纷及交通事故的法律依据。道路标线性能的好坏在整个交通管理行业和运输业中占有重要的地位。

1)路面画线机的分类

目前，道路标线涂料分类如图 2.10 所示。道路标线涂料不同，在施工时所使用的画线机也不相同。路面画线机分类如图 2.11 所示。

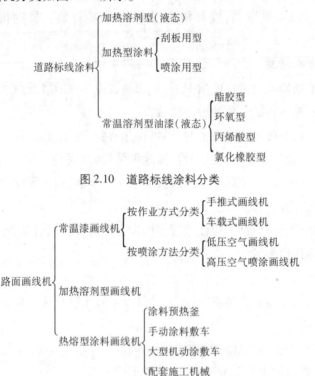

- 道路标线涂料
  - 加热溶剂型(液态)
  - 加热型涂料
    - 刮板用型
    - 喷涂用型
  - 常温溶剂型油漆(液态)
    - 酯胶型
    - 环氧型
    - 丙烯酸型
    - 氯化橡胶型

图 2.10　道路标线涂料分类

- 路面画线机
  - 常温漆画线机
    - 按作业方式分类
      - 手推式画线机
      - 车载式画线机
    - 按喷涂方法分类
      - 低压空气画线机
      - 高压空气喷涂画线机
  - 加热溶剂型画线机
  - 热熔型涂料画线机
    - 涂料预热釜
    - 手动涂料敷车
    - 大型机动涂敷车
    - 配套施工机械

图 2.11　路面画线机分类

2)路面画线机的发展概况

(1)常温漆画线机的国内外发展概况

我国早期常温漆的施工多采用低压有气喷涂，首先靠压缩空气(一般低于 1 MPa)将漆雾化，然后通过喷枪嘴喷涂于地面。低压有气喷涂设备是早期工业用喷漆设备，使用较广。有关部门对原有喷漆设备进行改造后，开始在城市道路上画线，但画出的标线不规范，且施工时需要加入较多的稀释剂才能达到流动性要求，溶剂的浪费量也较大。

1985 年我国喷漆行业逐渐发展和普及了高压无气喷涂方式，路用画线机也借用了该技术，并获得了良好的效果。高压无气喷涂是利用高压泵对涂料增压至 10～15 MPa，然后通过喷枪喷涂于地面。这种方法所喷画出的标线标准美观，前后连续整齐，容易得到较厚和均一的涂层。

国外画线机品种规格多,性能优良,全自动的画线机一般组装在汽车底盘上,喷涂设备自成系统,独立配套动力,即行走和喷涂互不干扰,在标线的施工时对标线厚薄等调节提供了有利条件。路面标线自动画线机具有多种功能,可画常温漆、加热溶剂型涂料、热溶涂料,能加玻璃珠,也可画单线、双线、间断线,并有电脑控制、自动跟踪、自动定向功能。

我国开发和应用高压无气喷涂画线机的时间不长,但发展较快,既有自行式,又有手推式(见图2.12)。随着道路建设的发展,高压无气喷涂画线机将在我国有广泛的市场。

(2)热熔型涂料施工机械的发展概况

热熔型道路标线涂料20世纪50年代中期在欧洲开始出现,此后很快受到全世界许多国家的生产厂家重视,并在使用中不断提高。一些发达国家生产的热熔型涂料施工机械已形成系列产品,性能优良,其机械化和自动化程度越来越高。

我国的热熔型涂料施工机械的开发是从20世纪80年代后期开始的。目前,我国已能生产系列热熔型涂料施工机械。在热熔型涂料的施工中,现在以手动涂敷车为主,而大型热熔涂敷车还正在开发,是我国热熔型涂料施工机械的发展方向。

图2.12　手推式画线车

2.3　路面压实和破碎机械

2.3.1　压实机械

为了使筑路材料(沥青混凝土、水泥混凝土、稳定土等)颗粒处于较紧密的状态和增加它们之间的内聚力,可采用静力和动力作用的方法使其变得更为密实。这种密实过程对提高各种筑路材料和整体构筑物的使用强度有着实质性的影响。对塑性水泥混凝土,材料的密实过程主要是依靠振动液化作用使材料颗粒之间的内摩擦力和内聚力降低,从而在自重的作用下下沉而变得更密实。对于包括碾压混凝土在内的大多数筑路材料来说,它们都可通过压实作用来完成这种密实过程。

压实机械按工作机构的作用原理,可分为以下3种主要类型:

①静作用碾压机械。碾压滚轮沿被压材料表面反复滚动,靠自重产生的静力作用,使被压层产生永久变形而达到压实目的,如图2.13(a)所示。这类压实机械包括各种型号的光轮压路机、轮胎压路机、羊脚压路机,以及各种拖式压路滚等。

②振动碾压机械。碾轮沿被压实表面既作往复滚动,又利用偏心质量 m 旋转产生的激振力,以一定的频率、振幅振动使被压层同时受到碾轮的静压力和振动力的综合作用,给材料短时间的连续脉动冲击,如图2.13(b)所示。这类机械包括各种拖式和自行式振动压路机。

③夯实机械。夯实机械分为夯实和振动夯实两类。前者是利用重物的重力 m_T 自一定高度落下,冲击被压层,使之被压实,如图2.13(c)所示。这类机械包括各种内燃式和电动式夯土机等。振动夯实机械除具有冲击夯实力外,还有一个附加的振动力同时作用于被压实层,如图2.13(d)所示。这类机械包括平板振动夯和快速冲击夯等。

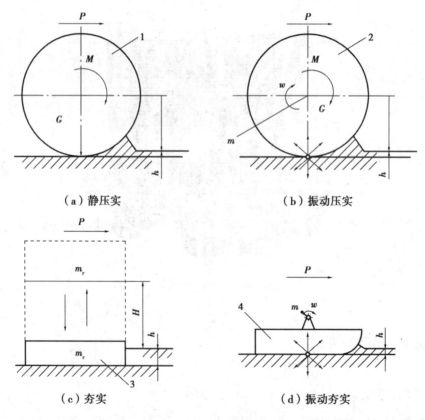

（a）静压实　　　　　　　　　　　　　　（b）振动压实

（c）夯实　　　　　　　　　　　　　　　（d）振动夯实

图2.13　压实机械工作机构的作用原理图

1)静力式压路机

(1)用途

静力式压路机与振动压路机相比,压实功能有一定的局限性,压实厚度也受到一定限制,一般不超过 50 cm,且光面静力式压路机在压实作业中容易产生"虚"压实现象。静力式压路机因其结构简单,使用与维护简便,而且国产静力式压路机的系列化程度较高,可供选择的机型较多,能适应某些特定条件下的压实工作。因此,国内在机械化施工程度不高的施工条件下仍普遍使用静力式压路机。静力式压路机可用来压实公路路基和路面、铁路路基、建筑物基础,以及土石坝、河堤、广场和其他各类工程的地基。其工作过程就是沿工作面前进与后退反复地滚动。

(2)构造

各种静力式压路机的基本结构大致相同,一般包括动力装置、传动装置、制动系统、碾压轮、转向系统、电气系统及附属装置等组成部分。

(3)安全使用常识

①碾压沥青路面时,应启用压路机的自动洒水装置。严禁人工倒退拖刷润湿压路滚,以免发生人身伤亡事故。

②压路机碾压时,应距路基边缘有一个安全距离,以防止倾翻;碾压的厚度应按规定进行,不得超厚,否则不能得到足够的密实度,并容易损坏机件。夜间工作,应装置照明设施。

③两台以上压路机同时碾压时,间距应在 3 m 以上。禁止在坡道上纵横行驶。

④压路机增加配重时,应加干砂和水;冬季不得加水,以免因热胀冷缩而损坏压路滚。

⑤禁止用牵引法强行发动内燃机,不准用压路机拖拉机械和物件。

⑥压路机高速行驶时,不得急转弯。在坡道上行驶,应事先改换低速挡。禁止在坡道上踩下离合器,如必须在坡道上变速,应使压路机制动后才能进行。上下坡时,禁止滑行。

⑦压路机转移工地,如果距离较近,路况良好,坡度不大,则可自行驶往;否则,必须用平板拖车装运。装运时,要有专人指挥,注意安全。

⑧压路机在运行中发生故障,应及时停机熄火进行检修。在坡道上停机时,应用楔块对称楔紧滚轮。压路机应停放在平坦的地方,并用制动器制动,不准停放在土路边缘及斜坡上。

2)振动压路机

(1)用途

各种振动压路机的质量一般为静力式压路机的 1~4 倍,平均为 2.5 倍。振动压路机最适宜压实各种非黏性土、碎石、碎石混合料,以及各种沥青混凝土等,是公路、机场、海港、堤坝、铁路等建筑和筑路工程中不可缺少的压实设备。

垂直振动压路机
压实情况

（2）安全使用常识

振动压路机除参照静力式压路机的安全使用常识外，还应做到：

①注意察看施工环境，调查地上地下的建筑物，防止振动压路机的振动引起边坡倒塌、管道碎裂和建筑物毁坏等事故。

②不得在坚硬的路面上开启振动压路机的振动装置，以免损坏机械。

③经常检查避振装置，发现损坏应及时更换，以免影响操作人员的健康。

2.3.2 破碎机械

1）液压破碎机

（1）用途

液压破碎机是一种利用液压推动活塞在缸内往复运动、冲击钎子、进行破碎作业的机械。液压破碎机有手提式和机械夹持式两种。手提式液压破碎机属小型机械，配有液压动力机，具有耗能少、效率高、噪声小、不污染环境及使用方便等优点。

（2）安全使用常识

①液压破碎机与液压动力机的连接要可靠。拆装接头时，应避免灰尘、泥浆等物进入管路和机件内。连接后，应检查油压是否在允许范围内，如超出允许范围，应重新调定工作压力，调定后应关闭压力表开关。

②当破碎效率降低时，应先检查液压动力机，如没有问题再检查蓄能器的隔膜和充气压力。检查蓄能器压力和添加气体，要使用专用的充气阀和氮气瓶，并按压力容器有关安全技术操作规程进行。

③更换钎子时，应先关闭通入破碎机的液压油路。

2）路面铣刨机

（1）用途

路面铣刨机是沥青路面养护施工机械的主要机种之一。它主要用于公路、城市道路等沥青混凝土面层清除网裂、拥包、车辙等。用路面铣刨机铣削损坏的旧铺层，再铺设新面层是一种最经济的现代化养护方法。由于它工作效率高、施工工艺简单、铣削深度易于控制、操作方便灵活、机动性能好以及铣削的旧料能直接回收利用等，因此广泛用于城镇市政道路和高速公路养护工程中。

路面铣刨机是一种用装满小块铣刀的滚筒（简称铣刨鼓）旋转对路面进行铣刨的高效率路面修复机械。它适用于沥青路面和水泥路面，铣刨后形成整齐、平坦的铣刨面和齐直的铣刨边界，为重新铺设沥青混合料或混凝土创造条件。修复后，新老铺层衔接良好，接缝平齐。路面铣削机械主要有热铣刨和冷铣刨两种。

热铣刨机是在铣刨前先用液化气或丙烷气或红外线燃烧器将路面加热,再进行铣刨的。这种铣刨方式切削阻力小,但消耗能量较大。热铣刨机多用于沥青路面养护及再生作业中。

冷铣刨机是直接在旧路上或需要养护的路段上进行铣刨的。该机切削的料粒较均匀,适应性广,但切削刀齿磨损较快。冷铣刨机多用于铣削沥青路面隆起的油包及车辙等。

(2)构造

目前,国内使用较多的铣刨机有 SF-13000C 铣刨机,以及美国英格索兰公司及德国维特根公司生产的各类铣刨机。下面仅介绍 SF-13000C 路面铣刨机。该机是一种全液压轮式中型冷铣刨机。它由发动机、底盘、铣刨装置、洒水装置及料输送装置等组成,如图 2.14 所示。

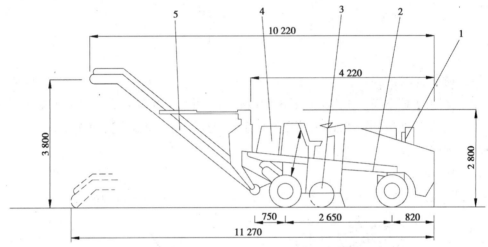

图 2.14 SF-13000C 路面铣刨机

1—发动机;2—底盘;3—铣刨装置;4—洒水装置;5—料输送装置

(3)安全使用常识

①施工前,操作人员和施工人员应了解现场情况和施工要求,确定最佳施工方案。由于铣刨机是在不封闭交通的情况下作业的,因此必须设置安全标志,并有专人指挥。

②根据路面结构及破坏的情况,合理选择铣刨鼓的转速、刀具的材料与形状。

③铣刨机作业时,要掌握好切削深度。开始下切时,速度不要过快,而且要均匀。

④铣刨路面时,应开启洒水装置洒水,以减少灰尘飞扬和冷却刀具。但洒水量不宜过多,以免导致道路泥泞。

⑤有输送带的铣刨机都要与自卸汽车联合作业,此时应有专人指挥,操作人员要密切配合,防止撞车和撒料。

⑥履带式铣刨机转移工地上下拖车时,要事先检查操纵机构和制动装置是否灵敏可靠,并有专人指挥,还要考虑不得超长、超宽和超高,否则应采取措施。

⑦铣刨机夜间作业,其上方应有警示灯,施工现场要有足够的亮度。

(4)道路铣刨机的应用特点

①使用铣刨机铣削路面,可快速、有效地处理路面病害,使路面保持平整。

②道路的翻修工程采用铣削工艺,可保持原路面的水平高程。铣削工艺可将损坏路面切除掉,由新材料填补原有空间,经压实后与原路面等高,保持路面的原有水平高程,这使穿行于高架桥或立交桥涵的路面载荷对桥体不致产生冲击载荷,并且桥涵通过高程不变。

③有利于旧路面材料的再生利用。由于可掌握切削深度,铣削下来的材料不仅干净且呈规则的小颗粒,可不用再破碎加工即可再生利用。这样,大大降低了施工成本,同时也是一种环境保护措施。

④保证新旧路面材料的良好结合,提高其使用寿命。采用铣削工艺,可使填料坑边侧及底部整齐、深度均匀,形成新旧料易于结合的齿状几何表面,从而使翻修后新路面的使用寿命大大提高。

3)风镐

(1)用途

风镐是利用压缩空气作动力进行开凿和破碎的一种风动机械。它主要用于施工现场破碎坚固的或冻结的地层、水泥混凝土结构物和板块、沥青混凝土的路基和面层,是道路养护工程中常用的破碎机械。

(2)结构

风镐结构如图 2.15 所示。它主要由启动机构、配气机构和冲击机构组成。

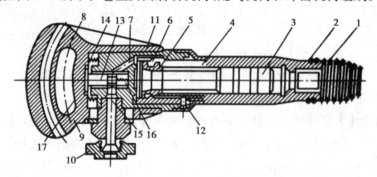

图 2.15　风镐结构

1—弹簧;2—轴套;3—活塞;4—筒身;5—管形气阀;6—气阀箱;7—中间环节;8—把手;9—气门管;
10—联接螺母;11—平板;12—螺钉;13—阻塞阀;14,15—弹簧;16—过滤阀;17—钢片

启动机构的作用是控制风镐的启动和停止。压缩空气经风管接头进入风镐,当压下手把时,阻塞阀下移,风道打开,压缩空气经斜管进入配气机构使风镐开动;松开手把,阻塞阀受阻塞阀弹簧和把手弹簧的作用而返回顶端位置,关闭气路,风镐停止工作。

配气机构位于连续套的内部。压缩空气进入配气机构,通过阀在前后不同位置的分配作用,控制着压缩空气交替地进入筒身的前后腔,驱动活塞作往复运动,冲击钎尾,使钎子连续不断地冲击路面,从而达到破碎的目的。

（3）安全使用常识

①使用风镐时，每隔 2~3 h 要加注一次润滑油。

②风镐和空气压缩机联合使用，应遵守安全技术操作规程。

③不能空击，禁止镐钎全部插入破碎层。

④禁止行人进入现场，防止飞溅的碎石伤人。

⑤检修或更换钢钎时，必须先关闭风镐的气源，防止伤人。

2.4　路基养护工程机械

2.4.1　推土机

1）用途

推土机是路基施工中的主要机械之一。由于推土机具有构造简单、操纵灵活、移动方便、行驶速度快、所需作业面小以及既可挖土又可用作短距离运土等优点，因此广泛用于土方工程的施工中。

在道路路基养护工程中，推土机主要用于路基修筑基坑开挖、填筑堤坝、平整场地、清除树根、填平壕堑、堆积石渣及其他辅助作业，并可为铲运机与挖装机械送土和助铲及牵引各种拖式工作装置作业。

2）构造

如图 2.16 所示为 SD16 推土机外形图。它主要由推土铲、提升油缸、燃油箱、履带、链轮、台车架、托轮、引导轮及推杆等组成。

图 2.16　SD16 推土机外形图

1—推土铲；2—提升油缸；3—燃油箱；4—履带；5—链轮；6—台车架；7—托轮；8—引导轮；9—推杆

3）安全使用常识

①陡坡上（地面坡度在 25°以上）不能横向行驶，不能在坡上纵向行驶也不能原地转向，否则会引起履带脱轨，甚至可能造成侧向翻车。

②下陡坡时，应将推土板着地并倒车下行，使推土板协助制动。

③推土机在超过 30°的坡上横向推土时，应先设法挖填，使推土机能保持平稳后，方可进行作业。

④在坡地上发生故障或发动机熄火时，首先应将推土板放置在地面上，踏下并锁住制动踏板，然后进行检修工作。必要时，在履带（或轮胎）的前后方垫三角木，以防止机械下滑。

⑤在下陡坡转向时，可利用推土机自重惯性加速的作用实现转向，并使用反方向的转向离合器操纵杆。如右转弯时，拉起左面的转向操纵杆，但不能使用制动踏板。

⑥下坡时，不准切断主离合器滑行，否则将造成机件损坏或发生翻车事故。

⑦在高低不平或坚硬的路面上以及障碍物较多的区域行驶时，必须采用低速，以免发生机件损坏和事故。

⑧在高速行驶时，切勿急转弯，尤其在石子路上和黏土路上，更不能高速急转弯，否则将严重损坏行走装置，甚至引起履带脱轨事故。

⑨向深沟悬崖的地缘推土时，事先应了解道下有无人或物；推土板不得推出边缘，并在换好倒挡后，先起步后提刀，以免压垮边缘的土壤产生翻车事故。

⑩推土机纵向成队行驶时，应始终保持适当的机间距离。在狭窄的道路上行驶，未得前车同意，不得超越。

⑪推土机开动时，驾驶室内不准堆放任何物体，以免影响操作或因无意碰撞操纵杆而造成事故。

2.4.2　平地机

1）用途

平地机是铲土、移土和卸土同时进行的连续作业式机械。刮刀是其主要工作装置。通过对刮刀的水平回转、左右升降、左右侧伸及机外倾斜 4 种基本动作的调整，采用合理的施工方法，可完成开挖沟槽、平整场地、回填沟渠、清除积雪、铺散或路拌路面材料及修筑路基堑的边坡作业。放下平地机的齿耙，还可进行松土作业。

2）构造

如图 2.17 所示为 PY160F 型平地机。它由发动机、液力变矩器、离合器、变速器、平衡器、车轮、刮土刀、松土器及操纵系统等组成。

图 2.17　PY160F 型平地机

3) 安全使用常识

①作业前,必须清除施工现场有损轮胎的污物和钢钉等坚硬锋利的杂物。作业中,操作人员应严格按规程的要求进行操作。

②平地机在平整凹凸较大的地面或自卸车倾倒的土堆时,应先用推土机推平或刮刀粗平,方可进行平整,以免因超过前后桥结构允许的摆动角度而失稳,发生倾翻、陷落或损坏机件。

③遇到坚硬的土质,需要松土器翻松时应用Ⅰ挡行驶,并缓慢下齿,以免折断齿尖,不准用松土器来翻松碎石路面和高级路面,以免损坏机件。

④平地机刮刀大角度回转、向机侧倾斜及铲土角大范围调整都必须停机进行。起步前,应先将刮刀下降到接近地面,起步后方可逐渐切土。禁止刮刀先切土后起步。作业中,随铲土阻力的大小变化调整刮刀的切土深度,不得一次调整过多而影响平整度。

⑤禁止使用平地机拖拉其他机械。

⑥驾驶室乘坐人数必须符合规定的要求。行驶时,必须将刮刀、松土器升到最高位置,并将刮刀斜放,刮刀两端不得超出后轮胎外侧宽度。下坡时,严禁发动机熄火和超速滑行。

2.4.3　挖掘机

1) 用途

挖掘机是用铲斗挖掘土,并把土卸到运输车上,由运输车运到卸料处或将挖出的土直接卸在附近弃土场的土方工程机械。

挖掘机有单斗式和多斗式。前者为循环作业式,后者为连续作业式。在道路养护工程中,一般使用单斗液压挖掘机,每一个工作循环包括挖掘、回转、卸载及返回 4 个过程。

单斗液压挖掘机具有多种工作装置,可根据作业的对象安装相应的工作装置,如图 2.18 所示。

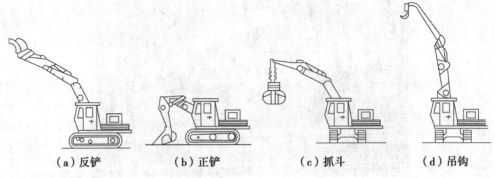

（a）反铲　　　（b）正铲　　　（c）抓斗　　　（d）吊钩

图 2.18　单斗液压挖掘机

2）构造

单斗液压挖掘机主要由柴油机、回转机构、行走机构、机架、操纵系统、驾驶室、工作装置及配重组成。工作装置由动臂、斗杆和铲斗等组成。

3）单斗液压挖掘机安全使用常识

①开工前,挖掘机操作人员和现场施工人员要查看地形,了解工程情况,确定工作面与开挖顺序。

②初开工作面时,可自行或用其他机械整理出至少可容纳一台挖掘机作全回转的场地,特别要选择平整、坚实的场地作为停机面。如系挖装作业,还应考虑运土车辆的调头和停车位置。

③配合反铲挖掘机清理沟底、平整修刮边坡时,必须在最大挖掘半径以外作业,否则需待挖掘机停机熄火、铲斗落地后方可进行作业。挖掘机继续挖掘作业时,需待沟槽内工作人员撤离完毕,并在指挥人员发出指令后开始。

④当挖掘机挖掘基坑或沟槽,深度在 5 m 以内,两边不加支承时,应根据地质情况确定安全的边坡度。

⑤挖掘悬崖时,要采取防护措施,作业面不得有摆动的大石块。如发现有塌方的危险,应立即处理或将挖掘机撤离到安全地带。

⑥挖掘机不得靠近架空输电线路作业或行走。如限于现场条件,必须在线路近旁作业时,应采取安全保护措施。

⑦履带式挖掘机只能在现场转移工作面时作短距离行驶。通过铁道、跨越电缆和管道时,应采取一定的安全措施。用车、船等运输工具作长途转运时,应充分考虑挖掘机的长度、高度和质量,选择合适的车、船,如有不符合装运条件的部件,应在装运前拆卸。挖掘机上下

车船前,应检查制动器和其他操纵机构是否灵活可靠,并有专人指挥上下车船,以保证人身和机械的安全。

2.4.4　装载机

1)用途

装载机是用来对运输车辆装卸松散的物料或自行完成短途转运作业的一种机械。

装载机按行走装置,可分为轮胎式和履带式两类;按工作装置,可分为单斗式、挖掘装载式和斗轮式 3 种;按本身结构,可分为刚接式和铰接式两种。

装载机的作业过程为铲、装、运、卸。装载机具有结构紧凑、操纵轻便灵活、工作平稳、使用安全可靠、生产效率高等优点,换装如图 2.18 所示不同的工作装置后,还具有木料装卸、重物起吊、集装箱搬运以及作为牵引动力等功能。

2)构造

装载机及其可换工作装置如图 2.19 所示。它由发动机、驾驶室、车架、行走装置(前桥总成和后桥总成)及工作装置等组成。

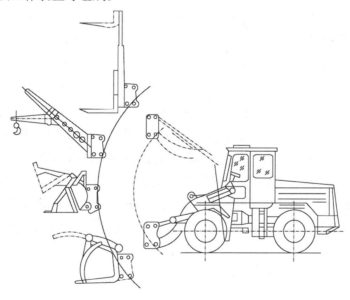

图 2.19　装载机及其可换工作装置

3)安全使用常识

①装载机进入施工现场前,操作人员和施工人员要对现场进行观察分析,了解施工要求和施工条件,制订最佳的安全施工方案和作业路线。对影响装载的障碍物,或用装载机自行清除,或用推土机协助清除。对地下管道、电缆、基础桩等隐蔽的障碍物,要事先探测清楚,妥

善处理,以防装载机正常作业时发生事故。

②在拆迁和清理废墟的工作中,推倒半墙要选择有利地形,选择有裂缝的地方,提高铲斗后推动。必须推半墙的上部,或从一端沿纵向与墙成一定倾斜角斜推,以免发生砸坏机械事故。

③装载机通过乱石和不平整道路时,必须慢速行驶,下坡时禁止空挡滑行;在坡道上横向行驶要倍加小心,防止发生翻车事故;在水中作业时,水深应低于轮胎直径的1/2。作业后,应进行清洗及防腐蚀保养。

④装载机配合自卸汽车装载时,应与汽车保持一定安全距离,防止发生撞车事故。铲土作业时,铲斗不能斜插,要求对推物料正面接近,避免急剧冲撞,以免轮胎超载打滑。向汽车卸装物料时,应将铲斗提升到一定高度,使铲斗前翻不致碰到车厢。对准车厢倾翻时,动作要缓和,以减轻物料对汽车的冲击。

⑤装载机作业时,严禁人员在铲斗及斗臂下走动,以免物料落下、斗臂及铲斗突然下落而伤人。严禁铲斗内站人进行举升作业,以防铲斗突然下降而伤人。

⑥履带式装载机装车转移前,应先检查行车机构和制动器等操纵机构是否灵敏可靠,并用方木或跳板搭成10°~15°的坡道,各种准备工作就绪后,方可装车。装车时,要由经验丰富的人员现场指挥,机械不得超载、超高和超宽。

2.4.5　稳定土拌和机

1)用途

稳定土拌和机是改良软地基或道路基层的一种机械。它的工作过程分为粉碎、拌和和摊铺。移动式稳定土拌和机施工时,首先将素土按一定的厚度均铺在路床上,然后将添加剂(白灰或水泥)按一定的比例均铺在素土层上,最后稳定土拌和机在行进中将其进行粉碎、拌和、摊铺,经压实后,可得到灰土层路基。如果再按一定比例均铺石料,则经过稳定土拌和机搅拌摊铺后又可得到灰土石层路基。由于使用稳定土拌和机施工能获得质量优良的路基。因此,稳定土拌和机是修筑道路和机场路基不可缺少的机械,也是道路养护工程中较大面积路基养护维修不可缺少的机械。

2)构造

如图2.20所示,稳定土拌和机由主机、工作装置和稳定剂喷洒控制系统等组成。主机包括发动机、动力传动系统、行走系统、转向系、制动系、驾驶室及电气系统等。工作装置由转子及转子架、转子升降液压缸、罩壳及其后斗门开启液压缸组成。稳定剂喷洒控制系统的作用是计量、喷洒稳定剂所需要的黏结液和水。

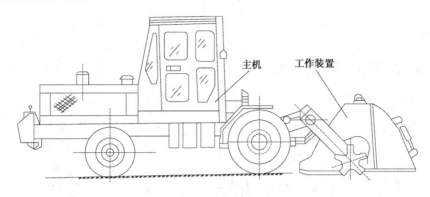

图 2.20　稳定土拌和机

3）安全使用常识

①稳定土拌和机在行驶时,必须将拌和装置提升到行驶状态,各种操纵机构和装置要齐全完好,驾驶室按规定乘坐人员。下坡时,严禁发动机熄火滑行,并随时注意仪表及周围的动向,避免发生交通安全事故。

②稳定土拌和机在施工作业中,垫铺的土层和外加剂厚度不能超过规定的最大拌和深度,材料中不能有超过规定粒径的石块、矿渣等坚硬的块状物或钢筋等条状物,以免损坏搅拌刀具或卡住拌和转子或刺破轮胎。

③当清理搅拌转子上的黏土、嵌石或置换刀具时,必须停机熄火,并将工作装置置于一定高度,支垫结实,或使用保险装置销紧,以防下落伤人。若要转动转子,人员及工具材料等要预先撤离,机上机下呼应,并由专人指挥方可操纵转子转动,否则禁止操纵起落和转动,以免发生恶性事故。

④稳定土拌和机在新填的土堤上作业时,离坡沿要有一定的安全距离,以免发生滑坡倾翻事故。

⑤严禁使用倒挡进行拌和作业,以免发生恶性事故。

2.5　水泥混凝土路面养护工程机械

2.5.1　混凝土搅拌运输车

1）用途

混凝土搅拌运输车是把搅拌站生产的混凝土运送到距离较远的施工工地的专用车辆。它是在汽车的底盘上安装一个可自行转动的搅拌筒,车辆在行驶过程中可继续缓慢地旋转搅拌筒进行搅拌,以防止混凝土产生离析现象,从而保证混凝土的质量。

2)构造

混凝土搅拌运输车一般由运载底盘、搅拌筒、驱动装置、给水装置及操纵系统组成,如图 2.21 所示。

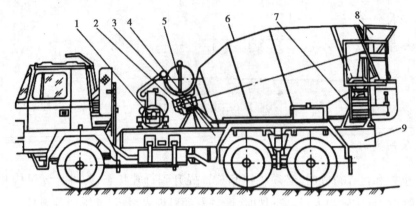

图 2.21　混凝土搅拌运输车

1—泵连接组件;2—减速机总成;3—液压系统;4—机架;5—供水系统;

6—搅拌筒;7—操纵系统;8—进出料装置;9—底盘车

3)安全使用常识

①搅拌运输车装料时,应先空转搅拌筒 10 min 左右。在空转过程中,应进一步检查操纵系统的灵活性和可靠性。搅拌筒在旋转过程中装料量不得超过额定容量。搅拌筒旋转速度稳定后,再开动汽车行驶。

②搅拌筒在满载时不可停止转动,否则再次启动搅拌筒时易使传动系统因扭矩过大而损坏。

③混凝土从装入搅拌筒到卸出,时间不宜过长,否则会影响混凝土的质量。

④行驶中,应将卸料槽卸下,安置在工具箱下面并扣牢,以免行驶途中发生摆动,造成其他事故。

2.5.2　混凝土搅拌机

1)用途

混凝土搅拌机是将水泥、砂、石和水按一定的配合比例进行均匀拌和的机械。其种类很多。按搅拌原理,可分为自落式和强制式;按作业方式,可分为周期式和连续式;按搅拌筒的结构,可分为鼓筒形、双锥形、梨形、圆盘立轴式及圆槽卧轴式;按出料方式,可分为倾翻式和不倾翻式;按搅拌容量,可分为大型(出料容量 $1 \sim 3 \ m^3$)、中型(出料容量 $0.3 \sim 0.5 \ m^3$)、小型(出料容量 $0.05 \sim 0.25 \ m^3$)。混凝土搅拌机分类见表 2.3。

表 2.3　混凝土搅拌机分类

自落式				强制式		
倾翻出料		不倾翻出料		立轴式		卧轴式
单口	双口	斜槽出料	反转出料	涡桨式	行星式	双槽式

2）安全使用常识

①使用前，应做好清洁、润滑、紧固、调整及防腐等工作。检查结合件是否松动，离合器和制动器是否灵活可靠，以及钢丝绳有无损坏等。

②混凝土搅拌机应安装在坚实平整的地面上，撑脚应调整到轮胎不受力、支承受力均匀，以防止机架在长期负载的情况下变形。

③钢丝绳的表面要保持层油膜，绳头卡结必须牢固。钢丝绳断丝过多或绳股松散时，应更换。

④使用过程中，进料斗升起后，斗下不能站人；保养检修上料系统时，上料斗升高后应锁紧，以免料斗突然下滑伤人。

⑤机械运行过程中，不得拆卸机件、检修、润滑和调整，进料坑和导轨上不得站人和摆放工具。

⑥停机后，要及时做好机械和环境的清洁工作，防止水泥凝固损坏机件。

⑦机械不能超载运行，否则容易损坏机件。

2.5.3　小型混凝土路面施工机械

1）振动设备

混凝土振动设备是对浇灌以后的混凝土进行振实和捣固的机械。常用的振动设备有插入式振捣器、平板振动器和振动梁。

（1）插入式振捣器

插入式振捣器的振动部分插入浇灌后的混凝土内部，直接把振动传给混凝土。因此，它生产效率较高，是混凝土路面翻修不可缺少的设备，如图 2.22 所示。

安全使用常识如下：

①操作人员应穿绝缘鞋，戴绝缘手套，以免发生触电事故。

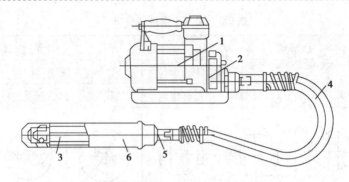

图 2.22　偏心式插入式振捣器

1—电动机;2—增速器;3—激辍子;4—传动软轴;5—连接套;6—激振体

②使用前,应检查电动机的绝缘是否良好,振动棒、软轴和导线的外表及连接部分有无损坏痕迹,棒壳和电动机上的螺栓是否紧固,以及动力导线的外皮有无破损和潮湿等。

③振捣时,要使振动棒垂直并自然地沉入混凝土中,不能用力硬插或斜插,避免振动棒碰撞钢筋或模板,更不能用棒体撬拨钢筋。振动器的振动频率很高,如果在操作中和钢筋等硬物发生碰撞,则容易振坏棒壳。

④在使用振动器时,要注意棒壳、软管和接头的密封性,避免水侵入。冬期施工,如因润滑脂凝结而不易启动时,可用炭火烘烤振动棒,但不得用烈火猛烤或沸水冲烫。

⑤振动器在使用中如果温度过高,须停机降温。一般连续工作 30 min 左右,应停歇一段时间,使其冷却后再使用。

⑥工作中,最好将动力软线悬吊空中,以免受潮或拖伤表皮,发生触电事故。如果手提动力软线,则须穿绝缘鞋和戴绝缘手套。

(2)平板振动器

平板振动器是在混凝土的表面施加振动而使混凝土被捣实的机械。它的作业深度一般为 18~25 cm,工作部分是一钢质或木质平板。

安全使用常识如下:

①操作人员和手提电缆的辅助人员必须穿绝缘鞋,戴绝缘手套,以免发生触电事故。

②平板振动器在试振时,不可在干硬的地面上作长时间的空运转,以免损坏振动器。

③操作中进行移动时,电机的导线要保持有足够的长度,勿使其张拉过紧,以防拉断线头。

④工作完后,应及时清洗底板,注意做好维护和保养工作。定期测试电机的绝缘电阻,并拆检电机和激振子,绝缘电阻不得低于规定值。

(3)振动梁

振动梁是在平板振动器全面地覆盖性振捣之后,进一步对振捣密实的混凝土整平、抹光的机械。它主要由振动器和横梁组成。

安全使用常识如下：

①操作人员应穿绝缘鞋,戴绝缘手套,以免发生触电事故。

②振动梁应(行夯)作全幅拖拉振实 2~3 遍,使表面泛浆并赶出气泡。

③振动梁移动速度要缓慢均匀,前进速度为 1.2~1.5 m/min。振实过程中发现有不平之处,应及时进行人工挖填找平。补料时,宜使用较细混合料,禁止使用砂浆找补。振动梁行走时,不允许中途停留。

2)抹光机

(1)用途

抹光机的作用是平整混凝土表面。抹光机可分为叶片式和浮动圆盘式两种。叶片式抹光机适用于路面较干时的粗抹;浮动圆盘式抹光机适用于路面较干时的光抹和道面较湿时的粗抹、光抹。

(2)结构

抹光机结构如图 2.23 所示。

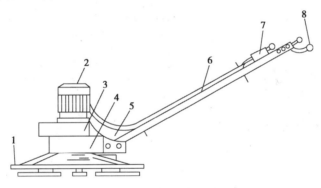

图 2.23 抹光机结构

1—护罩;2—电动机;3—减速器;4—抹盘;5—螺栓;6—扶手架;7—开关;8—手柄

(3)安全使用常识

①操作人员和手提电缆的辅助人员必须穿绝缘鞋,戴绝缘手套,以免发生触电事故。

②使用前,应检查电机、电器开关、电缆线和接线是否符合规定,检查和清理抹盘上的杂物。

③接通电源后要进行试运转,叶片必须按顺时针方向旋转,不准反转。

④抹光机发生故障时,必须停机切断电源后才能检修。

⑤使用完毕,应及时清洗干净,并存放在干燥、清洁和没有腐蚀性气体的环境中,手柄应放在规定的位置。转移时,不得野蛮装卸。

3）切割机

（1）用途

切割机是切割混凝土伸缩缝的机械。混凝土经过真空吸水、抹光等工序，并经一定时间的凝结，便可使用切割机切缝。由于切割机能连续进行施工，因此能加快施工进度，提高伸缩缝的质量，保证接缝的平整度。

（2）安全使用常识

①操作电动式切割机的人员应穿绝缘鞋，戴绝缘手套，以防触电事故发生。

②使用前，应检查电机、电器、开关、电缆线及接线是否正常，是否符合规定。检查刀盘的转向，新刀盘的转向应与箭头所示的方向一致，旧刀盘的转向可由金刚石颗粒的磨削痕迹确定。严禁刀盘正向、反向轮流作用，注意每次启动切割机前，都应检查刀盘转向和紧度，并放下防护罩。

③切割过程中，进刀、退刀要缓慢，切割推进要均匀，不能用刀盘单边切割，以防刀盘变形和损坏。同时，应注意水箱水位。当水位降至水箱高度的 1/2 以下时，要及时补充水。严禁无冷却水切制。冷却水应对准刀口和切缝，喷射要均匀。

2.6 沥青路面养护工程机械

2.6.1 乳化沥青生产设备

1）用途及组成

乳化沥青生产设备是在乳化剂的作用下将沥青破碎成为小的颗粒，并均匀分散在水中形成稳定的乳液，即乳化沥青。

2）安全使用常识

①严格控制沥青和乳化剂水溶液的温度：石油沥青的温度控制为 $120 \sim 140$ ℃；软煤沥青的温度不超过 100 ℃；乳化剂水溶液的温度为 $50 \sim 80$ ℃；沥青和乳化剂水溶液混合后温度应不超过 100 ℃。这样，以免乳化时产生过多泡沫，影响乳化沥青的质量，导致外溢而污染环境和烫伤人员。

②根据沥青的规格和性质，选用相应的乳化剂，确定合适的浓度，以保证乳化沥青的质量，避免配比不当发生外溢而造成环境污染和发生烫伤事故。

③操作人员应戴好安全帽和手套，穿好工作衣和工作鞋，以防热沥青飞溅伤人。

④应用电热管加热装置，接线柱部分应有安全防护罩，罐体要接地，操作人员要具备安全

用电知识,防止发生触电事故。

⑤生产结束后,应及时关闭阀门,清洗管道,以防堵塞,损坏设备。

2.6.2　沥青稀浆封层机

1)用途

乳化沥青稀浆封层是用适当级配的集料、填料、乳化沥青及水 4 种材料,按一定比例掺配、拌和,制成均匀的稀浆混合料,并按要求厚度摊铺在路面上,形成密实、坚固、耐磨的表面处治薄层。乳化沥青稀浆封层机是完成稀浆封层施工的专用设备。它适用于公路和城市道路部门对路面进行周期性预防保养,以保持路面的技术性能和延长使用寿命。

沥青稀浆封层机按行走装置的形式,可分为拖式和自行式两种。

2)构造

如图 2.24 所示为自行式稀浆封层车。它因使用的骨料、乳化沥青和添加剂似稀浆一般而得名。稀浆封层车专用于依据老旧路面的表面纹理浇注耐用的沥青混合料,可有效地封闭路面,使表层的裂缝与水和空气隔绝,以防止路面老化进一步加深。

图 2.24　自行式稀浆封层车

3)安全使用常识

①施工前,应对全路面进行全面摸底,并进行技术处理。对所施工的路段设置安全标志,全面封闭交通,禁止行人、车辆进入,以免发生事故和影响施工质量。

②施工时,要有专人指挥,操作人员不准站在摊铺槽上,以免发生意外事故;作业速度一般为 10~20 m/min。作业速度选定后,应保持相对稳定,以免影响封层质量。

③用装载机上料时,应停机进行,并掌握好上料距离和铲斗倾翻的角度,防止矿料撒落。

④每班作业结束后,应对设备的乳化沥青供给系统、拌和筒、摊铺槽进行彻底清洗,以防沥青稀浆凝结。

2.6.3 沥青混合料搅拌设备

1) 用途

沥青混合料搅拌设备是一种将不同粒径的集料和填料按规定比例掺配在一起,用沥青作结合料,在规定的温度下拌和成均匀混合料的专用机械。沥青混合料搅拌设备是沥青路面施工的关键设备之一,其性能直接影响沥青路面的质量。

沥青混合料搅拌设备可按生产能力、搬运方式、工艺流程等进行分类。按生产能力,可分为小型(生产率为 40 t/h 以下)、中型(生产率为 40~400 t/h)和大型(生产率为 400 t/h 以上);按搬运方式,可分为移动式、半固定式和固定式,城市道路施工一般使用固定式沥青混合料搅拌设备;按工艺流程,可分为间歇强制式和连续滚筒式,高等级公路建设应使用间歇强制式,而连续滚筒式多用于普通公路和场地建设。

2) 构造

如图 2.25 所示为间歇强制式沥青混合料搅拌设备。该设备适用于高等级公路、机场等沥青混凝土需求量大的场所。

图 2.25 间歇强制式沥青混合料搅拌设备

间歇强制式沥青混合料搅拌设备工艺流程如图 2.26 所示。

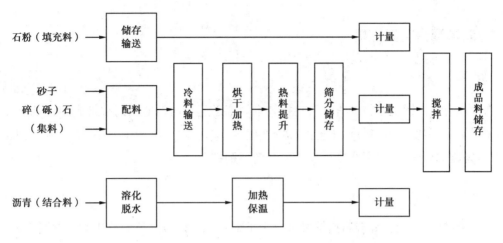

图 2.26　间歇强制式沥青混合料搅拌设备工艺流程

3）安全使用常识

①现场管理人员和操作员应戴安全帽,穿工作衣和工作鞋;转动件附近严禁穿肥大的衣服,以免卷入而发生意外事故。

②严禁在运转的设备上堆放工具及物件,以防发生事故。

③调整和检修设备工作应在停机后进行,严禁设备运转时进行调整和检修。

④严禁在溢流管道周围逗留、通过,以免伤人。

⑤当冷料斗下料不畅且需要人工辅助作业时,必须两人以上作业,不准单独作业,也不准跳入料坑作业,以免发生人被埋入料中的恶性事故。

⑥在冷配料周围工作的人员必须戴上安全头盔,以防石料飞出砸伤头部或头部碰到机件。

⑦接料时,要注意安全,放料口与车厢(或接料口)对好以后才能放料。放料的数量要控制好,不要溢出。

⑧根据沥青罐容量,严格控制沥青的加入量,防止发生沥青因含水受热外溢,烫伤人员或污染环境的事故。

⑨导热油加热系统初次使用或更换导热油之后,必须按规定进行"汽化"处理,以免系统内空气、水和蒸汽因受热急剧膨胀而发生爆炸。

⑩成品料仓提升小车的制动器间隙调整要合适,制动要灵敏可靠;牵引钢丝绳应定期检查,发现严重磨损或钢丝有折断情况应及时停机更换。提升小车时,轨道下方严禁人员穿行,以防止料漏出或小车冲出伤人。

2.6.4　沥青混合料摊铺机

1)用途

沥青混合料摊铺机是将沥青混合料按技术规范迅速并均匀地摊铺在筑成的路基上,以保证摊铺层厚度、宽度、路面拱度、平整度和密实度等要求。它广泛用于公路、城市道路、大型货场、停车场、机场和码头等工程中的沥青混合料摊铺作业。

2)分类

①按摊铺宽度,沥青混合料摊铺机可分为小型、中型、大型及超大型4类。摊铺宽度一般为3 600~9 000 mm。小型摊铺机主要用于低等级公路的路面养护和城市狭窄道路的修筑工程;中型摊铺机主要用于一般公路路面的修筑工程,也可用于路面的养护作业;大型摊铺机主要用于高等级公路路面施工;超大型摊铺机常用的摊铺宽度为1 200 mm,主要用于高速公路、机场、码头及广场等大面积沥青混合料路面施工。

②按行走方式,沥青混合料摊铺机可分为拖式和自行式两类。其中,自行式又分为履带式和轮胎式两种。

3)构造

履带式和轮胎式摊铺机的结构除行走装置及相应的控制系统有区别外,其余组成部分基本相似。它们都是由基础车、供料装置、工作装置及控制系统组成的。摊铺机结构如图2.27所示。

其工作过程为接料、送料、分料、熨平及振捣。

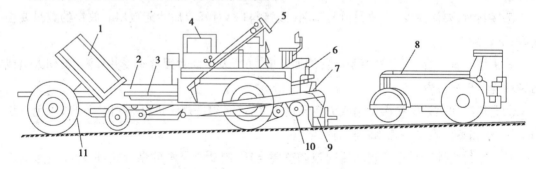

图2.27　摊铺机结构

1—自卸车;2—接料斗;3—刮板输送器;4—发动机;5—转向盘;6—熨平板升降装置;

7—调整杆;8—压路机;9—熨平器;10—螺旋摊铺器;11—顶推滚轮

4)安全使用常识

①摊铺机作业前,应在施工现场设置安全标志,行人和车辆不得进入施工区,以免影响施工作业和发生安全事故。

②摊铺机的离地间隙较小,故起步前一定要及时清理周围障碍物。

③运输沥青混合料的自卸汽车倒车驶向摊铺机时要对准,并有专人指挥。汽车和摊铺机要密切配合,避免发生冲撞和撒料等现象。

④工作过程中,摊铺机不得倒退。如需倒退,必须提起熨平板停止工作后进行,否则容易损坏机件和影响摊铺层的质量。

⑤工作或运输过程中,人员不准在料斗内坐立或作业,熨平板上不准随意站人,非操作人员不得攀登摊铺机,以免发生人身安全事故。

⑥运输摊铺机时,应提起熨平板,并用锁紧装置锁住。履带式摊铺机转移工地时,自行上拖车或起重机吊装上拖车都要有专人指挥,注意安全。

⑦摊铺机停机后,要认真做好保养工作,及时清洗料斗、刮板、螺旋输送器及熨平板等部件。清洗时,必须将发动机熄火后进行。一次清洗不完,可再次启动发动机,转过一定距离或一个角度后,再停机熄火进行清洗。

思考题

1.道路养护机械的分类有哪些?

2.推土机的适用条件有哪些?

3.沥青路面面层修复机械有哪些?

4.混凝土路面修补机械有哪些?

5.道路养护工程机械安全使用有哪些规定?

扩展资源2

第3章 市政道路路基的养护

1.描述路基病害的分类及破坏现象。

2.描述路基病害破坏的原因和影响因素。

3.描述路肩病害的预防措施和治理方法。

4.描述路基边坡的加固措施。

5.掌握路基排水设施的分类。

6.描述挡土墙的养护措施。

7.描述路基翻浆的预防和处理措施。

1.进行路基病害的种类判断。

2.进行挡土墙的维修加固。

3.进行路基翻浆的处治。

3.1 路基养护的内容

路基是道路的重要组成部分,是路面的基础。它与路面共同承担车辆荷载,并把车辆荷载通过其本身传递到地基。路基的强度和稳定性直接影响路面的平整度,是保证路面稳定的基本条件。为了保证路基的坚实和稳定,排水性能良好,使各部分尺寸和坡度符合规定,应加强路基养护,并采取有效措施进行修复和加固。

市政道路路基养护包括路基结构、路肩、边坡、挡土墙、边沟、排水明沟及截水沟等。

3.1.1 路基养护的工作内容与基本要求

1)路基养护的工作内容

路基养护应通过对公路各部分的日常巡视和定期检查,发现病害及时查明原因,采取有效措施进行修复或加固,以消除病害根源。其作业范围应包括下列内容:

①维修、加固路肩和边坡。

②疏通、改善排水设施。

③维护、修理各种防护构造物。

④清除坍方、积雪,处理塌陷,检查险情,防治水毁。

⑤观察、预防和处理翻浆、滑坡、泥石流等病害。

⑥为适应运输发展的需要,应对养护的路线逐步进行改善和加固,如改善路线的急弯和陡坡,以及添加挡土墙、护坡等结构物。

⑦有计划、有针对性地对局部路基进行加宽、加高,改善急弯、陡坡等视距不良地段,使之逐步达到所要求的技术标准。

2)路基养护的基本要求

为了保证路基各部分完整,满足上述对路基的各基本要求,使路基发挥正常有效的作用,路基养护工作必须符合下列基本要求:

①土质边坡应平整、坚实、稳定,坡度应符合设计规定。

②路肩应无坑槽、沉陷、积水、堆积物,边缘应直顺平整。

③挡土墙及护坡应完好,泄水孔应畅通。

④对翻浆路段应及时养护处理。

⑤边沟、明沟、截水沟等排水设施坡度应顺适,无杂草,排水应畅通。

3.1.2　市政道路路基的常见病害

路基的变形、
破坏及其原因

因自重、行车荷载、温度等各种自然因素的作用,路基的各部分会产生可恢复的变形和不可恢复的变形,那些不可恢复的变形,将引起路基标高和边坡坡度、形状的改变,甚至造成土体位移和路基横断面几何形状的改变,危及路基及其各部分的完整和稳定,形成路基的病害。

路基常见的病害主要有以下 4 种:

1)路基沉陷

路基沉陷是指路基在垂直方向产生较大的沉落,路基的不均与下陷,将造成局部路段破坏,影响交通,如图 3.1(a)所示。

路基沉陷有以下两种情况:

(1)路基沉落

因填料选择不当,填筑方法不合理,压实不足,在荷载和水温综合作用下,堤身可能向下沉陷,如图 3.1(b)所示。

（2）地基沉陷

原地面为软弱土层,如泥沼、流沙或垃圾堆积等。填筑前,未经换土或压实,造成承载力不足,发生侧面剪裂凸起,地基发生下沉,引起路堤堤身下陷,如图3.1(c)所示。

路基沉陷的防治方法如下:

①注意选用良好的填料,严禁用腐殖土或有草根的土块,应分层填筑、分层夯实,并及时排除流向路基的地面水或处理好地下水。

②填石路堤从上而下,应用由大到小的石块认真填筑,并用石渣或石屑填空隙。

③原地面为软弱土层:路堤高度较低的,且可中断行车时,首先应挖除换上良好的填料,然后按原高度填平夯实;路堤高度较高的,且又不能中断行车时,可采用打砂桩、混凝土桩或松木桩。

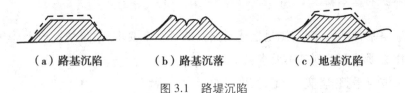

（a）路基沉陷　　　**（b）路基沉落**　　　**（c）地基沉陷**

图3.1　路堤沉陷

2）路基边坡坍方

路基边坡坍方是最常见的路基病害,也是水毁的普遍现象。路基边坡坍方按其破坏规模与原因的不同,可分为剥落、碎落、滑坍及崩坍等,如图3.2所示。

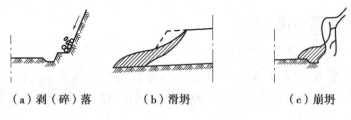

（a）剥（碎）落　　　**（b）滑坍**　　　**（c）崩坍**

图3.2　路基边坡坍方

剥落是指边坡表土层或风化岩层表面在大气干湿或冷热的循环作用下,表面发生胀缩现象,使表层土成片状从坡面上剥落下来,而且老的脱落后新的又不断产生。在土体不均匀和易溶盐含量大的土层(如黄土)及泥灰岩、泥质岩、绿泥岩等松软岩层,较易发生此种破坏现象。路堑边坡剥落的碎屑堆积在坡脚,堵塞边沟,妨碍交通并影响路基的稳定。

碎落是岩石碎块的一种剥落现象。其规模与危害程度比剥落严重。产生的主要原因是路堑边坡较陡(大于45°),岩石破碎和风化严重,在胀缩、振动及水的侵蚀与冲刷作用下,块状碎屑沿坡面向下滚落。如果落下的岩块较大(直径在40 cm以上),以单个或多块落下,此种碎落现象称为落石或坠落。落石的石块较大,降落速度极快,所产生的冲击力可使路基结构物遭到破坏,威胁行车和行人的安全,有时还会引起其他病害。

滑坍是指路基边坡土体或岩石,沿着一定的滑动面整体向下滑动。其规模与危害程度较

碎落更为严重,有时滑体可达数百立方米以上,造成严重阻车。产生滑坍的主要原因是边坡较高(大于 10~20 m;坡度较陡,陡于 50°),填方不密实,缺少应有的支承与加固。此外,挖方的岩层倾向公路路基,岩层倾角为 25°~70°,夹有较弱和透水的薄层或岩石严重风化等,在水的侵蚀和冲刷作用下,形成滑动面致使土石失去平衡产生滑坍。

崩坍的规模与产生原因同滑坍有相同之处,也是较常见且危害较大的路基病害之一。它同滑坍的主要区别,就在于崩坍无固定滑动面,也无下挫现象,即坡脚线以下地基无移动。崩坍体的各部分相对位置,在移动过程中完全打乱,其中较大石块翻滚较远,边坡下部形成乱石堆或岩堆。崩坍所产生的冲击力,常使建筑物受到严重破坏,经常阻断交通,并给行车安全带来很大威胁。

坍塌也称堆塌,主要是由于土体(或土石混杂的堆积物)遇水软化,在 45°~60° 的较陡边坡无支承情况下,自身重力所产生的剪切力,超过了黏结力和摩擦力所构成的抗剪力。因此,土体沿松动面坠落散开,其运动速度比崩坍慢,很少有翻滚现象。

3)路基沿山坡滑动

在较陡的山坡填筑路基,如果原地面较光滑,未经凿毛或人工挖筑台阶,或丛草未清除,坡脚又未进行必要的支承,特别是在受到水的浸润后,填方路基与原地面之间摩阻力减小,在荷载及自重作用下,有可能使路基整体或局部沿地面向下移动,使路基失去整体稳定性。

4)不良地质水文条件造成的路基破坏

道路通过不良地质水文地区,或遭遇较大的自然灾害作用,如巨型滑坡、坍落、泥石流、雪崩、溶洞陷落、地震及特大暴雨等,均能导致路基的大规模毁坏。因此,要求在路线勘测设计过程中,力求避开这些地区或采取相应的技术措施,以保证公路的正常使用。

路基破坏的原因是多方面的,各种病害既有各自特点,又往往具有共同的原因。具体可归纳为以下 4 个方面:

①不良的工程地质与水文条件,如地质构造复杂、岩层走向及倾角不利、岩性松散、风化严重、土质较差、地下水位较高以及其他特殊不良地质灾害等。

②不利的水文与气候因素,如降雨量大、洪水、干旱、冰冻、积雪或温差过大等。

③设计不合理,如断面尺寸不合要求,其中包括边坡值不当、边坡过高、挖填布置不符合要求、路基处于潮湿或过湿状态、排水不良、防护与加固不妥等。

④施工不符合有关规定,如填筑顺序不当、土基压实不足、盲目采用大型爆破,以及不按设计要求和操作规程进行施工,工程质量没有达到应有的标准。

上述原因中,地质条件是影响路基工程质量和产生病害的基本前提,水是造成路基病害的主要原因。

3.1.3 市政道路路基养护维修注意事项

在路基养护维修的过程中,应注意以下事项:

①在修复路基过程中,不论是何种损坏现象,均应及时查明原因。采取相应的措施。及时排除,防患于未然。

路基挖方施工工艺

②要尽早找出道路的缺陷及损坏部分,根据需要采用应急处理,同时还需要及时地采取修复措施。

③养护及维修作业时,要注意不要对交通造成障碍及沿线生活环境造成影响。

3.2 边坡的养护与加固

3.2.1 边坡养护的作用

边坡养护的好坏直接影响路基稳定性,在各种自然和人为因素的作用和影响下,边坡会出现缺口、冲沟、沉陷、塌落、岩石风化、崩落等病害。因此,必须加强养护管理,保持原有的稳定状态。

3.2.2 边坡养护的要求

边坡养护的要求如下:

①边坡的坡面养护应保持设计的坡度,表面平顺、坚实。应经常观察路堑边坡的稳定情况,及时处理危石,清除浮石。

路基土方施工工艺

②边坡出现冲沟、缺口、沉陷及塌落时应进行整修。

③路堑边坡出现冲沟、裂缝时,应及时填塞捣实;如出现潜流涌水,应隔断水源,或采取其他措施将水引向路基以外。

3.2.3 边坡防护与加固

边坡防护应根据路基土质条件选用不同治理方法,可分为植被防护和坡面治理两类,也可混合使用。对设置了防护与加固设施的边坡,应经常检查这些防护加固设施,针对不同状况,采用不同的养护维修措施。

边坡防护与加固应符合下列规定:

①边坡因雨水冲刷易形成冲沟和缺口等病害,应及时整修。对较大的冲沟和缺口,修理时应将原坡挖成台阶形,然后分层填筑压实,并注意与原坡面衔接平顺。

②植被护坡。植被护坡有种草及铺草皮。应经常检查植被的发育状态,地下水及地表水流出状况,草皮护坡有无局部的根部冲空现象;坡面及坡顶有无裂缝、隆起等异常现象;坡面

及坡顶的尘埃、土沙等堆积状况,针对不同情况,采取措施。

③砌石护坡。养护时,应检查护坡有无松动现象;有无局部脱落及陷没现象;护坡工程有无滑动、下沉、隆起、裂缝等现象;检查是否有涌水及渗水状况,泄水孔是否起作用,基础是否受到冲刷。针对上述现象找出原因,应及时填补,进行维修,保证边坡稳定,如图 3.3、图 3.4 所示。

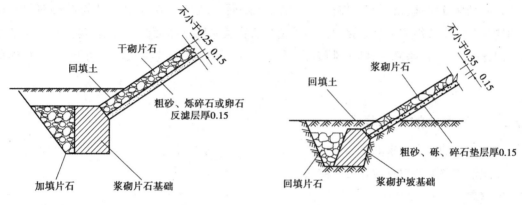

图 3.3　干砌片石护坡(单位:m)　　　　图 3.4　浆砌片石护坡(单位:m)

④对陡边坡和风化严重的岩石边坡,可采用抹面、喷浆、勾缝、灌浆、石砌边坡等坡面处理方法。

⑤采用片(块)石、卵石及混凝土预制块等材料铺砌护坡,在坡面径流流速小于 1.5 m/s 地段,可采用干砌,其厚度宜大于 250 mm;坡面径流流速大于 1.5 m/s 或有风浪地段,应采用浆砌,其厚度宜大于 350 mm。

⑥对路堑或路堤边坡高差大,且受条件限制,坡度达不到土壤稳定要求的边坡,应修筑挡土墙。

⑦边坡岩土因被浸湿或下部支承力量受到削弱,在重力作用下沿一定的软弱面整体向下滑动的现象,称为滑坡。对滑坡地段,应加强观测,作好观测记录,分析可能出现的异常情况,并应及时采取下列措施:

a.滑坡体上方设置截水沟,滑塌范围内修建竖向(主沟)及斜向(支沟)排水沟。

b.当滑坡体位于地下水位充沛的地段时,应设置盲沟或截断水源。

c.修建抗衡坡体滑塌的挡土墙等构筑物。

⑧对岩石开裂并有坍塌危险的边坡,应采用混凝土或钢筋混凝土修筑;对岩石挖方受雨水侵蚀出现剥落或崩塌不稳定的地方,可采用锚喷法加固。在加固范围应设置泄水孔,涌水地段应挖水平泄水沟。

3.3 路肩的养护与加固

3.3.1 路基养护的作用

路肩是保证路基、路面有整体稳定性和排除路面水的重要结构,也是为保持临时停车所需两侧余宽的重要组成部分。路肩的养护情况直接关系路基路面的强度、稳定性和行车的畅通。因此,必须重视路肩的养护、维修和加固。此外,路肩和边坡应与环境协调,并尽可能使之美观。

3.3.2 路基养护的基本要求

路基养护的基本要求如下:
①城镇道路的路肩宜改建成硬路肩。
②路肩应平整、坚实。
③路肩出现车辙、坑槽、路肩边缘积土,应及时处理。
④路肩应有横坡,硬路肩横坡应大于路面横坡,土路肩横坡应大于路面横坡 2%。

3.3.3 路肩车辙、坑槽的养护与维修

路肩、分车带、路侧带
与路缘石

1)现象

路肩低洼不平,低洼处易积水。

2)原因分析

①行驶车辆车轮碾压。
②土路肩表面不密实或土质黏性不足,经暴雨冲刷形成纵横沟槽。
③路面排水不畅,在路缘石外侧渗水形成沟槽。
④路肩培土不均匀,压实度不够,经自然沉降后形成坑槽。

3)预防措施

①路肩土宜用黏性土培筑,土路肩宜种植草皮,并经常修剪。
②设置截水明槽,自纵坡坡顶起,每隔 20 m 左右两边交错设置宽 30~50 cm 的斜向截水明槽,并用砾(碎)石填平;同时,在路肩边缘处,设置高 8~12 cm、顶宽 8~12 cm、下宽 20 cm 的拦水土埂。在每条截水明槽处,留一跌水缺口,其下面的边坡用草皮或砌石加固,使雨水集中在截水明槽内排除。

3.3.4　路肩与路面错台的养护与维修

1）现象

路肩低于或高于路面,造成路面侧向外露或排水不畅、路面积水等。

2）原因分析

①因路肩培土压实度没有达到标准,边坡外向倾斜,路肩下沉会使路肩低于路面,造成错台。

②施工过程中,路肩培土没有到位或过于偏高。

3）预防措施

①施工时,严格控制路肩培土压实度;大型压实机具不能用时,应用小型压实机具压实,且辅以人工修平。

②路肩培土到位,横坡修整到位。

4）治理方法

①路肩低于路面时,用同类型的土填平压实,保持适当横坡。

②路肩高于路面时,产出多余的土,并整平拍实。

3.3.5　土质松散路肩的稳定措施

土质松散路肩的稳定措施如下:

①城镇道路的路肩宜改建成硬路肩。

②采用石灰土或砾料石灰土稳定硬化路肩。

③撒铺石屑或其他粒料进行养护。

④沿路面边缘安砌路缘石,其顶高与路边相同。

3.4　路基挡土墙的养护与加固

3.4.1　挡土墙养护的基本要求

挡土墙养护的基本要求如下:

①挡土墙应坚固、耐用、整齐和美观。

②土墙应经常性检查,发现问题及时处理是挡土墙养护工作的主要内容。此外,每年的

春秋两季应进行一次定期检查。冰冻严重地区,主要检查在冰冻融化后挡土墙的墙身及基础的变化情况,以及冰冻前采取防护措施的效果。另外,若遇反常的气候、地震或重型车辆通过等异常情况,应随时进行检查。

③墙体及坡面出现裂缝或断缝,应先做稳定处理,再进行补缝。

④挡土墙出现风化剥落时,应处置。

⑤挡土墙的泄水孔,应保持畅通。挡土墙出现严重渗水,应增设泄水孔或墙后排水设施。

⑥挡土墙发生倾斜、凹凸、滑动及下沉时,应先消除侧压因素,再选择锚固法、套墙加固法或增建支撑墙等加固措施。

⑦严重损坏的挡土墙,应将损坏部分拆除重建。

3.4.2 挡土墙的养护措施

挡土墙的养护措施如下:

①当出现挡土墙病害时,应先查明原因,并观察其发展情况,再根据结构种类,针对损坏情况,采取合理的修理加固措施。对检查和维修加固情况,应作好记录,归入技术档案备查。

②挡土墙的泄水孔如无法疏通,应另行选择适当位置增设泄水孔,或在墙背后沿挡墙增做墙后排水设施,一般可增设盲沟将水引出路基以外,以防止墙后积水,引起土压力增加或冻胀。

③挡土墙若发生失稳或显示失稳征兆时,应调查其地形、地质和水文条件,结合现状确定合理的加固方案。

a.锚固法。采用高强钢筋作锚杆,穿入预先钻好的孔内,用水泥砂浆灌满锚杆插入岩体部位,固定锚杆,待砂浆达到一定强度后,对锚杆进行张拉,然后用锚头固紧(见图3.5)。

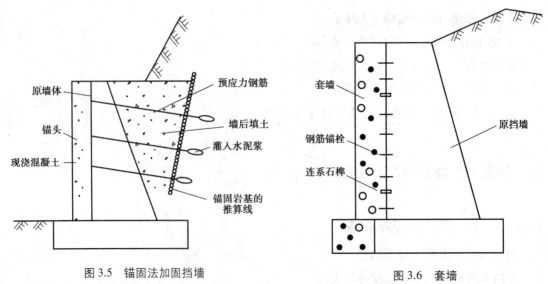

图3.5 锚固法加固挡墙   图3.6 套墙

b.套墙加固法。在原墙外侧加宽基础,加厚墙身(见图3.6)。施工时,应先挖除一部分墙

后填土,减小土压力,同时应注意新旧基础和墙身的结合。其方法是凿毛旧基础和旧墙身,必要时设置钢筋锚栓或石桩,以增强连接。墙后填土必须分层填筑并夯实。原挡土墙损坏严重,需拆除损坏部分重建时,为防止不均匀沉降,新旧墙之间应设置沉降缝。

　　c.增建支撑墙加固法。在挡墙外侧,每隔一定的间距,增建支撑墙。支撑墙的基础埋置深度、尺寸和间距应通过计算确定(见图3.7)。

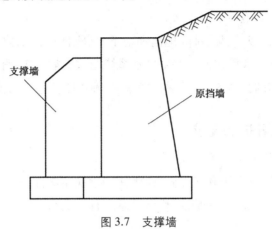

图 3.7　支撑墙

3.5　路基排水设施的养护与加固

3.5.1　路基排水设施的分类

路基排水设施分为地面排水设施和地下排水设施。

1)地面排水设施

地面排水设施一般包括边沟、截水沟、排水沟、跌水、急流槽、倒虹吸管及渡槽等。

边沟是设在路基边缘的水沟,主要用以汇集和排除路基范围内和流向路基的少量地面水。它是矮路堤和路堑不可缺少的排水设施。

截水沟又称天沟,当路基上侧山坡汇水面积较大时,应在挖方坡顶以外或填方路基上侧适当距离设置截水沟,用于拦截山坡流向路基的水流。

排水沟的作用是将边沟、截水沟、取土坑或路基附近的积水通过排水沟排至桥涵处或路基以外的洼地或天然河沟,以防水流停积于路基附近,危害路基。

当地形险峻、水流湍急、排水沟渠的纵坡较陡时,为降低流速、消减能量、防止冲刷,可设置跌水或急流槽,以防止水流对路基与桥涵结构物的危害。

2)地下排水设施

地下排水设施有暗沟、渗沟和渗井。

暗沟是设在地面以下引导水流的沟渠。它本身不起渗水和汇水作用,而是把路基范围内的泉水或渗沟汇集的水流排到路基范围以外,以不致在土中扩散,危害路基。

渗沟可分为盲沟、管式渗沟和洞式渗沟3种,用来吸收、降低、汇集和排除地下水,或用以拦截流向路基的地下水,并把它排出路基范围以外。

当路线经过地区地形平坦且地面水无法排除时,可建筑像竖井或吸水井形式一样的渗水井,将地面水通过渗井渗入地下予以排除。

路基排水系统具有拦截、汇集、排除地面和地下水,降低地下水位的功能,能使路基免受水的侵害,保证路基的强度和稳定性。路基排水系统能否正常工作,直接影响路基的稳定性。因此,加强对各排水设施的日常养护与维修、加固,是确保路基稳定的关键环节。

3.5.2 路基排水设施养护的要求

路基排水设施养护的要求如下:

①土质边沟的纵坡度应大于0.5%,平原地区排水困难地段宜不小于0.2%。当土质为细砂质土及粉砂土且纵坡在1%~2%时,或粉砂质黏土且纵坡为3%~4%,或流量大时,必须加固边沟。

②边沟、排水沟和截水沟的淤积物应及时消除,沟内流水应畅通,断面完好。对沟断面破坏,应及时整修恢复。

③对有可能被冲刷的土质边沟、排水沟、截水沟,其加固类型应结合地形、地质、纵坡等实际情况,可按表3.1和表3.2选用。

表3.1 排水沟渠加固类型

形式	加固类型	加固厚度/mm
简易	夯实沟底沟壁	—
	黏土碎(砾)石加固	100~150
	石灰三合土碎(砾)石加固	100~150
干砌	干砌片石	150~250
	干砌片石水泥砂浆抹平	150~250
浆砌	浆砌片石	150~250
	浆砌混凝土预制块	100~150
	砖砌	60~120

表3.2 边沟加固类型与纵坡的关系

纵坡/%	<1	1~3	3~5	5~7	>7
加固类型	不加固	1.土质好不加固 2.土质不好简易加固	干砌	干砌或浆砌	浆砌

3.6　路基翻浆的治理

潮湿地段的路基在冰冻过程中,土中的水分不断地向上移动聚集,引起路基冻胀。春融时,路基湿软,强度急剧降低,加上行车的作用,路面发生弹簧、鼓包、冒浆、车辙等现象,称为翻浆。

路基翻浆主要发生在季节性冰冻地区的春融季节,以及盐渍、沼泽、水网等地区。因地下水位高、排水不畅、路基土质不良、含水过多,经行车反复作用,路基会出现弹簧(弹软)、裂缝、冒泥浆等翻浆现象。

3.6.1　造成土基冻胀与翻浆的条件

1)土质

采用粉性土制作路基,便构成了冻胀与翻浆的内因,粉性土毛细上升速度快,作用强,为水分向上聚集创造了条件。

2)水文

地面排水困难,路基填土高度不足,边沟积水或利用边沟作农田灌溉,路基靠近坑塘或地下水位较高的路段,为水分积聚提供了充足的水源。

3)气候

多雨的秋天,暖和的冬天,骤热的晚春,以及春融期降雨等都是加剧湿度积聚和翻浆现象的不利气候。

4)行车

通行过大的交通量或过重的汽车,能加速翻浆发生。

5)养护

不及时排除积水,弥补裂缝,会促成或加剧翻浆的出现。

3.6.2　路基翻浆的预防

对易发生翻浆的路段应加强预防性养护工作。雨季前,应检查整修路肩、边沟,补修路面碎裂和坑槽;雨季后,应疏掏排水设施,修理边沟水毁。冬季应及时清除路面积雪,填灌修补裂缝。

在日常养护中,应经常使路基表面平整坚实,无坑槽、辙、沟,路拱及路肩横坡度符合规定标准,路肩上无坑洼、无堆积物及边沟通畅不存水。及时扫除积雪,使路基顶面不存雪,防止雪水渗入路基。

路面出现潮湿斑点,发生龟裂、鼓包、车辙等现象,表明路基已发软,翻浆已开始。此时,应对其长度、起讫时间及气温变化、表面特征等进行详细的调查与分析,并进行记录,确定其治理方案。通常采用以下养护措施防止翻浆加重:

①在路肩上开挖横沟,及时排除表面积水。横沟间距一般为 3~5 m,沟宽 30~40 cm,沟深至路面基层以下,高于边沟沟底。横沟底面要作向外倾斜的坡,其坡度为 4%~5%。两边路肩的横沟要错开挖。

当开始出现翻浆的路段不太长时,也可在路面的边缘挖出两道纵沟,宽 25 cm,深度随路面厚度而定。然后再每隔 300~400 m 挖一道横沟。

②及时修补路面坑槽和路肩坑洼,保持路面和路肩平整,以利尽快排除表面积水。

③如条件许可,应控制重型车辆通过或令车辆绕道行驶。

④在交通量较小、重车通过不多的公路上,可用木料、树枝等做成柴排,铺于翻浆路段,再铺上碎石、沙土,维持通车。当翻浆停止且路基渐趋稳定时,应及时拆除临时设施,恢复路基原状。

⑤砂桩防治。当路基出现翻浆迹象时,可在行车带部位开挖渗水井,随时将渗水井内的水掏出,边掏水、边加深,直至冰冻层以下;当渗水基本停止,即可填入粗砂或碎(砾)石,形成砂桩。砂桩可做成圆形或矩形,其大小以施工方便和施工时维持行车为度。一般其直径(或边长)为 30~50 cm,桩距和根数可根据翻浆的严重程度而定,一般一个砂桩的影响面积为 5~10 m^2。

3.6.3　路基翻浆的处治

翻浆路段必须查明原因,对病害的范围一般发生时间、气候变化、病害表面特征、路面结构、平时的养护情况等进行详细调查分析,作出记录。对路基翻浆的处理,应根据导致翻浆的水类来源和翻浆高峰时期路面变形破坏程度,确定处理措施。主要可采取下列措施:

①交通量小的路段或支路,可采取换土回填的措施。

②钻孔灌注生石灰桩,或干拌碎石等。石灰桩即将生石灰块填充到路基中,产生吸水膨胀、发热及离子交换作用,使桩体硬化,从而形成复合路基,达到加固路基的效果。

③设置砂桩,桩距和根数可根据翻浆的严重程度确定。当路基出现翻浆迹象时,可在行车部位开挖渗水井,随时将渗入井内的水掏出,边掏水、边加深,直至冰冻层以下;当渗水基本停止,即可填入粗砂或碎(砾)石,形成砂桩。砂桩可做成圆形或矩形,一般直径(或边长)为 300~500 mm。

④有翻浆迹象的路段,应采取以下措施:

a.在路肩上开挖横沟,及时排除表面积水,横沟间距宜为 3~5 m,沟宽宜为 300~400 mm,沟深应至路面基层以下,且应高于边沟沟底。

b.路面坑洼严重路段,应设横纵向相连的盲沟,并与边沟相通。当受边沟高程等条件所限而不能利用边沟排水时,可设置渗水井。

c.挖补翻浆土基,可换填水稳定性良好的材料,压实后重铺路面。

3.7 特殊土质路基的养护

对盐渍土、湿陷性黄土、多年冻土、淤泥质软土等特殊土质路基的养护,应因地制宜,做好保养小修。

3.7.1 盐渍土路基的养护

在我国西北、东北的干旱气候地区及沿海平原地区分布有大面积的盐渍土。当地表 1 m 内含有容易溶解的盐类,如 $NaCl$,$MgCl_2$,$CaCl_2$,Na_2SO_4,$MgSO_4$,$NaCO_3$,$NaHCO_3$(重碳酸钠)等,超过 3% 时,即属盐渍土。其含盐量通常是 5%~20%,有的甚至高达 60%~70%。因土中含有易溶盐,土的物理、力学性质和筑路性质发生变化,易引起许多路基病害。

盐渍土在干旱季节和干旱地区,因盐类的胶结和汲湿、保湿作用,有利于路基稳定,但一旦受到雨水、冰雪融化的淋湿,含水量急增,出现湿化坍塌、沉陷、路基发软,致使强度降低,丧失稳定,甚至失去承载力,导致路基容易出现病害,如道路泥泞,路基翻浆及冻胀病害加重;受水浸时,强度显著下降,发生沉陷;硫酸盐发生盐胀作用,使上体表面层结构破坏和疏松,以致产生路面被拱裂及路肩、边坡被剥蚀等。针对这些情况,主要采用下述措施加以防治:

①加密排水沟,沟底应保持 0.5%~1% 纵坡;对路基填土低、排水困难地段,应加宽加深边沟或在边沟外增设横向排水沟,其间距宜不大于 500 m,沟底应有向外倾斜 2%~3% 的横坡,如图 3.8 所示。

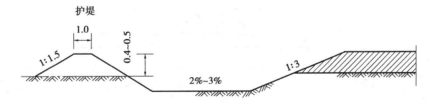

图 3.8 加大排水沟及护堤(单位:m)

②换填风积沙或矿料,其厚度宜不小于 300 mm;对加深、加宽边沟的弃土,可堆筑在边沟外缘,形成护堤,以保护路基不被水淹。

③在盐湖地区用盐晶块修筑的路基表面,原来没有覆盖层或覆盖层已失散了的,宜用沙

土混合料进行覆盖和恢复。路肩出现车辙、坑凹、泥泞,应清除浮土,泼洒盐水湿粒,再填补碎盐晶块整平夯实,仍用沙、土混合料覆盖压实。

④秋冬季节或春融季节,路肩易出现盐胀隆起,甚至翻浆,对隆起的应予铲平,使地面水及时排除。

⑤边坡经受雨水或化学冲融后出现的沟槽、溶洞、松散等,可采用盐壳平铺或黏土掺沙铺土压密,防止疏松。

⑥打石灰桩或砂桩,深度应达冰冻线以下且呈梅花状排列,并应符合设计要求。

⑦在过盐地区对较高等级的道路,为防止路风蚀、泥泞以及防止水分从路肩部分下渗,而造成路面沉陷。其路肩可考虑采用下列措施:

a.用粗粒渗水材料掺在当地土内封闭路肩表层。

b.用沥青材料封闭路肩。

c.就地取材,用15 cm厚的盐壳加固。

3.7.2 湿陷性黄土路基的养护

湿陷性黄土主要分布在秦岭、山东半岛、昆仑山等干旱和半干旱地区,其中以黄土高原的沉积最为典型。黄土具有疏松、湿陷、遇水崩解、膨胀等特性,因此,黄土地区的路基易出现裂缝、剥落、沟槽、坍方、陷穴等病害。应根据不同情况,采取下列加固措施治理:

①减缓坡面,采取植被防护加固措施治理。

②冲刷不严重的路段,可采用黏土掺拌铡草进行抹面,并应每隔300~400 mm打入木楔。

③雨雪量较大的地区,应对坡面进行加固防护,形成护坡。

④路基出现坑穴,可采用灌沙、灌浆或挖开填塞孔道后夯实,且应事先导水或排水。

⑤路肩出现坑凹,可采用沙、土混合料改善表层,或采取硬化措施;路肩未硬化地段,应每隔20~30 m设盲沟一处,为防止地表水渗入路面底层中,盲沟口与边坡急流槽相接,盲沟与盲沟之间铺设塑料薄膜防水层,如图3.9所示。

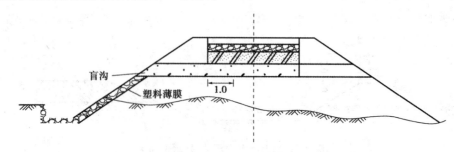

图 3.9 盲沟与铺塑料薄膜(单位:m)

3.7.3 沙漠地区路基的养护

我国沙漠地区主要分布在北方干旱、半干旱地区。沙漠地区筑路的基本方针是:"固、阻、

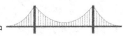

输、导,综合治理"。由于气候比较干燥、雨量稀少、风沙大,地表植被均较稀疏、低矮,容易发生边坡或路肩被风蚀、整个路基被风沙掩埋等情况。沙漠地区路基的养护往往需要大量的防护材料。因此,在养护中要把备料工作做好。

1)沙漠路基病害的养护措施

①路基两侧原有的沙障、石笼、风力加速堤、用黏土覆盖的植被、防沙栅栏及防沙设置等,如有被掩埋、倾倒、损坏和失效的,应拔高、扶正或修理补充。

②对路基的砌石护坡或草格防沙设施,如有塌方破坏,应及时修理,保持完好状态。

③必须维护路基两侧现有植物的正常生长,并有计划地补植防沙树木和防护林。

④路基边坡上,出现的风蚀、空洞、坍缺应予填实并加做护坡。

⑤路肩上严禁堆放任何材料或杂物,以免造成沙丘。对公路上的积沙,应及时清除运到路基下风侧 20 m 以外的地形开阔处摊撒平顺。

2)沙质路基的防护措施

(1)柴草类防护

①层铺防护。采用麦草、稻草、芦苇、沙蒿、野麻或其他草类,将其基杆砍成 30~50 cm 短节,从坡脚开始向上每层按 5~10 cm 厚度层铺捣实。如采用沙蒿等带有根系的野生植物时,可将其根茎劈开,并使根篓向外,按上述方法进行层铺。沙蒿可用 10 年以上,其他多为 3~5 年,材料用量大。

②平铺植物束成块,采用各种枝条、芦苇、茇茇草等,扎成直径 5~10 cm 的束把,或编织成块,沿路基坡脚向上平铺,以桩钉固定,可用 5~10 年,材料用量大。

③平铺或叠铺草皮,以 40~50 cm 为一块挖取草皮,其厚度为 10~15 cm,沿路基坡脚向上错缝平铺或叠铺,一般可用 3~5 年,如能成活,可起永久稳固边坡作用。

(2)土类防护

①黏土防护。采用塑性指数大于 7 的黏土用于边坡时,厚为 5~10 cm;用于路肩时,厚为 10~15 cm。为增加抗冲蚀强度和避免干裂,可掺 10%~15% 的沙或 20%~30% 的砾石(为体积比)。

②盐盖防护。可将盐益打碎为 5 cm 的碎块,予以平铺(松软的盐盖可直接平铺而形成硬壳)。

(3)砾、卵石防护

①平铺卵石防护。用于边坡时,厚为 5~10 cm;用于路肩时,厚为 10~15 cm,分平铺、整平、夯实几步进行。

②格状砾卵石防护。用于边坡时、厚为 5~7 cm;用于路肩时,厚为 10~15 cm。先用 10 cm 以上的卵石在边坡上做成 1 m×1 m 或 2 m×2 m,并与路肩边缘成 45°的方格,格内平铺粒

径较小的砾石;路肩平铺砾石,应进行整平并夯(或拍)实。

(4)沥青防护

①平铺沥青砂,采用10%~20%热沥青与80%~90%的风积沙混合,直接平铺、拍实。

②直接喷洒沥青或渣油。采用低标号沥青、渣油,熬热后洒在边坡上,然后撒一薄层风积沙。

3.7.4 软土路基的养护

我国东北的大小兴安岭、长白山、三江平原、松辽平原等地及青藏高原和西北地区的湖盆洼地和高寒山地均分布有泥沼;在湖塘、盆地、江河湖海沿岸和山河洼地,则分布有近代沉积的软土。泥沼、软土地带的路基,多因地面低洼、降水充足、地下水位高、含水饱和、透水性小、压缩性大、抗剪强度低,在填土荷载和行车荷载下,容易出现沉降、冰冻膨胀、弹簧、沉陷、滑动、基底向两侧挤出等病害。

软土地区的路基,多因地面坑洼、降水充足、地下水位高,所以含水饱和、透水性小、压缩性大、抗剪强度低,在填土荷载和行车荷载下,容易出现沉降、冰冻膨胀、弹软、滑动、基底向两侧挤出等病害。软土路基的沉降、冻胀、弹软、沉陷、滑动等病害,应根据不同情况,采取下列防治措施:

①降低水位。当在路基两侧开挖沟渠的工程量不大时,可加深路堤两侧边沟。

②反压护道。当路堤下沉,两侧或一侧隆起时,可采取在路堤两侧或一侧填筑适当高度与宽度的护道,如图3.10所示。

图3.10 用反压护道加固软土路堤

③换土。将路堤病害处软土全部挖除,换填强度较高、透水性较好的沙砾石或碎石,如图3.11所示。

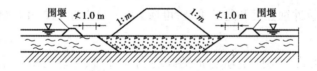

图3.11 换填沙砾石(碎石)

④抛石挤淤。当软土液性指数大,层厚较薄,石料能沉至硬层处时,选用片(块)石,块径宜不小于300 mm。抛石自路堤中部开始,逐步向两侧展开,挤出的淤泥应予以清除。抛石至一定高度经碾压后,在其上铺设反滤层,再填土至路基原有高度,如图3.12所示。

⑤侧向压缩。在路堤坡脚砌筑纵向结构,限制软土侧向挤出,可采用板桩、木排桩、钢筋混凝土桩等。如图3.13所示为两种侧向压缩方法。

⑥除以上治理方法外,还可采用砂石垫层、石灰桩、砂桩、袋状砂井,塑料排水板,以及土工织物滤垫等方法。

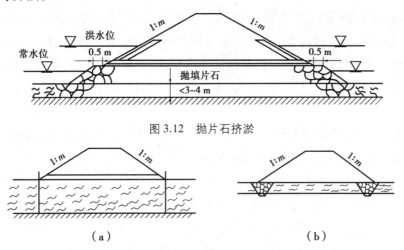

图 3.12　抛片石挤淤

（a）　　　　　　　　　　（b）

图 3.13　两种侧向压缩方法

3.7.5　多年冻土地带路基的养护

在年平均气温在零摄氏度的条件下,地下形成一层能长期保持冻结状态的土,这种土称为多年冻土。在我国的东北、西北及青藏高原的高寒地区,分布有成片的多年冻土。

低温地带的多年冻土往往含有大量水分,或夹有冰层,并有一些不良的物理地质现象,易引起的路基病害主要有:路堑边坡坍塌,路基底发生不均匀沉陷;或由于水分向路基上部积聚而引起冻胀、翻浆;路基底的冰丘、冰堆往往使路基鼓胀,引起路基、路面的开裂与变形,而溶解后又发生不均匀沉陷等。针对其病害的不同情况,可采取以下措施:

①多年冻土地区的路基养护,应采取"保护冻土"的原则,做到"宜填不挖"。除满足不同地区、气候、水文、土壤等路基填筑的最小高度外,另加 50 cm 保护层。路基填方高度宜不小于 1 m。

②加强排水,防止地表积水,保持路基干燥,减少水融,做到最大限度地保护冻土。应完善路基侧向保护和纵横向排水系统,一切地表径流应分段截流,通过桥涵排出路基下方坡脚 20 m 以外。路基坡脚 20 m 以内不得破坏地貌,不得挖除原有草皮;取土坑应设在路基坡脚 20 m 以外;路基上侧 20 m 处应开挖截水沟,防止雨雪水沿路基坡脚长流或向低处汇积,造成地表水下渗,路基下冻土层上限下降。疏浚边沟、排水沟时,应防止破坏冻层,导致冻土融化,产生边坡坍塌。

③养护材料尽量选用沙砾等非冻胀性材料,不适用黏土、重黏土之类毛细作用强、冻胀性大的养护材料。

④受地形限制,路基填筑高度不够时,应铺筑保温隔离层,隔温材料可采用泥炭、炉渣、碎砖等,防止热融对冻土的破坏。

⑤防护构造物应选用耐融性材料。选用防水、干硬性砂浆和混凝土时,在冰冻深度范围,其标号应提高一级。

⑥流冰的治理宜采用下列方法:将路基上侧的泉水,夹层和透水层的渗水,从保温暗沟(或导管)导流出路基外,如含水层下尚有不冻结的下层含水层,则可将上层引入下层含水层中排出。具体做法是将泉水源头至路基挖成 1 m 深沟,上面覆盖柴草保温材料,再修一小坝积水井(观察眼),路基下放导管(直径 30 cm),管的周围用保温材料包裹,防止结冰,避免冰丘的形成。

⑦在多年冻土区,可在路上侧 10~15 m 以外开挖与路线平行的深沟,以截断活动层泉流,在冬季使涎流冰聚集在公路较远处,保证公路不受涎流冰的影响。根据涎流冰的数量,在公路外侧修筑储冰池,使涎流冰不上公路。

⑧提高溪旁路基的高度,使其高于流冰面 60 cm 以上。因受地形或纵坡限制不能提高路基时,可在临水一侧路外筑堤埂或从中部凿开一道水沟,用树枝杂草覆盖加铺土保温,使水流沿水沟流动,避免溢流上路。如地形许可,可将溪流改至远离公路处通过。

思考题

1.简述市政道路路基的组成。

2.路基养护的工作内容基本要求有哪些?

3.路基边坡加固的措施有哪几种?

4.挡土墙若发生失稳或有失稳征兆时,应如何应对?

5.简述路基排水设施的分类。

6.软土地基处理的措施有哪些?

扩展资源3

第4章 市政道路路面的养护

1.描述市政道路路面养护的重要性和目的。

2.描述沥青路面和水泥路面养护的要求。

3.识别沥青路面和水泥路面的破坏现象。

4.掌握路面技术状况评价指标。

5.描述沥青路面及水泥路面常见病害原因及处理措施。

6.掌握沥青再生技术设备及施工工艺流程。

7.描述掘路修复的开挖及回填施工要点。

8.掌握稀浆封层的概念和施工工艺。

1.进行路面状况的调查与评定计算。

2.计算车道完好率、人行道完好率。

3.计算城镇道路综合完好率。

4.进行城镇道路养护状况评定。

4.1 路面养护的内容及要求

4.1.1 路面养护的重要性及目的

路面是道路重要的组成部分和主要的工程结构物,路面的投资在整个道路建设费用中占很大的比例,通常可达 10%~30%。路面状况的好坏不仅影响车辆行驶的畅通性、舒适性和运营费用,同时也影响社会经济效益和国民经济的发展。

路面养护是道路养护工作的中心环节,是养护质量考核的首要对象。路面是在路基上用各种筑路材料铺筑,供汽车行驶,直接承受行车作用和自然因素作用的结构层。其作用是满足行车的安全、迅速、经济、舒适的要求。因此,必须采取预防性养护和经常性的养护、修理措施,以保证道路的正常使用。

汽车在路面上行驶,除了克服各种阻力外,还会通过车轮把垂直力和水平力传给路面,在水平力中又分为纵向力和横向力两种。另外,路面还会受到车辆的震动力和冲击力作用;在车身后面还会产生真空吸力作用。在上述各种外力的综合作用下,路面结构层内会产生大小不同的压应力、拉应力和剪应力。如果这些应力超过了路面结构整体或某组成部分的强度,路面就会出现断裂、沉陷、波浪、松散及磨损等破坏。因此,路面结构整体及其各部分必须通过养护,保持足够的强质,以抵抗在行车作用下所产生的各种应力。同时,路面还应有一定抵抗变形的能力,即所谓路面的刚度。如果路面结构整体或某一部分刚度不够,即使强度足够,在车轮荷载作用下也会产生过量的变形,而造成车辙、沉陷或者波浪等破坏。因此,必须采取预防性养护和经常性养护、修理措施,使路面保持有一定的强度、刚度及稳定性使路面结构具有足够的抗疲劳强度以及抗老化形变累积的能力,确保其耐久性,并使路面平整、完好,路拱适度,排水畅通,行车顺适、安全。同时,还要对原有路面有计划地进行改善,提高其技术状况,以适应运输发展的需要。

4.1.2　沥青路面养护的要求

沥青路面养护的要求如下:

①沥青路面必须进行经常性和预防性养护。当路面出现裂缝、松散、坑槽、拥包及啃边等病害时,应及时进行保养小修。

②沥青混合料出厂时,应有出厂合格证明。混合料外观应拌和均匀、色泽一致,无明显油团、花白或烧焦。

③铺筑沥青混合料时,大气温度宜在 10 ℃ 以上。低温施工时,应有保证质量的相应技术措施;雨天时,不得施工。

④沥青路面铣刨、挖除的旧料宜再生利用。

⑤沥青路面面层不得采用水泥混凝土进行修补。

⑥当沥青路面摊铺面积大于 500 m² 时,宜采用摊铺机铺筑。

⑦沥青路面维修边线、纵横缝接茬宜使用机械切割。

⑧采用铣刨机铣刨的路面,在修补前,应将残料和粉尘清除干净。黏层油宜选择乳化沥青。

4.1.3　水泥路面养护的要求

水泥混凝土路面的特点是在养护良好的条件下,使用年限比其他路面长。但如疏于养护,一旦开始破坏,会引起破损迅速发展,且修复困难。因此,必须认真巡查,发现问题,查明原因,采取针对性治理对策,进行及时有效地养护,才能发挥水泥混凝土路面使用寿命长的优点。

水泥混凝土路面检查的最佳时间是从初冬到初春的寒冷季节,因路面的损坏处冬季最明显,这时接缝和裂缝都最宽。同时,还可在气温较好的温暖季节里安排必要的养护和维修工作。

①水泥混凝土路面养护应加强日常巡查、小修、养护,对路面发生的病害及时进行处理以及周期性的灌缝处理。

②按周期有计划地安排中修、大修、改扩建项目,提高道路的技术状况。

③水泥混凝土路面的大修、改扩建工程项目,应进行专项工程设计。

④对Ⅰ、Ⅱ等养护的道路,宜采用专用机械及相应的快速维修方法施工。

⑤水泥混凝土路面养护维修的常规和专用材料,应具有足够的强度、耐久性和稳定性。养护维修的主要材料应进行试验,并应符合规范的要求。

4.2 路面状况的调查与评定

4.2.1 病害与缺陷的界定

沥青路面病害认知

1)沥青路面病害与缺陷的界定

(1)坑槽

路面破坏成坑洼深度大于 20 mm,面积在 0.04 m² 以上。如小面积坑槽较多又相距 0.2 m 以内,应合在一起丈量。此项包括井框高差。

(2)松散

路面结合料失去黏结力、集料松动,面积 0.1 m² 以上。

(3)壅包

路面局部隆起,坡峰坡谷高差在 15 mm 以上。

(4)翻浆

路面、路基湿软出现弹簧、破裂、冒泥浆现象。

(5)沉陷

路面、路基有竖向变形,路面下凹,深度 30 mm 以上。

(6)脱皮

路面面层层状脱落,面积 0.1 m² 以上。

(7)啃边

路面边缘破碎脱落,宽度 0.1 m 以上,数量按单侧长度累加乘以平均宽度。

(8)泛油

高温季节沥青被挤出,表面形成薄油层,行车出现轮迹。

（9）车辙

路面上沿行车轮迹产生的纵向带状凹槽，深度 15 mm 以上，面积按实有长度乘以 0.4 m 计。

（10）龟裂

缝宽 3 mm 以上，且多数缝距 100 m 以内，面积在 1 m² 以上的块状不规则裂缝。

（11）网裂

缝宽 1 mm 以上或缝距 0.4 m 以下，面积在 1 m² 以上的网状裂缝。

路面上出现的长度 1 m 以上、缝宽 1 mm 以上的单条裂缝或深度在 5 mm 以上的划痕，也应纳入网裂病害中，其数量按单缝累计长度乘以 0.2 m 计。

（12）波浪（搓板）

路面纵向产生连续起伏，其峰谷高差大于 15 mm 的变形。

（13）横坡不适

路面横坡小于 1% 或大于 3%，或中线偏移，以及应设超高而无超高或出现反超高的。

（14）平整度差

用 3 m 直尺沿路面纵向每 100 m 至少量 3 尺。尺底间隙：沥青表面处治路面 12 mm 以上，沥青贯入式路面 10 mm 以上，沥青混凝土及沥青碎石路面 8 mm 以上的，按整尺（3 m）长度计算病害。也可采用连续式平整度仪检测的均方差值与规定标准值比较，大于标准值按病害计。同一横断面内，只计最严重的一处。

2）水泥混凝土路面病害与缺陷的界定

（1）沉陷

路面连续数块板下沉，低于相邻路面板平面（或设计高程）、深度在 30 mm 以上的，按全部下沉板块数量计算面积。

（2）严重破碎板

裂缝将整块面板分割开，并有严重剥落或沉陷。碎裂面积小于半块按半块计面积，大于半块按一块计面积。

（3）坑洞

路面板粗集料脱落形成局部凹坑，面积在 0.01 m² 以上。

（4）板角断裂

裂缝与纵横缝相交将板角切断，当其两个交点距角隅均大于 150 mm 而边长一半并伴有沉陷或碎裂时，按板角断裂部分计算面积。

（5）露骨

路面板表面细集料散失、粗集料暴露，面积在 1 m² 以上的。

（6）拱胀

纵向相邻两块板或多块板相对其邻近板向上突起在 30 mm 以上的,按突出的全部板块计病害面积。

（7）平整度差

用 3 m 直尺滑路面纵向每 100 m 至少量 3 尺,尺底空隙在 8 mm 以上的,按整尺（3 m）长度计算病害。也可采用连续式平整度仪检测的均方差值与规定标准值比较,大于标准值按病害计。同一横断面内,只计最严重处。

（8）错台

接缝处相邻两块板垂直高度差在 8 mm 以上,按其中不正常板块的全部长度计算病害。

（9）唧泥

基层材料形成泥浆从接缝处或板边缘挤出,板底出现脱空,按挤出泥浆的接缝或板边长度计。

（10）裂缝

面板内长度 1 m 以上的各种开裂。按其对行车的影响程度分为轻微裂缝、中等裂缝和严重裂缝 3 种。轻微裂缝缝宽度小于 2 mm,无剥落;中等裂缝缝宽度 2~5 mm,并有轻度剥落;严重裂缝缝宽度大于 5 mm,并有严重剥落和沉陷。接缝边有长 0.5 m、宽度 50 mm 以上剥落时,也作为严重裂缝计算。

（11）接缝养护差

接缝内无填缝料,或出现填缝料与板边脱离、凹陷（凸出）在 10 mm 以上的。

3）人行道及其他构造物病害与缺陷的界定

①当人行道及广场、停车场等构造物道面铺装为沥青类或水泥混凝土类时,参照沥青或水泥混凝土路面病害界定内容。

②坑洞。人行道及其他构造物道面（含路缘石）的破损深度大于 20 mm。

③错台。道面铺装接缝处相邻板垂直高差大于 6 mm。

④拱起。多块板相对周围板向上突起,最大突起量在 30 mm 以上。

⑤沉陷。道面铺装连续数块下沉低于相邻块（或设计高程）深度大于 20 mm,面积在 1 m² 内。

⑥缺失。道面铺装的预制块或路缘石缺损。

4.2.2 路面状况调查方法

1）城镇道路养护状况调查内容

城镇道路养护状况调查内容应包括车行道、人行道（含路缘石）、路基、排水设施、其他设

路面检测实训

施的破损状况,调查可采用全面或抽样调查方式,大城市较大规模调查工作宜采用先进仪器设备快速检查,其他可采用人工调查方法。

2)城镇道路养护状况调查数据采集

城镇道路养护状况调查数据采集应由城镇道路养护管理机构组织进行,也可委托专门检测机构进行。参与数据采集人员应熟悉路面病害类型区分,界定各类病害,准确丈量损坏面积。不规则形状的损坏面积,应按当量面积计算。

4.2.3 路面技术状况评价

1)评价内容和指标

城镇道路养护状况评定指标应由车行道完好率、人行道(含路缘石)完好率、路基与排水设施完好程度评分和其他设施完好程度评分构成。评价指标体系如图4.1所示。

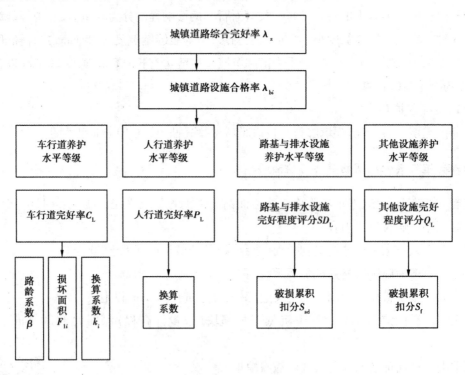

图 4.1 评价指标体系图

城镇道路养护状况评定指标包括道路各设施合格率和综合完好率。其计算方法如下:

①城镇道路各设施合格率 λ_{bi} 可计算为

$$\lambda_{bi} = \frac{m_i}{n_i} \times 100\% \tag{4.1}$$

式中 λ_{bi}——道路各设施合格率,%,其中,i 取值为 1~4,分别表示车行道、人行道、路基与排水、其他设施;

m_i——各类设施的优、良、合格单元数;

n_i——各类设施总检查单元数。

②城镇道路综合完好率 λ_z 可计算为

$$\lambda_z = \sum_{i=1}^{4} \lambda_{bi} \cdot \mu_i \qquad (4.2)$$

式中 λ_z——城镇道路综合完好率,%;

μ_i——各类设施综合比例系数,i 取值为 1~4,宜按表 4.1 确定。

表 4.1 各类设施综合比例系数

设施种类	综合比例系数	设施种类	综合比例系数
车行道设施	$\mu_1 = 0.35$	路基与排水设施	$\mu_3 = 0.25$
人行道设施	$\mu_2 = 0.25$	其他设施	$\mu_4 = 0.15$

③车行道完好率 C_L 可计算为

$$C_L = \frac{F_1 - \beta \sum F_{1i} k_i}{F_1} \times 100\% \qquad (4.3)$$

式中 C_L——车行道完好率,%;

F_1——检查单元车行道总面积,m^2;

F_{1i}——各类破损的实际面积,m^2,同一地点有两种以上病害时只记一次严重者(k_i 取大者);

k_i——路面各类破损换算系数,应符合表 4.2 的规定;

β——路龄系数,应符合表 4.3 的规定。

表 4.2 车行道各类破损换算系数 k_i 值

破损类型	沥青路面	水泥混凝土路面
裂缝	0.5	3
碎裂(网、龟裂)	1	3
断裂	—	10
松散	1	—
脱皮、泛油、露骨	1	1
坑槽、啃边	3	3
井框高差	3	3
车辙	0.5	—

续表

破损类型	沥青路面	水泥混凝土路面
沉陷	3	3
壅包	2	—
搓板或波浪	2	—
翻浆	6	—
唧泥	6	6
缝料散失	—	2
错台	—	6

表4.3 路龄系数 β 值

路龄		路龄系数 β
设计年限内		1.0
超设计年限/年	1~5	0.9
	6~10	0.8
	11~15	0.7

注:路龄为该路建成年与检查年之差值。

④人行道完好率 P_L 可计算为

$$P_L = \frac{F_2 - \sum F_{2i}}{F_2} \times 100\%$$ (4.4)

式中　P_L——人行道完好率,%;

　　　F_2——检查单元人行道总面积,m^2。

⑤路基与排水设施完好程度 SD_L 的分值可计算为

$$SD_L = 100 - S_{sd}$$ (4.5)

式中　SD_L——路基与排水设施完好程度,分;

　　　S_{sd}——路基与排水设施破损累积扣分。

⑥其他设施完好程度 Q_L 的分值可计算为

$$Q_L = 100 - S_f$$ (4.6)

式中　Q_L——其他设施完好程度,分;

　　　S_f——其他设施破损累积扣分。

2)养护状况评定

城镇道路养护状况评定等级按车行道、人行道、路基与排水及其他设施4类设施单元分

别确定优、良、合格、不合格 4 级,以优、良、合格单元数占总检查单元数的百分比为该类设施的合格率(λ_{bi}),对每条城镇道路的 4 类设施合格率的加权平均值为该路养护状况综合完好率(λ_z)。车行道、人行道、路基与排水设施、其他设施养护状况及道路综合完好率的评定等级应符合表 4.4 至表 4.8 的规定。当出现结构强度不足时,设施养护状况评定等级不得为优良。

表 4.4　车行道养护状况评定等级标准

养护状况等级	完好率/%			
	快速路	主干路	次干路	支路及其他
优	≥99	≥98.5	≥98	≥95
良	$98 \leq C_L < 99$	$97 \leq C_L < 98.5$	$96 \leq C_L < 98$	$90 \leq C_L < 95$
合格	$95 \leq C_L < 98$	$93 \leq C_L < 97$	$91 \leq C_L < 96$	$85 \leq C_L < 90$
不合格	<95	<93	<91	<85

表 4.5　人行道养护状况评定等级标准

养护状况等级	完好率 P_L/%	养护状况等级	完好率 P_L/%
优	≥98	合格	$91 \leq P_L < 96$
良	$96 \leq P_L < 98$	不合格	<91

表 4.6　路基与排水设施养护状况评定等级标准

养护状况等级	完好程度 SD_L/分	养护状况等级	完好程度 SD_L/分
优	≥90	合格	$60 \leq SD_L < 75$
良	$75 \leq SD_L < 90$	不合格	<60

表 4.7　其他设施养护状况评定等级标准

养护状况等级	完好程度 Q_L/分	养护状况等级	完好程度 Q_L/分
优	≥90	合格	$60 \leq Q_L < 75$
良	$75 \leq Q_L < 90$	不合格	<60

表 4.8　城镇道路养护状况综合评定等级标准

养护状况等级	完好率 λ_z/%			
	快速路	主干路	次干路	支路及其他
优	≥95.5	≥95	≥94.5	≥94
良	$88.5 \leq \lambda_z < 95.5$	$88 \leq \lambda_z < 95$	$87.5 \leq \lambda_z < 97.5$	$85.5 \leq \lambda_z < 94$
合格	$80 \leq \lambda_z < 88.5$	$79 \leq \lambda_z < 88$	$78.5 \leq \lambda_z < 87.5$	$76.5 \leq \lambda_z < 85.5$
不合格	<80	<79	<78.5	<76.5

4.3 沥青路面的养护与维修

沥青路面是在路基上用柔性基层、半刚性基层、刚性基层及沥青面层铺 寓乐于学——虚拟筑成一定厚度的结构层。它直接承受交通荷载的作用和自然因素的影响,路 仿真之沥青路面面性能随着时间的推移而逐渐降低,损坏不可避免。如果不及时养护维修, 施工流程可能加重路面的破损程度,降低道路的使用性能和寿命,严重时还会影响行车安全。

沥青路面是以道路石油沥青、煤沥青、液体石油沥青、乳化石油沥青以及各种改性沥青等为结合料,黏结各种矿料修筑的路面结构。由于其面层使用沥青结合料,因此增加了矿料间的黏结力,提高了混合料的强度和稳定性,使路面的使用质量和耐久性都得到提高。与水泥混凝土路面相比,沥青路面具有表面平整、无接缝、行车舒适、耐磨、振动小、噪声小、施工期短及养护维修简便等优点,因而在目前高等级道路中占据相当大的比重。

由于沥青路面的强度和稳定性受气温、水分、路面材料性质等客观因素影响较大。因此,在养护工作中,必须随时掌握路面的使用状况,加强日常保养及时修补各种破损,保持路面经常处于清洁、完好状态。

4.3.1 沥青路面的保养小修

沥青路面的保养小修是指为保持道路功能和设施完好所进行的日常保养。对路面轻微损坏的零星修补,其工程数量宜不大于 400 m^2。

沥青路面应加强经常性、预防性小修保养,对局部、轻微的初始破损必须及时进行修理。通常把清扫保洁,处理泛油、壅包、裂缝、松散等作为保养作业;修补坑槽、沉陷,处理波浪、啃边等病害作为小修作业。保养、小修是保持路面使用质量,延长路面使用周期的重要技术措施,分初期养护和日常养护。

1)沥青路面初期养护要点

（1）热拌沥青混合料路面的初期养护 施工流程梳理

①摊铺、压实后的热拌沥青混合料路面,待摊铺层自然冷却,混合料表面温度低于 50 ℃后,方可开放交通。

②纵横向的施工接缝是沥青路面的薄弱环节,应加强初期养护,随时用 3 m 直尺查找暴露出来的轻微不平,铲高补低,经拉毛后,用混合料垫平、压实。

（2）沥青贯入式路面的初期养护

①路面竣工后,开放交通时,行驶车辆限速在 15 km/h 以下,根据表面成型情况,逐步提高到 20 km/h。

②设专人指挥交通或设置临时路标,按先两边后中间控制车辆易辙行驶,达到全面压实。

③应随时将行车驱散的嵌缝料回扫、扫匀、压实,以形成平整密实的上封层。当路面泛油后,要及时补撒与施工最后一层矿料相同的嵌缝料,同时控制行车碾压。

(3)乳化沥青路面的初期养护

乳化沥青路面的初期稳定性差,压实后的路面应做好初期养护,设专人管理,按实际破乳情况,封闭交通 2~6 h。在未破乳的路段上,严禁一切车辆、人、畜通过。开放交通初期,应控制车速不超过 20 km/h,并不得制动和调头。当有损坏时,应及时修补。

2)沥青路面日常养护要求

①保持路面平整、横坡适度、线形顺直、路容整洁、排水良好。

②加强巡路检查,掌握路面情况,随时排除有损路面的各种因素,及时发现路面初期病害,研究分析病害产生的原因,并有针对性地及时对病害进行维修处理。

③禁止各种履带车的其他铁轮车直接在路上行驶。

④掌握技术资料,建立养护档案。

⑤根据各地不同季节的气候特点、水和温度变化规律,按照"预防为主、防治结合"的原则,结合地区成功经验,针对不同季节病害根源,因地制宜,采取有效的技术措施,做好预防性季节性养护工作。

4.3.2 沥青路面常见病害产生原因及维修措施

1)纵向裂缝

(1)现象

裂缝走向基本与行车方向平行,裂缝长度和宽度不一。

(2)原因分析

①前后摊铺幅相接处的冷接缝未按有关规范要求认真处理,结合不紧密而脱开。

②纵向沟槽回填土压实质量差而发生沉陷。

③拓宽路段的新老路面交界处沉降不一。

(3)预防措施

①采用全路幅一次摊铺,如分幅摊铺时,前后幅应紧跟,避免前摊铺幅混合料冷却后才摊铺后半幅,确保热接缝。

②如无条件全路幅摊铺时,上下层的施工纵缝应错开 15 cm 以上。前后幅相接处为冷接缝时,应先将已施工压实完的边缘坍斜部分切除,切线须顺直,侧壁要垂直,清除碎料后,宜用热混合料敷贴接缝处,使之预热软化,然后铲除敷贴料,并对侧壁涂刷 0.3~0.6 kg/m² 黏层沥青,再摊铺相邻路幅。摊铺时控制好松铺系数,使压实后的接缝结合紧密、平整。

③沟槽回填土应分层填筑、压实,压实度必须达到要求。如符合质量要求的回填土来源

或压实有困难时,须作特殊处理,如采用黄沙、砾石砂或有自硬性的高钙粉煤灰或热闷钢渣等回填。

④拓宽路段的基层厚度和材料须与老路面一致,或稍厚。土路基应密实、稳定。铺筑沥青面层前,老路面侧壁应涂刷 $0.3 \sim 0.6 \ kg/m^2$ 黏层沥青。沥青面层应充分压实。新老路面接缝宜用热烙铁烫密。

(4)治理方法

$2 \sim 5 \ mm$ 的裂缝,可用改性乳化沥青灌缝;大于 $5 \ m$ 的裂缝,可用改性沥青(如 SBS 改性沥青)灌缝。灌缝前,须先清除缝内和缝边碎粒料、垃圾,并保持缝内干燥。灌缝后,表面撒上粗砂或 $3 \sim 5 \ mm$ 石屑。

2)横向裂缝

(1)现象

裂缝与路中心线基本垂直,缝宽不一,缝长有贯穿整个路幅的,也有穿过部分路幅的。

(2)原因分析

①施工缝未处理好,接缝不紧密,结合不良。

②沥青未达到适合于本地区气候条件和使用要求的质量标准,致使沥青面层温度收缩或温度疲劳应力(应变)大于沥青混合料的抗拉强度(应变)。

③桥梁、涵洞或通道两侧的填土产生固结或地基沉降。

④半刚性基层收缩裂缝的反射缝。

(3)预防措施

①合理组织施工,摊铺作业连续进行,减少冷接缝。冷接缝的处理,应先将已摊铺压实的摊铺带边缘切割整齐、清除碎料,然后用热混合料敷贴接缝处,使其预热软化;铲除敷料,对缝壁涂刷 $0.3 \sim 0.6 \ kg/m^2$ 黏层沥青,再铺筑新混合料。

②充分压实横向接缝。碾压时,压路机在已压实的横幅上,钢轮伸入新铺层 $15 \ cm$,每压一遍向新铺层移动 $15 \sim 20 \ cm$,直到压路机全部在新铺层为止,再改为纵向碾压。

③根据《沥青路面施工及验收规范》(GB 50092—1996)要求,按本地区气候条件和道路等级选取适用的沥青类型,以减少或消除沥青面层温度收缩裂缝。采用优质沥青更有效。

④桥涵两侧填土充分压实或进行加固处理。工后沉降严重地段事前,应进行软土地基处理和合理的路基施工组织。

⑤反射裂缝预防见后面关于反射裂缝预防措施的具体内容。

(4)治理方法

为防止雨水由裂缝渗透至路面结构,对于细裂缝($2 \sim 5 \ mm$)可用改性乳化沥青灌缝。对大于 $5 \ mm$ 的粗裂缝,可用改性沥青(如 SBS 改性沥青)灌缝。灌缝前,须清除缝内、缝边碎粒料、垃圾,并使缝内干燥。灌缝后,表面撒上粗砂或 $3 \sim 5 \ mm$ 石屑。

3）网状裂缝

（1）现象

裂缝纵横交错，缝宽 1 mm 以上，缝距 40 m 以下，1 m^2 以上。

（2）原因分析

①路面结构中夹有软弱层或泥灰层，粒料层松动，水稳性差。

②沥青与沥青混合料质量差，延度低，抗裂性差。

③沥青层厚度不足，层间黏结差，水分渗入，加速裂缝的形成。

（3）预防措施

①沥青面层摊铺前，对下卧层应认真检查，及时清除泥灰，处理好软弱层，保证下卧层稳定，并宜喷洒 0.3~0.6 kg/m^2 黏层沥青。

②原材料质量和混合料质量严格按《沥青路面施工及验收规范》（GB 50092—1996）的要求进行选定、拌制和施工。

③沥青面层各层应满足最小施工厚度的要求，保证上下层的良好连接；并从设计施工养护上采取有效措施排除雨后结构层内积水。

④路面结构设计应做好交通量调查和预测工作，使路面结构组合与总体强度满足设计使用期限内交通荷载要求。上基层必须选用水稳定性良好的有粗粒料的石灰、水泥稳定类材料。

（4）治理方法

①如夹有软弱层或不稳定结构层时，应将其铲除；如因结构层积水引起网裂时，铲除面层后，需加设将路面渗透水排除至路外的排水设施，然后再铺筑新混合料。

②如强度满足要求，网状裂缝是由于沥青面层厚度不足引起时，可采用铣削网裂的面层后加铺新料来处理，加铺厚度按现行设计规范计算确定。如在路面上加罩，为减轻反射裂缝，可采取各种"防反"措施进行处理。

③由于路基不稳定导致路面网裂时，可采用石灰或水泥处理路基，或注浆加固处理，深度可根据具体情况确定，一般为 20~40 cm。消石灰用量 5%~10%，或水泥用量 4%~6%，待土路基处理稳定后，再重做基层、面层。

④由于基层软弱或厚度不足引起路面网裂时，可根据情况，分别采取加厚、调换或综合稳定的措施进行加强。水稳定性好、收缩性小的半刚性材料是首选基层。基层加强后，再铺筑沥青面层。

4）反射裂缝

（1）现象

基层产生裂缝后，在温度和行车荷载作用下，裂缝将逐渐反射到沥青层表面，路表面裂缝的位置形状与基层裂缝基本相似。对半刚性基层以横向裂缝居多,对在柔性路面上加罩的沥青结构层,裂缝形式不一,取决于下卧层。

(2)原因分析

①半刚性基层收缩裂缝的反射裂缝。

②在旧路面上加罩沥青面层后原路面上已有裂缝包括水泥混凝土路面的接缝的反射。

(3)预防措施

①采取有效措施减少半刚性基层收缩裂缝。

②在旧路面加罩沥青路面结构层前,可铣削原路面后再加罩,或采用铺设土工织物、玻纤网后再加罩,以延缓反射裂缝的形成。

(4)治理方法

①缝宽小于 2 mm 时,可不作处理。

②缝宽大于 2 mm 时,可采用改性乳化沥青或改性沥青(如 SBS 改性沥青)灌缝。灌缝前,须先清除缝内垃圾及缝边碎粒料,并保持缝内干燥。灌缝后撒粗砂或 3~5 mm 石屑。

5)车辙

(1)现象

路面在车辆荷载作用下轮迹处下陷,轮迹两侧往往伴有隆起(见图4.2),形成纵向带状凹槽。在实施渠化交通的路段或停刹车频率较高的路段较易出现。

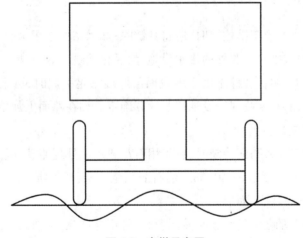

图 4.2　车辙示意图

(2)原因分析

①沥青混合料热稳定性不足。矿料级配不好,细集料偏多,集料未形成嵌锁结构;沥青用量偏高;沥青针入度偏大或沥青质量不好。

②沥青混合料面层施工时未充分压实,在行车荷载作用下,继续压密或产生剪切破坏。

（3）预防措施

①粗集料应粗糙且有较多的破碎裂面。密级配沥青混凝土中的粗集料应形成良好的骨架作用，细集料充分填充空隙，沥青混合料稳定度及流值等技术指标应满足规范要求，高等级道路应进行车辙试验检验。动稳定度对高速公路和城市快速路不小于 800 次/mm，对一级公路和城市主干路不小于 600 次/mm。

②根据当地气候条件按《沥青路面施工及验收规范》（GB 50092—1996）选用合适标号的沥青，针入度不宜过大，上海地区一般选用 70° 重交通道路石油沥青。

③施工时，必须按照有关规范要求进行碾压，基层和沥青混合料面层的压实度应分别达到 98% 和 95% 或 96%。

④对通行重车比例较大的道路或启动、制动频繁、陡坡的路段。必要时，可采用改性沥青混合料，提高抗车辙能力。但在选用时，必须兼顾高低温性能。

⑤道路结构组合设计时，沥青面层每层的厚度宜不超过混合料集料最大数径的 4 倍，否则较易引起车辙。

（4）治理方法

①如仅在轮迹处出现下陷，而轮迹两侧未出现隆起时，则可先确定修补范围。一般可目测或将直尺架在凹陷上，与长直尺底面相接的路面处可确定为修补范围的轮廓线。沿轮廓线将 5~10 cm 宽的面层完全凿去或用机械铣削，槽壁与槽底垂直，并将凹陷内的原面层凿毛，清扫干净后，涂刷 0.3~0.6 kg/m² 黏层沥青，用与原面层结构相同的材料修补，并充分压实，与路面接平。

②如在轮迹的两侧同时出现条状隆起，应先将隆起部位凿去或铣削，直至其深度大于原面层材料最大粒径的 2 倍，槽壁与槽底垂直，将波谷处的原面层凿毛，清扫干净后涂刷 0.3~0.6 kg/m² 黏层沥青，再铺筑与面层相同级配的沥青混合料，并充分压实与路面接平。

③若因基层强度不足、水稳性不好等原因引起车辙时，则应对基层进行补强或将损坏的基层挖除，重新铺筑。新修补的基层应有足够强度和良好的水稳性，坚实平整。如原为半刚性基层，可采用早期强度较高的水泥稳定碎石修筑，但其层厚不得小于 15 cm。修补时，应注意与周边原基层的良好衔接。

④对受条件限制或车被面积较小的街坊道路，可采用现场冷井的乳化沥青混合料修补。其矿料级配和沥青用量，可参照《沥青路面施工及验收规范》（GB 50092—1996）确定。

6）翻浆

（1）现象

基层的粉、细料浆水从面层裂缝或从多空隙率面层的空隙处析出，雨后路表面呈淡灰色。

（2）原因分析

①基层用料不当，或拌和不匀，细料过多。因其水稳性差，遇水后软化，故在行车作用下

浆水上冒。

②低温季节施工的半刚性基层,强度增长缓慢,而路面开放交通过早,在行车与雨水作用下使基层表面粉化,形成浆水。

③冰冻地区的基层,冬季水分积聚成冰,春天解冻时翻浆。

④沥青面层厚度较薄,空隙率较大,未设置下封层和没有采取结构层内排水措施,促使雨水下渗,加速翻浆的形成。

⑤表面处治和贯入式面层竣工初期,因行车作用次数不多,结构层尚未达到应有密实度就遇到雨季,故使渗水增多,基层翻浆。

(3)预防措施

①采用含粗粒料的水泥、石灰粉煤灰稳定类材料作为高等级道路的上基层。粒料级配应符合要求,细料含量要适当。

②在低温季节施工时,石灰稳定类材料可掺入早强剂,以提高其早期强度。

③根据道路等级和交通量要求,选择合适的面层类型和适当厚度。沥青混凝土面层宜采用两层式或三层式,其中一层须采用密级配。当各层均为沥青碎石时,基层表面必须做下封层。

④设计时,对空隙率较大、易渗水的路面,应考虑设置排除结构层内积水的结构措施。

⑤表面处治和贯入式面层经施工压实后,空隙率仍然较大,需要有较长时间借助行车进一步压密成形。因此,这两种类型面层宜在热天或少雨季节施工。

(4)治理方法

①采取切实措施,使路面排水顺畅,及时清除雨水进水孔垃圾,避免路面积水和减少雨水下渗。

②对轻微翻浆路段,将面层挖除后,清除基层表面软弱层,施设下封层后铺筑沥青面层。

③对严重翻浆路段,将面层、基层挖除,如涉及路基,还要对路基处理之后,铺筑水稳性好、含有粗骨料的半刚性材料作基层,用适宜的沥青结构层进行修复,并要有排除路面结构层内积水的技术措施。

7)壅包

(1)现象

沿行车方向或横向出现局部隆起。壅包较易发生在车辆经常启动、制动的地方,如停车站、交叉口等。

(2)原因分析

①沥青混合料的沥青用量偏高或细料偏多,热稳定性不好。在夏季气温较高时,不足以抵抗行车引起的水平力。

②面层摊铺时,底层未清扫或未喷洒(涂刷)黏层沥青,致使路面上下层黏结不好;沥青混

合料摊铺不匀,局部细料集中。

③基层或下面层未经充分压实,强度不足,发生变形位移。

④在路面日常养护时,局部路段沥青用量过多,集料偏细或摊铺不均匀。

⑤陡坡或平整度较差路段,面层沥青混合料容易在行车作用下向低处积聚而形成壅包。

(3)预防措施

①在混合料配合比设计时,要控制细集料的用量,细集料不可偏多。选用针入度较低的沥青,并严格控制沥青的用量。

②在摊铺沥青混合料面层前,下层表面应清扫干净,均匀洒布黏层沥青,确保上下层黏结。

③人工摊铺时,由于料车卸料容易离析,应做到粗细料均匀分布,避免细料集中。

(4)治理方法

①凡由于沥青混合料本身级配偏细,沥青用量偏高,或者上下层黏结不好而形成的壅包,应将其完全铣削掉,并低于原路表,然后待开挖表面干燥后喷洒 $0.3 \sim 0.6 \ kg/m^2$ 黏层沥青,再铺筑热稳定性符合要求的沥青混合料至与路面平齐。当壅包周边伴有路面下陷时,应将其一并处理。

②如基层已被推挤,应将损坏部分挖除,重新铺筑。

③修补时应采用与原路面结构相同或强度较高的材料。如受条件限制,则对面积较小的修补,可采用现场冷拌的乳化沥青混合料,但应严格控制矿料的级配和沥青用量。

8)搓板

(1)现象

路表面出现轻微、连续的接近等距离的起伏状,形似洗衣搓板。虽峰谷高差不大,但行车时有明显的频率较高的颠簸感。

(2)原因分析

①沥青混合料的矿料级配偏细,沥青用量偏高,高温季节时,面层材料在车辆水平力作用下,发生位移变形。

②铺设沥青面层前,未将下层表面清扫干净或未喷洒黏层沥青,致使上层与下层黏结不良,产生滑移。

③旧路面上原有的搓板病害未认真处理,即在其上铺设面层。

(3)预防措施

①合理设计与严格控制混合料的级配。

②在摊铺沥青混合料前,须将下层顶面的浮尘、杂物清扫干净,并均匀喷洒黏层沥青,保证上下层黏结良好。

③旧路上做沥青罩面前,须先处理原路面上已发生的搓板病害;否则,压路机无法将搓板

上新罩的面层均匀碾压密实,新的搓板现象随即就会出现。

(4)治理方法

①如属混合料中沥青用量偏多引起的不很严重的搓板时,可参照壅包治理方法①进行处理。

②因上下面层相对滑动引起的搓板,或搓板较严重、面积较大时,应将面层全部铲除,并低于原路面,其深度应大于用于修补沥青混合料最大集料粒径的 2 倍,槽壁与槽底垂直,清除下层表面的碎屑、杂物及粉尘后,喷洒 $0.3 \sim 0.6 \ kg/m^2$ 的黏层沥青,重新铺筑沥青面层。

③在交通量较小的街坊道路上,可采用冷拌的乳化沥青混合料找平或进行小面积的修补。

④属于基层原因形成的搓板,应对损坏的基层进行修补。

9)泛油

(1)现象

表面处治和贯入式路面的表面基本上被一薄层沥青覆盖,未见或很少看到集料,路表光滑,容易引起行车滑溜交通事故。

(2)原因分析

①表面处治,贯入式路面使用沥青标号不适当,针入度过大。

②沥青用量过多或集料撒布量过少。

③冬天施工,面层成形慢,集料散失过多。

(3)预防措施

施工前,须根据本地区气候条件参照规范选定合适标号的沥青。

(4)治理方法

在热天气温较高时进行处理最为有效。如轻微泛油,可撒布 3~5(8)mm 石屑或粗黄沙,撒布量以车轮不粘沥青为度;如泛油较严重,可先撒布 5~10(15)mm 集料,经行车碾压稳定后再撒布 3~5(8)mm 石屑或粗黄沙嵌缝。在使用过程中,散失的集料须及时回扫或补撒集料。

10)坑槽

(1)现象

表层局部松散,形成深度 2 cm 以上的凹槽。在水的侵蚀和行车的作用下,凹槽进一步扩大,或相互连接,形成较大较深坑槽,严重影响行车的安全性和舒适性。

(2)原因分析

①面层厚度不够,沥青混合料黏结力不佳,沥青加热温度过高,碾压不密实,在雨水和行车等作用下,面层材料性能日益恶化松散、开裂,逐步形成坑槽。

②摊铺时,下层表面浮灰、垃圾未彻底清除,上下层不能有效黏结。

③路面罩面前,原有的坑槽、松散等病害未完全修复。

④养护不及时,当路面出现松散、脱皮、网裂等病害时,或被机械行驶刮铲损坏后未及时养护修复。

（3）预防措施

①沥青面层应具有足够的设计厚度,特别是上面层,应不小于施工压实层的最小压实度,以保证在行车荷载作用下有足够的抗力。沥青混合料配合比设计,宜选用具有较高黏结力的较密实的级配。若采用空隙率较大的抗滑面层或使用酸性石料时,宜使用改性沥青或在沥青中掺加一定量的抗剥落剂,以改善沥青和石料的黏附性能。

②沥青混合料拌制过程中,应严格掌握拌和时间、沥青用量及拌和温度,保证混合料的均匀性,严防温度过高使沥青发生焦枯。

③在摊铺沥青混合料面层前,下层应清扫干净,并均匀喷洒黏层沥青。面层摊铺时,应按有关规范要求碾压密实。如在老路面上罩面,原路面上坑槽必须先行修补之后,再进行罩面。

④当路表面出现松散、脱皮、轻微网裂等可能使雨水下渗的病害,或路面因机械铲受损时,应及时修补以免病害扩展。

（4）治理方法

①如路基完好,坑槽深度仅涉及下面层的维修。

a.确定所需修补的坑槽范围,一般可根据路面的情况略大于坑槽的面积,修补范围成方正并与行车方向平行或垂直。

b.若小面积的坑槽较多或较密时,应将多个小坑槽合并确定修补范围。

c.采用人工或机械的方法将修补范围内的面层削去,槽壁与槽底应垂直。槽底面应坚实无松动现象,并使周围好的路面不受影响或松动损坏。

d.将槽壁槽底的松动部分、损坏的碎块及杂物清扫干净,然后在槽壁和槽底表面均匀涂刷一层黏层沥青,用量为 $0.3 \sim 0.6 \ \mathrm{kg/m^2}$。

e.将与原面层材料级配基本相同的沥青混合料填入槽内,摊铺平整,并按槽深掌握好松铺系数。摊铺时,要特别注意将槽壁四周的原沥青面层边缘压实铺平。

f.用压实机具在摊铺好的沥青混合料上反复来回碾压至与原路面平齐。如坑槽较深而面积较小而无法用压实机具一次成形时,应分层铺筑。下层可采用人工夯实,上层则应用机械压实。

②如基层已损坏,须先将基层补强或重新铺筑。基层应坚实平整,没有松散现象。

③对交通量较小的街坊道路,采用热拌沥青混合料材料有困难时,可用冷拌的乳化沥青混合料来修补面层,但须采用较密实的级配,并充分碾压,以防止雨水再次入渗。

11)松散

(1)现象

面层集料之间的黏结力丧失或基本丧失,路表面可观察到成片悬浮的集料或小块粒料,面层的部分区域明显不成整体。干燥季节,在行车作用下可见轮后粉尘飞扬。

(2)原因分析

①沥青混凝土中的沥青针入度偏小,黏结性能不良;混合料的沥青用量偏少;矿料潮湿或不洁净,与沥青黏结不牢;拌和时温度偏高,沥青焦枯;沥青老化或与酸性石料间的黏附性能不良,造成路面松散。

②摊铺施工时,未充分压实,或摊铺时,沥青混凝土温度偏低;雨天摊铺,水膜降低了集料间的黏结力。

③基层强度不足,或呈湿软状态时摊铺沥青混凝土,在行车作用下可造成面层松散。

④在沥青路面使用过程中,溶解性油类的泄漏,雨雪水的渗入,降低了沥青的黏结性能。

(3)预防措施

①对使用酸性石料拌制沥青混合料时,需在沥青中掺入抗剥落剂或在填料中掺用适量的生石灰粉、干净消石灰、水泥,以提高沥青与酸性石料的黏附性能。

②在沥青混合料生产过程中,应选用标号合适的沥青和干净的集料,集料的含泥量不得超过规定的要求;集料在进入拌缸前,应完全烘干并达到规定的温度;除按规定加入沥青外,还应在拌制过程中随时观察沥青混合料的外观,是否有因沥青含量偏少而呈暗淡无光泽的现象,拌制新的级配的沥青混合料时,尤应加强观测;集料烘干加热时的温度,一般控制不超过180 ℃,避免过高,否则会加快沥青中的轻质油分挥发,使沥青过早老化,影响沥青混凝土整体性。

③沥青混合料运到工地后,应及时摊铺,及时碾压。摊铺温度及碾压温度偏低会降低沥青混合料面层的压实质量。摊铺后,应及时按照有关施工技术规范要求碾压到规定的压实度,碾压结束时,温度应不低于70 ℃;应避免在气温低于10 ℃或雨天施工。

④路面出现脱皮等轻微病害时,应及时修补。

(4)治理方法

将松散的面层清除,重铺沥青混凝土面层。如涉及基层,则应先对基层进行处理。

12)脱皮

(1)现象

沥青路面上层与下层或旧路上的罩面层与原路面黏结不良,表面层呈块状或片状地脱落,其形状、大小不等,严重时可成片。

（2）原因分析

①摊铺时，下层表面潮湿或有泥土及灰尘等，降低了上下层之间的黏结力。

②旧路面上加罩沥青面层时，原路表面未凿毛，未喷洒黏层沥青，造成新面层与原路面黏结不良而脱皮。

③面层偏薄，厚度小于混合料集料最大粒径 2 倍，难以碾压成形。

（3）预防措施

①在铺设沥青面层前，应彻底清除下层表面的泥土、杂物、浮尘等，并保持表面干燥。喷洒黏层沥青后，立即摊铺沥青混合料，使上下层黏结良好。

②在旧路面上加罩沥青面层时，原路面应用风镐或"十"字镐凿毛。有条件时，采用铣削机铣削，经清扫、喷洒黏层沥青后，再加罩面层。

③单层式或双层式面层的上层压实厚度，必须大于集料粒径的 2 倍，利于压实成形。

（4）治理方法

①脱皮较严重的路段，应将沥青面层全部削去，重新铺筑面层。

②脱皮面积较小，且交通量不大的街坊道路，可参照坑槽的治理方法进行修复。

③脱皮部位发现下层松软等病害时，可参照坑槽的治理方法对基层补强后修复。

13）啃边

（1）现象

路面边缘破损松散、脱落。

（2）原因分析

①路边积水，使集料与沥青剥离、松散。

②路面边缘碾压不足，面层密实度较差。

③路面边缘基层松软强度不足，承载力差。

（3）预防措施

①合理设计路面排水系统、注意日常养护，经常清除雨水口进水孔垃圾，使路面排水畅通。

②施工时，路面边缘应充分碾压，压实后的沥青层应与缘石齐平、密贴。因此，摊铺时，要正确掌握上面层的松铺系数。

③基层宽度必须超出沥青层 20～30 cm，以改善路面受力条件。

（4）治理方法

在啃边路段修补范围内，离沥青面层损坏边缘 5～10 cm 处画出标线，选择适用机具沿标线将面层材料挖除。经清扫后，在底面、侧面涂刷黏层沥青，然后按原路面的结构和材料进行修复。接缝处以热烙铁烫边，以使接缝紧密。

14）光面

（1）现象

路表面光滑,表面看不到粗集料或集料表面棱角已被磨除。阴雨天气易出现行车滑溜交通事故。

（2）原因分析

①上面层细集料或沥青用量偏多。

②集料质地较软,磨耗大,易被汽车轮胎磨损。

（3）预防措施

①表面处治和贯入式路面所用的材料、规格和用量应符合表 4.9 和表 4.10 的规定。集料应具有较好的颗粒形状,较多的棱角。成形期间,集料散失时,应及时补撒。

表 4.9　沥青表面处治材料规格和用量

沥青品种	路面类型	厚度/mm	集料用量/[m³·(1 000 m²)⁻¹]						沥青或乳液用量/(kg·m⁻²)			
			第一层		第二层		第三层		第一次	第二次	第三次	合计用量
			规格	用量	规格	用量	规格	用量				
石油沥青	单层	1.0	S12	7~9					1.0~1.2			1.0~1.2
		1.5	S10	12~14					1.4~1.6			1.4~1.6
	双层	1.5	S10	12~14	S12				1.4~1.6	1.0~1.2		2.4~2.8
		2.0	S9	16~18	S12				1.6~1.8	1.0~1.2		2.6~3.0
		2.5	S8	18~20	S12				1.8~2.0	1.0~1.2		2.8~3.2
	三层	2.5	S8	18~20	S12	12~14	S12	7~8	1.6~1.8	1.2~1.4	1.0~1.2	3.8~4.4
		3.0	S6	20~22	S12	12~14	S12	7~8	1.8~2.0	1.2~1.4	1.0~1.2	4.0~4.6
乳化沥青	单层	0.5	S14	7~9					0.9~1.0			0.9~1.0
	双层	1.0	S12	9~11	S14	4~6			1.8~2.0	1.0~1.2		2.8~3.2
	三层	3.0	S6	20~22	S10	9~11	S12	4~6	2.0~2.2	1.8~2.0	1.0~1.2	4.8~5.4
							S14	3.5~4.5				

注:1.煤沥青表面处治的沥青用量可比石油沥青用量增加 15%~20%;

　　2.表中的乳液用量按乳化沥青的蒸发残留物含量 60% 计算,如沥青含量不同应予折算;

　　3.在高寒地区及干旱风沙大的地区,可超出高限 5%~10%。

表4.10　沥青贯入式路面材料规格和用量

（集料用量:m³/1 000 m²,沥青及沥青乳液用量:kg/m²）

沥青品种	石油沥青					
厚度/mm	4		5		6	
规格和用量	规格	用量	规格	用量	规格	用量
封层料	S14	3~5	S14	3~5	S13(S14)	4~6
第三遍沥青		1.0~1.2		1.0~1.2		1.0~1.2
第二遍嵌缝料	S12	6~7	S11(S10)	10~12	S11(S10)	10~12
第二遍沥青		1.6~1.8		1.8~2.0		2.0~2.2
第一遍嵌缝料	S10(S9)	12~14	S8	12~14		16~18
第一遍沥青		1.8~2.1		1.6~1.8	S8(S6)	2.8~3.0
主层石料	S5	45~50	S4	55~60	S3(S4)	66~76
沥青总用量	4.4~5.1		5.2~5.8		5.8~6.4	

沥青品种	石油沥青				乳化沥青			
厚度/mm	7		8		4		5	
规格和用量	规格	用量	规格	用量	规格	用量	规格	用量
封层料	S13(S14)	4~6	S13(S14)	4~6	S13(S14)	4~6	S14	4~6
第五遍沥青								0.8~1.0
第四遍嵌缝料							S14	5~6
第四遍沥青						0.8~1.0		1.2~1.4
第三遍嵌缝料						5~6	S12	7~9
第三遍沥青		1.0~1.2		1.0~1.2	S14	1.4~1.6		1.5~1.7
第二遍嵌缝料		11~13		11~13		7~8	S10	9~11
第二遍沥青	S10(S11)	2.4~2.6	S10(S11)	2.6~2.8	S12	1.6~1.8		1.6~1.8
第一遍嵌缝料		18~20				12~14	S8	10~12
第一遍沥青		3.3~3.5		20~22	S9	2.2~2.4		2.6~2.8
主层石料	S6(S8)	80~90	S6(S8)	4.2~4.4		40~45	S4	50~55
				95~100	S5			
	S2		S1(S2)					
沥青总用量	6.7~7.3		7.6~8.2		6.0~6.8		7.4~8.5	

注:1.煤沥青贯入式的沥青用量可较石油沥青用量增加15%~20%;

　　2.表中乳化沥青是指乳液的用量,并适用于乳液浓度约为60%的情况,如果浓度不同,用量应予换算;

　　3.在高寒地区及干旱风沙大的地区,可超出高限5%~10%。

②沥青路面上面层混合料级配应符合《沥青路面施工及验收规范》(GB 50092—1996)规定,粒径小于(等于)2.36 mm(圆孔筛2.5 mm)和大于(等于)4.75 mm(圆孔筛5.0 mm)的含量

必须严格控制在规范规定的允许范围内,以避免细集料过多;公路及主干路、次干路的上面层应采用细粒式或中粒式沥青混凝土。砂粒式沥青混凝土的最大粒径较小,细料较多,易形成光面,一般只用于非机动车道、人行道。

③采用具有足够强度,耐磨性好的集料修筑上面层。对高速公路、一级公路城市和主干路,压碎值不大于 28%,洛杉矶磨耗损失不大于 30%;用于其他等级道路时,压碎值不大于 30%,洛杉矶磨耗损失不大于 40%。

(4)治理方法

①对表面处治和贯入式路面,可直接在光面上加罩封层,或用铣削机将表面层刨除,清扫后,进行封层。封层材料按规范要求选择。

②沥青混凝土路面,上面层经铣刨、清扫后,喷洒 0.3~0.6 kg/m² 黏层沥青,然后铺筑细粒式或中粒式沥青混凝土上面层。

15)施工段接缝明显

(1)现象

接缝歪斜不顺直;前后摊铺幅色差大、外观差;接缝不平整有高差,行车不舒适。

(2)原因分析

①在后铺筑沥青层时,未将前施工压实好的路幅边缘切除,或切线不顺直。

②前后施工的路幅材料有差别,如石料色泽深浅不一或级配不一致。

③后施工路幅的松铺系数未掌握好,偏大或偏小。

④接缝处碾压不密实。

(3)防治措施

①在同一个路段中,应采用同一料场的集料,避免色泽不一;上面层应采用同一种类型级配,混合料配合比要一致。

②纵横冷接缝必须按有关施工技术规范处理好。在摊铺新料前,需将已压实的路面边缘塌斜部分用切削机切除,切线顺直,侧壁垂直,清扫碎粒料后,涂刷 0.3~0.6 kg/m² 黏层沥青,然后再摊铺新料,并掌握好松铺系数。施工中,及时用 3 m 直尺检查接缝处平整度。如不符合要求,趁混合料未冷却时进行处理。

③纵、横向接缝需采用合理的碾压工艺。在碾压纵向接缝时,压路机应先在已压实路面上行走,碾压新铺层的 10~15 cm,然后压实新铺部分,再伸过已压实路面 10~15 cm,如图 4.3所示。接缝必须得到充分压实,达到紧密、平顺的要求。

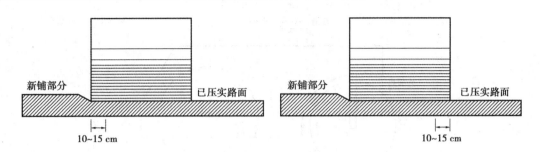

图 4.3　纵缝冷接缝的碾压

16）压实度不足

（1）现象

压实未达到规范要求。在压实度不足的面层上,用手指甲成细水条对路表面的粒料进行拨挑时,粒料有松动或被挑起的现象发生。

（2）原因分析

①碾压速度未掌握好,碾压方法有误。

②沥青混合料拌和温度过高,有焦枯现象,沥青丧失黏结力,虽经反复碾压,但面层整体性不好,仍呈半松散状态。

③碾压时面层沥青混合料温度偏低,沥青虽裹覆较好,但已逐渐失去黏性,沥青混合料在碾压时呈松散状态,难以压实成形。

④雨天施工时,沥青混合料内形成的水膜,影响矿料与沥青间黏结以及沥青混合料碾压时,水分蒸发所形成封闭水汽,影响了路面有效压实。

⑤压实厚度过大或过小。

（3）预防措施

①在碾压时应按初压、复压和终压 3 个阶段进行,行进速度必须慢而均匀。碾压速度应符合表 4.11 的规定。

表 4.11　压路机碾压速度/（km · h⁻¹）

压路机类型	初　压		复　压		终　压	
	适宜	最大	适宜	最大	适宜	最大
钢筒式压路机	2~3	4	3~5	6	3~6	6
轮胎压路机	2~3	4	3~5	6	3~5	8
振动压路机	2~3 （静压或振动）	3 （静压或振动）	3~4.5 （振动）	5 （振动）	3~6 （静压）	6 （静压）

注:摘自《公路沥青路面施工技术规范》（JTG F40—2004）。

②碾压时,驱动轮面向摊铺机方向前进,驱动轮在前,从动轮在后,如图 4.4 所示。

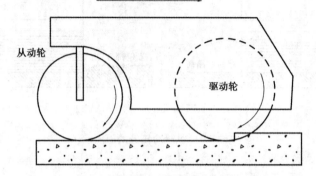

图 4.4　压路机正确行进方向示意图

③沥青混合料拌制时,集料烘干温度要控制在 160~180 ℃。温度过高,会使沥青出现焦枯,丧失黏结力,影响沥青混合料压实性和整体性。

④沥青混合料运到工地后,应及时摊铺,及时碾压。碾压温度过低,会使沥青的黏度提高,不易压实。应尽量避免气温低于 10 ℃ 或在雨季施工。

⑤压实层最大厚度不得超过 10 cm,最小厚度应大于集料最大粒径 1.5 倍(中、下面层)或 2 倍上面层。压实度应符合规定。

（4）治理方法

压实度不足的面层,在使用过程中极易出现各种病害。一般应予铣削后,重新铺筑热拌沥青混合料。

17）与收水井、检查井衔接不顺

（1）现象

收水井、检查井井盖框高程比路面高或低,汽车通过时有跳车或抖动现象,行车不舒适,路面容易损坏。

（2）原因分析

①施工方样不仔细,收水井、检查井井盖框高程偏高或偏低,与路面衔接不齐平。

②收水井、检查井基础下沉。

③收水井、检在井周边回填土及路面压实不足,交通开放,后逐渐沉陷。

④井壁及管道接口渗水,使路基软化或淘空,加速下沉。

（3）预防措施

①施工前,必须按设计图纸做好放样工作,高程要准确,收水井、检查井中所在位置的高程与道路纵向高程、横坡相协调,避免出现高差。

②收水井、检查井的基础及墙身结构应合理设计,按规范施工,减少或防止下沉。

③井周边的回填土、路面结构必须充分压实。回填土压实有困难时,可采用水稳定性好、压缩性小的粒状材料或稳定类材料进行回填。

④在铺筑沥青混合料前,必须先在井壁涂刷黏层沥青再铺筑面层,压实后,宜用热熔铁烫密封边,以防井壁渗水。

(4)治理方法

①当收水井、检查井高出路面时,可吊移盖框,降低井壁至合适标高后,再放上盖框,并处理好周边缝隙。

②当收水井、检查井低于路面时,可先将盖框吊开,以合适材料调平底座,调平材料达到强度后放上盖框。盖框安置妥当后,认真做好接维处理工作,使接缝密封不渗水。

4.3.3　路面封层

封层主要适用于提高原有路面的防水性能、平整度和抗滑性能的修复工作。

①遇有下列情况时,应在沥青路面上铺筑上封层:

a.沥青面层的空隙较大,透水严重。

b.路面轻微裂缝,但路面强度能满足要求。

c.需加铺磨耗层改善抗滑性能的旧沥青路面。

d.按周期需进行预防性养护的沥青路面。

②上封层可采用下列类型:

a.单层或多层式沥青表面处治。

b.乳化沥青稀浆封层。

c.微表处聚合物改性乳化沥青稀浆封层。

③单层或多层式沥青表面处治应满足以下要求:

a.用于路面裂缝病害的单层沥青表面处治厚度应不超过15 mm。

b.用于网裂病害的多层式表面处治厚度应不超过30 mm。

c.沥青表面处治宜在郊区道路上使用。

④乳化沥青稀浆时层宜用于城镇次干路、支路工程,并应满足以下要求:

a.稀浆封层不得作为路面补强层使用。

b.稀浆封层施工时,其施工、养生期内的气温应高于10 ℃,并不得在雨天施工。

⑤微表处(聚合物改性乳化沥青稀浆封层)宜用于城镇快速路、主干路的上封层,并应满足以下要求:

a.对原路面应进行整平处理。

b.改性乳化沥青中的沥青应符合道路石油沥青标准。

c.采用的集料应坚硬、耐磨、棱角多、表面粗糙、不含杂质,砂当量宜大于65%。

d.微表处应采用稀浆封层摊铺机进行施工,施工方法和质量要求应符合国家现行标准《路面稀浆罩面技术规程》(CJJ/T 66—2011)的规定。

4.3.4　路面补强

道路路面补强应符合下列规定：

①对原有沥青路面必须作全面的技术调查，调查内容应包括：

a.旧路破损及病害的程度。

b.旧路的设计、施工养护技术资料。

②单层或多层式沥青表面处治应符合下列规定：

a.用于路面裂缝病害的单层沥青表面处治厚度应不超过 15 mm。

b.用于网裂病害的；多层式表面处治厚度应不超过 30 mm。

c.沥青表面处治宜在郊区道路上使用。

③乳化沥青稀浆封层宜用于城镇次干路、支路工程，并应符合下列规定：

a.稀浆封层不得作为路面补强层使用。

b.稀浆封层施工时，其施工、养生期内的气温应高于 10 ℃，并不得在雨天施工。

c.各种材料和施工方法应符合国家现行标准《路面稀浆罩面技术规程》（CJJ/T 66—2011）的规定。

④微表处（聚合物改性乳化沥青稀浆封层）宜用于城镇快速路、主干路的上封层，并应符合下列规定：

a.对原路面应进行整平处理。

b.改性乳化沥青中的沥青应符合道路石油沥青标准。

c.采用的集料应坚硬、耐磨、棱角多、表面粗糙、不含杂质，砂当量宜大于 65%。

d.微表处应采用稀浆封层摊铺机进行施工，施工方法和质量要求应符合国家现行标准《路面稀浆罩面技术规程》（CJJ/T 66—2011）的规定。

4.3.5　沥青路面再生技术

再生沥青混合料应用技术是将需要翻修改造的旧沥青路面，经过翻挖、回收、破碎、筛分后，再与再生剂、新集料、新沥青适当配合，重新拌和成满足道路建设需要，符合国家和行业标准的再生沥青混合料，并应用于道路建设，铺筑路面面层或基层的整套生产技术。

沥青再生技术通过重复利用沥青混合料（主要为砂石料和沥青材料）达到节约资源和保护生态环境的目的。国外的应用实践证明，沥青再生技术是公路建设可持续发展战略的重要组成部分，在我国现阶段也具有重要的实际意义。

再生沥青混合料施工技术主要分 4 大类：现场热再生技术、现场冷再生技术、场拌热再生技术及场拌冷再生技术。

1）现场热再生技术

（1）定义

沥青路面的现场热再生是采用特殊的加热装置在短时间内将沥青路面加热至施工温度，利用一定的工具将路面面层刨削 25～50 mm，根据混合料性能要求掺加新集料、再生剂等，搅拌摊铺，然后压实完成的一整套工艺。

（2）特点

采用现场热再生具有以下 10 个显著的优点：

①可对旧路面上已剥落的集料重新进行混合，保证沥青的裹覆。

②通过对旧沥青路面的重新加工，可使已老化变脆的沥青路面重新恢复其柔性。

③增加了路面的抗滑性，从而提高路面行车安全性。

④与传统常温修补工艺相比，采用现场热再生方法可使施工工艺大大简化，只需要进行热软化、补充新料、拌和、整平及碾压成型 5 道工序。

⑤施工配套设备大大减少，可减少传统常温修补工艺所需要的空气压缩机、挖切机具、装运新混合料和废旧料的车辆等配套设备，因此不但减少了设备投资，而且减少了施工人员和路面施工时的封闭区域，保证车辆畅通。

⑥废料可以就地再生使用，通过对旧料进行加热后与一定量的新料掺配后再生利用，从而保护了环境，节约了成本。

⑦与其他修复方法相比，可大大减少对交通的影响。

⑧由于现场热再生工艺使得新旧料互相融合，没有明显的接缝。因此，结合强度高，平整度好，可完全避免车道接缝所产生的纵向开裂。

⑨大大减少了材料的运输量，减少了对载货汽车的使用以及燃油的消耗。

⑩与传统路面维修方法相比，其维修成本可节约 20%～50%。

（3）适用性

现场热再生适用于表面产生波浪、推移、纵向开裂和表面车辙等病害。由于施工工序简化，缩短施工时间，节省运输费用，因此，适用于交通繁忙、不能中断交通太久的公路以及市政道路的维修。这种方法虽然将旧沥青层全部利用，但加上新集料搅拌重铺后会改变原路面的高程，不符合原高速公路的纵断面标准。此外，旧沥青混合料的再生质量往往难以达到高速公路沥青面层的要求。因此，现场热再生路面主要用于路基完好路面破损深度小于 6 cm 的沥青混凝土路面的维修，并且要求原有沥青材料经再生处理后，能恢复其原有的性能和寿命。

（4）施工技术

①现场热再生施工机械配备

现场再生施工使用加热刨削机、加热靶松机、冷刨机等将路面面层的表面刨削 25 mm 左右，然后根据再生沥青混合料的配合比设计结果添加新集料、新沥青和再生剂进行再生处理。

该方法采用连续施工、一次完成,对机械的成套要求比较高。

现场热再生所用的再生机一般要求包括以下装置:

a.一个配备多组加热装置的预加热机,它能在将热能辐射到路面层理想深度的同时,也不会燃焦沥青,也不会破坏集料。

b.一个靶松装置,其旋转式靶松器可以将旧沥青层均匀靶松到规定深度,并可进行一定程度的破碎,然后通过传输带传输到拌和锅内。

c.一个整平装置,可在整个工作宽度上使靶松后的路面层具有所要求的横坡度和平整度。

d.一个拌和装置,可将旧料和新料以及新沥青和再生剂充分均匀拌和成满足质量要求的再生沥青混合料。

②现场热再生施工工艺流程

现场热再生施工将再生混合料的生产、拌和和摊铺压实等集中在路面现场进行,减少了工序,提高了效率,是较有发展前景的一种再生路面施工方法。现场热再生施工工艺流程如图 4.5 所示。

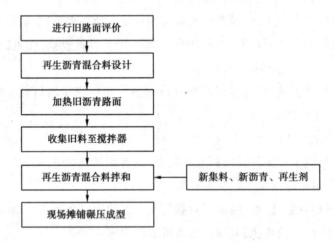

图 4.5　现场热再生施工工艺流程

③现场热再生施工工艺分类

现场热再生施工一般有 3 种具体的处理方法,针对不同的路面损坏状况和表面处理要求选取不同的方法。

A.表面整形法

表面整形法施工工艺流程如图 4.6 所示。

一般的翻松深度为 20~25 mm,尽管在某些情况下也可达到 50 mm 的深度,但很少见,因旧路面的强度不同,路面通常不很平顺和均匀。这种方法适于修复破损不严重的路面,修复后可消除车辙、龟裂等变形,恢复路面的平整度,改善路面性能。

B.重铺法

重铺法是用复拌机在整形法的基础上,把旧路材料翻松、搅拌均匀后作为中层,同时在上面再铺设一层新的沥青混合料作为磨耗层,形成全新材料的路面,最后用压路机压实。这种方法适用于破损较严重的路面维修翻新和旧路面升级改造施工,修复后形成与新建路面道路性能相同的全新路面。重铺法施工工艺流程如图4.7所示。

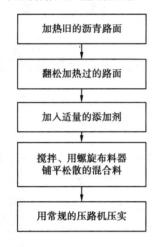

图4.6 表面整形法施工工艺流程

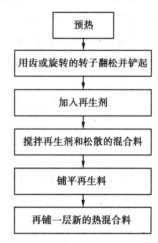

图4.7 重铺法施工工艺流程

C.复拌法

如果加入一些矿物料或新的热沥青混合料与翻松过的材料一起搅拌,可提高现有路面的厚度,或通过改变集料的级配或调整黏合剂的性质,提高旧的沥青混合料的等级。这种过程有时与重铺法过程有点相似,但通常是比重铺法更彻底地加热和搅拌。这种方法适用于修中等程度破损的路面,修复后可恢复沥青路面的原有性能。

④施工注意事项

a.施工前,应先对路面进行清扫,以保证基层表面平整干净。

b.应控制旧沥青路面的过度加热,防止旧沥青被烧焦。

c.应严格按照再生沥青混合料设计的用量添加再生剂、新集料和新沥青。

d.再生材料摊铺后应立即进行压实,保证碾压温度。

e.应采取必要措施保证附近环境免受加热的影响。

2)现场冷再生技术

(1)定义

沥青路面的现场冷再生是指利用旧沥青路面材料以及部分基层材料进行现场破碎加工,并根据级配需要加入一定量的新集料或细集料,同时加入一定剂量的添加剂和适量的水,根据基层材料的试验方法确定出最佳的添加剂用量和含水率,从而得到混合料现场配合比,在自然的环境温度下连续完成材料的铣刨、破碎、添加、拌和、摊铺及压实成型的作业过程,重新形成结构层的一种工艺方法。

（2）特点

现场冷再生法具有以下优点：

①简化施工工序，不存在旧路材料的运输和弃置问题。

②可修补各种类型的路面损坏。

③可改善原有路面的几何形状以及横断面坡度。

④可通过提高基层承载力，提高路面等级。

⑤铣刨、破碎、添加、拌和、摊铺、压实可一次完成，大大提高了生产率，简化了施工工序，使工期缩短。

⑥可延长施工季节，不受特殊气候条件的影响。

⑦现场无须加热沥青等，减少了环境污染，满足了环保要求。

⑧可同时对面层和基层进行破碎，保证结构的整体性，对旧路路基的影响和破坏很小。

⑨利用旧路面和基层材料，大大减少了新材料的用量，节约了资源。

⑩再生后只需要在上面加铺薄的罩面，就可以恢复路面强度。

⑪大大降低了工程费用。

影响水泥稳定土
强度的因素

（3）现场冷再生机理

铣刨、破碎的沥青混凝土路面材料作为基层中的集料重新利用，与添加剂和水充分拌和后，会发生一系列化学反应和物理反应，如水泥与水发生水化反应，同时与破碎的旧路材料发生各种反应，而石灰加入旧路材料中后，则出现离子交换反应和 $Ca(OH)_2$ 的结晶反应等絮凝现象。这些反应致使新的基层材料刚度不断增大，强度和稳定性也不断提高。经过进一步的碾压成型及养生后形成与水泥土、水泥稳定级配粒料及二灰稳定级配粒料等半刚性基层性质类似的基层材料。

（4）适用性

现场冷再生可用来修复原有路面的车辙、养护时的补丁以及荷载导致的路面块状开裂等。由于不需要对沥青混凝土进行加热，因此，不会对环境造成大的影响，适用于对环境要求比较高的地方。由于工序比较简单，缩短了施工时间，完成以后只需要在其上进行薄的罩面就可恢复原有路面等级，因此，尤其适用于交通较繁忙的路段，可尽量缩短交通中断时间。但是，现场冷再生质量不能达到沥青面层的质量标准，只能用于基层，在国外多用于乡村道路的翻修。对于高速公路来讲，原先的优质旧沥青混合料如果仅仅用来作为基层的集料，其利用效率是比较低的。只有对原有的等级较低的沥青路面进行升级时，采用这种方法才能带来比较好的效益。

（5）施工技术

①现场冷再生设备

现场冷再生设备由沥青铣刨装置、乳化沥青喷洒装置及行走系统和控制系统等组成。

②现场冷再生施工工艺流程

现场冷再生技术的工作过程为:随着设备的行走,铣刨装置将旧路面铣刨并破碎,喷洒装置按照配比的要求喷入乳化沥青,同时铣刨装置将各种材料搅拌均匀并整平,最后用压路机压实路面成型。现场冷再生施工工艺流程如图4.8所示。

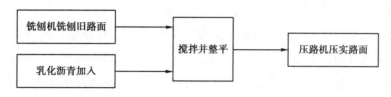

图4.8 现场冷再生施工工艺流程

③现场冷再生施工工艺技术分类

现场冷再生技术主要有两种方式:一种方式是利用专用再生机械在现场铣刨、破碎、加入新料(包括乳化沥青或其他再生剂、稳定剂和集料)、拌和、摊铺和预压,再由压路机进一步压实;另一种方式是在旧路面上洒布再生剂封层,再生剂能渗入路面5~6 mm,恢复表层被氧化沥青的活性,并形成抵抗燃油泄漏的封层,延长路面的使用寿命2~3年。

④施工注意事项

a.路面施工中,应严格控制原材料的质量,外购材料应注意存放时间,混合料摊铺应严格中照相关施工技术规范执行,严格控制施工温度和时间,确保工程质量。

b.施工前,应对路面各结构层材料的质量、级配、配合比及强度等进行试验。

对罩面路段,在罩面施工前,应先对旧路面进行拉毛处理,深度不小于5 cm,以确保罩面质量。

c.修补面层时,应采用刷黏层等措施,保证修补部分与原路面连接紧密。

d.冷再生路段在施工前,对原路面的所有病害均应处治。

3)场拌热再生技术

(1)定义

旧路面就地翻松后,就地打碎然后运到再生处理厂或运至厂内打碎,利用一种可添加旧沥青混合料的沥青混凝土搅拌设备,根据高速公路路面不同层次的质量要求,进行配合比设计,确定旧沥青混合料的添加比例,并添加新集料稳定处理材料或再生剂等,从而得到满足路面性能要求的新的沥青混合料。

(2)特点

场拌热再生技术具有以下优点:

①由于是将原有旧沥青路面直接回收处理后重新铺筑,因此,对所有的路面损害,这种方法均适用。

②将新旧沥青混合料采用集中场拌法生产,沥青混合料的质量可得到较好保证。

③由于是重新摊铺路面,因此,可保证路面的各项性能,如平整性、抗滑性等,与传统的热拌沥青混凝土路面的使用性能类似。

采用场拌热再生法增加了对旧料的加热拌和工艺,从而需要对原有的沥青混合料拌和等生产工艺进行一定的调整,这也增加了一定的成本,同时也可能带来一定的环境污染。

(3)适用性

场拌热再生技术可修复所有的路面损坏情况,并且可充分保证路面的使用性能。但由于对旧沥青混合料的掺加比例有一定限制,一般在15%~30%,不超过50%。因此,不能充分利用回收的旧料。该方法适合于要求完全达到原有高等级沥青路面使用性能的修复。

(4)施工技术

①场拌热再生设备

场拌热再生设备是指回收料的加热在专门的干燥筒内完成。该设备也与强制间歇式沥青混合料搅拌设备配套使用。它主要由回收料供给系统、提供系统、干燥系统、热回收料储存仓、热回收料称量斗、有害气体吸收管道及控制系统等组成。

②场拌热再生施工工艺流程

场拌热再生技术的施工工艺流程为:沥青混合料搅拌设备开始工作时,回收料供给系统开始供料,提升系统开始提料,干燥系统加热回收料,加热后的回收料进入热回收料储存仓储存;当需要添加回收料时,热回收料储存仓的放料门打开热回收料进入称料斗称量;当达到所需要的数量时,热回收料储存仓的放料门关闭,热回收料称量斗的放料门打开,向搅拌器内放料,一个搅拌周期完成。气体吸收管安装在热回收料储存仓的顶部,以吸收在热回收料储存仓中加热后的热回收料所排出的有害气体。如果回收料成大块状,还可配备块状挤压设备,可在不破坏集料外形尺寸的情况下,将大块状的回收料挤压成小块状。场拌热再生施工工艺流程如图4.9所示。

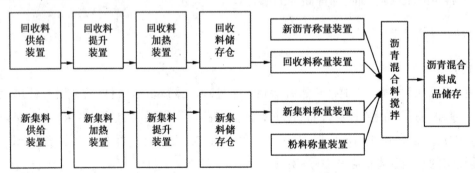

图4.9　场拌热再生施工工艺流程

③场拌热再生施工工艺分类

场拌热再生施工主要有两种施工方法,即间歇式施工和连续式施工。

A.场拌热再生间歇式施工

"枫木法"是现在应用最广的场拌热再生间歇式施工方法,即首先将回收料筛分好,然后

经由回收料仓与预热的外加集料一起加入计量仓中。在进料过程中,回收料应在第一热料斗和第二热料斗之间加入,这样有利于回收料充分混在热集料当中进行热交换。这些混合料进入拌和仓时,可能会产生少量的水蒸气喷发,因此,可在计量仓中配备功率强大的排气装置或在拌和楼后面建一个大蒸汽室。

B.场拌热再生连续式施工

"中间加料法"是广泛应用于场拌热再生连续式施工的施工方法。该方法要求回收料在新加集料的下游进入拌和筒新集料将热量传递到回收料中,前面加入拌和筒的新石料形成了一层幕布,使回收料不会直接接触燃烧的火焰,从而可避免回收料直接接触火焰产生大量浓烟。有时,还可使用特殊提升叶片、金属漏斗形叶片或环形钢制火焰网来防止火焰接触回收料以消除浓烟。

4)场拌冷再生技术

(1)定义

沥青路面场拌冷再生是将回收沥青路面材料运至拌和厂,经粉碎、筛分,以一定的比例与新集料沥青类再生结合料、活性填炭(水泥、石灰等)、水进行常温拌和,常温铺筑形成路面结构层的沥青路面再生技术。

(2)特点

与就地冷再生相比,场拌冷再生主要有以下优点:

①材料控制严格

就地冷再生对原路面材料难以做到严格控制,而场拌冷再生却可通过掺配不同材料以满足再生混合料的质量要求。用于场拌的材料可在拌和前储存和测试,材料的添加比例可以相同。

②控制拌和质量

通过调整拌和机参数,可改变材料在拌和仓的拌和时间,从而提高材料的质量。

③具备储存性能

拌和好的材料可储存一段时间,并根据需要使用从而消除了生产和摊铺相互依赖的情况。

(3)适用性

场拌冷再生技术适用于低等级公路的面层和各种基层的病害处理,但大多数情况下应用于基层。冷再生最广泛的工程应用是处理反射裂缝和提高行车舒适性。乳化沥青、泡沫沥青、稀释沥青、粉煤灰及水泥都在冷再生技术中普遍应用。同时,乳化沥青和泡沫沥青还可同石灰和水泥配合使用。冷再生结构层一般需要加罩表面处治或加铺热拌沥青留面作为磨耗层,磨耗层可减少再生层的水损害和行车磨损。

（4）施工技术

①场拌冷再生施工设备

回收料的加热是在搅拌器内完成的,场拌冷再生设备与强制间歇式沥青混合料搅拌设备配套使用。它主要由回收料供给系统、提升系统、皮带、皮带秤称量系统、有害气体吸收管道及控制系统等组成。

②场拌冷再生施工工艺流程

场拌冷再生施工根据搅拌设备和搅拌工艺的要求,当需要添加回收料时,整个再生设备全部运转,供给装置供料,提升装置提升,皮带秤称量,然后加入搅拌器内。当达到需要数量时,整个再生设备全部停止运转,一个搅拌周期完成。气体吸收管道吸收冷再生料在搅拌器内与热沥青混合料结合时产生的有害气体。如果回收料成大块状,还可配备块状挤压设备,可在不破坏集料外形尺寸的情况下,将大块状的回收料挤压成小块状。场拌冷再生施工工艺流程如图4.10所示。

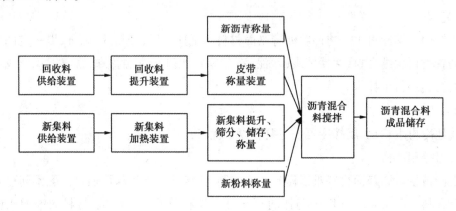

图4.10　场拌冷再生施工工艺流程

③场拌冷再生施工工艺分类

场拌冷再生施工包括以下4个步骤:现有旧路面的挖除处理,破碎和堆放,拌和,摊铺、压实和养生。

旧路面的挖除和处理可采取以下3种方法:第一种方法是全厚度破碎旧路面,破碎后的材料在工厂中再进行破碎并筛分。在工厂加工的优点是可有效控制再生料尺寸,避免大块材料的存在。第二种方法是破碎和加工再生料都在现场完成,然后再将材料运往工厂。这种挖除方法的特点是需要特殊现场生产设备和完善的现场组织调度,并且交通管制时间长。另外,在现场很难控制再生料的尺寸,会有大料出现。第三种方法就是路面冷铣刨。这种方法容易控制挖除的路面深度,而且生产效率也很高。一般不同铣刨深度和不同结构层材料的回收料,应当分开堆放,以便根据这些铣刨材料的形状,采取不同的处理方法。

拌和再生料可使用间歇式、滚筒式或连续式拌和设备。连续拌和式再生设备是应用最广的一种。在再生拌和工厂,通过调节各冷料仓的添加速率可控制再生料和外加集料的混合比

例。大块再生料在通过过滤筛时会被自动剔除出去,掺配后的材料通过传送带进入搅拌器。场拌冷再生的拌和器通常采用双卧轴强制搅拌系统。破碎好的回收料、外加集料、新的沥青胶结料和外加水等按照设计比例加入拌和器中。添加顺序通常是:回收料和外加集料、水泥等外加固体填料、水、沥青胶结料。这些材料在拌和器中搅拌均匀形成混合料装到运输车上,然后准备拌和下一批料。

冷再生混合料的摊铺设备与传统热沥青相同。拌和好的再生混合料摊铺在路上以后,由平地机刮平,形成设计路拱断面。也可以用平地机来回翻刮混合料,使混合料的水分尽快蒸发。养护过程中的水分(或溶剂)蒸发可以提高混合料的初期黏结性,使其尽快达到可以压实的条件。水分(或溶剂)的蒸发速度与沥青胶结料的改进类型、含水率、集料级配、温度和风速有关。如果摊铺过程不需要翻动混合料来加速水分蒸发,或含水率很小,可采用普通的热沥青混合料摊铺机来进行摊铺,这种情况下必须保证混合料中的水分不会过少,以免造成熨平板下面沥青剥落。另外,熨平板不必加热,否则其下面的混合料也会因过快失去水分而容易出现沥青剥落。泡沫沥青冷再生混合料的松铺系数一般为 1.1~1.3,而乳化沥青冷再生混合料为 1.1~1.4。混合料应摊铺均匀,最好由远离拌和厂的一端开始摊铺。

压实可应用普通钢轮压路机、轮胎压路机或振动压路机,也可用任意两者的组合。20 t以上的重型轮胎压路机比较适合进行第一次碾压,特别是厚度大于 7.5 cm 的情况。振动压路机要采用高频低幅的方法碾压。碾压的次数应该考虑混合料的类型、层厚、压路机的类型和重力,以及环境条件。冷再生混合料碾压过程中有时会出现"弹簧现象",需要调整混合料的厚度才有利于压实。含水率对压实效果会有很大的影响,充足的水分可帮助压实起到润滑作用,然而含水率过大又会造成混合料的密度降低,早期强度低等缺点。因此,混合料的合理含水率应在试验路的施工中调整和确定。

④施工注意事项

a.在道路现场破碎的回收料有很多大块材料,在再生工厂还需要对再生料进一步破碎和筛分。回收料堆应尽量避免在高温和重力作用下使材料黏结在一起。为减少料堆的结块现象和水分增加,应适当选择料堆高度,且要便于取料和混合操作。施工和运输机械不许碾压或停留在回收料堆上。

b.密级配冷再生混合料压实厚度要尽量小于 7.5 cm。如果要进行多层摊铺,则在各层摊铺之间需给出养护时间通常为 2~5 d。开级配冷再生混合料可摊铺 10 cm 以上。乳化沥青冷再生不应在低于 10 ℃ 的条件下继续施工,而且避免雨季施工。

c.常冷再生沥青混合料比较适用于路面的下面层或基层,然后上面再加罩热拌混合料磨耗层。在罩面之前。应保证冷再生的水分彻底蒸发,稳定性达到要求。在水分蒸发期间,应禁止车辆在新冷再生路面上通行。

5）常用的沥青再生设备介绍

（1）现场热再生设备

就地热再生设备又称"就地再生列车"，主要由红外线加热器或柴油预热器、沥青路面铣刨机、强制双卧轴连续式搅拌器、沥青混合料摊铺机、沥青罐、集料仓、新沥青混合料接料斗、牵引头以及行走系统和控制系统等组成。其工作过程为：先用红外线加热器或柴油顶热器给沥青路面加热，使之软化，再用沥青路面铣刨机将加热后的沥青路面铣刨，然后收集到强制双卧轴连续式搅拌器中，再添加新集料和新沥青（用于底面层）或再添加新的沥青混合料和新沥青（用于面层），经搅拌后输送到沥青混合料摊铺机中进行摊铺、振捣、熨平，最后用压路机压实路面成形，现能生产这种设备的主要是国外公司。

（2）现场冷再生设备

该设备主要由沥青路面铣刨装置、乳化沥青喷洒装置和行走系统和控制系统等组成。其工作过程为：随着设备的行走，铣刨装置将旧路面铣削并破碎，喷洒装置按照配比的要求喷入乳化沥青，同时铣刨装置将各种材料搅拌均匀并整平，最后用压路机压实路面成形。

对低等级公路，特别是乡村公路，这种路面就是最终路面；对高等级公路，这种路面可作为高等级公路的某层。这种设备的生产企业国内有西安筑路机械有限公司、美国的 CMI 公司、德国的 WIRTGEN 公司。

（3）场拌热再生设备

所谓拌热再生设备，是指回收料的加热在专门的干燥筒内完成。该设备也与强制间歇式沥青混合料搅拌设备配套使用。它主要由回收料供给系统、提供系统、干燥系统、热回收料储存仓、热回收料称量斗、有害气体吸收管道及控制系统等组成。该设备的工作过程为：沥青混合料搅拌设备开始工作时，回收料供给系统开始供料，提升系统开始提料，干燥系统开始加热回收料，加热后的回收料进入热回收料储存仓储存。当需要添加回收料时，热回收料储存仓的放料门打开，热回收料进入称量斗称量。当达到所需要的数量时，热回收料储存仓的放料门关闭，热回收料称量斗的放料门打开，向搅拌器内放料，一个搅拌周期完成。气体吸收管道安装在热回收料储存仓的顶部，以吸收在热回收料储存仓中加热后的热回收料所排出的有害气体。和场拌冷再生设备一样，如果回收料成大块状，还可以配备块状挤压设备，可在不破坏集料外尺寸的情况下，将大块状的回收料挤压成小块状。

此种场并热再生设备最多可加入 70% 的冷回收料。西安筑路机械有限公司与德国边宁荷夫公司合作生产 H 系列节能环保型沥青混合料搅拌设备可配备此场拌热再生设备。

（4）场拌冷再生设备

所谓场拌冷再生设备，是指回收料的加热是在搅拌器内完成的。该套设备与强制间歇式沥青混合料搅拌设备配套使用。它主要由回收料供给系统、提升系统、皮带秤称量系统、有害气体吸收管道及控制系统等组成。根据搅拌设备和搅拌工艺的要求，当需要添加回收料时，

整个再生设备全部运转,供给装置供料,提升装置提升,皮带秤称量,然后加入搅拌器内。当达到需要数量时,整个再生设备全部停止运转,一个搅拌周期完成。气体吸收管道是为了吸收冷再生料在搅拌器内与热沥青混合料结合时产生的有害气体。如果回收料成大块状,还可配备块状挤压设备。它可在不破坏集料外形尺小的情况下,将大块状的回收料挤压成小块状。

这种场拌冷再生设备最多可加入25%的回收生料。西安筑路机械有限公司与德国边宁荷夫公司合作生产H系列节能环保型沥青混合料搅拌设备可配备此场拌冷再生设备。

（5）对各种沥青混合料再生搅拌设备的评价

对各种沥青混合料再生搅拌设备的评价见表4.12。

表 4.12　各种沥青混合料再生搅拌设备评价表

评价项目	间歇式沥青搅拌设备	普通连续式沥青搅拌设备	三套筒连续式沥青搅拌设备	双滚筒连续式沥青搅拌设备
旧沥青混合料加热方式	利用热集料间接加热 缺点:可利用的热量少,处理旧料能力有限（10%~20%）	在筒内加热 优点:可利用燃气对流热量,加热量较大,可处理的旧沥青较多（20%~30%）	在夹套筒内加热 优点:可利用燃烧室壁的辐射热,加热量更大,可处理的旧沥青更大（30%~40%） 与燃气不接触,沥青不会老化	在内外筒的强制搅拌区加热 优点:可利用燃烧室壁的辐射热加热量更大,可处理的旧沥青更多（40%~50%） 与燃气不接触,沥青不会老化
旧沥青混合料计量方式	第一种:旧料经过筛分,与新集料混合后同时称量,旧沥青被加热后使料流不畅,影响计算精确度 第二种:旧料不经过筛分,独立称量计算,计算精确度较好	旧料在冷态计算计算精确度更高	旧料在冷态计算计算精确度更高	旧料在冷态计算计算精确度更高
搅拌方式	间歇强制式搅拌 缺点:搅拌时间短,搅拌桶不加热,新旧料混合不良,旧沥青未能和新沥青及沥青再生剂充分混合,旧沥青再生程度差	连续自落式搅拌 优点:搅拌时间更长,搅拌筒加热,新旧料混合最好,旧沥青和新沥青及再生剂的混合好,旧沥青再生程度好。 缺点:自落式搅拌效果较差	连续自落式搅拌 优点:搅拌时间更长,搅拌筒加热,新旧料混合最好,旧沥青和新沥青及再生剂的混合好,旧沥青再生程度好。 缺点:自落式搅拌效果较差	连续强制式搅拌 优点:搅拌时间最长,搅拌筒加热,新旧料混合最好,旧沥青与新沥青及再生剂的混合最好,旧沥青再生程度最好,强制式搅拌效果最好

（6）适合我国国情的沥青再生设备

上面介绍了4种沥青再生设备,实际上国外目前出现的沥青再生设备远不止这几种。但上述4种较适合我国国情。其中,最适合目前情况的是场拌冷再生设备和场拌热再生设备,因目前我国的石料生产现状仅适用于强制间歇式沥青混合料搅拌设备。

场拌冷再生设备相对较简单,费用也较低,它比传统的结构要适用得多。传统结构是通过主机的热料提升机提升回收料,不经过振动筛直接进入一个专门的热料仓里,并与主机合用一个集料称量斗称量。这种结构必然造成提升回收料时,新集料的提升停止,从而造成设备中止生产。在回收料经过筛分的情况下,皮带秤连续的计量与称量斗的间歇式计量是没有什么区别的,并且场拌冷再生设备增加了有害气体吸收管道,减少了对人体的危害。

场拌热再生设备相对较复杂,费用也较高,但它除了具有场拌冷再生设备的所有优点外,还有一套专门为加热回收料而设计的干燥筒和燃烧器,保证被加热回收料中的沥青不老化,并配有专门的热回收料储存仓和称量斗,使回收料的添加比例最多可达到70%。在使用场拌热再生设备时,一定要注意回收料沥青中焦油的含量,因该套设备虽然带有防沥青中焦油燃烧装置,但如果回收料沥青中焦油的含量太高,还是会造成火灾的。回收料沥青中焦油含量的控制量,需与设备的生产厂家联系。

对再生材料的使用,最为令人关注的是混合料的级配和沥青的老化问题,即使用了再生材料,混合料的级配和沥青的性能不能因此而受到影响。前面介绍4种再生设备,都不会使沥青老化,但要确保混合料的级配,均要做一定的工作。对回收材料,无论是在加热前还是在加热后均不能用振动筛筛分。因此,必须事先对回收材料进行化验。对就地冷再生设备和就地热再生设备,只能在旧路面还没有开挖前进行化验,但当沥青路面铣刨机铣刨路面时,有可能造成集料破碎而影响再生料级配。场拌冷再生设备和场拌热再生设备可在回收料加入冷料斗前进行化验,以确定新集料的级配及新集料和新沥青的加入量,从而保证混合料的级配。

4.4 水泥路面的养护与维修

近年来,随着国民经济的迅速发展,交通荷载的日益重型化,不仅交通量大幅度增长,而且超轴载增加得很快。超载现象日益严重,加速了水泥混凝土路面的损坏。因此,对水泥混凝土路面的养护和维修,延长水泥混凝土路面的使用寿命,是交通养护部门面临的刻不容缓的任务和非常重要的内容,水泥混凝土路面养护工作的任务越来越繁重。

4.4.1 路面的日常养护

水泥混凝土路面日常养护应做好预防性、经常性养护,通过经常的巡视检查,及早发现缺

陷,查清原因,采取适当措施,清除障碍物,保持路面状况良好。

水泥混凝土路面必须经常清扫,保持路容整洁,清除路面泥土污物。如有小石块,应随时扫除,以免车辆碾压而破坏路面表面。冬季应及时清除冰雪。路肩与路面衔接应保持平顺,以利排水。有条件时,宜将其加固改善成硬路肩。

①水泥混凝土路面必须经常清除泥土、石块、沙砾等杂物,严禁在面上拌和砂浆或混凝土等作业。

②对有化学制剂或油污污染的水泥混凝土路面应及时清洗。

③水泥混凝土路面缘石缺失应及时补齐。

④接缝的养护应符合下列要求:

a.填缝料凸出板面时,应及时处理。对城镇快速路、主干路不得超出板面,对次干路和支路超过 3 mm 时应铲平。

b.杂物嵌入接缝时,应予清除。

c.填缝料外溢流淌到面板应予清除。

d.填缝料的更换周期宜为 2~3 年。

e.填缝料局部脱落时,应进行灌缝填补;脱落缺失大于 1/3 缝长,应立即进行整条接缝的更换。

f.清缝、灌缝宜使用专用机具,更换后的填缝料应与面板黏结牢固。

g.填缝料技术要求应符合规范的规定。

h.填缝料的更换宜选在春秋两季,或在当地年气温居中且较干燥的季节进行。

4.4.2　水泥混凝土混合料常见问题

1)抗折强度低

(1)现象

不同期间抽样测得的混凝土抗折强度波动大,合格判断强度不符合要求。合格判断强度应大于或等于设计强度与均方差同合格判断系数之积的和。强度离散越大,均匀性越差,要求的合格强度越高。

(2)原因分析

①混凝土原材料不符合要求。水泥过期或受潮结块;砂、石集料,级配不好,孔隙率大,含泥量、杂质多;外加剂种类选择不当或外加剂质量差,或掺量不当。

②混凝土配合比不准确,或没有按抗折强度指标确定配合比。在混合料制备过程中,可没有认真计量,没有严格控制配比、用水量与搅拌时间,影响了混合料的强度与均匀性。

③混凝土试件没有按规定取样与养护。如随意取样或多加水泥;试件没有振捣密实;试件养护温度与湿度不标准,随意堆置等,均会影响试块强度的均匀性与代表性。

（3）预防措施

①确保混凝土原材料质量：

a.水泥进场必须有质量证明文件，并按规定取样检验，合格后方可使用。

b.加强对水泥的储存保管。水泥堆放时，下面要垫高 30 cm，四周离墙 30 cm 以上，以防受潮。不同品种、版号、标号、出厂日期的水泥分别堆放，分别使用，先到先用，存放期应不超过 3 个月。散装水泥应置于水泥筒仓内。

c.砂、石堆放场地要进行清理，防止杂物混入，各种粒径的砂石，不得混放，应隔离堆放。批量达规定量时，应及时交试验室检验。

d.外加剂的保管工作也应与水泥一样，特别是干粉状外加剂，应避免受潮。

②严格控制混凝土配合比：

a.现场来料应及时交于试验室，通过试验来确定或调整现场施工配合比，确保其正确、可靠。

b.严格按配合比计量施工，当集料含水率变化时，应根据实际情况，及时调整配合比，并在规定计量偏差内称量。

③拌制混凝土时，要严格遵守操作规程，加强质量监督与日常抽检，保证混合料强度的稳定性和均匀性。

④应按《水泥混凝土路面施工及验收规范》中取样频率以及《普通混凝土力学性能试验方法》中的有关规定进行试验。

⑤如混凝土强度不符合要求，应进行调查研究，查明原因，采取必要措施进行处理。

2）混凝土和易性不好

（1）现象

①混合料胶凝材料过少，松散，黏结性差，结构物表面粗糙。

②混合料胶凝材料过多，黏聚力大、容易成团，流动性差，浇筑较困难。

③混合料中水泥砂浆量过少，石子间空隙充填不良混凝土不密实。

④混合料在运输、浇筑过程中，产生离析分层，表面泌水严重。

（2）原因分析

①水泥用量选用不当。当水泥用量过少时，水泥浆量不足，混合料松散；当水泥用量过多时，水泥浆量富裕太多，易成团，难浇筑。

②砂率选择不当。砂率过大，混合料黏聚性不够，过小则不易振捣密实。

③水灰比选择不当。混合料在运输过程中出现离析，均匀度难以保证，出现分层离析。

④水泥品种选择不当。选择玻璃体含量大的水泥，如矿渣水泥，粉煤灰水泥，较易造成泌水、离析。

⑤混合料配合比不准，计量不精确，搅拌时间不足，管理不严格都会对混合料的均匀性和

易性产生直接的影响。

（3）预防措施

①正确进行路面混凝土的配合比设计与试验，严格按《水泥路面施工及验收规范》要求执行。水泥用量应不小于 300 kg/m³，在保证设计强度要求前提下，单位水泥用量不宜过大。

②混凝土的水灰比及坍落度应根据道路的性质使用要求及施工条件来合理选用。

③混合料砂率对保证路面混凝土的和易性十分重要，应合理地选用。

④为改善混凝土和易性必要时可掺减水剂，为延长作业时间可掺缓凝剂。但在使用之前，必须经过试验，符合要求后方可使用。

⑤严格计量装置的标定与使用，加强原材料和混合料的质量检测与控制，保证混合料配比准，和易性良好。

⑥混凝土和易性不好会影响路面工程质量及耐久性，不能应用于原等级路面工程，但可降级使用。

3）混合料色差大

（1）现象

①硬化后混凝土路面颜色深浅不一。

②每盘出料的混合料颜色呈"花样"。

（2）原因分析

①采用了不同品牌的水泥，而水泥的颜色有差异，造成混合料色差。

②搅拌时间不足，没有达到规定的最短拌料时间，造成混合料颜色不均匀。

（3）防治措施

①根据配合比与阶段工程量，确定阶段进料量，选择水泥品质稳定、产量较大的供货单位。

②应根据拌和机的种类、容量以及混合料的情况，保证适当的搅拌时间，使混凝土混合料质量均匀稳定，色泽均一。

4）外加剂使用不当

（1）现象

①混凝土浇筑后较长时间内不能凝结硬化。

②混凝土浇筑后表面鼓包或在夏季较早出现收缩裂缝。

③混凝土坍落度损失快，商品混凝土运至工地出现倾料不畅；普通混合料浇筑时，难以振捣密实。

（2）原因分析

①缓凝型减水剂掺量过多。

②外加剂以干粉状掺入,其中未碾成粉的粒状颗粒遇水膨胀,使混凝土表面起鼓包。

③夏季缓凝减水剂选择不当,缓凝时间不够,过快结硬,或由于缩缝锯缝不及时,导致过早出现收缩裂缝。

④外加剂选择不当或混合料运输时间过长,造成坍落度严重损失。

(3)预防措施

①应熟悉各类外加剂的品种与使用性能。在使用前,必须结合工程的特点与施工工艺进行试验,确定合适的配比,符合要求后方可使用。目前,市场上外加剂品种繁多,有普通减水剂及高效减水剂,缓凝剂及缓凝减水剂,早强剂及早强减水剂等,其性能各有区别,使用场合也不同,应严格按产品说明书要求使用。

②不同品种不同用途的外加剂应分别堆放,专职保管。

③粉状外加剂要保持干燥状态,防止受潮结块。已结块的粉状外加剂,应烘干、碾碎,过0.6 mm 筛后使用。

④选择离施工现场较近的搅拌站,以缩短运输时间减少坍落度损失。

(4)治理方法

①缓凝减水剂掺量过多,造成混凝土长时间不凝结,则可延长养护时间。视后期强度达到设计要求时,方可使用。

②因缓凝时间不够,致使混凝土过快而产生收缩裂缝时,应采用适当的措施予以修补;"鼓包"部分应在凿除后再修补。

③坍落度损失已超过标准的,则应退货。

4.4.3 水泥混凝土路面常见病害分析

水泥路面切割

1)纵向裂缝

(1)现象

顺道路中心方向出现的裂缝。这种裂缝一旦出现,经过一段营运时间后,往往会变成贯穿裂缝。

(2)原因分析

①路基发生不均匀沉陷,如纵向沟槽下沉,路基拓宽部分沉陷、河浜回填沉陷、路堤一侧降水、排管等导致路面基础下沉,板块脱空而产生裂缝。

②由于基础不稳定,在行车荷载与水温的作用下,产生塑性变形或者由于基层材料安定性不好(如钢渣结构层),产生膨胀,导致各种形式的开裂。纵缝也是一种可能的形式。

③混凝土板厚度与基础强度不足产生荷载型裂缝。

(3)预防措施

①对于填方路基,应分层填筑、碾压,保证均匀、密实。

②在新旧路基界面处应设置台阶或格栅,防止相对滑移。

③河渡地段,淤泥务必彻底清除;沟槽地段,应采取措施保证回填材料有良好的水稳性和压实度,以减少沉降。

④在上述地段应采用半刚性基层,并适当增加基层厚度(≥50 cm)。在拓宽路段应加强土基,使其具有略高于旧路的结构强度,并尽可能保证有一定厚度的基层能全幅铺筑。在容易发生沉陷地段混凝土路面板应铺设钢筋网或改用沥青路面。

⑤混凝土板厚度与基层结构应按现行规范设计,以保证应有的强度和使用寿命。基层必须稳定,宜优先采用水泥、石灰稳定类基层。

(4)处理方法

①出现裂缝后,必须查明原因,采取对策。

②如属于土基沉陷等原因引起的,则宜先从稳定土基着手或者等待自然稳定后,再着手修复。在过渡期可采取一些临时措施,如封缝防水;严重影响交通的板块,挖除后可用沥青混合料修复等。

③裂缝的修复,采用一般性的扩缝嵌填或浇注专用修补剂有一定效果,但耐久性不易保证。采用扩缝加筋的办法进行修补,具有较好的增强效果。

④翻挖重铺是一个常用的有效措施,但基层必须稳定可靠,否则必须从加强、稳定基层着手。

2)横向裂缝

(1)现象

沿着与道路中线大致相垂直的方向产生裂缝,这类裂缝,往往在行车与温度的作用下,逐渐扩展,最终贯穿板厚。

(2)原因分析

①混凝土路面锯缝不及时,因温缩和干缩发生断裂。混凝土连续浇筑长度越长,浇筑时气温越高,基层表面越粗糙越易断裂。

②切缝深度过浅,由于横断面没有明显削弱,应力没有释放。因此,在临近缩缝处产生新的收缩缝。

③混凝土路面基础发生不均匀沉陷(如穿越河浜、沟槽,拓宽路段处),导致板底脱空而断裂。

④混凝土路面板厚度与强度不足,在荷载和温度应力作用下产生强度裂缝。

(3)预防措施

①严格掌握混凝土路面的切割时间,一般在抗压强度达到 10 MPa 左右即可切割,以边口切割整齐、无碎裂为度,尽可能及早进行,尤其是夏天,昼夜温差大,更需注意。

②当连续浇捣长度很长,锯缝设备不足时,可在 1/2 长度处先锯,之后再分段锯;在条件

比较困难时,可间隔几十米设条压缝,以减少收缩应力的积聚。

③保证基础稳定、无沉陷。在沟槽、河浜回填处,必须按规范要求,做到密实、均匀。

④混凝土路面的结构组合与厚度设计应满足交通需要,特别是重车、超重车的路段。

(4)治理方法

①当板块裂缝较大,咬合能力严重削弱时,则应局部反挖修补。首先沿裂缝两侧一定范围画出标线,最小宽度宜不小于1 m,标线应与中线垂直,然后沿缝锯齐,凿去标线间的混凝土,浇捣新混凝土。

②整个板块翻挖后重新铺筑新的混凝土板块。

③用聚合物灌浆法封缝或沿裂缝开槽嵌入弹性或刚性黏合修补材料,起封缝防水的作用,有一定的效果。

3)龟裂

(1)现象

混凝土路面表面产生网状、浅而细的发丝裂缝,呈小的六角形花纹,深度5~10 mm,如图4.11所示。

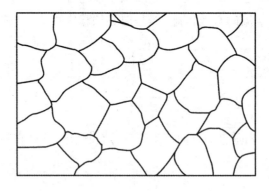

图4.11 龟裂

(2)原因分析

①混凝土浇筑后,表面没有及时覆盖,在炎热或大风天气,表面游离水分蒸发过快,体积急剧收缩,导致开裂。

②混凝土在拌制时,水灰比过大;模板与垫层过于干燥,吸水大。

③混凝土配合比不合理,水泥用量砂率过大。

④混凝土表面过度振荡或抹平,使水泥和细骨料过多上浮至表面,导致缩裂。

(3)预防措施

①混凝土路面浇筑后,及时用潮湿材料覆盖,认真浇水养护,防止强风和暴晒。在炎热季节,必要时应搭棚施工。

②配制混凝土时,应严格控制水灰比和水泥用量,选择合适的粗集料级配和砂率。

③在浇筑混凝土路面时,将基层和模板浇水湿透,避免吸收混凝土中的水分。

④干硬性混凝土采用平板振捣器时,防止过度振荡,使砂浆集聚表面。砂浆层厚度应控制为2~5 mm。抹平时,不必过度抹平。

（4）治理方法

①如混凝土在初凝前出现龟裂,可采用镘刀反复压抹或重新振捣的方法来消除,再加强湿润覆盖养护。

②一般对结构强度无甚影响,可不予处理。

③必要时应用注浆进行表面涂层处理,封闭裂缝。

4）角隅断裂

（1）现象

混凝土路面板角处,沿与角隅等分线大致相垂直方向产生断裂,在胀缝处特别容易发生。块角到裂缝两端距离小于横边长的1/2。

（2）原因分析

①角隅处于纵横缝交叉处容易产生唧泥,形成脱空,导致角隅应力增大,产生断裂。

②基础在行车荷载与水的综合作用下,逐步产生塑性变形累积,使角隅应力逐渐递增,导致断裂。

③胀缝往往是位于端模板处,拆模时容易损伤;而在下一相邻板浇捣时,因已浇板块强度有限,极易受伤,造成隐患,故此处角隅较易断裂。

（3）预防措施

①选用合适的填料,减少或防止接缝渗水。重视经常性的接缝养护,使接缝处于良好防水状态。

②采用抗冲刷、水稳性好的材料,如水泥稳定料作基层,以减少冲刷与塑性变形。

③混凝土路面拆模与浇捣时要防止角隅损伤并注意充分捣实。

④胀缝处角隅应采用角隅钢筋补强。

（4）治理方法

若裂缝较小,可采用灌浆法封闭裂缝,继续使用;若板角松动,则可沿裂缝锯齐凿去板块后,采用具有良好黏结性能的混凝土进行修补。

5）检查井周围裂缝

（1）现象

在检查井或收水井周边转角处呈现放射线裂缝,或在检查井周边呈现纵向、横向裂缝。

（2）原因分析

①水泥混凝土路面板中,设置检查井或收水井,使混凝土板纵横截面积减小。同时,板中

孔穴的存在,造成应力集中,大大增加了井周边特别是转角处的温度和荷载应力。

②井体在使用过程中,由基础和回填土的沉降使板体产生附加应力。

③在井周边的混凝土板所受的综合疲劳应力大于混凝土路面设计抗折强度而产生裂纹。

(3)预防措施

①合理布置检查井的位置,如将其骑在横缝上;当检查井离板纵、横小于 1 m 时,将窨井上的板块放大至板边,这样布置有助于缓解裂缝的形成。

②井基础和结构要加固,回填土要密实稳定,使井及周边不易沉降,减少附加应力。

③井周围的混凝土板块用钢筋加固或用抗裂性优良的钢纤维混凝土替代,以抑制混凝土裂缝发生或控制裂缝的宽度。

(4)治理方法

①如裂缝缝宽小,仍能传递荷载,可不维修。

②如裂缝较宽,咬合力削弱较大,则可采用黏结法,即沿裂缝全深度扩缝,选择适用灌浆材料进行填充缝修补,使板体恢复整体功能。

③如属于严重裂缝,则可采用翻修法,即将部分或整块检查井周围混凝土板全部凿除,必要时对基层进行处理后,重新浇筑新的混凝土。

6)露石

(1)现象

露石又称露骨,是指混凝土路面在行车作用下水泥砂浆磨损或剥落后石子裸露的现象。

(2)原因分析

①由于施工时混合料坍落度小,夏季施工时失水快,或掺入早强剂不当。因此,在平板震荡后,混凝土就开始凝结,以至待辊筒滚压和收水时,石子已压不下去,抹平后,石子外露表面。

②水泥混凝土的水灰比过大或水泥的耐磨性差,用量不足使混凝土表面砂浆层的强度和磨耗性差,在行车作用下很快磨损或剥落,形成露石。

(3)防治措施

①严格控制混凝土的水灰比和施工坍落度;合理使用外加剂,使用前应进行试验;组织好混合料的供应和施工,防止坍落度损失过快。夏季施工时,现场要设遮阳棚。

②按规范要求,选择好水泥、砂等原材料,根据使用要求及施工工艺,确定合理配比,掌握好用水量。

③应用黏结性良好的结合料,如聚合物水泥砂浆或新加坡 RP 道路修补剂对水泥混凝土路面露骨部分进行罩面修补。

7）蜂窝

（1）现象

混凝土板体侧面存在明显的孔穴,大小不一,状如蜂窝。

（2）原因分析

①施工振捣不足,甚至漏振,使混凝土颗粒间的空隙未能被砂浆填满,特别是在模板处,颗粒移动阻力大,更易出现蜂窝。

②模板漏浆造成侧面蜂窝。

（3）防治措施

①严格控制混合料坍落度,并配以相应的捣实设备,保证有效的捣实。

②沿模板边的混凝土灌实,首先用插入式振捣器仔细振捣,不得漏振,然后再用平板式振捣器（路用商品混凝土可不用）振实。

③模板要有足够的刚度和稳定性,不得有空隙。如发现模板有空时,应予堵塞,防止漏浆。

④模板拆除后,及时修补。为使色泽统一,可用道路混凝土除去石子后的砂浆进行修补。

8）胀缝不贯通

（1）现象

混凝土路面胀缝在厚度和水平方向不贯通。

（2）原因分析

①浇捣前仓混凝土时,胀缝处封头板底部漏浆;拆除填充头板时,又没有将漏浆清除,造成前后仓混凝土连接。

②接缝板尺寸不足,两侧不能紧靠边模板;胀缝处上下接缝板,在施工过程中发生相对移位,致使在浇捣后一仓混凝土时大量砂浆挤进,使前后仓混凝土连接。

③当胀缝采用切缝时,切缝深度不足,没有切到接缝板顶面,造成混凝土连接。

（3）防治措施

①封头板要与侧面模板、底面基层接触紧密,要有足够的刚度和稳定性。在浇捣混凝土时,不得有走动和漏浆现象。

②在浇捣后仓混凝土前,应将胀缝处清理干净,确保基层平整。接缝板摆放时,要贴紧模板和基层,不得有空隙,以免漏浆。

③锯缝后,应检查是否露出嵌缝板,否则继续锯直至露出嵌缝板为止。

④接缝板质量应符合设计规范要求。

⑤发现胀缝不贯通,由人工整理顺通,并做好回填与封缝。

接缝板的技术要求见表4.13。

表 4.13　接缝板的技术要求

试验项目	接缝板种类			备　注
	木材类	塑料泡沫类	纤维类	
压缩应力/MPa	5.0~20.0	0.2~0.6	2.0~10.0	
复原率/%	>55	>90	>65	吸水后应不小于不吸水的 90%
挤出量/mm	<5.5	<5.0	<4.0	
弯曲荷载/N	100~400	0~5	5~40	

9) 摩擦系数不足

(1) 现象

水泥混凝土路面光滑,摩擦系数低于设计标准或养护要求。

(2) 原因分析

①水泥混凝土路面水泥砂浆层较厚,而砂浆中的砂偏细,质地偏软易磨,致使光滑。

②混凝土坍落度及水泥用量大,经震荡后,路表汇集砂浆过多,经行车碾磨后,形成光滑面。

③路面施工时,抹面过光,又未采取拉毛措施。

④路面使用时间较长,由自然磨损而磨光。

(3) 预防措施

①严格按规范要求控制现拌或路用商品混凝土的水灰比与坍落度及水泥、黄沙等原材料质量。

②在混凝路面施工过程中,应采取拉毛、刻槽等防滑措施。

(4) 治理方法

①用表面刻槽来提高路面的摩擦系数。刻槽可为 3 mm 宽、4 mm 深的窄缝、间距 30~55 mm,效果比较显著。

②在磨光的表面用各种类型道路修补剂的罩面,同时采取相应防滑措施。重要的是保证上下面良好黏结。

③铺设沥青罩面层是一项比较可行、有效的措施,但需要有一定厚度,以保证层间良好黏结。沥青面层上的反射裂缝是尚待解决的问题。

10) 传力杆失效

(1) 现象

胀缝或缩缝处传力杆不能正常传递荷载而在接缝一侧板上产生裂缝或碎裂。胀缝处传

力杆失效最为普遍,较为严重。

(2)原因分析

①混凝土路面施工过程中,传力杆垂直于水平向位置不准,或振捣时发生移动;传力杆滑动端与混凝土黏结,不能自由伸缩;对胀缝传力杆端都未加套子留足空隙。这些病害都使混凝土板的伸缩受阻,导致接缝一侧板被挤碎、拉裂,传力杆不能正常传递荷载。

②胀缝被砂浆或其他嵌入物堵塞,造成胀缝胀裂,使传力杆失效。

(3)防治措施

①胀缝处滑动传力杆应采用支架固定,如图 4.12 所示。传力杆穿过封头板上预设的孔洞,两端用支架固定。先浇传力杆下部混凝土,放上传力杆,正确固定后,再浇上部混凝土。传力杆水平,垂直方向误差应不大于 3 mm。浇捣时要检查传力杆是否移动,发现问题及时纠正。拆除封头板后,如传力杆有偏差,应采用人工整理顺直。

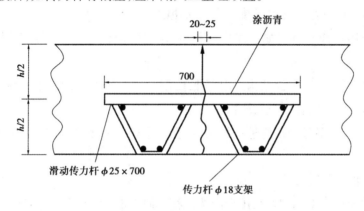

图 4.12 胀缝传力杆支架

②传力杆必须涂刷沥青,防止黏结;胀缝传力杆在滑动端必须设 10 cm 长的小套管,留足 3 cm 空隙。严防套管破损,砂浆流入,堵塞空隙。

③防止施工及使用过程中,胀缝被砂浆石子堵塞。

④如接缝处混凝土已破碎,应首先凿除破碎混凝土,然后重新设置或校正传力杆,再浇筑混凝土。

11)错台

(1)现象

在混凝土路面接缝或裂缝处,两边的路面存在台阶,车辆通过时发生跳车,影响行车舒适性和安全性。这种现象发生在通车一定时期以后。

(2)原因分析

①雨水沿接缝或裂缝渗入基层,使基层冲刷,形成很多粉细料。在行车荷载作用下,发生唧泥,同时相邻板块之间产生抽吸作用,使细料向后方板移动、堆积,造成前板低、后板高的错台现象,如图 4.13 所示。

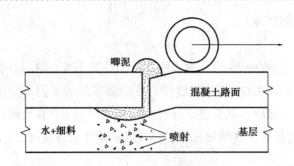

图 4.13　混凝土路面错台

②基础不均匀沉降,使相邻板块或断裂块产生相应的沉降,导致缝的两侧形成台阶。

③基层抗冲刷能力差;基层表面采用砂或石屑等松散细集料作整平层。

(3)预防措施

①填缝材料质量应符合要求以减少渗水和冲刷。

②基层应采用耐冲刷材料如水泥稳定粒料,基层表面应平整、坚实,不得用松散细集料整平。

③路面结构设计时,应增设结构层内部排水系统,减少水的侵蚀。采用硬路肩,防止细料从路肩渗入缝内,减少细料的移动、堆积。

④易产生不均匀沉降地段,应进行加固,并宜采用较厚的半刚性基层(如 50 cm 以上)和钢筋混凝土板。

(4)治理方法

①错台高差为 0.5~1 cm 时,采用切削法修补。使用带扁头的风镐,均匀地将高处凿下去并与邻板齐平。

②当错台高低落差大于 1.0 cm 时,采用凿低补平罩面法修补。将低下去的一侧水泥板凿去 1~2 cm,使用具有良好黏结力的混凝土材料罩平。修补长度按错台高度除以 1.0% 坡度计算。

③如错台引起碎裂,则应锯切 1 m 以上宽度,同时安设传力杆或校正传力杆位置,重浇混凝土板块。

12)拱胀

(1)现象

混凝土路面在接缝处拱起,严重时混凝土发生碎裂,如图 4.14 所示。

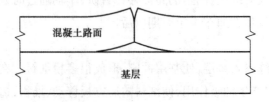

图 4.14　混凝土路面拱胀

（2）原因分析

①胀缝被砂、石、杂物堵塞，使板伸胀受阻。

②胀缝设置的传力杆水平、垂直向偏差大，使板伸胀受阻。

③长胀缝混凝土板在小弯道、陡坡处以及厚度较薄时，易发生纵向的失稳，引起拱胀。

④长胀缝拱胀的发生同施工季节、连续铺筑长度、基层与面板之间的摩阻力等因素有关。在旧的沥青路面上铺筑混凝土板较易拱胀。

⑤基层中存在生石灰及不稳定的废渣（如钢渣），也会导致路面拱胀。但这种拱胀不一定在接缝处。

（3）预防措施

①填缝料应符合规范要求，严格操作规程，使异物不易嵌入，保证应有的胀缝间隙。

②传力杆设置要正确定位，水平、垂直方向偏差应不大于 3 mm，并防止施工过程中的移动。传力杆滑动部分必须按要求操作，防止水泥浆浸入和粘连，传力杆端部要有足够的空隙，以利热胀。

③胀缝的设置长度要根据规范规定与当地的实践经验，并考虑气象条件、施工季节、板厚、基层以及平面、纵断面情况来综合评定。

（4）治理方法

①一旦出现拱胀，立即锯切拱起部分，宽度约 1 m，全深度切割、挖除，重新铺设等厚度、同标号钢筋混凝土板。因通常发生在夏季，故板间适当留有缝隙即可。

②如基层不稳定而产生拱起，则根据情况，可置换基层或消除不稳定材料后，再用等强度等厚度混凝土捣实整平。

13）脱空与唧泥

（1）现象

在车辆荷载作用下，路面板产生明显的翘起或下沉，这表示混凝土路面板与基础已部分脱空。在车辆荷载作用下，雨后基层中的细料从接缝和裂缝处与水一同喷出，并在接缝或裂缝附近有污迹存在，这就是唧泥现象。

（2）原因分析

类似于错台形成的原因。

（3）预防措施

为预防唧泥的产生，应采取措施防止水对路面基层的侵入。因此，应保持路面和路肩设计横坡，并铺设硬路肩。对路面裂缝、接缝以及路面与硬路肩接缝应进行密封。设置纵向积水管和横向出水管以及盲沟，将水尽快排出，减少水对路面基层的浸泡。

（4）治理方法

对因裂缝产生的板底脱空和唧泥，可采用压力注浆法进行修复。

①水泥混凝土路面板块脱空,可采用弯沉仪、探地雷达等设备测定。其弯沉值超过0.2 mm时,应确定为面板脱空。

②水泥混凝土板块脱空,可采用沥青、水泥浆、水泥粉煤灰浆和水泥砂浆灌注等方法进行板下封堵。灌浆孔布置如图4.15所示。

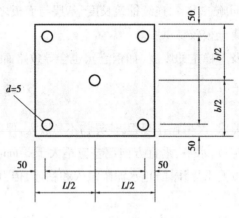

图4.15　灌浆孔布置(单位:cm)

14)接缝剥落、碎裂

(1)现象

水泥混凝土路面纵横接缝两侧50 cm宽度内,板边碎裂,裂缝面与板面成一定角度,但未贯通板厚。

(2)原因分析

①胀缝被泥沙、碎石等杂物堵塞或传力杆设置不当,阻碍了板块热膨胀,过大的温度应力使板边胀裂。胀缝的碎裂深度往往可达板厚的1/2,表面纵向延伸宽度可达50 cm。

②缩缝使混凝土板形成临空面,再加上填缝料质量不保证,使板边在车轮荷载反复作用下易被压碎。

③切缝时间过早或采用压缝,使缝边受到损伤,导致日后破坏。

(3)防治措施

①施工时,要保证胀缝正确安置、移动自如;缝内的水泥砂浆及碎石,应彻底清除;设置符合要求的接缝板与填缝料。

②在混凝土路面浇筑后,应适时对路面进行切缝,避免过早开锯而损伤缝边,少用压缝。

③保证混凝土具有应有的设计强度。

④重视接缝的经常性养护。

(4)治理方法

①接缝填缝料损坏维修:

a.清除接缝中的旧填缝料和杂物,并将缝内灰尘吹净。

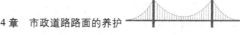

b.在胀缝修理时,应先将热沥青涂刷缝壁,再将接缝板压入缝内。对接缝板接头及接缝板与传力杆之间的间隙,必须用沥青或其他填缝料填实抹平。上部用嵌缝条的,应及时嵌入嵌缝条。

c.当纵向接缝张开宽度在10 mm及以下时,宜采用加热式填缝料。用加热式填缝料修补时,必须将填缝料加热至灌入温度。用嵌缝机填灌,填缝料应与缝壁黏结良好和填灌饱满。在气温较低季节施工时,应先用喷灯将接缝预热。

②纵向接缝张开维修:

a.当相邻车道面板横向位移,纵向接缝张开宽度在10 mm以下时,采取聚氯乙烯胶泥、焦油类填缝料和橡胶沥青等加热施工式填缝料维修。

b.当相邻车道板横向位移,纵向接缝张口宽度在10 mm以上时,宜采取聚氨酯类常温施工式填缝料维修。当纵向接缝张开宽度超过15 mm时,可采用沥青砂填缝。

③接缝出现碎裂时,在破碎部位外缘,切割成规则图形,其周围切割面垂直于面板,底面为平面。清除干净后,用高模量补强材料填充维修。修补材料达到通车强度后,方可开放交通。

15)填缝料损坏

(1)现象

填缝料剥落、挤出、老化碎裂。

(2)原因分析

①填缝料质量差,如黏结强度低,延伸率及弹性差,以及不耐老化等。

②混凝土路面填缝料施工时,黏结面没有处理好,如缝壁有泥灰潮湿等,影响填缝料与缝壁的黏结,造成填缝料剥落、挤出。

③接缝缺少应有的养护、更换。

(3)防治措施

①用优质的填缝料。填缝料的性能应符合规范要求(见表4.14、表4.15)。

②在混凝土路面填缝料施工过程中,应严格按照操作要求进行施工。对施工断面进行严格处理,确保缝壁洁净、干燥,与填缝料黏结良好,不脱落、不挤出。

③填缝料损坏后,应先铲去填缝料,用钢丝刷子将缝联刷清,用压缩空气彻底清除残料,然后在缝壁涂刷一层沥青,再浇灌填缝料。

④加强养护。在雨季来临前,应进行检查、养护、更换,使其保持良好的黏结状态和防水能力。

表 4.14　加热施工式填缝料的技术要求

试验项目	低弹性型	高弹性型	试验项目	低弹性型	高弹性型
针入度(锥针法)/mm	<5	<9	流动度/mm	<5	<2
弹性(复原率)/%	>30	>60	拉伸量/mm	>5	>15

注:低弹性填缝料适用于公路等级较低的混凝土路面的接缝和公路等级较高的混凝土路面的缩缝;高弹性填缝料适用于
　　公路等级较高的混凝土路面的胀缝和高速公路混凝土路面的接缝。

表 4.15　常温施工式填缝料的技术要求

试验项目	技术要求	试验项目	技术要求
灌入稠度/s	<20	流动度/mm	0
失黏时间/h	6~24	拉伸量/mm	>15
弹性(复原率)/%	>75		

注:常温施工式填缝料有氨酯焦油类氨丁橡胶类、乳化沥青橡胶类等。质量不保证,使得板边在车轮荷载反复作用下易
　　被压碎。

4.4.4　裂缝维修

裂缝维修方法如下:

①对宽度小于 3 mm 的轻微裂缝,可采取扩缝泄浆,即顺着裂缝扩宽成 1.5~2.0 cm 的沟槽、扩缝补块的最小宽度不得小于 100 mm;槽深可根据裂缝深度确定,最大深度不得超过 2/3 板厚。将灌缝材料灌入扩缝内,灌缝材料固化后,达到通车强度,即可开放交通。

②对贯穿全厚的大于 3 mm、小于 15 mm 的中等裂缝,可采取条带罩面进行补缝,如图 4.16所示。

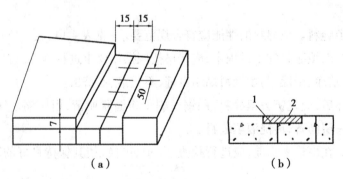

图 4.16　条带补缝(单位:cm)

1—钯钉;2—新浇混凝土

③对宽度大于 15 mm 的严重裂缝,可采用全深度补块。全深度补块分集料嵌锁法(见图

4.17)、刨挖法(见图4.18)、设置传力杆法(见图4.19)。

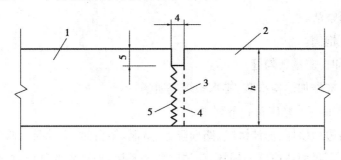

图 4.17　集料嵌锁法(单位:cm)

1—保留板;2—全深度补块;3—全深度锯缝;4—凿除混凝土;5—缩缝交错接面

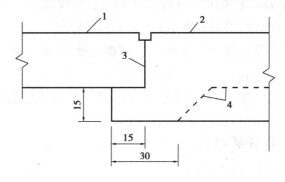

图 4.18　刨挖法(单位:cm)

1—保留板;2—补块;3—全深度锯缝;4—垫层开挖线

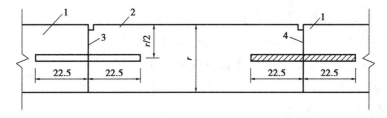

图 4.19　设置传力杆法(单位:cm)

1—保留板;2—全深度补块;3—缩缝;4—施工缝

4.5　其他路面的养护与维修

4.5.1　块石铺砌路面的养护

块石铺砌路面一般设置基层、垫层(整平层),且强度满足交通荷载要求,石块之间采用填缝料嵌填密实。

①块石铺砌路面的养护应符合下列规定:

a.应保持路面整洁。

b.填缝应保证饱满。

c.填缝料破碎时,应重新勾缝。

d.春季和雨季应增加巡检次数,排水系统应通畅。

②块石铺砌路面的维修应符合下列规定:

a.当发现路面边缘损坏、低洼沉陷、路面隆起、坑洞、错台时,应及时维修。

b.当基层强度不足而造成路面损坏,应清除软弱基层,换填新的基层材料再恢复面层。

c.更新的块石材质,规格应与原路面一致。

d.施工时,整平层砂浆应饱满,严禁在块石下垫碎砖、石屑找平。

e.铺砌后的块石应夯平实,并应采用小于 5 mm 沙砾填缝。

③当块石路面粗糙条纹深度小于 2 mm 时,应凿毛处理,条纹应垂直于路面,间距宜为 10~30 mm,深度宜为 3~5 mm。

④在广场、步行街的块石路面(花岗石、大理石),不宜采用抛光、机刨的石材。

4.5.2 水泥混凝土预制砌块路面

①砌块路面的小修应包括下列内容:

a.局部砌块的松动、缺损、错台。

b.局部沉陷、压碎,检查井四周烂边。

c.砌块路面上的局部掘路修复工作。

②当砌块路面出现下列情况时,应及时安排中修或大修工程:

a.纵横坡度不满足设计要求,出现大面积积水。

b.砌块路面状况指数 PCI 小于 50。

c.彩色砌块颜色大面积脱落。

③大中修工程必须进行施工维修设计或施工方案设计。

④局部更换的砌块,其颜色、图案、材质、规格宜与原路面一致,路面砖强度和最小厚度应符合规定。

⑤当选用砌块的长边与厚度之比大于或等于 5 时,除应满足上述规定外,其抗折强度不得低于 4.0 MPa。

⑥砌块的防滑指标(BPN)不得小于 60,砌块的渗透指标应大于或等于 50 mL/min。寒冷地区应增加冻融试验。

⑦砌块路面的外观质量应符合下列规定:

a.铺砌必须平整、稳定,灌缝应饱满,不得有翘动现象。

b.面层与其他构筑物应接顺,不得有积水现象。

4.5.3　碎（砾）石路面的养护

碎（砾）石路面是一种中级路面。常见的有水结、泥结、泥灰结碎（砾）石路面。级配碎（砾）石路面、粒料路面为低级路面,主要是粒料加固土类,如天然沙砾、粗砂、碎（砾）石、煤渣、矿渣、碎砖瓦砾等加固土。

其保养、修理与改善的基本要求是:

①经常保持路面平整坚实,防止和修复路面的破损和变形,保持排水良好,加铺磨耗层和保护层,以及对路面做必要的加宽、加厚等,以改善路面技术状况。

②经常保持路面磨耗层和保护层完好。发现表面有少量和轻微的破损应及时修理,防止损坏范围扩大。

③路面与路肩连接处,应保持平整坚实,高差不得大于 2 cm。路面与桥涵衔接应平顺,防止跳车。

④如路面磨耗严重,强度不足或宽度不够,不能满足交通量增长的需要时,应采取加宽和加厚路面的办法,以提高其通行能力。

⑤在保养修理时,所采用的材料应符合技术要求:路面加宽、加厚时,所用结构与材料,应力求与原有路面相同;对从旧路面挖出来的材料,应筛分后与新材料掺配使用。

⑥级配碎（砾）石路面在翻修、加宽、加厚时,所用材料的规格应符合规范规定;天然碎（砾）石材料不能满足规范规定时,需进行人工配合,添加不足的颗粒,使之成为最佳混合料。

⑦泥结碎石路面在翻修和加宽、加厚时,均按原有结构的颗粒尺寸和配合比处理,要求黏土的含量不大于 15%,塑性指数宜为 18～27。碎石均为有棱角的小块石料,其中所含扁平长条的碎石的允许含量宜不超过 20%。

⑧碎（砾）石路面的养护应做到勤预防、勤检查、勤修补。所用材料,应尽量利用当地可能采集或供应的价廉质好的天然材料和工业废渣,以降低养护成本。

粒料路面的保养工作,主要是保护层的养护、磨耗层的小面积修补、排除路面积水、保持路面清洁。粒料路面保养工作的要求是:

①加强雨季不利季节的日常保养工作。做到雨前抓扫砂匀砂,保持路面平整;雨中抓排水,使路面、路肩不积水;雨后抓刮（铲）补,及时刮（铲）波浪和修补坑洞。

②松散保护层的保养应做到勤添砂、勤扫砂、勤匀砂、勤除细粉。

③稳定保护层应视具体情况采用以下方法保养:

a.洒水法。在干旱季节,为防止稳定保护层松散,应洒水保养,洒水要均匀,洒水后经行车碾压可形成硬层。有条件的可就地取材,浇洒吸湿盐类的溶液或利用咸水（海水）养护。

b.加浆法。稳定保护层使用较长时间后,表面易磨损,应采用加浆法使其表面稳定、平整、密实。其方法是在保护层上首先撒一薄层过 5 mm 筛的黏土,然后均匀洒水,再用扫浆器或竹扫帚扫匀拖平,加砂后引导车辆压实,或把黏土搅拌成泥浆,泼洒在保护层上,扫匀、拖平、加砂引导车辆碾压。

④路面出现轻微的坑槽、车辙、波浪、沉陷等破损现象,应及时进行修补。

⑤保持路面一定的路拱横坡度。在雨量较多及干湿分明的半干旱地区,路拱控制在3%~4%;在干旱、少雨地区,路拱控制在2%~3%。路肩横坡度相应增加1%,与路面连接处应保持平顺坚实。弯道上加宽和超高的横坡度应符合规定。

⑥及时清除冬、春季节的路面积雪,尤其在陡坡急弯、窄路、高填土桥头路堤等处以及容易发生翻浆路段的积雪。

⑦路面与桥梁、明涵衔接应平顺,不得产生跳车。

⑧在进行扫砂、勾砂和扫雪除冰等保养工作时,必须注意防止损坏路面结构。

⑨应储备定数量的保养维修材料,并整齐堆放在沿线规定地点或路边堆料台上,不得乱堆。

4.6 掘路修复

城市建设需要在现有道路下埋设各种管线,往往对现有路面进行纵向或横向的开挖。在管线埋设后,要对被挖掘的道路进行修复,恢复道路的正常使用功能。

4.6.1 一般要求

掘路修复的一般要求如下:

①掘路前,应查明地下管线状况。挖槽时,不得损坏原有的地下管线。

②掘路的宽度应满足压实机械宽度要求。当宽度不适宜压实机械作业时,其结构修复必须按原标准提高一个等级进行,或对土基进行加固处理。

③掘路的槽底最小宽度宜为所埋设施的外侧宽度加两侧夯实机具的工作宽度。

④当顺向掘路宽度达到原路1/2时,面层宜为全幅修复。当顺向掘路宽度超过原路1/2时,应进行专项掘路修复设计。

⑤掘路埋设各种管线的管顶埋深,应大于路床下300 mm,否则应采取加固措施。

⑥掘路修复的技术资料应归入该条道路的技术档案。

⑦城镇道路的管线敷设宜采用非开挖施工技术。

4.6.2 开挖与回填

(1)开挖

①掘路的槽底最小宽度宜为所埋设施的外侧宽度加两侧夯实机具的工作宽度。

②路面开挖前必须用切割机进行路面分离,以免扰动或破坏沟槽周边区域的路面结构。

③沟槽挖土必须注意保护开挖地段的各种地下管线和相关设施,平面范围应按设计结果

确定,严禁向沟槽路基两侧掏空挖土;挖土深度应按管道设计标高控制,严禁超挖。

④挖土过程中,应保持一定的纵横坡度,并设置临时排水沟,以利排泄雨水。必要时,设置井点降水,并注意周围设施安全保护。

⑤施工产生的渣土及废弃物,应在24 h内清运完毕。清运前,应集中堆放并全部苫盖,防止外溢至围挡以外或者露天堆放。在城市主干路及人流稠度、交通繁忙的特殊路段,余土须立即清运。

⑥挖土中,若遇软地层或障碍物,应采取特殊措施加固处理。

(2)回填

①掘路沟槽回填,严禁使用淤泥、腐殖土、垃圾杂物和冻土。

②回填土质量应符合现场试验的击实标准和最佳含水量要求。分层回填的层厚应小于20 mm,也可根据碾压、夯实机具的性能确定分层厚度。

③当沟槽分段填土时,交接处应做成阶梯形,阶梯长度应大于层厚的两倍。

④雨季回填时,沟槽内不得有积水。

⑤槽底至设施顶部以上500 mm范围内回填时,应从两侧对称进行,同时还土的高度差不得大于1层。

⑥沟槽回填土的压实度,应根据回填土的深度和部位(见图4.20)确定压实度,应符合下列规定:

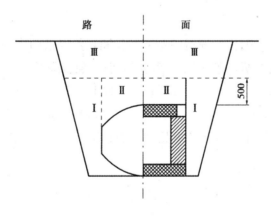

图4.20　回填土部位

Ⅰ,Ⅱ,Ⅲ—填土部位

a.填土部位Ⅰ(轻型击实)压实度应大于90%。

b.设施顶部以上500 mm范围内填土部位Ⅱ(轻型击实)压实度应大于85%。

c.设施顶部500 mm以上至路床以下部位Ⅲ填土压实度应符合表4.16的规定。

表4.16 设施顶部500 mm以上至路床以下部位Ⅲ填土压实度

回填深度/m	压实度(重型击实)			检验频率		压实度检查方法
	快速路主干路	次干路	支路	每层	点数	
0~0.8	≥95%	≥94%	≥93%			
0.8~1.5	≥92%	≥91%	≥90%	20 m	1	环刀法
>1.5	≥90%	≥90%	≥90%			

⑦回填土时对沟槽内原有的管线设施,应采取保护措施。

⑧掘路回填遇有特殊情况时,应采取下列措施:

a.当采用掘路土间填不能保证质量时,可采用砂、天然级配沙砾或水泥混凝土等材料回填。

b.沟槽发生塌方时,宜加大沟槽断面后,再回填。

c.当槽内设施顶部以上回填厚度小于设计规定时,应对所埋设施进行加固保护。

⑨直埋线缆沟槽回填时,其线缆上方应有保护层。回填材料可采用粗砂、混凝土等回填灌注。

4.6.3　基层修复

路面基层在使用过程中,因交通量的急剧增长和自然因素的作用,或原先施工中遗留缺陷,或因自然条件的变化造成路基失稳、干湿类型变化、强度降低、破坏严重,或路面的几何尺寸不能适应交通量增长的需要时,必须改善基层的技术状况,以提高其适应能力。

路面基层的改善包括基层的加宽、补强加厚以及翻修与重铺。在进行路面基层改善时,必须按就地取材的原则,结合原有路面基层材料的利用,合理地应用旧结构,进行设计。

1)基层的加宽与补强

(1)设计要求

在进行基层加宽与补强设计前,应对原有路面进行详细调查和检测。其内容包括:

①调查该路段不利季节的交通量、交通组成和年平均增长率。

②调查原有公路的路况,如路基宽度、纵坡、平曲线半径、路面宽度、厚度、结构和材料、路面横坡、平整度、摩擦系数、路表面排水(积水)状况、积雪(沙)状况等;路面坑槽、搓板、翻浆等破损程度以及路肩采取的加固措施等。

③调查原有路面设计、施工、养护技术资料以及使用开始至改建的年限、使用效果等。

④测定路基的干湿类型,规定每500 m取断面,每个断面如路基宽度大于等于7 m选两个测点,不足7 m取一个测点。

⑤测定加宽部分的土基湿度和压实度。

⑥测定原有路面的整体强度。

基层加宽一般应采用两侧加宽,如原有路基宽度不足,则应先加宽路基后再铺筑加宽的基层。必要时,可设护肩石(带)。加宽部分的基层应按新土基新建路面设计其厚度,采用的结构与材料宜与原路面的基层相同;基层加厚按旧路补强公式进行设计,基层结构的选择应根据路面等级、交通量、地带类型、现有路况以及材料供应与施工条件等确定。必要时,应增设排水设施,并事先处理好涵洞接长、倒虹吸的防漏以及沿溪路段的护岸挡土墙等工程。

在基层需要同时加宽加厚时,应首先将加宽部分按新土基设计后,再作全幅补强设计。然后将原路面分段实测的计算弯沉值作为加宽部分的设计弯沉值,并由实际调查检测的路基土质、干湿类型及其平均稠度确定土基回弹模量,并根据不同材料的模量按新路设计方法设计加宽部分的基层厚度,使之与原有路面强度保持一致。最后根据原路面确定的计算弯沉值和补强要求的允许弯沉值。按旧路补强厚度计算方法,进行全幅的基层补强设计。

在季节性冰冻区,基层的补强还应验算防冻层厚度的要求。

(2)施工要点

加宽基层时,应做好新旧基层的衔接。对半刚性基层,一般宜用平头搭接;对粒料基层,一般宜用斜接法;当基层厚度超过 25 cm,也可在原有基层半厚处挖成宽约 30 cm 的台阶做成错台搭接。加宽沥青路面基层时,应将紧挨加宽部位 15 cm 宽的原有沥青面层切凿除去,清扫干净原基层上的松散粒料、浮土后再铺筑加宽基层。如原基层已损坏,则应将其材料重新翻修利用,根据试验掺配新的材料后与加宽混合料一并拌和、铺装、碾压。

基层加宽后,需调正路拱而涉及原有路面的部分,应将旧面层铲掉,按路拱要求一次调正铺装。为使调拱部分的新旧基层结合良好,可把原基层拉毛或使调拱铺装的最小厚度大于 8 cm。不足时,可开挖原基层。

原基层有局部坑槽、搓板、松散的路段,在补强前应先进行修补找平。平整度超过规定的,应加铺整平层。对发生过翻浆、弹簧、变形等病害的路段,应根据其产生的原因,采取有效的处治措施,严重者可采取综合处治后再加铺基层。

原有砂石路面,尤其是泥结碎石及级配砾石路面,因含泥量过多或土的塑性指数过大,一般不宜用作沥青路面的基层,应将其过量的土筛除或用其他方法改善,并铲除其上的磨耗层和稳定保护层后再作补强层处理。

基层加宽或补强应符合施工压实度的规定要求。

2)基层的翻修与重铺

当路面具有下列情况时,则基层需要进行翻修:

①原有路面整体强度不足。

②根据路面使用质量的评定,已达到翻修条件。

③原有路面的材料已不能满足结构强度要求,造成全面损坏,需彻底更换路面结构。

基层具有下列情况时,则需进行基层重铺:

①原有路面基层材料没有利用价值,翻修在经济上不合理。

②当地盛产路面基层材料,原基层材料虽然可以利用,但因机械施工困难,技术上暂时难以解决。

③原有路面因路基干湿类型发生变化,需改善其水稳性。

基层的翻修与重铺,应分别按《公路沥青路面设计规范》(JTJ 014—1997)与《公路路面基层施工技术规范》(JTJ 034—2000)的有关规定进行设计和施工。

翻修基层时,对原有基层的材料,应尽可能地充分利用。因此,应对原基层取样检测其材料性质,一般每 500 m 检测一处,如路基干湿类型有变化应增加测点。检测项目包括干密度、级配组成以及小于 0.5 mm 细料的含量与塑性指数等,以确定其可利用的骨料含量和需要掺配的材料用量。对无机结合料稳定基层,还应测定其水泥、石灰剂量及其剩余活性,以确定再生利用时需要掺添的水泥或石灰剂量。

基层翻修应结合原材料的利用价值与加铺方案进行技术经济比较后,确定最后的采用方案。

在中湿、潮湿地带的粒料基层,翻修时宜掺加适量的石灰,以提高其水稳性,有条件时也可掺加水泥予以稳定。

3)质量控制

①修复基层的各类材料,应具有出厂合格证明,且应经现场试验合格后才能使用。

②基层修复宜采用石灰、粉煤灰、沙砾混合料或水泥、沙砾混合料等半刚性材料,其中未消解的生石灰块粒径不得大于 10 mm,沙砾的最大粒径不得大于 40 mm。

③使用石灰、粉煤灰类材料碾压成型的基层,养生时间不得少于 7 d。冬季不宜使用此类材料;雨季应合理控制施工段落,应当天摊铺,当天碾压成型。

④掘路的基层修复应在开挖断面两侧各加宽 300~500 mm。

⑤基层的修复质量应符合表 4.17 的要求。

表 4.17　基层修复质量标准

项　目	道路类别	技术要求	检验频率		检查方法
			范围	点数	
压实度 (重型击实)	快速路、主干路	≥97%	20 m	1	环刀法 灌砂法
	次干路	≥96%			
	支路	≥95%			
平整度		≤10 mm			3 m 直尺
厚度		±10%			钢尺

4.6.4 路面修复

①沥青混凝土面层修复应符合下列规定：

a.面层的修复宽度应大于基层宽度,每侧宜大于 200 mm。

b.接茬黏层油应涂刷在切割立面,溅洒在路表面的黏层油应清除干净。

c.接茬宜采用直茬热接方法,应平顺、密实。

d.宜采用振动压路机或振动夯实机具,分层碾压。

②应急抢修或冬季修补掘路面层,可采用混凝土预制砌块,或冷拌沥青混凝土修补平整,可在气温转暖后再做第二次修复。

③当水泥混凝土路面掘路宽度超过 1/3 板宽时,应按整板恢复;当不足 1/3 板宽时,应做加固处理,并符合规范的规定。

④砌块类面层的修复,应将掘路施工期间被扰动的砌块全部拆除重新铺砌。

4.6.5 人行道挖掘与修复

①人行道挖掘修复工序,翻挖沟槽部分土方及修整沟槽两侧各一定宽度(当开挖深度大于 1 m 时,为 50 cm;当开挖深度小于 1 m 时,为 25 cm)的人行道。土基夯实、平整及铺筑垫层或素混凝土基础。放样,铺筑人行道板或拌制、浇捣水泥混凝土。扫缝、拍夯、补缺、填缝、养生。旧料及时外运,清理场地。

②铺筑预制人行道一般采用"放样定位法"铺筑时,板底应紧贴垫层,不得有"虚空"现象。靠近侧石处的人行道板,应高出侧石顶面 5 mm,以利排水。

③铺筑预制人行道板时,板底应完全坐实,上下结成整体;板面应恢复原有图案,保证路面平整,纵横缝顺直,特别注意各类井周边,要求平整顺直,按原标准找好坡度。调整后,根据铺砌材料一律采用洒细砂灌缝或水泥灌(勾)缝。

④铺筑预制彩色人行道板时,应恢复原有图案,板底应完全坐实,上下层结成整体。

⑤现浇水泥混凝土人行道板,应与原有人行道接顺。水泥混凝土面层收水抹面后,应及时分块滚花压线。成型应遮盖湿润养生。

⑥市道路人行道挖掘修复涉及城市道路其他附属设施,应按下列规定执行:

a.凡路灯、广告、灯箱等各类构筑物基础部分,必须将原碎砖、水泥清除,重新调整补齐,基础根部缝隙用水泥抹平。

b.施工范围内人行步道彩色方砖或其他材料,要求按原样恢复,因管线埋设导致盲道调整,必须按国家有关标准实施。

c.缘石修复,要求缘石缺少、破损的,用与原材料一致的缘石调整补齐,交叉路口和转弯拐角处破损的一律更换新缘石,做深埋处理。凡新调整、更换的缘石必须勾缝,填缝充实,砌筑坐浆。修复缘石时,应与原缘石衔接和顺,调整好雨水口处标高。

d.凡施工范围内各类道路附属设施须按原规格、形状进行修复。已破损的,应及时更换新设施。

e.施工后的余土、废渣,应及时全部清运。

f.现浇混凝土人行道,对原人行道接边处应凿毛、清洗,铺筑时应与原人行道接顺。水泥混凝土面层收水抹面后,应及时分块滚花压线,并同原人行道图案一致。成型后,应遮盖湿润养生。

4.6.6　掘路快速修复施工

①掘路快速修复适用于要求道路快速恢复畅通的过街路或突发爆管修复;要求"当日作业,当日恢复交通"的掘路工程。

②应急掘路快速修复应注意道路的技术等级、交通量以及在城市路网中的重要程度;沟槽或土基回填深度内的湿度状况;现场施工的压实条件与施工连续性;掘路修复区域的开挖深度和面积大小。

③应急快速修复特殊的材料要求易于存储、运输,施工简便。

④填料依据结构层次可分为路基快速回填料、基层快速修复材料和面层快速修复材料。路基快速回填料包括中粗砂、碎砾石、石屑、热焖钢渣、高钙灰稳定土、路面铣刨料等。基层快速修复材料包括快硬硫铝盐酸水泥处置碎石、粗粒式沥青混凝土、沥青稳定碎石、级配碎石等。

⑤因时间紧张,沥青混凝土路面的应急快速修复路面无法及时进行专项设计,可参考周边路段已有的设计方案实施。

⑥回填路基、基层、沥青混凝土面层或水泥混凝土面层的质量控制与检测内容应符合《城镇道路养护技术规范》(CJJ 36—2016)的有关规定。

4.7　乳化沥青稀浆封层技术

4.7.1　乳化沥青稀浆封层技术的特点及应用

1)概述

乳化沥青稀浆封层是用适当级配的石屑或砂为骨料,以乳化沥青为结合料,加粉料(水泥、石灰、粉煤灰、矿粉)、添加剂和水按一定比例配成流动状态的沥青混合料,均匀摊铺在路面上而成的沥青表面处治薄层。在水分蒸发干燥硬化成形后,其外观与细粒式沥青混凝土相似,具有耐磨、抗滑、防水、平整等技术性能,施工快、造价低、用途广、能耗省,是一种沥青路面的新材料、新工艺、新结构。实践证明,在许多沥青路面预防性养护措施中,乳化沥青稀浆封

层是使用功能最多、最经济的一种技术措施。

实践证明,乳化沥青稀浆封层技术无论是对旧沥青或新建沥青路面,无论是对低等级道路或高等级道路,无论是对城市道路或干线公路,都可适用,并能产生显著的经济效益和社会效益。因此,稀浆封层施工技术在道路工程养护作业中有着广阔的应用前景。

2)稀浆封层技术的作用

在道路的维修养护作业中,应用乳化沥青封层技术,主要有以下作用:

(1)防水作用

稀浆混合料的集料粒径较细,并具有一定的级配,在铺筑成形后,能与原路面牢固地黏附在一起,形成一层密实的表层,从而防止雨水或雪水通过裂缝渗入路面基层,保持了基层和土层的稳定。从透水系数测定结果看,铺筑稀浆封层后的路面基本不得透水。

(2)防滑作用

稀浆混合料摊铺厚度薄,沥青在粗、细集料中分布均匀,沥青用量适当,没有多余的沥青,从而使铺筑稀浆封层后的路面不会产生光滑、泛油等病害,具有良好的粗糙面,路面的摩擦系数明显增加,抗滑性能显著提高。

(3)填充作用

稀浆混合料中有较多的水分,拌和后成稀浆状态,具有良好的流动性,可封闭路面上的细微裂缝,填补原路面因松散脱粒或机械性破坏等造成的不平,改善路面的平整度。

(4)耐磨作用

乳化沥青对酸、碱性矿料都有着较好的黏结力,故稀浆混合料可选用坚硬的优质抗磨材料,以铺筑有强耐磨性能的沥青路面面层,延长路面的使用寿命。

(5)路面外观形象恢复

对使用年久,表面磨损发白、老化干涩,或经养护修补,表面状态很不一致的旧沥青路面,可用稀浆混合料进行罩面,遮盖破损与补修部位,使旧沥青路面外观形象焕然一新,形成一个新的沥青面层。

但是,稀浆封层技术也有其局限性。由于其单层厚度仅为 0.5~0.15 cm,在整个沥青路面结构体系中,只能作为表面保护层和磨耗层使用,而不起承重性的结构作用,不具备结构抗应变能力,不具备结构补强能力。因此,对强度和刚度不足、路表沉陷、稳定性差的路面,应通过中修或大修解决,靠稀浆封层是解决不了这类病害的。

3)稀浆封层技术的特点

乳化沥青稀浆封层技术是乳化沥青在路面工程中应用的新发展。拌和稀浆时,加入了较多水分,使稀浆混合料具有较好的流动性和黏附性,从而更充分地发挥了乳化沥青的优点。与热拌沥青混合料相比,稀浆封层混合料具有以下特点:

（1）沥青与矿料的黏结力提高

用阳离子乳化沥青拌制稀浆混合料时，沥青乳液中的沥青微粒表面带有正电荷，湿矿料表面带负电荷，由异性电荷相吸的原因，沥青微粒可透过矿料水膜，牢固地吸附在矿料表面。若采用阴离子乳化沥青，在拌和稀浆混合料时，在矿料中若加入水泥或石灰粉，使矿料表面附有钙、镁离子，带有正电荷，沥青与矿料的黏结力同样得到提高。

（2）与路面结合牢固

摊铺稀浆封层混合料时，只要原路面扫净润湿，稀浆中沥青微粒能与原路面上露出的矿料很好地黏结，稀浆能渗透到路面缝隙中去，加强与原路面的结合。

（3）沥青能完全裹覆矿料

在拌和稀浆混合料时，加入的水对沥青乳液起到了稀释作用，降低了沥青乳液的黏度，使之有着更好的流动分散性，使沥青微粒完全地均匀裹覆在所有矿料的表面上，形成一定厚度的沥青薄膜，既有足够的结构沥青黏附矿料，又无过多的自由沥青降低混合料的热稳性和强度。

（4）强度高、耐久性好

稀浆封层混合料所有矿料级配较细，接近于热拌细粒式沥青混凝土。它是在常温下拌和摊铺，不存在沥青在加热中可能发生的老化问题，待稀浆混合料破乳固化成形后，其强度和耐久性高于一般热拌沥青混合料。

4）稀浆封层技术的应用范围

（1）旧沥青路面的维护养护

沥青路面长期暴露在自然环境下，受到日晒、风吹、雨淋及冻融的影响，同时还要承受车辆的重复荷载作用，经过一段时间的使用后，会出现疲劳开裂、机散、老化及磨损等病害。如不及时维修处理，破损路面受地表水的侵入，将使基层软弹，路面的整体承载能力下降，导致路面迅速破坏。稀浆封层技术因使用乳化沥青，与有乳化沥青施工一样，可节约能源、节约沥青，减少环境污染，改善施工条件，延长施工时间，减少气温对养护作业的影响；可实现沥青路面的预防性养护、周期性养护，使路面始终保持良好的行车条件。此外，用这项技术养护沥青路面，生产效率比较高。

（2）新建沥青路面的封层

稀浆封层技术还可用于新建沥青路面的封层。如铺筑双层表处路面时，在第二层嵌缝料摊铺碾压完毕后，最后一层封层料可用稀浆封层代替。稀浆混合料流动性好，可很快地渗入嵌缝料的空隙中，与嵌缝料牢固地结合，使双层表处路面及早形成强度，避免由于泛油不及时造成路面早期破坏。在新铺筑的沥青贯入式路面或沥青碎石路面上，也可加铺一层稀浆封层，使路面更加密实，防水性能良好。

（3）在砂石路面上铺磨耗层

在压实整平后的砂石路面上铺筑稀浆封层，可使砂石路面的外观具有沥青路面的特征，提高砂石路面的抗磨耗性能，防止扬尘，改善行车条件，降低砂石路面的养护费用，改善砂石路面养路工人的工作条件。

（4）水泥混凝土路面和桥面的维修养护

稀浆封层混合料对水泥混凝土也具有良好的附着性。水泥混凝土路面经多年行车后，路面容易产生裂缝、麻面或轻微的不平整。若在旧水泥混凝土上铺设稀浆封层混合料，可改善水泥路面因磨损而出现的光滑现象，改善因接缝而引起的跳车现象，提高路面的平整度，延长水泥路面的使用寿命。此外，在桥梁的行车道上采用稀浆封层表面处治，桥面自重增加很少，可代替热拌混凝土跟面。

4.7.2　乳化沥青稀浆封层技术的施工工艺

乳化沥青稀浆封层施工工艺如图 4.21 所示。

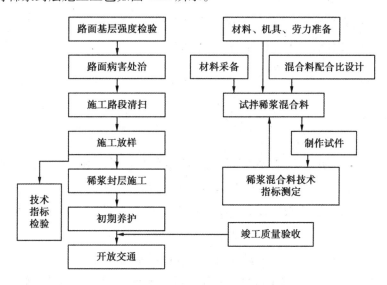

图 4.21　稀浆封层施工工艺过程图

4.7.3　稀浆封层施工

1）稀浆封层对原路面的要求

稀浆封层由于厚度薄，主要起防水、防滑、耐磨和改善路表外观的作用，在路面结构体系中，只能作为表面保护层和磨耗层，而不起承重性的结构作用。因此，为确保施工后路面的质量，原路面必须满足以下 3 个要求：

（1）具有足够的强度和刚度

原路面及其基层是承重层，应能承受荷载的作用，在重复荷载作用下，不会产生残余变形，也不允许产生剪切和弯拉破坏。其要求可参照城市道路或公路设计规范、城市道路或公路养护技术规范等。

（2）具有良好的整体稳定性

原路面的整体水稳性和热稳性是否良好，是保证施工后路面稳定性的基本因素。由于稀浆封层施工后，对路面的稳定性改善很小，且稀浆封层几乎不具有结构抗应变能力。因此，为保证路面质量，对原路面必须提出稳定性要求。

（3）表面平整、密实、清洁

稀浆封层只起调整表面平整度的作用，当原路面表面不太平整时，由于稀浆封层本身的厚度和施工方法所限，因此希望仅通过它就能达到相当高的平整度要求是不现实的，尤其是一些大的拥包、坑槽等，应根据《城市道路养护技术规范》或《公路养护技术规范》的要求进行修补，达到基本平整。例如，德国要求：超过 10 mm 的不平整地面应先进行平整。

同样，原路表面必须密实，清洁。原路表面是否清洁，是关系稀浆封层能否与原路面黏接在一起的重要因素。因此，必须保证原路面的清洁。

2）施工前的准备工作

（1）原路面的准备

● 修补

如原路面为砾石基层，可能需要添加稳定剂（如水泥、石灰）和新料以达到所需要的平整面，并且在稀浆封层前应喷洒一层透层油，以防止基层从稀浆中摄取沥青。

在原路面上有坑洞、边线破损成裂缝宽大时都应该进行修补。有深洞时，应分层填补并压实。

虽然稀浆可填补多数的裂缝，但最好还是在铺设稀浆之前将宽大的裂缝封起来。填缝料可用高含量乳化沥青与细砂并制的砂浆，并使用高标号的沥青或渗透性较强的沥青，这样会给养护后的填充料种适应缩胀的能力，不致从原裂缝处剥离。

对大的拥包和深的车辙（如车辙深超过 10 mm），应先进行铣刨和填补。

● 清洁表面

上述不合格的地方修补完成后，对预定加铺稀浆封层路段的全部表面，应事先将所有的杂草、松动的材料、泥块以及任何其他障碍性的物质加以清除。人工清扫、机械清扫、空气吹扫或水冲等都是可以达到目的的有效方法。

众所周知，杂草似乎容易在沥青中生长，通常在沥青面层上冒出来。因此，在铺筑稀浆封层前，或将所有杂草完全拔掉，或用化学除草剂清除是很重要的。

当原路面孔隙率很大或透水性太高时，应避免用水冲洗，可采用高压气吹的方法清理。

对原路面进行水冲洗时,应等水分蒸发干后才可进行稀浆封层施工。

原路面上若有大块油污,将影响稀浆封层与原路的黏结。因此,在铺筑稀浆之前,应将油污清除掉,使用工业清洁剂会有助于擦洗油污。

● 喷洒沥青乳液

在若干类型的原有路面上铺筑稀浆之前,必须预先用沥青乳液进行处理。砂石路面或没有铺装的表面,在铺筑稀浆封层前,需要喷洒层沥青乳液透层,透层深度需 2~3 cm,以达到底层能防水而强韧,并将个别的松散石子粘成一体。所用乳液中的沥青与将用于稀浆封层中的乳液的沥青,应是同一类的,喷洒后应养护 24~36 h。

在原路面上喷洒乳化沥青黏层油,对增进稀浆封层与原有水泥混凝土或砖石路面以及粒料大部分暴露在外的沥青路面,或表面过于光滑的沥青路面很有效果。在尘土飞扬地区,清洁的表面很难维持长久,喷洒黏层油就很有效用。所用的黏层油为同一种离子型的乳化沥青,沥青含量不超过 50%,其洒布率为 0.2~0.5 kg/m²。实际的洒布率受乳液的沥青含量的影响,但最主要的还是以原有表面的结构及吸收特性而定。但洒布量切不可过大,以防止稀浆封层铺筑后泛油。稀浆封层施工应在喷洒的黏层乳化沥青完全破乳后才可进行。

● 洒水预湿

在炎热干燥的天气,临近摊铺之前,喷洒少量水以湿润原路面的做法是值得推荐的,这样有利于稀浆与原路面的黏结,保证稀浆的相对稳定性,利于稀浆的摊铺成形。洒水量以路面湿润为准,不得有积水现象。一些先进的稀浆时层机都带有预洒水系统,施工时洒布即可。对不带有预洒水设备的稀浆封层机械或人工施工,应严格控制洒水量并保证洒布的均匀性。路面湿润后,立即施工。

(2)材料的准备

为保证实际所用的材料及材料的配比与实验室相符,在施工前必须进行评价。

● 矿料

施用的矿料必须过筛,把超大粒径的石料筛出去,以免大粒径石料给排和、推铺带来不利影响。

应对筛后的矿料进行质量检查,检查的内容主要包括级配、砂当量、含水量、干密度等。检测的结果必须符合要求,与实验室的结果相一致,尤其应注意含水量的现场检测,因矿料的含水量对矿料单位体积的质量影响很大。例如,某一种矿料,当含水量为 0 时,其每立方米的质量为 1 545 kg,当其含水量为 6% 后,则每立方米的质量仅为 1 175 kg。在室内进行配合比设计时,其结果均为质量之比,而摊铺机采用的是体积比,故含水量的大小对混合料的配合比影响极大,而且含水量和加水量的多少是确定稀浆混合料稠度的关键因素。因此,施工前,必须对矿料的含水量进行现场测定。取样时,应取料堆中间部位的,因表面的矿料可能已被风干或晒干,若取表面矿料测定,其结果与实际相差较大。

注意矿料的堆放,矿料最好能堆在经过铺装且洁净的地面上,这样能避免过筛和上料时混入泥土。

- **乳化沥青**

乳化沥青的输送应尽可能采用对乳液搅动少的泵,以免破坏乳液的稳定,影响质量。

乳化沥青储存罐应保证分品种独立用罐。当不能保证分品种储存时,应对储罐进行彻底清理,不同品种的乳化沥青绝对不可以混装。

罐存的乳化沥青应每天进行一次搅拌或循环,尤其在出库前,应进行检验,以保证罐顶和罐底的乳化沥青含量一致。

因天气或其他原因,罐车中的乳化沥青不能及时用完要间隔放置几天时,应用泵抽吸循环或放出,以保持罐车中的乳化沥青上下密度的一致。在稀浆封层机乳液罐中的乳化沥青,如果放置 1 d 以上,可采用每天进行 10 min 循环的方式来保持乳化沥青的稳定性和均匀性。

对长距离汽车运输乳化沥青,应对乳化沥青的动稳性有充分的考虑,对到达目的地的乳化沥青进行筛上剩余量检测;有条件的地方,还可进行颗粒分析试验。当检测结果符合要求后,才可使用。

桶装的乳化沥青,在使用前,应进行翻滚。若需长时间储存,则应定期进行翻滚,如每两周倒桶一次,从而保证乳化沥青的稳定性、均匀性。

- **填料**

填料的质量要求主要是细度、含水量等。水泥、热石灰、硫酸铵、粉煤灰均不得含泥土杂质,并应干燥、疏松,没有聚团和结块,且小于 0.075 mm 的颗粒含量应不少于 80%。

- **水**

施工拌和时的外加水应采用饮用水,而无须再做实验室验证。不得使用盐水、工业废水、生活废水及含泥土的水。检验水质量的最简单方法是测定其 pH 值。当 pH 值在 7 左右并无咸味时,则这种水可用。

施工用矿料的含水量应尽可能小。若条件许可的话,在可能下雨前,应将矿料盖上,尽量避免矿料被雨水浇透。

施工装料前,应将矿料翻倒几次,尽可能保证矿料含水量一致、均匀,避免由此而产生的稀浆混合料一会儿过稀、一会儿过干的不利现象发生。

- **添加剂**

施工中,用的添加剂应与室内试验时所用的添加剂为同品牌和同一生产厂家,最好应用工业化生产的添加剂,否则应将使用的添加剂再进行一些室内试验,如拌和时间试验等,以确保效果的一致性。添加剂一般需要稀释,稀释浓度应保证准确,并防止其他杂物混入。如用锈铁桶稀释,可能会将铁锈带入添加剂中,有可能给稀浆封层系统带来不利影响。

3）浆封层施工

（1）人员配置及分工

稀浆封层施工质量的好坏，有赖于一支高素质的施工队伍，取决于他们的知识、经验和技巧。施工队的人员基本组成，应包括队长1名、操作手1名、驾驶员4名（稀浆封层、装载机、油罐本和水罐车驾驶员各1名）、工人若干。

队长的职责是指挥整个施工队伍，制订每天的工作计划，包括每天的材料需要量、人员的分工、与交通管理部门的联系、对天气的判断，以及熟悉各个技术环节，处理现场出现的突发事件等。队长是施工队的核心，不仅要自己能干，还得善于组织整个队伍都能干好。

稀浆封层机的驾驶员，不仅要有熟练的驾驶技术，还必须充分了解机械后方所进行的操作。如果驾驶员与操作手可以互相交换岗位，那将是非常有益的事。驾驶员必须熟知操作手发出的（事先约定的）手势或喇叭声，并能及时启动、停止、加速、减速、向左、向右。对边线与接缝，与操作手的密切合作就显得更为重要。驾驶员应很快使机械进入位置，确保摊铺箱位置准确。一名熟练的驾驶员，应通过后视镜密切关注后方的工作进程，随时按需要调整机械的前进速度，以保持摊铺箱内稀浆为一定数量。

操作手除了必须与驾驶员配合默契之外，还必须熟悉标定原理和标定方法，能随时根据材料的情况，调整配合比。更为重要的是，能准确判断流入摊铺箱及摊铺箱内的稀浆稠度。从拌和面中流出的稀浆，必须是稳定的，乳液能均匀地分布在粒料上，并含有足够的水，使它能容易分布，但又不可离析。要有效地完成这一工作，需靠操作手以往的经验，以及从拌和缸与摊铺箱里的稀浆混合料的外观和形状，来判断这些混合料是否稳定及拌和比例是否适当。操作手的技巧也表现在恰如其分地启动、停止，以及稀浆混合料在摊铺箱中的左右分布，取得完美的接缝和边线处理。当队长不在现场时，则由操作手负责现场工作。

装载机驾驶员的任务除了给稀浆封层车上料外，还应经常观察矿料的质量，尤其是注意粗细料的均匀性和含水量的一致性。当料堆表面的矿料与堆中的矿料有不同时，应立即翻堆。

若干工人的工作主要包括筛料、协助装料（包括矿料、乳化沥青、填料、水和添加剂）、安放及搬运隔离墩、摊铺后起点终点的处理、边线与接缝的刮平、摊铺箱的清洁、原路面的清扫以及一些必需的手工作业。

（2）交通管理与控制

刚摊铺的稀浆封层，必须有一段养护成形期。在养护成形期内，应严禁车辆和行人进入。因此，交通的管制非常重要。

①施工前，必须与当地交通管理部门取得联系，并共同制订交通管制方案。

②必须保证施工后有足够的养护成形时间。

③采取措施尽可能减少施工对交通的影响。

④尽最大可能地使用开放交通快的稀浆封层类型。

⑤在交通量太大的路段,可考虑夜间施工。

⑥交通标志应醒目,夜间施工时,应采用反光标志。

⑦采用单向放行管制形式时,应严格掌握首尾车号,避免在施工路段上会车。

⑧在城市道路或村庄等路段上施工,可能很难避免需立即通行,在这些地段除尽可能地给予养护时间外,还应采取一些特殊措施,力保给封层带来的损坏为最小。

(3)施工应具备的条件

①施工前的准备工作,包括材料、机械设备、原路面补强与清扫、交通管制等都已按要求完成。

②确定能否施工的天气气候条件如下:

养护成形期内气温大于10 ℃。

雨后路面积水未干或未清除以前,不可施工。

施工养护成形期内可能会降雨,则不可施工。

③施工队伍人员配备整齐,一支训练有素的专业施工队伍是稀浆封层施工质量的保证,他们应技术熟练、配合默契。

④落实交通管理,并有专人负责。

⑤对道路上的各种设施,如上下水井盖、雨水井箅、路缘石等都应采取保护措施。

(4)施工程序

稀浆封层施工一般采用以下程序:原路面检测—修补原路面病害—封闭管制交通—清扫路面—放样放线—摊铺—修补修边—早期养护—开放交通。

当准备工作和施工条件均符合要求后,方可正式施工。

施工方法可分为机械摊铺和人工摊铺两种类型。

● 机械摊铺施工程序

①放样画线。根据路幅全貌,调整摊铺箱宽度,使施工车程次数为整数。据此宽度从路缘开始放样,一般第一车均从左边开始,画出走向控制线。

②装料。将符合要求的矿料、乳化沥青、填料、水、添加剂等分别装入摊铺机的相应料箱,一般应全部装满,并应保证料的湿度均匀一致。

③摊铺:

a.将装好料的摊铺机开至施工起点,对准走向控制线,并调整摊铺箱厚度与拱度,使摊铺箱周边与原路面贴紧。

b.操作手再次确认各料门的高度或开度。

c.开动发动机,接合拌和缸离合器,使搅拌轴正常运转,并开启摊铺箱螺旋分料器。

d.打开备料门控制开关,使矿料、填料、水几乎同时进入拌和缸,并当预湿的混合料推移至乳液喷出口时,乳液喷出。

e.调节稀浆在分向器上的流向,使稀浆能均匀地流向摊铺箱左右。

f.调节水量,使稀浆稠度适中。

g.当稀浆混合料均匀分布在摊铺箱的全宽范围内时,操作手就可以通知驾驶员启动底盘,并缓慢前进,一般前进速度为 1.5~3.0 km/h,但应保持稀浆摊铺量与生产量的基本一致,保持摊铺箱中稀浆混合料的体积为摊铺箱容积的 1/2 左右。

h.混合料摊铺后,应立即进行人工找平。找平的重点是起点,终点,纵向接缝,过厚,过薄或不平处,尤其对超大粒径矿料产生的纵向刮痕,应尽快清除并填平。

i.当摊铺机上任何一种材料用完时,应立即关闭所有材料输送的控制开关,让搅拌缸中的混合料搅拌均匀,并送入摊铺箱摊铺完后,即通知驾驶员停止前进。

j.将摊铺箱提起,然后把摊铺机连同摊铺箱开至路外,清洁搅拌缸和摊铺箱。

k.查对材料余量。

- 人工摊铺施工程序

人工摊铺通常用在小面积低等级道路上,或人行道、广场、停车场等机械不能摊铺的地方。其施工程序如下:

①每盘拌量以 100 kg 矿料为基准。

②施工前应作小样的试拌试铺,在满足厚度要求的前提下,确定每千克矿料铺筑的面积,并折算出每盘混合料的铺筑面积。

③放样画线,根据每盘混合料的铺筑面积,将施工路段划分为若干个方块,要求方块面积与每盘混合料的铺筑面积一致,方块之间的纵横连接应顺直。

④拌制工序是:先将矿料和填料置于拌盘或路面上拌匀,加水或添加剂水溶液再拌匀,再加乳化沥青,迅速拌和,拌至无花白料为止。因此,材料均应按设计试验要求准确称重。

⑤稀浆拌均匀后应立即摊铺,并刮平。

⑥施工完毕,所有工具必须立即用清水冲洗干净。

4)一些特殊问题的处理

(1)接缝

纵向接缝与摊铺方向及路线方向平行,是一条很长的线,是影响封层总体外观的重要方面。因此,纵缝的处理非常关键。在先铺筑的接缝处进行预湿水处理有助于两车稀浆以混合料的连接,而用橡胶刮耙处理接缝的突出部分非常有效,再用扫帚进行扫平,使纵向接缝变得平顺,总体外观更佳。

横向接缝应至少一车一道,有的甚至很多。接缝过多、过密,总会影响外观和平整度。因此,应尽可能减少横缝的数量,提高接缝的施工水平。良好的横向接缝,对防止水分下渗和形成悦目的外观极为重要。首先在起点处,当摊铺箱的全宽度上都布有稀浆时,就可低速缓慢地前移,这样可减少箱内积料过多而产生的过厚起拱现象,并对起点进行人工找平。有条件的地方或高速公路上施工,应在起点的摊铺箱下铺垫一块油毡。当摊铺机前进后,将油毡连同上面的混合料一道拿走,这样可保证一个非常平整的起点和良好的外观。当摊铺机所携带的任何一种材料(一般是矿料)已用完时,操作手应力求摊铺箱内混合料分布均匀。一般情况下,摊铺终点的外观影响不大,因下一车将在该终点处,倒回一段距离,从上一车终点倒回 3~5 m 的距离开始下一车的摊铺,是一个可采纳的办法。驾驶员应使机械的运行线形与上一车相吻合。当该路段进行最后一车施工时,其终点的处理应采取人工整平,并做出一条直线。

(2)预湿水

天气过于干燥气温又高时,对原路面进行预洒水,有利于稀浆与原路面的牢固黏结。一些新式的稀浆封层机都具有预洒水系统,只需摊铺时打开即可。对无预洒水系统的摊铺机或人工摊铺,可采取其他方式洒水,但应避免洒水过多,量的控制以路面无积水为宜。洒水后,可立即摊铺。

(3)加水量的控制

某一种石料的沥青,当外加水量为某一范围时,可成为一稳定的稀浆。机械作业时的外加水量,可采取允许范围的中值。若加水量过少,拌和时的和易性及均匀性都受影响,甚至拌不出稀浆。随着拌和摊铺机械的发展,有加水过多的现象发生,似乎认为加水量增大有利于拌和摊铺,而对稀浆质量无多大影响,这是不正确的。加水量过多,会带来以下不利情况:

①破乳成形时间延长。

②造成流淌现象,影响混合料中的沥青含量,并产生光滑纵向条痕和大块亮斑。

③造成混合料中沥青分布不均匀。

很显然,成功的稀浆封层应建立在稀浆中沥青分布均匀的基础上。加水太多,稀浆的稳定性降低,粒料下沉沥青上浮,造成与原路面的黏结降低,而封层表面的沥青含量过高。封层越厚,这种影响越严重。

新型的带有螺旋分料器的稀浆封层机是保证取得最佳加水量的前提之一。由拌和缸输出的稀浆混合料外表,特别是它在摊铺箱中滚转的方式,对于一位有经验的操作手来说,可正确地判断这种稀浆的稠度是否到达最佳。经验较少的人,可取少量的混合料样品进行坍落度试验,当坍落度为 2~3 cm 时,其含水量合适;在现场可采取观察混合料沉陷的方法来确定混合的稠度。若沉陷像流体样,则该混合料太稀,不稳定,含水量无疑太高;若沉陷量改变不大,稀浆混合料的稠度则可以。

以合适的水量加到稀浆混合料中,其重要性直被重点强调,因加水量的多少关系施工的和易性、与原路面的黏接强度、封层表面的泛油及混合料的沥青分布等,对施工质量影响极大。

(4)过大颗粒及细料凝块

不论是料场,还是装卸和堆放如何慎重,偶尔也会有粒径超过稀浆封层厚度的石料被夹到矿料箱中。如果它大到足够大时,这个过大的石料可能使拌和缸的搅拌叶片被打断,或卡

住搅拌轴,或引起其他的机械故障。若这个石料通过拌和缸进入摊铺箱后,它最终可能卡在后刮皮下,而在铺筑的稀浆封层表面造成一条明显的纵向凹槽。

一场大雨过后,石料变得很湿,某些细集料在干燥时成块或球状,越是干燥,球块越是坚硬,越难使它们分散,尤其是砂当量低的材料,泥土含量较高,其凝结成团的可能性越大,有时通过拌和缸也难打碎。这种凝块进入摊铺箱后就与大石料一样,造成封层表面纵向划痕。有时,也可能在摊铺箱后框下压碎,给封层表面留下一条松散的浅色痕迹,通车后这条痕迹很容易跑散而形成一条凹槽。避免这种现象发生的方法主要是:所有装入摊铺箱中的矿料必须过筛,并堆放在清洁、地面经过铺装不可能与其他材料相混淆的地方。一旦出现这种现象,应立即采取补救措施,首先是跟在摊铺箱后的工人应密切注意摊铺箱的情况。发现划痕,立即用锹将该处刮皮铲起,将大石料或结团清除,并刮平;若发现较迟,已有较长划痕时,则先清除大石料或结团,然后用锹在拌和缸出料口接料,均匀洒布在划痕上,并刮平;对结团被压碎后出现的浅色痕迹,现场处理起来比较麻烦,可在开放交通一段时间后再作填补。

(5)半宽施工

对于大部分新式摊铺机而言,其摊铺宽度是可调的。因此,应尽可能不采取半宽施工的方法。但有些摊铺箱其宽度不可调,或其他原因,采用半宽施工的方法也是一种减少重叠浪费的措施。半宽施工,则利用摊铺箱的1/2宽度,一般为 1.2~2 m。操作手只需固定出料分向器,将所有的稀浆都供应到摊铺箱的一侧,并使用螺旋分料器将其均匀地分布在单侧料箱中。施工的一侧最好与驾驶员同侧。在我国一般在左侧,以利于驾驶员能看到摊铺箱中料的堆积程度,从而控制行驶速度。但应指出的是,半宽施工所铺设的一边不会是直线,因此,半宽施工不应放在最后。

(6)路面上附属设施的保护

路面上,尤其是城市道路的路面上有很多的附属设施,如雨水井箅、各种检查井盖、路缘石等,施工时都应加以保护,完工后都应显露出来而不被封盖住。

对雨水井箅,在施工前可用油毛毡将其盖上,在油毛毡上洒少许石屑,并在路缘石上做点记号。当稀浆封层车走过以后,立即将油毛毡提起。

对各种检查井盖,可在其上抹上一层油脂,这样可防止稀浆封层混合料与井盖的黏接。施工后,尽快将混合料铲掉,即便忘了,成形开放交通后,井流上混合料仍会散掉,露出完整的井盖。

对路缘石,为了不被污染,可在其上粘上一层白色不干胶条,施工完后撕开即可。也可采取另一种办法,即将摊铺箱离开路缘石一点点距离,在摊铺箱侧面与后面的橡胶刮皮之间,留出一条小缝,让更多的稀浆流出,采取人工方式刮平,使稀浆封层与路缘石连接平顺。

4.7.4　成形养护

乳化沥青的任何一种施工方法,施工后都有一个破乳成形过程,稀浆封层也不例外。养护的时间视稀浆混合料中水的驱除及黏结力的大小而变化。通常认为,当黏结力达到12 N·m时,稀浆混合料已初凝,当黏结力达到2.0 N·m时,稀浆混合料已凝固到可开放交通的状态。影响稀浆混合料成形的因素很多,包括气候、材料、机械设备、配比等,排除气候、矿料、机械设备等非人为因素,乳化沥青的性能及配比就成为影响成形的最关键因素。

1)影响养护成形的因素

(1)集料

在稀浆混合料中,集料占3/4,集料的性质在很大程度上影响混合料的拌和性能及养护成形时间,尤其是慢裂快凝型稀浆封层。一般来说,混合料的可拌和时间越长,其养护成形时间也越长。

集料包括碎石、沙砾和矿渣等,其颗粒尺寸分布状态、外形、密度以及自身性质是影响稀浆混合料稳定性的几大因素。颗粒越细、矿粉含量越高,其混合料的可拌和时间越短,能更多地吸收水和乳化沥青;如果含有塑性粉料,则会因吸收水分而膨胀,同样需要增加水和乳化沥青的用量,结果会导致路面的过度收缩和耐磨性降低等缺陷。集料若全部为破碎的碎石,将会有更高的吸水能力,其混合料的可拌和时间较短,成形养护时间也可以缩短。多孔性表面或孔隙率较高的矿料,其吸收特性较明显,矿料越干,吸湿性越强,开放交通就越快;若矿料开始是湿的,则开放交通时间会受影响。

表面活性较强的集料,在其潮湿的表面上存在着较强的电荷。当与乳化沥青接触后,由于带电粒子的相互作用,很可能在没有拌制出稀浆之前,就过快地破乳析出。因此,对这些集料,一般应采取措施,或改变乳化沥青的性能,使其破乳速度减慢,或对集料的表面进行化学处理,降低其电荷性。例如,在预湿水中加入表面活性剂,这样可中和集料表面的大量电荷,从而获得足够的拌和时间。

(2)乳化沥青

影响乳化沥青破乳速度的主要因素是乳化剂的性能、乳化剂的用量、乳液的 pH 值及乳化沥青含量。

众所周知,乳化沥青可分为慢裂、中裂和快裂3种类型,而用于稀浆封层的必须是慢裂的乳化沥青。稀浆封层的成形可看成混合料中的水被驱除并蒸发干后,沥青由半液态变为半固态,并取代集料表面水而黏附在集料表面上,石料通过沥青的黏结而固化。若水的驱除完全靠自然蒸发,其养护时间可能需要4~5 h。因此,这种封层受现场气候条件影响最大;高温低湿并有大风,将有助于水的蒸发,能加速混合料的养护成形,这就是慢裂慢凝稀浆封层的成形特性。若水的驱除是靠化学的作用,则乳化沥青与集料拌和后,沥青颗粒迅速与集料表面靠近,将集料表面的水挤出去,而很快形成初始黏结力,并在化学和自然蒸发的双重作用下,混合料迅速固化,这就是慢裂快凝稀浆封层成形的基本原理。因此,对慢裂慢凝的稀浆封层,影响其成形的主要原因是气候条件。而慢裂快凝稀浆封层的成形除气候条件外,还在于乳化剂的性能。

在慢裂快凝稀浆封层方面,乳化剂用量的大小是决定乳化沥青破乳的主要因素。一般而言,乳化剂用量越大,其乳液的稳定时间越长,成形开放交通的时间也越长;反之,乳化剂用量越小,混合料的可拌和时间越短,也可能拌不出合格的稀浆混合料。

乳化沥青的 pH 值对拌和的稳定性也有影响,因慢裂快凝稀浆封层的成形主要靠化学作用力,其中就包括集料表面电荷与沥青表面电荷的作用力,而 pH 值大小对矿料表面性能有影响。例如,石英石本身并不带电,但当 pH 值低于 3.7 时,其表面带负电。在慢裂快凝稀浆合料中,乳化沥青用量越大,其可拌和时间越长,开放交通时间也相应延长,但乳化沥青的用量,需通过 WTAT 和 LWT 试验确定。

与集料一样,乳化沥青颗粒越细小,表面积就越大,化学性质就越活跃,其破乳成型时间可能会缩短。乳化沥青中的原沥青性能也对成形开放交通有影响。一般认为,原沥青针入度越低,其开放时间越短,凝固速度越快。

(3)填料

填料可分为具有化学活性的填料和不具有化学活性的填料。对不具有化学活性的填料,在稀浆混合料中,其掺量越大,混合料的破乳成形时间均有所缩短,这是因比表面积迅速增加的缘故。而对具有化学活性的填料,其在稀浆混合料中的作用就较复杂,不同的填料其作用也不一样。现以最常用的水泥填料为例,当加入水泥后,因水泥中的离子可中和集料表面的负电荷,使集料与阳离子乳化沥青的化学反应速度减缓、可拌和时间增长;但当水泥添加到一定量后,由于混合料的比表面积增大,可拌和时间将迅速缩短,相应地开放交通时间也将提前。

(4)添加剂

添加剂可分为速凝剂和缓凝剂两种。顾名思义,速凝剂是加快破乳和成形的添加剂,而缓凝剂是减缓破乳和成形的添加剂。在稀浆封层系统中,缓凝和速凝均是以保证最低限度的可拌和时间来确定其添加量的。

(5)温度(能量)

在稀浆封层系统中,广义的温度概念包括空气及太阳的热能、化学反应的热能、原路面的热能、风能及机械拌和和摊铺产生的能量等之和。应该说,系统的总能量越高,混合料的脱水速度越快、封层的成形开放交通的时间越短,在慢裂快凝稀浆封层方面表现得尤为突出。摊铺后,气温越高、破乳成型时间越短;但当气温过高时,刚摊铺的稀浆封层表面可能产生局部过早破乳,形成一层油膜,反而影响层内的水分蒸发,对成形不利。

如果系统中的总热能过高,很可能造成可拌和时间过短。例如,刚生产的沥青乳液其温度可能为 70~80 ℃,如果立即用于施工,就可能拌不出合格的稀浆。但当乳化沥青降至自然温度后,就可能铺出非常好的稀浆封层。

摊铺后风越大,成形时间越短,开放交通时间越早。最不利的天气是低温、高湿,低温的影响没有湿度明显。放热的反应有利于混合料的破乳和成形,而吸热的反应则相反,需要从系统中吸收热量,影响破乳成形。

水在蒸发的同时会吸收大量热量,使混合料的总体温度降低,当有热量补充时(如日照)成形会加快进行。但当无热量补充时(如日落后),其破乳成形的速度将迅速降低,延迟开放交通时间。因此,在夜间施工时,应充分注意这一点,应有较高的环境温度来对混合料进行热量交换,以保证足够的养护时间。

原路面温度若高于稀浆混合料的温度,将有利于两层的黏结及稀浆混合料的破乳成形;反之,因热量交换的结果,混合料的温度将逐渐下降,影响其破乳成形。这也就是有时早上第一车摊铺的稀浆封层比之后摊铺的稀浆封层成形慢的原因之一。

2)碾压

稀浆混合料在破乳成形后,都会有若干空隙。这些空隙在自然交通的反复作用下,可提供足够的压实,使空隙自动弥合。因此,也就无须压实机械碾压。但交通量不足的地方,如停车场、机场、游乐场、广场及不开放交通的下封层,则必须碾压。碾压的时机非常重要。一般认为,刚破乳的沥青微粒,其成膜后的性质接近于液态而非固态。因此,在此时实施碾压,其压实效果最好。

压实机具可用轮胎压路机或钢轮压路机,但不可用振动压路机。

(1)轮胎压路机

轮重 4.5 t,轮胎压力约 3 个大气压,碾压时做 5 个往返,并从路中开始向外侧扩碾,碾压速度为 5~8 km/h。

(2)钢轮压路机

轮重 3~4.5 t,多用于多层稀浆封层的底层上。但在水泥混凝土路面上的稀浆封层,严禁使用钢轮压实。

3)其他

(1)撒砂保护

刚摊铺的稀浆混合料,在养护成形期间内,严禁任何车辆和行人进入,否则将带来不良的外观。但有时,一些路段在摊铺后必须立即开放交通,如交叉路口、单位门口等。因此,必须采取一些措施尽可能减少对稀浆封层的损坏。撒砂保护是一个可取的办法,在需要开放交通的路段撒上一层薄砂,将避免粘轮现象的发生;但撒砂的时间最好在稀浆破乳之后进行,太早也将产生轮迹。在这些路段上最好应避免急刹车和急转弯,否则将破坏路面。

有时,成形的稀浆封层上会出现发亮、发黏,甚至是一层油膜的现象。其处理的办法是在开放交通前撒砂进行保护,撒砂后进行碾压将更好。

（2）缺陷处理

施工时产生的一些缺陷,如漏铺、刮痕、脚印等,均应在开放交通前进行修补,以防病害扩大。

（3）现场清洁

稀浆封层施工后,应对现场进行清理,路面上不应留有任何松散或成堆废弃物。不慎漏出的乳化沥青或施工终点多余的乳化沥青所产出的光滑表面,应撒上一层石屑,并扫平。料场的整洁也特别重要,尤其装乳化沥青的地方,被漏出的乳液污染的可能性很大,应及时清理。开放交通后的稀浆封层路面上,不应留有任何障碍,以保证交通顺畅。

（4）设施恢复

对雨水井箅、检查井盖等设施均应在施工后进行清理,保持设施的可操作性和完整性。

思考题

1. 如何进行路面状况调查?

2. 市政道路的评价体系是如何构成的?

3. 沥青路面初期养护应注意哪些问题?

4. 沥青路面有哪些常见病害? 它们有怎样的病害特征?

5. 沥青路面再生技术有哪几种?

6. 常用的沥青再生设备有哪些?

7. 路面下埋置物施工后如何恢复?

8. 简述乳化沥青稀浆封层技术的作用及适用范围。

扩展资源4

第 5 章 市政桥梁的养护

1.掌握市政桥梁养护的分类与分级。

2.描述桥梁上部结构的组成及养护方法。

3.描述桥梁下部结构的组成及养护方法。

4.描述桥梁附属设施的组成及养护方法。

5.描述城市桥梁抗震设施的养护方法。

6.描述立交桥和人行天桥的养护方法。

7.描述桥梁附属设施的养护方法。

进行桥梁状况指数 BCI 的计算。

5.1 桥梁养护分类

5.1.1 桥梁养护的分类与分级

市政桥梁的养护应包括城市桥梁及其附属设施的检测评估、养护工程及建立档案资料,应尽量保证城市桥梁经常处于完好的技术状态,延长其使用年限,满足承载力和通行能力要求。因此,对城市桥梁进行经常性的养护维修是十分必要的。根据城市桥梁在道路系统中的地位,城市桥梁养护宜分为以下 5 类:

Ⅰ类养护的城市桥梁——特大桥梁及特殊结构的桥梁。

Ⅱ类养护的城市桥梁——城市快速路网上的桥梁。

Ⅲ类养护的城市桥梁——城市主干路上的桥梁。

Ⅳ类养护的城市桥梁——城市次干路上的桥梁。

Ⅴ类养护的城市桥梁——城市支路和街坊路上的桥梁。

①根据各类桥梁在城市中的重要性,本着"保证重点,养好一般"的原则,城市桥梁养护等级宜分为Ⅰ等、Ⅱ等、Ⅲ等。

养护等级及养护、巡检要求应符合以下要求：

Ⅰ等养护的城市桥梁应为Ⅰ—Ⅲ类养护的城市桥梁及Ⅳ类、Ⅴ类养护的城市桥梁中的集会中心、繁华地区、重要生产科研区及游览地区附近的桥梁，应重点养护，巡检周期应不超过1 d。

Ⅱ等养护的城市桥梁应为Ⅳ类、Ⅴ类养护的城市桥梁中区域集会点、商业区及旅游路线或市区之间的联络线、主要地区或重点企业所在地附近的桥梁，应有计划地进行养护，巡检周期宜不超过3 d。

Ⅲ等养护的城市桥梁应为Ⅴ类养护的城市桥梁及居民区、工业区的主要道路上的桥梁，可一般养护，巡检周期可在7 d内。

②根据城市桥梁技术状况、完好程度，对不同养护类别，其完好状态等级划分及养护要求应符合下列规定：

Ⅰ类养护的城市桥梁完好状态宜分为两个等级：

合格级——桥梁结构完好或结构构件有损伤，但不影响桥梁安全，应进行保养、小修。

不合格级——桥梁结构构件损伤，影响结构安全，应立即修复。

Ⅱ—Ⅴ类城市桥梁完好状态宜分为5个等级：

A级——完好状态，BCI达到90~100，应进行日常保养。

B级——良好状态，BCI达到80~89，应进行日常保养和小修。

C级——合格状态，BCI达到66~79，应进行专项检测后保养、小修。

D级——不合格状态，BCI达到50~65，应检测后进行中修或大修工程。

E级——危险状态，BCI小于50，应检测评估后进行大修、加固或改扩建工程。

5.1.2　桥梁养护的一般要求

桥梁的养护维修主要是对危害桥梁正常运营的部分进行经常性的修缮工作，如保持桥面清洁，伸缩缝完好并能伸缩自由，以及疏通泄水孔等。城市桥梁养护与修理工作的范围包括以下内容：

①技术检查与检验。

②建立和健全完整的桥梁技术档案。养护档案应包括桥梁主要技术资料、施工竣工资料、养护技术文件，以及巡检、检测、测试资料、桥梁自振频率、桥上架设管线等技术文件及相关资料。

③桥梁的安全防护。桥梁应安全、完好、整洁；夜间照明应符合有关标准的要求；各种指示标志应齐全、清晰。人行天桥、立交、高架路、隧道、通航河道上的桥梁必须设桥下限高的交通标志；立交、跨河桥应设限载牌。

④桥梁的经常保养、维修与加固。

⑤列入文物保护范围的城市桥梁的养护，除应执行本规范外，还应符合文物部门的有关

技术规定。

5.1.3　桥梁养护工程的分类

桥梁的养护工程宜分为保养、小修，中修工程，大修工程，以及加固、改扩建工程。

1）保养、小修

对管辖范围内的城市桥梁进行日常维护和小修作业。

2）中修工程

对城市桥梁的一般性损坏进行修理，恢复城市桥梁原有的技术水平和标准的工程。

3）大修工程

对城市桥梁的较大的损坏进行综合治理，全面恢复到原有技术水平和标准的工程及对桥梁结构维修改造的工程。

4）加固、改扩建工程

对城市桥梁因不适应现有的交通量、载质量增长的需要，以及桥梁结构严重损坏，需恢复和提高技术等级标准，显著提高其运行能力的工程。

5.2　市政桥梁检查与评价

桥梁的检查与检验是桥梁养护工作的两个重要环节，也是桥梁养护的基础性工作。对桥梁进行检验与检查，目的在于系统地掌握桥梁的技术状况，较早地发现桥梁的缺陷和异常，进而合理地提出养护措施。

5.2.1　桥梁检查

1）桥梁检查内容及流程

（1）城市桥梁检查的内容
①记录桥梁当前状况。
②了解车辆和交通量的改变给设施运行带来影响。
③跟踪结构与材料的使用性能变化。
④对桥梁状态评估提供相关信息。
⑤给养护、设计与建设等部门提供反馈信息。

（2）检查流程

城市桥梁的检测评估根据其内容、周期、评估要求，可分为经常性检查、定期检测、特殊检测，并按如图 5.1 所示的流程进行。

在城市桥梁技术状况检测评估时，桥梁因主要构件损坏，影响桥梁结构安全时，Ⅰ类养护的城市桥梁应判定为不合格级，应立即安排修复；Ⅱ—Ⅴ类养护的城市桥梁应判定为 D 级，并对桥梁进行结构检测或特殊检测。

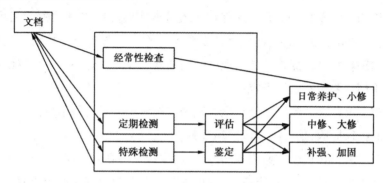

图 5.1　城市桥梁养护流程图

2）经常性检查

经常性检查应对结构变异、桥及桥区施工作业情况和桥面系、限载标志、交通标志及其他附属设施等状况进行日常巡检，应由专职桥梁管理人员或有一定经验的工程技术人员负责。以目测为主，并现场填写"城市桥梁日常巡检日报表"。记录检查中的缺损类型、维修工程量，提出相应的养护措施。

经常性检查应包括以下内容：

①桥面系及附属结构物的外观情况。

a.平整性、裂缝、局部坑槽、壅包、车辙、桥头"跳车"。

b.桥面泄水孔的堵塞、缺损。

c.行道铺装、栏杆扶手、端柱等部位的污秽、破损、缺失、露筋、锈蚀等。

d.墩台、锥坡、翼墙的局部开裂、破损、塌陷等。

②上下部结构异常变化、缺陷、变形、沉降、位移，伸缩装置的阻塞、破损、联接松动等情况。

③城市道路管理条例中规定的各类违章现象。

④检查在桥区内的施工作业情况。

⑤桥梁限载标志及交通标志设施等各类标志完好情况。

⑥其他较明显的损坏及不正常现象。

3）定期检测

定期检测也称详细检查。桥梁的定期检测是桥梁养护管理系统中，采集结构技术状况动态数据的工作,为评定桥梁使用功能、制订养护计划提供基本数据。

定期检测分为常规定期检测和结构定期检测。常规定期检测应每年进行一次,可根据城市桥梁实际运行状况和结构类型、周边环境等适当增加检测次数。结构定期检测应在规定的时间间隔进行,Ⅰ类养护的城市桥梁宜为1~2年,关键部位可设仪器监控测试Ⅱ—Ⅴ类养护的城市桥梁间隔宜为6~10年。

(1)常规定期检测

常规定期检测应由专职桥梁养护工程技术人员或实践经验丰富的桥梁工程技术人员负责,并应对每座桥梁制订相应的定期检测计划和实施方案。常规定期检测宜以目测为主,并应配备照相机、裂缝观测仪、探查工具及现场的辅助器材与设备等必要的量测仪器。

常规定期检测主要包括以下内容:

①对照城市桥梁资料卡和设备量年报表现场校核城市桥梁的基本数据。

②实地判断损坏原因,估计维修范围和方案。

③对难以判断其损坏程度和原因的构件,提出作特殊检测的建议。

④对损坏严重、危及安全的城市桥梁,提出限载以至暂时限制交通的建议。

⑤根据城市桥梁技术状况,确定下次检测的时间。

(2)结构定期检测

结构定期检测应由相应资质的专业单位承担,并应由具有城市桥梁养护管理、设计、施工经验的人员参加。检测负责人应具有5年以上城市桥梁专业工作经验。Ⅰ类养护的城市桥梁,结构定期检测应根据桥梁检测技术方案和细节分组,并加以标识,确定相应的检测频率;Ⅱ—Ⅴ类养护的城市桥梁结构定期检测包括桥梁结构中所有构件。结构定期检测应根据桥龄、交通量、车辆载重、桥梁使用历史、已有技术评定、自然环境以及桥梁临时封闭的社会影响制订详细计划。计划应包括采用的测试技术与组织方案并提交主管部门批准。

结构定期检测主要包括以下内容:

①查阅历次检测报告和常规定期检测中提出的建议。

②根据常规定期检测中桥梁状况评定结果,进行结构构件的检测。

③通过材料取样试验确认材料特性、退化的程度和退化的性质。

④分析确定退化的原因,以及对结构性能和耐久性的影响。

⑤对可能影响结构正常工作的构件,评价其在下一次检查之前的退化情况。

⑥检测桥梁的淤积、冲刷等现象,水位记录。

⑦必要时进行荷载试验和分析评估,城市桥梁的荷载试验评估应按有关标准进行。

⑧通过综合检测评定,确定具有潜在退化可能的桥梁构件,提出相应的养护措施。

4)特殊检测

特殊检测应由相应资质的专业单位承担,主要检测人员应具有5年以上城市桥梁专业工

程师资格。特殊检测应有专业人员采用专门技术手段,并辅以现场和实验室测试等特殊手段进行详细检测和综合分析,检测结构应提交书面报告。

(1)城市桥梁进行特殊检测的情况

城市桥梁在下列情况下应进行特殊检测:

①城市桥梁遭受洪水冲刷,流冰、漂流物、船舶或车辆撞出,滑坡、地震、风灾、化学剂腐蚀,车辆荷载超过桥梁限载的车辆通过等特殊灾害造成结构损伤。

②城市桥梁常规定期检测中难以判明是否安全的桥梁。

③为提高或达到设计承载等级而需要进行修复加固、改建、扩建的城市桥梁。

④超过设计年限,需延长适用的城市桥梁。

⑤常规定期检测中桥梁技术状况Ⅰ类养护的城市桥梁被评定为不合格级的桥梁,Ⅱ—Ⅴ类养护的城市桥梁被评定为D级或E级的桥梁。

⑥常规定期检测发现加速退化的桥梁构件需要补充检测的城市桥梁。

(2)城市桥梁特殊检测的内容

①结构材料缺损状况诊断

结构缺损材料状况的诊断,应根据材料缺损的类型、位置和检测的要求,选择表面测量、无损检测技术和局部取试样等方法。试样宜在有代表性构件的次要部位获取。检测与评估应依照相应的试验标准进行。

②结构整体性能、功能状况评估

结构整体性能、功能状况评估应根据诊断的构件材料质量及其在结构中的实际功能,用计算分析评估结构承载能力。当计算分析评估不满足或难以确定时,用静力荷载方法鉴定结构承载能力,用动力荷载方法测定结构力学性能参数和振动参数。结构计算、荷载试验和评估应符合国家现行有关标准的规定。

(3)特殊检测报告

特殊检测报告主要包括以下内容:

①概述桥梁基本情况、检测组织、时间背景和工作过程。

②描述目前桥梁技术状况、试验与检测项目及方法、检测数据与分析结构、桥梁技术状况评估。

③阐述检测部位的损坏原因及程度,评定桥梁继续使用的安全性。

④提出结构及局部构件的维修、加固或改造的建议方案,提出维护管理措施。

5.2.2 桥梁技术状况的评定

城市桥梁技术状况Ⅱ—Ⅴ类养护的评估包括桥面系、上部结构、下部结构及全桥评估。一般采用先部分再综合的方法评估。城市桥梁Ⅱ—Ⅴ类养护的完好程度以桥梁状况指数BCI来确定评估指标,并满足下列要求:

①按分层加权法根据定期检查的桥梁技术状况记录,对桥面系、上部结构和下部结构分别进行评估,再综合得出整个桥梁技术状况的评估。

②桥面系的技术状况用桥面系状况指数 BCI_m 表示。根据桥面铺装、伸缩装置、排水系统、人行道、栏杆及桥头平顺等要素的损坏扣分值,BCI_m 可计算为

$$BCI_m = \sum_{i=1}^{6} (100 - MDP_i) \cdot W_i$$

$$MDP_i = \sum_j DP_{ij} \cdot W_{ij} \tag{5.1}$$

式中　i——桥面系的评估要素,即 i 表示桥面铺装、桥头平顺、伸缩装置、排水系统、人行横道和栏杆等要素;

　　　DP_{ij}——桥面系第 i 类要素中第 j 项损坏的扣分值,详见表5.1;

　　　W_{ij}——桥面系第 i 类要素中第 j 项损坏的权重,由式 $\omega = 3.0\mu^3 - 5.5\mu^2 + 3.5\mu$ 计算而得,其中 μ 根据第 j 项损坏的扣分 DP_{ij} 占桥面系第 i 类要素中所有损坏扣分值的比例 $\left(\mu_{ij} = \dfrac{DP_{ij}}{\sum_j DP_{ij}}\right)$ 计算而得;

　　　MDP_i——桥面系第 i 要素中损坏的总扣分值;

　　　W_i——第 i 项要素的权数,见表5.2。

表5.1　桥面系各构件评分等级、扣分表

损坏类型		定　义	损坏评价				说　明
桥面铺装	网裂或龟裂	桥面产生交错裂缝,把桥面分割成网状的碎块	程度	<3%	3%~10%	>10%	网裂总面积占整个桥面面积的百分比
			扣分值	5	15	40	
	波浪及车辙	桥表面有规则的纵向起伏或局部拥起及沿轮迹处的路表凹陷	程度	<3%	3%~10%	>10%	出现波浪及车辙的总面积占整个桥面面积的百分比
			扣分值	5	15	40	
	坑槽	桥面材料散失后形成凹坑,但没有贯穿桥面	程度	<3%	3%~5%	>5%	坑槽总面积占整个桥面面积的百分比
			扣分值	65	65	65	
	碎裂或破裂	桥面出现成片裂缝,缝间路面已裂成碎块	程度	<3%	3%~5%	>5%	碎裂或破裂的总面积占整个桥面面积的百分比
			扣分值	40	65	80	
	洞穴	桥面开裂或破损形成贯穿桥面的洞穴	程度	1个	2个	3个	洞穴数量
			扣分值	65	65	80	
	桥面贯通纵缝	与桥面道路中线大致平行并且在纵向可能贯通整个桥面的裂缝,有时伴有少量支缝	程度	无	半贯通	贯通	裂缝在平行于桥面道路中线方向的贯通程度
			扣分值	0	5	15	

续表

损坏类型		定 义	损坏评价				说 明
桥头平顺	桥头沉降	桥梁与道路连接处形成高差	程度	无	轻微	明显	"无"是指桥梁与道路连接平顺，目测不出高差；"轻微"是指桥梁与道路连接有高差，高度差未超过《城市桥梁养护技术标准》（CJJ 99—2017）中的 5.2.6 条限值；"明显"是指桥梁与道路连接有高差，高度差超过 5.2.6 条的限值
			扣分值	0	15	40	
	台背下沉值	道路路面在桥梁台背回填处出现沉降的深度	程度	<2 cm	2~5 cm	>5 cm	道路路面在桥梁台背回填处出现沉降的深度
			扣分值	15	40	80	
伸缩缝	螺母松动	带螺栓的伸缩缝装置中原本紧固的螺母产生松动	程度	无	1~5 个	>5 个	螺母松动的数量
			扣分值	0	15	40	
	缝内沉积物阻塞	垃圾泥土等杂物进入伸缩缝造成伸缩缝阻塞	程度	无	少量	严重	"无"是指几乎没有杂物进入伸缩缝内；"少量"是指伸缩缝内有少量的杂物；"严重"是指伸缩缝内有大量的杂物并造成伸缩缝严重阻塞
			扣分值		5	15	
	接缝处铺装碎边	桥梁接缝处桥面边缘出现破碎损坏	程度	无	轻微	严重	"无"是指桥梁接缝处桥面边缘没有破损；"轻微"是指桥梁接缝处桥面边缘有 10 个以内小于 0.1 m^2，深度小于 2 cm 的破损；"严重"是指桥梁接缝处桥面边缘有 10 个以上破损面积大于 0.1 m^2，深度大于 2 cm 的破损
			扣分值	0	40	65	
	接缝处高差	伸缩装置高差：伸缩装置保护带与桥面的高差	程度	无	轻微	明显	"无"是指桥梁伸缩装置与桥面（路面）连接平顺，目测不出高差；"轻微"是指桥梁伸缩装置与桥面（路面）连接处有高度差，高差未超过 CJJ 99—2017 中 5.2.6 条、5.2.9 条的限值；"明显"是指桥梁伸缩装置与桥面（路面）高度差超过 5.2.6 条、5.2.9 条的限值
			扣分值	0	5	15	
	钢材料翘曲变形	伸缩缝内的钢材料构件产生不均匀应变而形成非正常的弯曲或扭曲变形	程度	无	轻微	严重	"无"是指钢材料没有翘曲变形；"轻微"是指钢材料有不大于 1 cm 翘曲变形，这种变形基本上不影响该构件原有的功能；"严重"是指钢材料有大于 1 cm 的翘曲变形，这种变形严重影响甚至破坏了该构件原有的功能
			扣分值	0	15	40	

续表

损坏类型		定 义	损坏评价				说 明
伸缩缝	结构缝宽	伸缩缝在设计时预留的正常缝宽	程度	正常	略有变形	卡死	"正常"是指伸缩缝宽为设计时预留的正常缝宽;"略有变化"是指与设计时预留的正常缝宽相比有大于2 cm的变化;"卡死"是指伸缩缝宽几乎为零,伸缩缝两侧的桥梁构件紧密地接触在一起
			扣分值	0	15	65	
	伸缩缝处异常声响	伸缩缝在车辆经过时发出非正常声响	程度	无	轻微	严重	"无"是指伸缩缝在车辆经过时没有异常声响;"轻微"是指伸缩缝在车辆经过时发出不明显的异常声响;"严重"是指伸缩缝在车辆经过时发出很明显的异常声响
			扣分值	0	10	30	
排水系统	泄水管堵塞	垃圾泥土等杂物进入泄水孔,造成泄水孔阻塞	程度	<5%	5%~20%	>20%	被阻塞的泄水孔数占所有泄水孔总数的百分比
			扣分值	10	40	80	
	残碎脱落	排水设施残缺不全或脱落	程度	<5%	5%~20%	>20%	残缺脱落的排水设施数占所有排水设施总数的百分比
			扣分值	10	20	40	
	桥面积水	桥面雨水不能及时排走而形成积水	程度	无	个别处	多处	"无"是指桥面没有积水现象;"个别处"是指桥面只有一处积水现象;"多处"是指桥面有两处以上的积水现象
			扣分值	0	45	65	
	防水层	设置与桥面铺装内的水泥或沥青混凝土的防水结构层	程度	完好	渗水	漏水	"完美"是指防水层完好,从桥梁梁底来看没有渗水的痕迹;"渗水"是指防水层有轻微的渗水,从桥梁梁底来看在个别位置有不明显的渗水痕迹;"漏水"是指防水层漏水,从桥梁梁底来看在多处位置有漏水的痕迹并且漏水量较大
			扣分值	0	30	65	
栏杆或护栏	钢筋锈蚀	钢筋混凝土材料的栏杆或护栏表面水泥混凝土剥落露出内嵌的钢筋且钢筋产生锈蚀	程度	<5%	5%~10%	>10%	产生钢筋锈蚀的构件数占所有栏杆或围栏构件数的百分比
			扣分值	10	20	40	

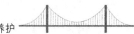

续表

损坏类型		定义	损坏评价				说　明
栏杆或护栏	松动错位	原本固定在桥面的栏杆或栏板产生松动或位置错动	程度	轻微	中等	严重	"轻微"是指栏杆或护栏只有个别的构件松动或错位,只稍微影响美观但不影响安全;"中等"是指栏杆或护栏有不大于20%的构件松动或错位,不仅影响美观,而且存在一定的安全隐患;"严重"是指栏杆或护栏有20%以上的构件松动或错位不仅影响美观而且存在严重的安全隐患
			扣分值	10	30	*	
	丢失残缺	栏杆或护栏的结构损坏后丢失使得栏杆或护栏残缺不全	程度	轻微	中等	严重	"轻微"是指栏杆或护栏只有个别的构件丢失或残缺,只稍微影响美观但不影响安全;"中等"是指栏杆或护栏有不大于20%的构件丢失或残缺,不仅影响美观而且存在一定的安全隐患;"严重"是指栏杆或护栏有20%以上的构件丢失或残缺,不仅影响美观而且存在严重的安全隐患
			扣分值	10	30	*	
人行道块件	网裂	人行道面产生交错裂缝,把人行道块件分割成网状的碎块	程度	<10%	10%~20%	>20%	网裂总面积占整个人行道面积百分比
			扣分值	15	30	50	
	塌陷	人行道块件脱空下陷	程度	<5%	5%~10%	>10%	塌陷总面积占整个人行道面积百分比
			扣分值	15	25	40	
	残缺	人行道块件破碎并材料散失	程度	<5%	5%~10%	>10%	残缺总面积占整个人行道面积百分比
			扣分值	15	30	50	

注:Ⅱ—Ⅴ类养护的城市桥梁不打分,达到该项损坏程度时,直接将该桥定为 D 级,Ⅰ类养护的城市桥梁定为不合格桥。

表 5.2　桥面系各要素权重值

评估要素	权重	评估要素	权重
桥面铺装	0.3	排水系统	0.1
桥头平顺	0.15	人行道	0.1
伸缩装置	0.25	护栏	0.1

③桥梁上部结构技术状况采用上部结构状况指数 BCI_s 来表示;BCI_s 可根据桥梁各跨的技术状况指数 BCI_k 计算为

$$BCI_s = \frac{1}{m}\sum_{k=1}^{m} BCI_k$$

$$BCI_k = \sum_{l=1}^{n_s} (100 - SDP_{kl}) \cdot W_{kl}$$

$$SDP_{kl} = \sum_x DP_{klx} \cdot W_{klx} \tag{5.2}$$

式中　x——桥梁第 k 跨上部结构中构件 l 的损坏类型;

　　　W_{klx}——桥梁第 k 跨上部结构中构件 l 的损坏类型 x 时的权重,由式 $\omega = 3.0\mu^3 - 5.5\mu^2 + 3.5\mu$ 计算而得,μ 根据第 x 项损坏的扣分 DP_{klx} 占构件 l 所有损坏扣分值的比例,由 $\left(\mu = \dfrac{DP_{klx}}{\sum\limits_{k} DP_{klx}}\right)$ 计算而得;

　　　DP_{klx}——桥梁第 k 跨上部结构中构件 l 的损坏类型 x 时的扣分值;

　　　SDP_{kl}——构件 l 的综合扣分值;

　　　W_{kl}——构件 l 的权重,见表 5.3;

　　　n_s——第 k 跨上部结构的桥梁构件数;

　　　BCI_k——第 k 跨上部结构技术状况指数;

　　　m——桥梁跨数;

　　　BCI_s——桥梁的上部结构技术状况指数。

表 5.3　桥梁上部结构各构件权重

桥梁类型	构件类型	权重	桥梁类型	构件类型	权重
梁桥	主梁	0.6	桁架桥	桁片	0.5
				主节点	0.1
	横向联系	0.4		纵梁	0.2
				横梁	0.1
悬臂+挂梁	悬臂梁	0.6		连接件	0.1
			拱桥	主拱圈(桁)	0.7
	挂梁	0.2		横向联系	0.3
	挂梁支座	0.1	刚构桥	主梁	0.8
	防落梁装置	0.1		横向连接	0.2

　　④桥梁下部结构技术状况的评估应逐墩(台)进行,然后计算整个桥梁下部结构的状况指数 BCI_x,即

$$BCI_x = \frac{1}{m+1}\sum_{\lambda=0}^{m} BCI_\lambda$$

$$BCI_\lambda = \sum_{l=1}^{n_\lambda} (100 - IDP_{\lambda l}) \cdot W_{\lambda l}$$

$$IDP_{\lambda l} = \sum_y DP_{\lambda lx} \cdot W_{\lambda ly} \tag{5.3}$$

式中　y——桥梁第 λ 墩(台)中构件 l 的损坏类型;

　　　$DP_{\lambda lx}$——桥梁第 λ 墩(台)中构件 l 的损坏类型 y 时的扣分值;

　　　$W_{\lambda ly}$——桥梁第 λ 墩(台)中构件 l 的损坏类型 y 时的权重,由式 $\omega = 3.0\mu^3 - 5.5\mu^2 + 3.5\mu$

　　　　　计算而得,μ 根据第 y 项损坏的扣分 $DP_{\lambda ly}$ 占构件 l 所有损坏扣分值的比例,按

　　　　　$\left(\mu = \dfrac{DP_{\lambda ly}}{\sum\limits_y DP_{\lambda ly}} \right)$ 计算而得;

　　　$IDP_{\lambda l}$——构件 l 的综合扣分值;

　　　$W_{\lambda l}$——构件 l 的权重,见表 5.4;

　　　n_λ——第 λ 墩(台)的构件数;

　　　BCI_λ——第 λ 墩(台)的技术状况指数;

　　　BCI_x——桥梁的下部结构技术状况指数。

表 5.4　桥梁下部结构各部件权重

桥梁类型	构件类型	权重	桥梁类型	构件类型	权重
桥墩	盖梁	0.1	桥台	台眼	0.1
	墩身	0.3		台身	0.3
	基础	0.3		基础	0.3
	冲刷	0.2		耳墙(翼墙)	0.1
	支座	0.1		锥坡	0.1
				支座	0.1

⑤整个桥梁的技术状况指数 BCI 根据桥面系、上部结构和下部结构的技术状况指数,可计算为

$$BCI = BCI_m \times \omega_m + BCI_s \times \omega_s + BCI_x \times \omega_x \tag{5.4}$$

式中　$\omega_m, \omega_s, \omega_x$——桥面系、上部结构和下部结构的权重,见表 5.5。

表 5.5　桥梁结构组成部分的权重

桥梁部位	权重	桥梁部位	权重
桥面系 ω_m	0.15	下部结构 ω_x	0.45
上部结构 ω_s	0.40		

5.3　桥梁养护维修施工（上部结构的养护）

桥梁上部结构通常包括桥面铺装、防水和排水设施、伸缩缝、支座、栏杆及桥跨结构等。上部结构是养护维修的重点，其大部分构造天然敞露，受车辆及大气影响十分敏感。本节主要介绍上部结构养护、维修与加固的有关内容。

5.3.1　桥面铺装层的养护

桥面铺装材料主要有水泥混凝土和沥青类材料两种。使用材料的不同，所产生的缺陷形式也不一样。沥青类铺装层的缺陷主要有泛油、松散、露骨、裂缝及高低不平，产生"跳车"。普通水泥混凝土铺装层的缺陷主要有磨光、裂缝、脱皮、露骨及高低不平。

①桥面的养护除应符合道路养护的有关标准规定外，还要满足以下要求：

a.不得随意增加荷载。老化的沥青混凝土桥面，应进行铣刨更新处理，严禁随意加铺沥青混凝土结构进行补强。严禁用沥青混凝土覆盖伸缩装置。

b.桥面更新后的横坡和纵坡，应满足排水要求。

c.架设在桥上的管线安全保护设施应完整、有效；线杆应安全、牢固；井盖应完好。

d.桥面上人行道铺装、盲道和缘石应完好、平整。当有缺损时，应及时维修或更换。

②水泥混凝土铺装层如有磨光、脱皮、露骨或破裂等缺陷时，通常可用以下方法进行维修：

a.原结构凿补。将原水泥混凝土铺装层的表面凿毛，并尽可能深一些，使骨料露出，用清水冲洗干净并充分润湿，再涂刷上同强度等级的水泥砂浆（或其他黏结材料），最后铺筑一层4~5 cm厚的水泥混凝土铺装层（在桥梁荷载能力允许的前提下）。

b.采用黑色路面改建桥面。采用黑色路面即沥青类修补桥面铺装，一般较水泥混凝土铺装容易，且上下结合也比较牢靠，施工期间对交通影响也比较小。但路面改变原有结构且必须全桥加铺，否则影响美观。黑色路面修补的结构可采用沥青表面处治或沥青细砂罩面，也可加铺一层2~3cm的沥青混凝土。采用沥青细砂时，应先涂刷黏层沥青，使之与旧面层结合良好。

c.全部凿除，重筑铺装层。桥面铺装层如已损坏严重，可采用全部凿除，重筑铺装层的方法修补。

新铺的面层可采用普通水泥混凝土，也可采用钢纤维混凝土等其他材料。沥青类桥面铺装层出现缺陷后，应及时处理，经常保持桥面完好平整。

桥面凸凹不平，如因构件连接处沉陷不均引起时，可采用在桥下以液压千斤顶顶升，调整构件连接处高程，使其顶面具有相同高度的方法进行维修。

③桥面卷材防水层养护：

a.损坏的防水层,应及时进行修补。防水层维修应按施工要求进行。

b.修补后的防水层,其防水性能、整体强度、与下层黏结强度和耐久性等指标,应满足原设计要求。

④防水混凝土结构层的养护:

a.当防水混凝土表皮脱落或粉化轻微而整体强度未受影响,且防水混凝土层与下层连接牢固时,应彻底清除脱落表皮和粉化物。

b.当防水混凝土受到侵蚀,表皮严重粉化且强度降低或防水混凝土层与下层已脱离连接时,应完全清除该层结构重新进行浇筑。

c.清理表皮脱落层时,应清理至具有强度的表面完全露出。

⑤清除损坏的结构层时,应切割出清理边界,然后再进行清除作业。清除应彻底,不得留隐患,并应避免扰动其他完好部分。

⑥钢筋网结构的防水混凝土层清除作业时,应确保原钢筋结构的完整。

⑦在浇筑新混凝土前,作业面(包括边缘)应清洁、粗糙。

⑧选用的防水混凝土抗渗等级应高于 P6,且不得低于原设计指标要求。在使用除雪剂的北方地区和酸雨多发地区,防水混凝土的耐腐蚀系数应不小于 0.8。严禁使用普通配比混凝土替代防水混凝土。

5.3.2　桥面伸缩装置的养护

目前,常用的桥面伸缩装置有锌铁皮伸缩缝、钢板式伸缩缝和橡胶伸缩缝 3 种。由于伸缩缝设置在桥梁梁端构造薄弱部位,直接承受车辆反复荷载作用,又多暴露于大自然中,受到各种自然因素的影响。因此,伸缩缝是易损坏、难修补的部位,经常发生各种不同程度的缺陷。

伸缩缝出现缺陷后,会使车辆行驶出现跳车、噪声,甚至引起交通事故。同时,缺陷不及时修补会向结构主体进一步发展。因此,对桥面伸缩缝要经常注意养护,经常检查。出现缺陷后,要及时进行必要的修补或更换。

1)伸缩装置养护的一般要求

①伸缩装置应平整、直顺、伸缩自如,处于良好的工作状态。有堵塞时,应及时清除。出现渗漏、变形、开裂、行车有异常响声、跳车时,应及时维修。保养周期每年应有两次。

②橡胶板式伸缩装置的固定螺栓应每季度保养一次,如有松动应及时拧紧;橡胶板丢失,应及时补上,弹簧(止退)垫不得省略。严重破损的橡胶板,应及时按同型号进行更换。如图5.2 所示为橡胶板伸缩缝示意图。

③异型钢类伸缩装置的密封橡胶带(止水带),损坏后应及时更换。密封橡胶带的选择,应满足原设计的规格和性能要求。

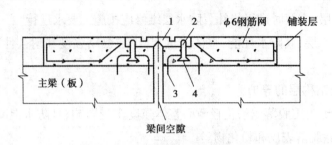

图 5.2　橡胶板伸缩缝构造图

1—橡胶板;2—预埋螺栓;3—预埋钢筋 $\phi 10@ 250\ cm$;4—水平筋 $\phi 10$

④钢板伸缩装置的钢板开焊、翘曲和脱落时,应及时发现并及时补焊。

⑤弹塑体伸缩装置出现脱落、翘起时,应及时清除,并应重新浇筑弹塑体混合料。当槽口沥青混凝土塌陷、严重啃边或附近沥青混凝土平整度超过规范规定时,应清除原弹塑体混合料和周围沥青混凝土,重新摊铺、碾压,并按新建工艺要求重新安装弹塑体伸缩装置。

2)伸缩装置的更换

①伸缩装置的安装宽度,应根据施工时的气温计算确定。安装放线时间应选择在一天中温差变化最小的时间段内。

②应满足新伸缩装置的安装技术要求。在安装连接点处,桥面板(梁)的锚固预埋件有缺损时,应打孔补植连接错筋。

③伸缩装置在安装焊接时,连接筋与锚盘的搭接长度应符合焊接要求,严禁点焊连接。

④安装伸缩装置所使用的水泥混凝土保护带,其设计强度应符合设计要求,但不得小于C40,且应具有早强性能。保护带宜采用钢纤维混凝土。

⑤应保证伸缩装置中间和梁头与桥台(梁端头)之间充分隔离、封闭,宜采用硬塑料泡沫板进行充填。伸缩装置的型钢下部和后部,应保证混凝土完全充满。

⑥混凝土达到设计强度,且伸缩装置全部安装完好后,方可恢复交通。

5.3.3　桥梁支座的养护与维修

桥梁支座是桥梁上下部结构的结合点,一有损坏将严重影响桥梁承载能力和使用寿命。因此,必须注意经常养护,保证其处于正常的工作状态。

①桥梁支座养护的一般要求:

a.支座各部分应保持完整、清洁、有效,应每年检查保养一次。冬季应及时清除积雪和冰块,梁跨应活动自由。

b.滚动支座滚动面上每年应涂一层润滑油。在涂油前,应先清洁滚动面。

c.支座各部分除钢辊和滚动面外,其余金属部分应定期保养,不得锈蚀。

d.固定支座应每两年检查一次锚栓牢固程度,支承垫板应平整紧密,及时拧紧接合螺栓。

e.板式橡胶支座恒载产生的剪切位移应在设计范围内;支座不得产生超过设计要求的压缩变形;支座橡胶保护层不应开裂、变硬、老化,支座各层加劲钢板之间的橡胶应均匀和正常;支承垫石顶面不应开裂、积水;进行清洁和修补工作时,应防止橡胶支座与油脂接触。

f.滚动盆式橡胶支座,固定螺栓不得有剪断损坏,应及时拧紧松动的螺号。

②当支座出现缺陷故障,应及时维修或更换,并满足以下要求:

A.滚动面不平整,轴承有裂纹、切口或个别辊轴大小不合适,应更换。

B.板式橡胶支座损坏、失效,应即时更换。

C.支座座板翘曲、断裂,应予更换和补充,焊缝开裂应予维修。

D.对需抬高的支座,可根据抬高量的大小选用以下两种方法:

a.抬离量在 50 mm 以内,可垫入钢板;抬高量在 50~30 mm 的,垫入铸钢板。

b.就地灌注高强钢筋混凝土垫块,厚度应不小于 200 mm。

E.滑移的支座应及时恢复原位;脱空支座应及时维修。

③辊轴支座的实际纵向位移,应与计算的正常位移相符。当纵向位移大于允许偏差或有横向位移时,应加以修正。当辊轴出现不允许的爬动、歪斜或摇轴倾斜时,应校正支座的位置。

④弧形钢板支座和摆柱式支座中的钢板不得生锈,钢筋混凝土摆柱不得脱皮露筋,固定锚销不得切断,滑动钢板不得位移,摆柱不得倾斜。对损伤和超过允许位移的支座钢板,应及时修理更换。

⑤球形支座应每年清除尘土,更换润滑油一次。支座地脚螺母不得剪断,橡胶密封圈不得龟裂、老化。支座相对位移应均匀,并记录位移量。支座高度变化应不超过 3 mm;应每两年对支座钢件(除不锈钢滑动面外)进行油漆防锈处理。

5.3.4 桥跨结构的养护与维修

桥跨结构是桥梁的主要承重结构,除直接承受车辆荷载的作用外,还长期暴露在自然界中。如桥跨结构长期受到自然界的各种因素的影响出现的缺陷,势必会扩大、加深、发展,危及桥梁的安全。因此,发现桥跨结构出现缺陷后,必须及时进行调查研究,分析缺陷的产生原因、现状、发展趋势,以及桥梁遭受破坏的程度和对使用的影响等,及时采取措施进行维修加固。

1)钢筋混凝土及预应力混凝土桥梁

钢筋混凝土及预应力混凝土桥梁应每年进行一次结构裂缝和表面温度裂缝的观察;应重点检查受拉、受剪区域结构裂缝,表面温度裂缝应重点检查构件的较大面。

①钢筋混凝土及预应力混凝土桥梁裂缝应根据裂缝类型和构件抗裂等级分别采用不同的方法处理:

A.对表面温度裂缝,可封闭处理。

B.对结构裂缝,应根据抗裂等级的不同,分别采取下列措施:

a.当裂缝宽度大于允许最大裂缝宽度时(见表5.6),应查明开裂原因,进行裂缝危害评估,确定处理措施。

表 5.6 恒载裂缝最大限值

结构类型	裂缝部位			允许最大裂缝宽度/mm
钢筋混凝土构件,精轧螺纹钢筋的预应力混凝土构件	A 类(一般环境)			0.20
	B 类(严寒、海滨环境)			0.20
	C 类(海水环境)			0.15
	D 类(侵蚀环境)			0.15
采用钢丝和钢绞线的预应力混凝土构件	A 类和 B 类环境			0.10
	C 类和 D 类环境			不允许
混凝土拱	拱圈横向			0.30(裂缝高小于截面高的 1/2)
	拱圈纵向(竖缝)			0.50(裂缝长小于跨径 1/8)
	拱波与拱肋结合处			0.20
墩台	墩台帽			0.30
	墩台身	经常受侵蚀性环境水影响	有筋	0.20
			无筋	0.30(不允许贯通墩台身截面的 1/2)
		常年有水,但无侵蚀性影响	有筋	0.25
			无筋	0.30(不允许贯通墩台身截面的 1/2)
		干沟或季节性有水河流		0.40(不允许贯通墩台身截面的 1/2)
		有冻结作用部分		0.20

b.预应力混凝土构件受压区,一旦发现裂缝,应立即封闭交通,严禁车辆和行人在桥上下通行,并委托相应资质的检测部门进行结构可靠性评估,判别裂缝的危害程度,并提出相应的处理措施。

c.预应力混凝土构件受拉区,出现结构性裂缝,应进行裂缝危害性评估,确定处理措施。

②钢筋混凝土及预应力混凝土结构发生混凝土剥落、露筋等现象时,应及时清除钢筋锈迹,凿去表面松动的混凝土后进行修补。对损坏面积较大的结构,凿除混凝土后不得明显降低结构的承载力,必要时宜采用分批修补。

③当预应力混凝土构件锚固端的封端混凝土出现裂缝、剥落、渗漏、穿孔、预应力锚具暴露时,应及时对预应力锚具刷防锈漆,重做封端混凝土。

④钢筋混凝土与预应力混凝土桥梁加固可采用下列方法:

a.横向联系损伤、桥梁各构件不能共同受力的板梁桥,可通过桥面补强或修复加固横向联系。如图5.3所示为粘贴钢板加固法,如图5.4所示为横向收紧张拉法。

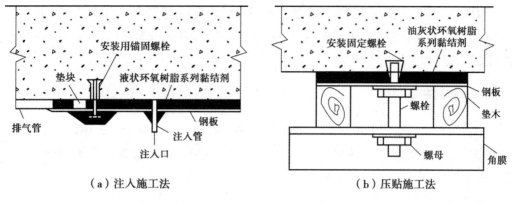

（a）注入施工法　　　　　　　　　（b）压贴施工法

图 5.3　粘贴钢板加固法

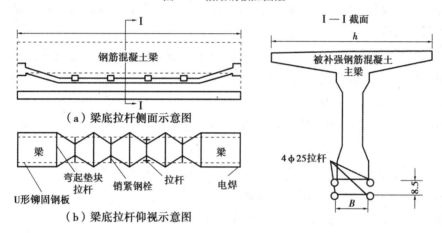

图 5.4　横向收紧张拉法

b.梁的刚度、强度、稳定性及抗裂性不足,可采用加大结构断面尺寸或增加钢筋数量等方法进行加固。加大断面及增加配筋数量应根据计算确定。

c.采用体外预应力补强加固,如图 5.5 所示。

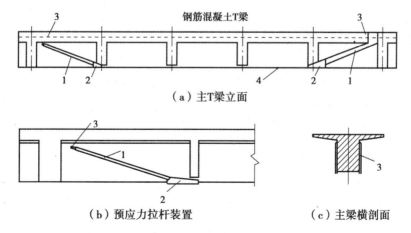

图 5.5　施加体外预应力加固法
1—斜筋;2—支撑座;3—套箍;4—梁

⑤双曲拱桥横向联系不足,全桥承载力不足或横向失稳时,拱桥主拱圈强度或刚度不足时,应进行加固。钢筋混凝土拱桥拱圈开裂超过限值时,应限制或禁止通行,并应通过特殊检测查明原因,进行处理。

2)钢结构梁的养护

钢结构梁在使用运营中其刚度、强度和稳定性应符合设计要求。根据钢结构形式,应加强对各部分连接节点及杆件、铆钉、销栓、焊缝的检查、养护。对承载能力或刚度低于限值、结构不良的钢结构,应进行维修或加固。

①钢结构外观应保持清洁,冬季应及时除冰雪。泄水孔应畅通,桥面铺装应无坑洼积水现象,渗漏部分应及时修好。当桥面积水时,应设置直径不小于 50mm 的泄水孔,钻孔前应对杆件强度进行验算。

②钢结构应每进行一次保养、每年作一次检测。检测时,发现节点上的铆钉和螺栓松动或损坏脱落、焊缝开裂,应采用油漆标记并作记录。在同一个节点,缺少、损坏、松动及歪斜的铆钉超过 1/10 时,应进行调换。当焊接节点有脱缝,焊缝处有裂纹,应及时修补。对有裂纹及表面脱落的构件,应仔细观察其发展,做出明显的标记,注明日期,以备观察。必要时,应补焊或更换。

③钢梁杆件伤损允许限度超过表 5.7 的规定时,应及时进行整修加固或更换。

④钢梁有下列状态之一时,应及时维修:

a.桁腹杆铆接接头处裂缝长度超过 50 mm。

b.下承式横梁与纵梁加接处下端裂缝长度超过 50 mm。

c.受拉翼缘焊接一端裂缝长度超过 20 mm。

d.主梁、纵横梁受拉翼缘边裂缝长度超过 5 mm;焊缝处裂缝长度超过 10 mm。

e.纵梁上翼缘角钢裂缝。

f.主桁节点和板拼接接头铆栓失效率大于 10%。

g.主桁构件、板梁结合铆钉松动连续 5 个及以上。

h.纵横梁连接铆钉松动。

i.纵梁受压翼缘、上承板梁主梁上翼缘板件断面削弱大于 20%。

j.箱梁焊缝开裂长度超过 20 mm。

表 5.7　钢梁杆件伤损允许限度

序号	伤损类别		允许限度
1		竖向弯曲	弯曲矢度小于跨度的 1/1 000
2	板梁、纵梁、横梁及工字梁	横向弯曲	弯曲矢度小于自由长度的 1/5 000,并在任何情况下不超过 20 mm
3		上盖板局部垂直弯曲	$f<a$ 或 $a<B/4$ d—钢板或钢板束的厚度 B—由腹板至盖板边缘的宽度
4		盖板上有洞孔 腹板上有洞孔	工字梁的洞孔直径小于 50 mm,板梁小于 80 mm,边缘完好
5		腹板受拉部位有弯曲	凸出部分直径小于断面高度的 0.2 倍或深度不大于腹板厚度
6		腹板在受压部位	凸出部分直径小于断面高度的 0.1 倍或深度不大于腹板厚度
7	桁架	主梁压力杆件弯曲	弯曲矢度小于杆件自由长度的 1/1 000
8		主梁拉力杆件弯曲	弯曲矢度小于杆件自由长度的 1/500
9		主梁腹杆或连接杆件弯曲	弯曲矢度小于杆件自由长度的 1/300
10		洞孔	洞孔直径小于杆件宽度的 0.15 倍并不得大于 30 mm

5.4　桥梁养护维修施工(下部结构的养护)

桥梁下部结构包括桥墩、桥台和墩台基础。在桥梁的使用过程中,下部结构的养护与加固对后期工程质量及使用影响很大。本节主要介绍下部结构养护、维修与加固的有关内容。

5.4.1　桥梁墩台的养护

1)墩台的保养、小修

①墩台表面应保持清洁,并及时清除青苔、杂草、荆棘及污垢。

②当圬工砌体表面部分严重风化和损坏时,应清除损坏部分后用原结构物相同材料补砌,应结合牢固,色泽和质地宜与原砌体一致。

③圬工砌体表面灰缝脱落时,应重新勾缝。

④当混凝土表面发生侵蚀剥落、蜂窝麻面等病害时,应及时将周围凿毛洗净后做表面防护。

⑤当立交桥墩靠近机动车道时,宜在桥墩四周浇筑混凝土护墩。

2)墩台的维修与加固

①当表面风化剥落深度在 30 mm 及以内时,应采用 M10 以上的水泥砂浆修补;当剥落深度超过 30 mm 且损坏面积较大时,应增设钢筋网浇筑混凝土层,浇筑混凝土前应清除松浮部分,用水冲洗,并采用锚钉连接,如图 5.6 所示。

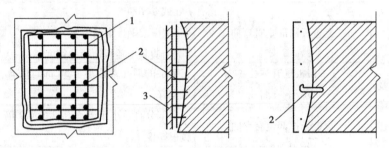

图 5.6　混凝土缺损修补

1—钢筋网 φ8~φ12 mm;2—牵钉间距≤50 cm;3—模板

②墩台出现变形查明原因,采取针对性措施进行加固。

③当墩台裂缝超过规定限值时,应查明原因,采取以下措施进行加固:

a.裂缝宽度小于规定限值时,应进行封闭处理。

b.裂缝宽度大于规定限值且小于 0.5 mm 时,应灌浆;大于 0.5 mm 的裂缝,应修补。

c.当石砌圬工出现通缝和错缝时,应拆除部分石料,重新砌筑。

d.当活动支座失灵造成墩台拉裂时,应修复或更换支座,并维修裂缝。

e.基础不均匀沉降产生的自下而上的裂缝,应先加固基础,并根据裂缝发展程度确定加固方法。如图 5.7 所示为常用的围带加固法。

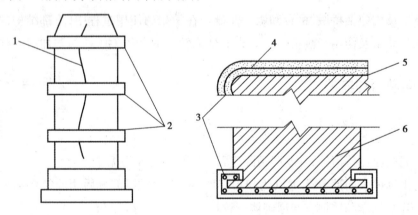

图 5.7　围带加固法

1—桥墩裂缝;2—钢筋混凝土围带;3—钢筋;4—桥墩环形围带;5—牵钉;6—桥台 U 形围带

④桥台发生水平位移和倾斜,超过设计允许变形时,应分析原因,确定加固方案。

⑤桩或墩台的结构强度不足或桩柱有被碰撞折断等损坏,应查明原因,进行加固处理。

⑥桥台锥坡及八字翼墙在洪水冲击或填土沉落的作用下容易产生变形和勾缝脱落,修复时应夯实填土,常水位以下应采用浆砌片(块)石,并勾缝。

5.4.2　桥梁基础的养护

桥梁的基础及地基的养护是使结构物保持完整、牢固、稳定,不发生倾斜,并减少行车振动和基础冲刷。

1)日常养护要求

①跨河桥梁上下游50~500 m的河床应稳定,并随时清理河床上的漂浮物和沉积物。不得在河床内建构筑物或挖砂、采石。

②桥桩和桥梁浅基础的边缘埋设的地下管线、各种窨井、地下构筑物,应经计算后采取加固措施,并先加固、降水,再施工。

2)基础的维修与加固

①当基础局部被冲空时,应及时填补冲空部分。当水深大于3 m时,应及时填塞冲空部分,并应比基础宽0.2~0.4 m。

②基础周围冲空范围较大时,除填补基底被冲空部分外,并应在基础四周加砌防护设施。如图5.8所示为加固方式。

③严寒地区对浅桩冻拔或深桩环状冻裂,应在冰冻开始前进行保温防护。

④为防止桥墩被流冰和漂浮物撞击,可在桥墩上游设置菱形破冰体。

⑤当简支梁桥的墩台基础均匀总沉降值大于2.0 cm、相邻墩台均匀总沉降差位大于1.0 cm或墩台顶面水平位移值大于0.5 cm时,应及时对简支梁桥的墩台基础进行加固。

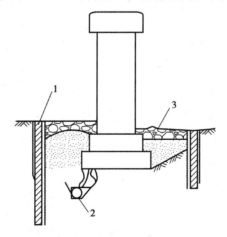

图5.8　板桩及填补混凝土防护
1—板桩;2—抛石或水下混凝土;3—表面浆砌片石

5.5 城市桥梁抗震设施的养护

5.5.1 桥梁抗震设施的维修与保养

桥梁抗震设施的维修与保养内容如下:

①桥梁的抗震设施应每年进行一次检查和养护,使其各部件(或构件)保持清洁、干燥及完好。在震后,应及时检查抗震设施的工作状态。

②当混凝土抗震设施出现裂缝、混凝土剥落及混凝土碎裂等病害时,应及时进行养护、修补或更换。

③当抗震缓冲材料出现变形、损坏、腐蚀及老化等病害时,应及时进行维修或更换。

④抗震紧固件、连接件松动和残缺时,应及时紧固或补齐,并涂刷防锈涂层。

⑤型钢、钢板、钢筋制作的支撑、支架、拉杆、卡架等桥梁加固构件,应及时进行除锈和防腐处理。发现残缺损坏,应及时进行维修和更换。

⑥桥梁横、纵向连接和限位的拉索,应完好、有效;高强钢丝绳、绳卡等应每两年进行一次涂油防锈处理。当发现松动时,应及时对高强钢筋绳进行紧固。

5.5.2 地震区的桥梁

在修建时,未考虑地震因素的桥柱、墩台及基础,应验算在地震作用下的折断倾覆及抗滑的稳定性。不能满足要求时,应进行加固。上部结构未设置抗震设施的,应增设防震设施。

5.6 立交桥和人行天桥的养护

人行天桥养护以桥梁相关养护为主,道板的相关养护方案与道路道板养护方案相同。

5.6.1 立体交叉桥梁的养护

立体交叉桥梁多数采用梁式结构,也有钢结构和钢筋混凝土结构,其正常维修养护如下:

①道路下穿立交的跨线桥,其桥下净空应保持道路规定的净空限界,不得有任何部件侵入。如跨线桥下净空不够,可采用下列方法改善:

a.在两侧桥基深度许可的条件下,可将道路路面高程降低至符合标准为止。排水有困难者,宜增设机械排水,并在桥下一定范围内改建成水泥混凝土路面。

b.可将原跨线桥的桥面结构改为建筑高度较低的桥面结构,以增加桥下净高。如跨线桥下净宽不足,在原桥处扩宽有困难时,可在附近另辟桥孔,分向行驶。

②道路下穿式立交因地势较低、排水困难的,如条件许可采取自然排水,其排水的沟管一

般较长,纵坡偏小,容易积水和淤沙,应经常养护清理,特别是进水口的窨井和出水口,必须保持完好状态,使水流畅通。

③道路下穿式立交如因地形限制必须增设机械排水设施的,设备房址应选择在地势较高的位置,防止受淹。排水泵阀和动力设备、排水管道应保持功能完好、运转正常,并作定期检修。备用的动力设施也应定期维修保养,并至少每月发动一次,检查其功能。其他配套设备如窨井、沉淀池(井)应经常清淤,排除污杂物,以防堵塞管道。

④道路上跨式立交的桥梁,应保持桥面及排水系统的完好。保证桥面水按规定的方向和地点排出,防止桥面水向下行道任意溢流、渗漏。应经常对上跨式立交桥的沟渠管道和窨井进行疏通清淤和维修保养,确保完整无缺。

⑤立交桥的桥头,设有踏级、阶梯以及人行天桥或地道的,应保持其完好状态。如有积水,应及时排除;如踏级砌体缺损,阶梯构件松动或短缺,应及时修理;在有积雪和积冰时,应采取防滑措施。

⑥立交的照明设施和反光标志,应随时检查照明器具和输电路线有无损坏或短缺现象,灯柱是否完好,照明灯和反光标志是否正常。若有灯泡不亮、反光膜(漆)脱落等缺损时,应及时修理和更换。桥头设有立面标记的,应同时检查养护,保证其正常完好。

⑦道路与电信线、电力线、电缆、管道、渠道等相交,各种管线均不得入道路限界,也不得妨碍公路交通,并不得损坏公路的构造物和设施。

⑧各种管线工程设施与道路交叉或接近时,除满足公路管理条例的有关规定外,并应符合表5.8规定的要求。

⑨用来制止行人或动物进入立体交叉的栅栏,应定期检查、修理,防止人为破坏和自然损坏。栅栏附近的垃圾、杂物应随时清理,禁止就地焚烧垃圾,以防损伤栅栏。

表 5.8　各种管线与道路交叉或接近的基本要求

项目	电信线		电力线					管　道		渠　道	
			配电线路		送电线路						
	明线线路	埋式电缆	低压(1 kV以下)	高压(1~10 kV)	35~110 kV	154~220 kV	330 kV	地上管道	地下管道	地上渠道	地下渠道
交叉角	应尽量正交斜交时≥45°条件受限制不得已时不小于30°		应尽量正交斜交时≥45°条件受限制不得已时不小于30°					一般采用正交斜交时一般≥60°,受限制时≥45°山岭地区特殊困难的个别地段不小于30°		应尽量正交,斜交时≥45°	

续表

	电信线	电力线		管 道		渠 道
		配电线路	送电线路			
最小垂直距离/m	距路面≥5.5	一级道路、二级道路:用管道保护,管道距路面基底≥1,受到限制时≥0.8 三级道路、四级道路:缆顶距路面基底≥0.8;受限制时≥0.7,距边沟底≥0.5	距路面≥6 | ≥7	距路面≥7 | ≥8 | ≥9	石油管道底距路面≥5 天然气管道底距路面≥5.5	管顶距路面基底≥1 管顶距边沟底≥0.5	渠道底距路面≥5	按涵洞要求设计
最小水平距离/m	距路基边缘≥5;条件受限制时应设在公路用地范围以外	应尽量设在公路用地范围以外;条件受限制时距路基边缘≥1.0	应尽量设在道路用地范围以外;条件受限制时距路基边缘≥1.0 | ≥1.5	杆、塔外缘距路基边缘交叉时:8; 平行时,最高杆、塔高当受条件限制时:5.0 | 5.0 | 6.0	油气管道的防护带至道路用地范围边缘间的安全距离: (1)石油气管道≥10 (2)天然气管道≥20 (3)地形受限制地段或四级道路,上述距离可适当减小。地形特别困难的个别地段,当对管道采取安全保护措不致影响路基施后,最小不得小于1 m (4)油气管道距大中桥不小于100 m,距小桥不小于50 m 天然气管道不得利用桥梁或隧道通过,特殊情况须经双方协商同意,并采取必要的保护措施		一般设在路基范围以外,并不影响路基稳定

5.6.2　人行天桥的养护

1）人行天桥的日常养护

城市人行天桥的日常保养主要有以下内容：

①桥面要及时排水，保持泄水孔的通畅，及时清扫桥面的各类脏物。小修小补应及时进行。如桥面面砖脱落，应马上落实修补措施。

②钢质或木质栏杆的油漆剥落、钢筋混凝土栏杆的裂缝及破损，应及时修补。

③钢质扶梯一旦发现锈斑，应及时除锈重刷油漆。对混凝土扶梯脱落的嵌条，要及时补上。对少量破损踏步，可采用超早强快硬混凝土进行快速修补。

④钢支座要定期除锈、除尘、上油养护。

⑤梁体及墩柱主要根据所用的材料，采用不同的方法养护。如为钢结构的梁体，主要是除锈、油漆养护；如为钢筋混凝土结构，主要是各种裂缝的修补。

⑥基础要专门养护。及时排除桥墩基础处积水。对具有推力结构型的桥梁，应避免钢腿浸在水中。

2）人行天桥的养护周期

影响人行天桥有关项目养护周期的因素有过桥人流情况、桥梁材料类型及桥梁周围的自然环境等。根据上述因素，可确定养护周期。表 5.9 为有关项目养护周期参考表。各地可因地制宜，根据当地的具体情况制订养护周期。

表 5.9　人行天桥有关项目养护周期参考表

结　构	周　期				
	桥面及泄水孔	栏杆	扶梯	钢支座	基础
钢结构	1~7 d	60 d	60 d	1 a	1 a
混凝土结构	1~7 d	180 d	30 d		1~2 a

人行天桥的维修根据其选用材料的不同，参照钢桥及钢筋混凝土桥的维修方法进行。

5.7　桥梁养护维修施工（附属设施的养护）

桥梁附属工程包括桥栏杆、排水设施和防护设施等。这些工程都在显眼的位置上，对桥梁的安全视觉效果有十分重要的影响，并且这些工程对桥梁的使用性能、使用寿命都有很大的影响。因此，要重视这些桥梁附属工程设施。本节主要介绍桥梁附属设施的养护、维修与加固的有关内容。

5.7.1 栏杆的养护

栏杆是桥上的一种安全防护设施。它是桥梁上部结构一个不可缺少的组成部分,也是美化桥梁的一种艺术装饰。

公路桥梁栏杆的缺陷主要有撞坏、缺损和裂缝。栏杆损坏虽然不妨碍交通,但能丑化桥容,使桥上交通缺少安全感,降低交通安全的舒适水平。因此,桥梁栏杆应经常保持完好状态,对损坏的桥梁栏杆应及时修复。栏杆养护应满足以下要求:

①当金属或非金属防护栏杆褪色严重或有表皮脱落现象时,应清除并维修。

②涂料性能应符合原设计的要求,表面涂层均匀、不漏刷、不流淌。

③弯道部分、分流和合流口处的栏杆,宜刷涂一段警示图案,以辅助交通指示标志。

④当栏杆被撞有严重变形、断裂和残损现象时,应及时按原结构进行恢复,并安装整齐、牢固。

⑤伸缩装置处的栏杆或护栏维修后满足桥梁随温度变化的位移,不得将套筒焊裂。

⑥采用的临时防护措施,应牢固、醒目,使用时间不得超过两周。

5.7.2 排水设施的养护

桥面排水设施主要有泄水管道和引水槽两种。这两种排水设施的常见缺陷如下:

①泄水管管道破坏、损伤。在外界作用影响下而产生局部破裂、损伤,出现洞穴而产生漏水等。

②管体脱落。主要是接头连接不牢而产生掉落,失去排水作用。

③管内有泥石杂物堆塞,从而排水不畅,甚至水流不通。

④管口有泥石物堆积。

⑤引水槽有堆泥、堵塞、水流不畅、槽口破裂损坏而出现漏水、积水等。

桥面排水设施出现缺陷会导致桥面积水,给行车带来不利影响,降雨时易引起车辆滑移,造成交通事故,严重的还会损坏桥梁结构本身的安全。当雨水由伸缩缝进入支座时,将会使支座的功能恶化。在城市桥梁或立交跨线桥中,由于桥面积水,车辆过桥时污水四溅,殃及行人和破坏周围环境,使桥下居民受害。因此,必须加强对桥面排水系统的维修与养护。

①桥面的泄水管、引水槽要及时清扫、疏通。缘石的横向泄水孔道,不够长的要加以接长,避免桥面流水沿梁侧流泻。桥面泄水管、排水槽在每年雨季前,应全面检查、疏通,跨河桥梁泄水管下端露出应不少于 10 cm,立交桥泄水管出口宜高出地面 50 ~ 100 cm 或直接接入雨水系统。

②泄水管损坏要及时修补。接头不牢已掉落的,要重新安装接上。损坏严重的,要予以更换。

③引水槽已破裂的,要重新修理。长度不足时,应予以接长。当槽口太小且不能满足排

水需要时,要扩大槽口重新修筑。

④立交桥除泄水管排水外,其他地方不得往桥下排水,冬季北方立交桥不得有冰凌悬挂。

5.7.3　防护设施的养护

桥梁的防护栏杆、防护栅、防护栏、防护网、隔离带、防撞墩、防撞护栏、遮光板及绿色植物隔离带等防护设施,应完整、美观、有效。有断裂、松动、错位、缺件、剥落、锈蚀等损坏现象,应及时维修。

防护设施应色彩鲜艳醒目。桥内绿化不得腐蚀桥梁结构和影响桥梁安全,不得影响桥梁养护、检查和行车安全。遮光板及其指示标志应完整、有效,不得误挂和缺项。遮光板变形后,应立即恢复。

快速路两侧应放置防护网。上跨快速路及铁路的天桥、有人行步道的立交桥两侧,应设防护网,防护网应完整、美观、有效。损坏、变形修复期不得超过 7 d。防撞墩、防撞栏杆不得有缺损、变形;被撞损后,宜在 3~7 d 内恢复。

防撞墩、防撞栏杆养护应满足以下要求:

①防撞墩混凝土裂缝大于 3 mm 且小于 5 mm,可灌缝封闭。

②表面露筋、钢筋未变形拉断的,可做防腐处理后,用水泥砂浆修补。

③防撞墩混凝土裂缝大于 5 mm,可消除被撞坏的混凝土,重新浇筑混凝土。

④被撞损后的防撞栏杆、防撞墩等,严禁使用砖砌筑代替原结构,应原样恢复,严禁使用塑料管仿制。

5.7.4　挡墙、护坡的养护

挡墙应坚固、耐用、完好。挡墙应每季度检查一次,中雨以上降雨时巡检。挡墙倾斜超过 20 mm 或膨胀、位移,下沉超过 20 mm 时,应进行维修加固。挡墙折断应及时加固。开裂超过 10 mm 时,应进行封闭。

护坡应完好,下沉超过 30 mm、残缺超过 0.2 m² 时,应及时维修。

5.7.5　声屏障、灯光装饰的养护

声屏障应干净、有效、完整,损坏、缺失应在 1 周内修补。声屏障应每季度冲洗一次,吸声孔不得堵塞,应每年补充和更换老化的填充物。新增设声屏障不得影响桥梁结构安全,并应安装牢固。桥梁安装灯光装饰,应设 3 道漏电保护装置,专人维护保养。开彩灯期间,宜有专人值班;关闭彩灯后,应拉闸断电。彩灯装饰应完整、美观,缺损应及时恢复。安装彩色灯光装饰不得影响桥梁结构的完整耐久性,不得影响桥梁养护维修。

5.7.6　超重车辆过桥措施

当车辆荷载超过桥梁限载的车辆通过桥梁时,应采取相应技术措施,由城市桥梁主管部

门的专门技术人员组织指挥,应详细记录并存档。当需要过桥时,应选用多轴多轮的运载车辆,选取桥梁技术状况较好、加固工程费用较省的路线通过,且由桥梁养护管理部门进行评估、加固,并经养护管理单位审核后实施。

当车辆荷载超过桥梁限载的车通过桥梁时,应满足以下要求:

①应临时禁止其他车辆过桥。

②车辆应沿桥梁的中心行驶,车速不得超过 5 km/h。

③车辆不得在桥上制动、变速、停留。

当车辆荷载超过桥梁限载的车辆通过桥梁时,城市桥梁管理部门应检查、观察并记录桥梁位移、变形、裂缝扩张等情况。同时,应选择不同桥型进行挠度、应力、应变观测。

思考题

1.城市桥梁养护分哪几类?

2.桥梁的养护工程分哪几类?

3.怎样进行桥梁技术状况的评定?

4.桥梁检查的内容和流程是什么?

5.当桥梁墩台表面出现风化时,应如何处理?

6.如何进行桥梁附属设施的养护?

扩展资源5

第6章　市政排水管道的养护

1.掌握市政排水系统的组成。

2.掌握排水管道设施管理的等级划分。

3.描述排水管道养护机械的分类。

4.描述排水管道检查的要点。

5.掌握管道、井下作业的注意事项。

能力目标

进行市政排水管道检查与维修。

6.1　市政排水系统及养护系统

在城镇居民的生活和生产过程中,使用着大量的水。这些水在使用过程中受到不同程度的污染,改变了原有的物理性质和化学成分,故称污水或废水。其中,还包括雨水及冰雪融化水,因为雨水及冰雪融化水(合称降水)挟带有来自空气、地面和屋面的一些杂质。

按照水的来源,可将其分为生活污水、工业废水和降水3类。

生活污水是居民在日常生活中排出的废水,包括从厕所、浴室、盥洗室、厨房、食堂及洗衣房等处排出的水,以及来自住宅、公共场所、机关、学校、医院、商店及工厂中的生活间排出的水。

生活污水中含有大量的有机物质、肥皂和合成洗涤剂、病原微生物等。这类污水需经处理后才能排入水体、灌溉农田或再利用。

工业废水是在工业企业的生产过程中排出的水,包括生产废水和生产污水两类。生产废水是在生产过程中未受污染或受轻微污染以及水温稍有升高的工业废水;生产污水是在生产过程中被污染的工业废水,还包括水温过高、排放后造成热污染的工业废水。生产废水一般不需处理,或仅需简单处理,即可重复使用或直接排入水体。生产污水大都需经过适当处理后才能排放或重复使用,它含有的有毒或有害物质往往是宝贵的工业原料,应尽量回收利用,为国家创造财富,同时也减轻了污水的污染。

降水是指在地面上流泻的雨水和冰雪融化水,常称雨水。这类水所含杂质主要是无机物,对环境危害较小,但径流量大,若不及时排除则会使居住区和工业区等遭受淹没,或交通受阻,尤其山区的山洪水危害更甚。通常暴雨水的危害最严重,是排水的主要对象之一。街道冲洗水和消防水的性质与雨水相似,也并入雨水。雨水不需要处理,可直接就近排入水体。

城市污水是排入城市污水系统的生活污水和工业废水的混合液,是一种混合污水。它的性质随各种污水的混合比例以及污水中污染物质特性的不同而异,需经过处理后才能排入水体、灌溉农田或再利用。

在城市和工业企业中,应有组织地、及时地排除上述污废水和雨水。为了系统地排除污废水和雨水而建设的一整套工程设施,称为排水系统。它通常由管道系统和污水处理系统两部分组成。管道系统是收集和输送废水的设施,包括排水设备、检查井、管渠及泵站等设施。污水处理系统是处理和利用废水的设施,包括污水处理厂(站)中的各种处理构筑物和各种除害设施。

6.1.1　市政排水系统的组成

城市污水、工业废水和雨水等排水系统的主要组成部分分述如下:

1)城市污水排水系统的主要组成部分

城市污水包括排入城镇污水管道的生活污水和工业废水。城市污水排水系统由以下 5 个主要部分组成:

(1)室内污水管道系统及设备

室内污水管道系统及设备的作用是收集生活污水,并将其送至室外居住小区的污水管道中。

在住宅及公共建筑内,各种卫生设备既是人们用水的容器,也是承受污水的容器,还是生活污水排水系统的起点设备。生活污水从这里经水封管、立管、竖管及出户管等室内管道系统流入室外街坊或居住小区内的排水管道系统。

(2)室外污水管道系统

室外污水管道系统是分布在地面下,依靠重力流输送污水至泵站的管道系统。它分为街区(小区)污水管道系统和街道污水管道系统。

①街区(小区)污水管道系统。街区(小区)污水管道系统敷设在一个街区或居住小区内,连接一群房屋出户管或整个小区内房屋出户管。

②街道污水管道系统。街道污水管道系统敷设在街道下,用以排除从居住小区管道流来的污水。在一个市区内,它由支管、干管、主干管等组成。支管承受街区流来的污水,在排水区界内。常按分水线划分成几个排水流域。在各排水流域内,干管是汇集输送由支管流来的污水,也称流域干管。主干管是汇集输送由两个或两个以上干管流来的污水,并把污水输送

至总泵站、污水处理厂或出水口的管道，一般在污水管道系统设置区范围之外。

管道系统上的附属构筑物有检查井、跌水井、倒虹管等。

（3）污水泵站及压力管道

污水一般靠重力流排除，但往往由于受地形等条件的限制而难以排除，这时就需要设泵站。泵送从泵站出来的污水至高地自流管道或至污水厂的承压管段，这种管段称为压力管道。

（4）污水处理厂

污水处理厂由处理和利用污水与污泥的一系列构筑物及附属设施组成。城市污水厂一般设置在城市河流的下游地段，并与居民点和公共建筑保持一定的卫生防护距离。

（5）出水口

污水排入水体的渠道和出口，称为出水口。它是整个城市污水排水系统的终点设备。事故排放口是指在污水排水系统的中途，在某些易于发生故障的组成部分前端。例如，在倒虹管和总泵站，设置的辅助性出水管道，一旦发生故障，污水就通过事故排放口，直接排入水体。

2）工业废水排水系统的主要组成部分

在工业企业中，用管道将厂内各车间所排出的不同性质的废水收集起来，送至废水处理站。经回收处理后的水可再利用、排入水体或排入城市排水系统。

工业废水排水系统由以下4个主要部分组成：

①车间内部管道系统和设备。用于收集各生产设备排出的工业废水，并将其送至车间外部的厂区管道系统中。

②厂区管道系统。敷设在工厂内，用以收集并输送各车间排出的工业废水的管道系统。厂区工业废水的管道系统可根据具体情况设置若干个独立的管道系统。

③污水泵站及压力管道。

④废水处理站是厂区内回收和处理废水与污泥的场所。

若排放的工业废水符合《污水排入城市下水道水质标准》的要求，可不经处理直接排入城市排水管道中，与生活污水一起排入城市污水厂集中处理。工业企业位于城区内时，应尽量考虑将工业废水直接排入城市排水系统，利用城市排水系统统一输送和处理，这样较为经济，能体现规模效益。当然，工业废水排入应不影响城市排水管渠和污水厂的正常运行，同时以不影响污水处理厂出水以及污泥的排放和利用为原则。当工业企业远离城区时，符合排入城市排水管道条件的工业废水，是直接排入城市排水管道或是单独设置排水系统，应根据技术经济指标进行比较确定。

一般来说，对工业废水，由于工业门类繁多，水质水量变化较大。原则上，应先从改革生产工艺和技术革新入手，尽量把有害物质消除在生产过程之中，做到不排或少排废水，同时应重视废水中有用物质的回收。

3)雨水排水系统的主要组成部分

雨水排水系统由以下4个主要部分组成：

①建筑物的雨水管道系统和设备,主要是收集工业、公共或大型建筑的屋面雨水,将其排入室外的雨水管网系统中。

②街区或厂区两水管网系统。

③街道雨水管网系统。

④出水口。

收集屋面的雨水由雨水口和天沟并经落水管排至地面;收集地面的雨水经雨水口流入街区或厂区以及街道的雨水管集系统。雨水排水系统的室外管网集系统基本上和污水排水系统相同,而且也设有检查井等附属构筑物。

当然,上述各排水系统的组成不是固定不变的,需结合当地条件来确定排水系统内所需要的组成部分。

6.1.2 市政排水系统养护的主要内容

随着支管到户管网系统的不断完善和陆续地投入使用,市政排水系统养护便成了一个现实的问题。只有及时地养护,才能保证市政排水系统的正常运行,否则会导致其系统功能的丧失,甚至会导致市政排水系统产生局部瘫痪,影响市民的正常生活以及生产的正常进行。因此,必须加强对市政排水系统的养护,维护排水管道和附属设施,使它们经常处于完好状态,不积不淤,排水畅通,充分发挥排水管系统及时排泄废水的功能,包括管道的清通,落底雨水口和落底检查井的捞泥,破损管道、构件或构筑物的修理,以及聚站的维护。

1)管道清通

排水管道的清通工作是污水管网运行过程中一项长期工作,如果管网不畅通,会对污水处理厂进水的水质、水量都造成很大影响。因此,每年需要投入大量的人力、物力清通污水管道。在污水管道中,往往因排水量不足,坡度小、污水中所含污染物较多,或施工质量存在问题等出现沉淀、淤积,排水管道中杂物过多而影响管道的通水能力,特别严重时会造成管道堵塞。因此,必须定期对管道进行清通。清通的方法主要有水力清通、机械清通和专用设备清通3种。

(1)水力清通

水力清通是利用湍急水流冲刷管道,清除底部积泥。在冲洗管段的上游蓄积大量的水,迅速放出,造成短暂的急流,流速高时甚至可将整块青砖冲至检查井中。蓄水方法有以下两种:

①在排水管网系统中,设置冲洗井或闸门井。

②临时在检查井中用管塞堵塞上游管口。

冲洗井常设在支沟的起端,一般采用虹吸装置自动工作,蓄积的水往往是清水。用闸门或管塞时,上游废水蓄积在管道和检查井中;打开闸门或管塞,蓄水即汹涌而下,水流通过的管道得以冲清。

水力清通一般也用疏浚工具,其横断面呈圆形,直径等于或小于管径。直径与管径相等时,工具为活塞型刮管器,作用于活塞上的水压力推动刮管器行进。活塞边缘常用橡皮制作,有一定的弹性。活塞直径小于管径时,工具起减少过水断面、增加局部流速的作用。为了使湍急的流速出现在管底部,工具常用上浮材料制作,如竹木制品和空心皮球。

(2)机械清通

当管道沉积物严重,特别是长年不清理,淤泥粘连密实,用水力清通效果较差时,一般采用机械清通方法。机械清通方法很简单,在需清通的管段上下游检查井处分别设绞车(用连接支架安装),可用竹片作为清通工具,竹片两端分别用钢丝绳相连,用绞车反复拉动竹片作水平运动,将管内沉积物刮到检查井内。绞车可手动和机动。

用摇车(一种卷扬机)往复摇动刮管器(通称"牛"),以清除管道内沉积物。在疏浚段的两端检查井处各放摇车一架,检查井中各放转向滑车(通称葫芦架)一个。摇车上的钢丝绳绕过转向滑车上的滑车,并分别系在刮管器两端的环上,刮管器放在管道中。用人力或电动机转动摇车,刮管器即往返移动。将管道内沉积物集中到检查井中,然后将沉积物捞出。刮管器多用铁质,外形有短管件形、簸箕形等。

近年来,开始使用气动式通沟机清通污水管、渠。利用压缩空气经检查井送至污水管道另一检查井,利用绞车和钢丝绳原理拉动清泥工具,使翼片张开,把管内沉积物送至检查井处。还有一种是钻杆通沟机,钻头带动钻杆转动,并向前运动,从而达到清除管内杂物的目的。杂物最后用吸泥车运走。若沉积物块状较多,可用抓泥专用工具挖出。必要时,可由人工下检查井挖出。

一般污水管道管径较大,不易被堵塞。若有大块沉积物影响水流时,可在保证安全的前提下用人工清理。

水道维修保养、疏通堵塞等作业。卷管器可旋转180°,操作方便,配有喷枪及各种喷头,可进行多种清洗作业。另一种是吸污车,目前国内生产厂家较少。以5092GXWFA风机吸污车为例,该车采用解放底盘,是城市下水道养护专用车辆。它的作用是利用风力清理下水道和沉积井中的污泥、石砂、板结块状物体等污物。

(3)专用设备清通

专用设备清通就是利用车辆完成疏通、清除下水道中的污物,也是利用水力清通的一种方法。目前,国内生产厂家较少,一般需要用两台车来完成。

高压清洗车,如BGJ5110GQX、BGJ5060CQX车型,由北京市市政工程管理处机械厂改造实现。它是由GQ11866DJ16底盘改装而成的中型专用车辆,适用于城镇。

2）管道维修

应保证雨水口的进水箅和检查井的井环、井盖完整。定期检修跌水井、溢流井、闸门井、潮门井等。清通和疏浚管道中出现可疑情况时，如清出的泥状物有明显的泥土或水泥碎块、用摇车疏浚时刮管器有跳动迹象等，要检查管道有无断裂、检查井井壁有无坍塌。如有损坏，须及时修理。检修地下设施，有时需要进入检查井。由于通风不良管道和检查井中可能蓄积有毒气体（如硫化氢），下井人员必须注意，应设法加强通风并采取防护措施后，才能进入检查井。目前，可利用电视及干燥设备检查管道的损坏与堵塞情况。对分流制排水系统，要定期检查用户支管有无接错情况，及时更正错接于污水管道的雨水支管和错接于雨水管道的污水支管。

3）泵站维护

对泵站内的水泵机组进行正确的操作、维护与管理是泵站输配水系统安全经济供水的前提。因此，掌握水泵机组的操作管理技术，对泵站的运行、维护与管理人员是相当重要的。一个运转良好的泵站应具有以下4个方面的特征：

（1）设备状况好

泵房内所有设备完好，主体完整、附件齐全，不见脏、漏、松、缺；泵站内各种设备、管线、阀门、电器、仪表安装合理，布置整齐。

（2）维护保养好

有健全的运行操作、维护保养制度并能认真执行；维修工具、安全设施、消防器具齐备完整，灵活好用，放置整齐。

（3）室内卫生好

室内四壁、顶棚、地面、仪表盘前后清洁整齐，门窗玻璃无缺；设备见本色，轴见光，沟见底，室内物品放置有序。

（4）资料保管好

运行记录、交接班日志以及各种规章制度齐全；记录认真清晰，保管好。

4）污水厂维护

（1）设备的维护

在污水处理厂，格栅除污机、刮泥机、污泥浓缩机、潜水推进器等为运行工艺上重要的大型设备。这些设备在长时期运行过程中，因摩擦、高温、潮湿以及各种化学效应的作用，不可避免地造成零部件的磨损、配合失调、技术状态逐渐恶化，作业效果逐渐下降。因此，必须准确、及时、快速、高质量地拆修，以使设备恢复性能，处于良好的工作状态。只有保证这些设备安全、正常运行，充分发挥这些设备的工作潜能，才能使整个污水处理厂正常地运转起来。这

是污水处理及设备维修保养人员的一项重要任务。

（2）高压配电装置的维护

高压配电装置是指 1 kW 以上的电气设备。它按一定的接线方案,将有关一次、二次设备组合起来。它可用来控制发电机、电力变压器和电力线路,也可用来启动和保护大型交流高压电动机。高压配电装置是接受和分配电能的电气设备,由开关设备、监察流量仪表、保护电器、连接母线及其他辅助设备等组成。

高压配电装置运行前,应进行相应的检修。运行中,对电气开断元件及机械传动、机械连锁等部位要进行定期或不定期的检修。正确的检修方法是保证装置的安全运行及延长使用寿命的重要条件。必须按照规定的程序进行操作,维修人员才能进入断路器室等进行检修,这样方能确保维修人员的人身安全。

（3）流量仪表的日常维护与管理

随着科学技术的发展和污水处理工艺的要求,污水处理过程自动化控制也越来越多,也就需要大量的现场在线测量仪表的应用。在污水处理过程中,需要测量的参数是多种多样的:如污水处理的进出水温度,曝气池中的溶解氧,污水 pH 值,以及污泥浓度、浊度等。测量仪表种类很多,结构各异,因而分类方法也很多。

自动化检测仪表应用于污水处理领域相对于其他生产领域要晚得多,从设计、施工、安装到日常管理及仪表人员的操作、维修、维护水平都需要进一步提高。对污水处理厂在线仪表的日常维护、保养、定期检查、标定调整,是保证其正常运行的重要条件。每种仪表的工作原理以及调校方法各不相同,因此,对每种具体的仪表,首先应详细、认真地阅读操作手册,并按各自要求进行操作,这里不再具体介绍。

6.2　排水管道设施管理

排水管道设施管理是一项综合性的工作。

6.2.1　设施等级

排水管道按排水功能级别标准,一般可分为总干管、主管、支管。

1）总干管

总干管是指在排水系统区域以内,担负整个区域的水量,并汇集接纳主管的污水,将其送入污水处理厂、泵站或河流的管道。一般雨水没有总干管,由主管直接排入河道。

2）主管

在排水系统范围内,主管担负部分区域的排水量。沿道路纵向敷设,接道路两侧支管及输送上游管段来水的排水管道。

3）支管

支管是连管和接户管的总称,是指在排水系统范围内,担负具体地点水量的收集,汇集户线的雨(污)水,并输送至主管或总干管的管道。

（1）连管

连管是指连接雨水口与主管的管道。

（2）接户管

接户管是指连接排水户与主管的管道。在排水系统范围内,专门担负厂矿、机关团体、居民小区、街道的污水收集,并将污水排入外部市政排水管道的管线。

6.2.2 养护质量等级

1）城市污水管道（含合流管道）技术等级

城市污水管道（含合流管道）技术等级是以污水充满度（符合设计规定程度）、技术状况（达到设计标准的程度）和附属构筑物完善情况（对设计要求的齐全配套程度）来确定每条管线的技术等级（见表 6.1）。

表 6.1　污水管道技术等级

项　目	一级	二级	三级	四级
充满度	小于设计规定	大于设计规定但不满流	满流	超负荷满流
技术状况	达到设计标准	局部改变设计但未降低标准	降低标准,有渗漏	不符合设计,有渗漏,反坡
附属建筑物	配套齐全	齐全	不配套	不齐全

2）城市雨水管道技术等级标准

城市雨水管道技术等级标准是以雨水溢流周期（符合设计规定）、技术状况（达到设计标准的程度）和附属构筑物完善情况（对设计要求的齐全配套程度）来确定每条管线的技术等级（见表 6.2）。

表 6.2　雨水管道技术等级

项目	一级	二级	三级	四级
溢流周期	大于设计规定	等于设计规定	小于设计规定	小于设计规定
技术状况	达到设计标准	局部改变设计但未降低标准	降低标准	不符合设计,反坡
附属建筑物	配套齐全	齐全	不配套	不齐全

3)排水管道养护质量等级标准划分

排水管道养护质量从使用效果、结构状况、附属构筑物完好状况 3 个方面进行检查评议定级,最后综合反映出排水管道的完好状况(见表 6.3)。

表 6.3　排水管道养护质量检查标准

项　目	内　容	标准说明	备　注
使用: 排水通畅	管道存泥	一般小于管径的 1/5,大于 1 350 mm 管径时小于 30 cm	
	检查井存泥	同上	
	截留井存泥	同上	
	井出水口存泥	清洁无杂物	
	支管存泥	小于管径的 1/3	雨季小于 1/3 管径,旱季小于 1/2 管径
	雨水口存泥	同上	
结构: 无损坏	腐蚀	腐蚀深度小于 0.5 cm	小于 0.5 cm 不作为缺点
	裂缝	保证结构安全	
	反坡	小于管径的 1/5	
	错口	小于 3 cm	
	挤帮	保证结构安全	
	断盖	保证结构安全	
	下沉	保证结构安全	小于 1 cm 时,不作为缺点
	塌帮塌盖	不允许有塌帮、塌盖、无底、无盖的情况	
	排水功能	构筑物有排水能力与水量相适应	
	检查井	无残缺、无损坏、无腐蚀	井口与地面衔接平顺;井盖易打开;抹面、勾缝无严重脱落;井墙、井圈、井中流槽无损坏、腐蚀;踏步无残缺、腐蚀等
附属构筑 物:应完整	截留井、出水口	同上	同上
	雨水口、进水口	同上	同上
	机闸、通风设备	适用、无残缺	启闸运转灵活;部件完整有效

排水管道以长度计,每 10 m 为一个考核单位。

(1)使用项目

管道要通畅,即以 100 m 的长度内,影响使用的缺点长度(m)进行评定等级。

管道积泥:按 m 计。

检查井积泥:如井内存泥超标用下游一个井距长度反映,按 m 计。

截流井积泥:存泥超标用下游管段长度反映,按 m 计。

进出口积泥:存泥超标用下游管段长度反映,按 m 计。

支管积泥:按 m 计。

雨水口积泥:用直管长度反映,按 m 计。

(2)结构

无损坏,即以 100 m 的长度内,影响管道完整的缺点长度(m)进行评定等级。

腐蚀:用 m^2/m 反映,按 m 计。

裂缝:用 m^2/m 反映,按 m 计。

反坡:按 m 计。

错口:用处错口上下游各 4m 长度反映,按 m 计。

挤帮:用 m^2/m 反映,按 m 计。

断盖:用 m^2/m 反映,按 m 计。

(3)附属构筑物

要完整,即以 100 m 的长度内,影响附属构筑物完整的缺点数量多少进行评定等级。

检查井:按座计。

雨水口:按座计。

启闭闸:按座计。

4)养护质量检查评议办法

(1)养护质量检查方法

养护质量状况检查由组织养护生产的管理人员、专业技术人员和直接从事养护工作的人员组成。以现场检查为主要方式,对日常养护工作质量实行定期检查,如月、季、年度检查。对季节性养护工作质量状况实行季节性检查,如干旱期、雨期汛期、冰冻期等,将现场设施养护质量状况检查结果做好原始记录,给下一步分析评定设施养护质量状况打下基础。

(2)养护质量状况评议工作

评议标准可分为以下 4 级:

一级:满足使用要求,养护质量良好。全部达到养护质量检查标准或基本上达到养护质量检查标准,虽有零星缺点,但通过日常维护可以解决。

二级:基本满足使用要求,养护质量较好。基本达到养护质量检查标准,设施存在的缺点对设施使用影响较小,通过加强维护就可以解决。

三级:能维持使用、养护质量较差。设施存在的缺点对设施使用影响较大,须通过维修或修理方可解决。

四级:勉强维持使用,养护质量很差。设施存在的缺点对设施使用有严重的影响,必须通过修理或翻修解决。

设施定级办法根据排水管道养护质量检查标准,对设施进行检查。按上述计量方法,对缺点进行计算。首先按使用、结构、附属构筑物 3 项进行分项评议,将评议结果填入"养护质量评定表"(见表 6.4、表 6.5)。

表 6.4　养护质量考核评定等级表

项目	级　数				备　注
	一级	二级	三级	四级	
使用	≤5	≤15	≤25	>25	
结构	≤1	≤10	≤25	>25	
附属构筑物	≤1	≤2	≤3	>3	

表 6.5　养护质量评定表

管段名称	长度/km	分项评议结果			评定等级			
		使用	结构	附属构筑物	一级/km	二级/km	三级/km	四级/km
合计								
制表					日期:　年　月　日			

在分项评议的基础上,对管段进行定级(见表 6.6)。定级时,以使用项目为主要项目,并参照其余两个项目。

表 6.6　排水管道养护情况定级标准

一级设施			二级设施			三级设施			四级设施		
使用	结构	附属构筑物	使用	结构	附属构筑物	使用	结构	附属构筑物	使用	结构	附属构筑物
1	1	1	2	1	1	3	1	1	4	1	1
1	1	2	2	1	2	3	1	2	4	1	2
1	1	3	2	1	3	3	1	3	4	1	3
1	2	1	2	2	1	3	2	1	4	1	4
1	3	1	2	2	2	3	2	2	2	2	1

续表

一级设施			二级设施			三级设施			四级设施		
使用	结构	附属构筑物	使用	结构	附属构筑物	使用	结构	附属构筑物	使用	结构	附属构筑物
1	2	2	2	2	3	3	3	1	4	2	2
1	2	3	2	3	1	3	3	2	4	2	3
1	3	2	2	3	2	3	3	3	4	2	4
1	3	3	2	3	3	3	4	1	4	3	1
			1	4	4	3	4	2	4	3	2
			1	1	4	3	4	3	4	3	3
			1	2	2	3	1	4	4	4	1
			1	3	3	3	2	4	4	4	2
						3	3	4	4	4	3
						2	1	4	4	4	4
						2	2	4	4	4	4
						2	3	4	1	4	4
						2	4	1	3	4	4
						2	4	2			
						2	4	3			

5）设施完好率

设施完好率是指一定范围内排水管道整体的完好情况。通过对排水管道的检查,定出每条排水管道的级别,共分为 4 个等级。其中,一级、二级设施所占的比例即本单位所管辖的排水管道设施完好率。

【例6.1】 某下水道设施养护单位共养护排水管道896条,总长294.3 km。经养护检查评定,一级设施有262条,78.6 km;二级设施有327条,108.2 km;三级设施213条,72.1 km;四级设施有94条,35.4 km。问该养护单位的排水管道设施完好率是多少?

解

$$排水管道设施完好率=\frac{一级、二级设施总长}{养护管道总长}\times100\%$$

$$=\frac{78.6+108.2}{294.3}\times100\%$$

$$=63.47\%$$

因此,该养护单位的排水管道设施完好率是 63.47%。

6.2.3　设施养护经济技术指标

对排水设施养护方案的可行性进行定性定量的分析、对比和评论,论证其技术上的正确性、经济上的合理性,并以相应的指标作为反映设施养护技术经济状况。设施养护经济指标的制订一般有两种方案:一是根据以往设施养护经验,以历年养护状况统计资料为基础,制订有关设施养护技术经济指标;二是按当前设施完好与使用现状需要,根据排水设施技术等级标准,以确保设施完好率为基本条件,制订相应的有关设施养护经济指标。

一般常用各种养护技术经济综合指标有以下 5 种:

1)养护率

养护率表示单位排水设施在单位时间内所需要的养护费用,其单位为:元/(km·a)或[元/(km·月)]。作为不同时期、不同地区设施养护费用投入状况和分配设施养护投资费用的依据,它是设施养护的主要经济指标。确定养护率的方法是以历年需用的养护费统计资料或以扩大养护定额为基础来确定的。以历年养护资料为基础的制订方法,计算公式为

$$养护率 = \frac{\dfrac{y_1}{x_1} + \dfrac{y_2}{x_2} + \cdots + \dfrac{y_n}{x_n}}{n} \tag{6.1}$$

式中　$y_1, y_2, \cdots, y_n$——在 n 年中各年排水设施养护费用,元;

$x_1, x_2, \cdots, x_n$——在 n 年中各年排水设施养护里程,km;

n——年数值,a。

2)扩大养护定额

扩大养护定额是指排水设施养护在单位时期内单位长度上所需要的人工、材料与机械设备,即所耗用的工、料、机种类与状况。它是制订养护工作计划、实施养护工作的依据,是设施养护经济指标之一,其单位为:工、料、机耗用量/(km·a)。

3)完好率

完好率表示不同时期、不同地区排水设施可使用性的程度及设施养护效果状况。它是排水设施养护的主要技术指标。

4)维修率

维修率表示单位排水设施在单位时期内维修工程规模及所需的维修工程量。它可反映不同时期、不同地区维修工程量的大小和设施全面养护程度,作为组织实施养护工作的依据,是养护技术指标之一,其单位为设施综合维修率,以 m/(km·a)表示;若指附属构筑物维修

率,则以座/(km·a)表示。

确定维修率,通常以历年设施维修统计资料为基础,计算方法为

$$维修率 = \frac{\dfrac{z_1}{x_1} + \dfrac{z_2}{x_2} + \cdots + \dfrac{z_n}{x_n}}{n} \tag{6.2}$$

式中 $z_1, z_2, \cdots, z_n$——在 n 年中各年排水设施维修(包括大、中、小修)工程量大小,m 或座;

   $x_1, x_2, \cdots, x_n$——在 n 年中各年排水设施养护里程,km;

   n——年数值,a。

5)养护周期

养护周期是根据设施养护质量标准,对排水设施进行养护工作的间隔时间。它一般以历年设施养护清通与维修周期的循环次数来确定设施养护周期,作为安排实施养护具体工作计划的依据。它是养护技术指标之一,也是实现随排水设施有计划地进行养护工作的措施,做到预防为主,减少维修工作量。养护周期的单位为次/a。

综上所述,排水设施养护各项技术经济综合指标的相互关系及其养护工作实施循环过程如图 6.1 所示。

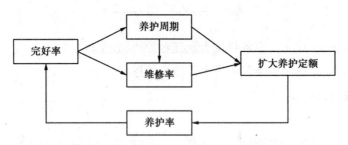

图 6.1   养护经济技术指标相互关系图

因此,经过对设施养护情况的技术经济分析,要求在一定范围内,排水设施养护技术指标要高,而经济投入要少,以满足上述要求的为最佳方案。

6.2.4   水质管理

各种排水管道接受的水质条件如下:

1)雨水管道和明渠

不允许排入任何污水,其中雨水管道的水质应满足排入的水体对水质的要求,以保证城市环境卫生为基本条件。根据排水规范规定具体指标,见表 6.7。

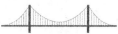

表 6.7　排入水体卫生指标

水质条件	排入水体卫生指标
溶解氧(DO)	>4 mg/L
生化需氧量(BOD)	>4 mg/L
pH 值	6.5~8.5
有毒有害物质	氰化物<0.05 mg/L;硫化物<0.05 mg/L;有毒物<0.5 mg/L;油质为 0

2)合流管道

接受雨水及各种生活污水,为避免生活污水中悬浮物和有机物含量过大而堵塞管道,加大污水处理难度。一般粪便污水须经过化粪池,方可排入管道中。

3)污水管道

正常情况下,污水管道不允许排入雨水,以减轻中途泵站和污水处理厂的污水负荷量。生活污水性质较稳定,一般对水质不作要求。而工业废水因生产工艺的差别,污水性质变化较大,水质不稳定。为保护排水管道设施不受损坏和养护作业人员的安全,对排入污水管道的生产污水,必须对其水质进行以下限制:

①含有毒有害物质的生产污水,如酚、氰、砷、铬等,必须在工厂内进行预处理。达到排放标准后,方可排入污水管道中。

②含有酸碱性物质的生产污水,会腐蚀管道,必须在工厂内经过中和处理,使 pH 值为 6~10,才允许排入污水管道。

③含有各种油脂物质的生产污水,易堵塞管道,影响流速,必须经过除油处理,方可排入污水管道。

6.2.5　水量管理

排水管道的水量状况包括水流流向、流速和流量。水量状况是检验排水系统排水能力的唯一标准,也是考核排水系统养护状况、通畅程度的主要标准。同时,也反映排水体制与排水系统的合理完善程度。因此,做好水量管理,掌握水源的水量状况与排水系统的排水构筑物排水量的相应关系,是搞好排水系统养护工作的关键。

影响排水管道水量因素很多。雨水系统的水量与该地区的降雨特点、降雨强度、汇水面积、地区径流系数(取决于地形、地貌、水文地质条件)等有关。污水系统的水量则与当地居民的人口密度、生活水平、生活习惯及商业与公共设施设置状况、工厂区分布特征与生产状况等有关,这些因素将影响城市污水的性质与水量大小。

因此,各类排水系统中排水构筑物的排水能力与排水设施标准状况,必须要不断地满足上述水量变化因素的条件,才能达到相互适应的程度,这就是进行水量管理工作的根本任务。

1)排水系统中排水设施的流量测定

流量测定的目的是了解排水设施实际排水能力与设施标准状况,排水设施现状(包括养护状况与完善程度)与原有排水设施排水能力发挥的程度,如污水管道排污量大小、水量均匀程度,反映出每人每日或单位产品排污量与污水量变化系数等各项参数状况,以及各项水量参数变化与排水设施现状标准,设施养护和设施完善程度是否相互一致;同时,也为排水管道养护、抽水泵站、污水处理、河湖系统管理、环境保护、污水收费等工作提供依据。测量流量方法很多,主要根据水力学原理、排水设施水流情况,尽量符合水力学规定的水流条件,因地制宜地选用。

一般可利用现有的排水设施,形成无压力的均匀水流,测定流速、计算水流量。另外,也可利用泵站的专用流量计等测量水流量。

2)地面积水与滞水的形成和解决途径

降雨时,由于排水设施养护不善及原来排水系统排水能力遭到破坏,往往出现地面积水与滞水的不良现象,这就是整个排水系统养护与管理工作出现问题产生的后果。此问题的解决,从养护管理角度来讲,在于恢复、完善与提高原有排水系统的排水能力和修建新的排水系统。关于排水系统的排水能力情况,可从以下两个方面来管理:一是使排水系统的最大排水能力必须大于当地最大降雨量所形成的最大流量,以不出现积水和严重长时间滞水为原则,适应和满足此地区排水的需要;二是若排水系统最大排水能力小于实际最大降雨量所形成的最大流量,不能满足排水要求,出现不同程度积水与滞水,应事先做好预报工作,及早采取防范措施,减轻危害程度。若条件允许,也可设置调节池系统(见图6.2)。

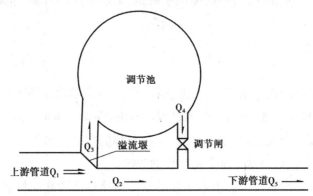

图6.2　排水调节池系统示意图

6.3 排水管道养护机械设备

排水管道养护机械可分为两大类:一类是通用机械,如土方机械(挖掘机等)、运输机械(自卸汽车、机动翻斗车)、压实机械(压路机、平板振动夯、蛙夯等)、破碎机械(波压破碎锤、风镐等)、起重机械及排水机械(各类水泵);另一类是排水管道专用机械,如机动绞车、排水管道冲洗可移动式高压冲洗机、排水管道联合疏通车及监测设备(通风气体监测设备、电视检查车)等。

6.3.1 机动绞车

在下水管道疏通中,当对小的管径和狭窄街巷及特殊的环境无法使用其他排水管道疏通设备时,一般使用机动绞车拉泥疏通。因此,机动绞车在排水管道养护施工中应用非常广泛。

机动绞车根据动力不同,可分为电动绞车(由电瓶车电瓶驱动直流电机式或交流电机外接电源式)和内燃机绞车(由柴油机或汽油机作为动力源)。机动绞车根据传动方式不同,可分为机械式(由机械传动)和液压式(由液力流传动)。机动绞车根据行走方式不同,可分为牵引式、车载式和自动行走式。

机动绞车一般由以下部分组成(见图 6.3):

①动力部分,包括电动机、内燃机和汽车发动机。

②传动部分,包括离合器、变速器、分动箱及传动轴等,液压传动的包括液压油箱、液压泵、波压电机、各种阀及液压油缸。

③减速部分,包括减速器及行星齿轮等。

④工作部分,包括卷筒、钢丝绳、制动器及排序装置等。

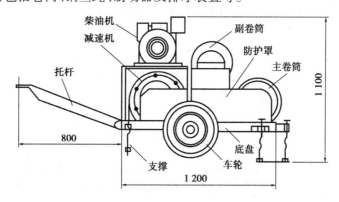

图 6.3 牵引式机动绞车

绞车的辅助工具包括竹片、玻璃钢"竹片"和排水管道引绳器。

①竹片在排水管道养护施工中用于机动绞车疏通排水管道时解决穿绳问题。

②玻璃钢"竹片"是利用半刚性玻璃钢材料制成的。它既可卷盘,又可伸直穿通管道。

③排水管道引绳器是为了解决用人力穿竹片问题而研制的。它有电动式、气动式、履带式、支撑式等。排水管道引绳器无论何种形式,一般是由动力装置、连接装置、行走装置、控制装置及监视装置等组成的。目前,排水管道引绳器的技术还不成熟,其应用仍在探索中。

6.3.2 高压射水车

高压射水车又称冲洗车,是单功能排水管道疏通冲洗设备。国内有用解放汽车底盘生产的解放冲洗车,有用五十铃汽车底盘生产的 BGJ5060GQXA 清洗车,有用东风汽车底盘生产的 BGJ5110GQ 型清洗车。国外有用福特汽车底盘生产的代克多冲洗车和阿科泰克冲洗车。在工作装置的水路总成中,高压水泵有用往复式活塞水泵,也有用三柱塞水泵,在这部分侧重于讲冲洗车的工作装置的油路、水路、喷头选择等。

冲洗车的工作原理是:利用原车动力,从取力箱把动力通过胶带(也有通过液压控制系统)传给高压水泵,使高压水泵工作,从水泵出水口压出的高压水流通过胶管到喷头后形成多向高压水柱,以一定的角度喷到排水管道管壁上起到清洗疏通排水管道的作用。同时,利用流体对排水管道管壁的反作用推动喷头在下水管道中前进。达到目的后,喷头在卷管器的拉力作用下,被强制后移。高压水射流束清洗下水管子的内壁,将污物带至井口,从而达到清洗管道的目的。

冲洗车可用来清洗排水管道沉积泥沙,可打通排水管道堵塞,可清洗雨水口、检查井、过河倒虹吸管,也适用于清洗各种构筑物。其结构简单,液压传动,备有各种喷头、喷枪,使用范围广泛。一般情况下,水压、排水量适当,冲洗效果较好,并可降低排水管道维护费用。

冲洗车工作装置的主要组成部分如下:

1)动力部分

动力部分由汽车变速箱,经取力箱通过传动轴和胶带(也有通过液压控制系统的)传给高压水泵。

2)水泵

水泵有三柱塞水泵和往复式活塞水泵两种。

3)水箱水路

水罐有入口、上水口及滤水器。压力水由水泵输出后,由溢流阀控制压力,集水器通过各个阀门,分配给喷头球阀,经回转接头、卷管器、高压管进入喷头或喷枪进行冲洗工作。压力水还可供到洗管器清洗高压管外壁。

4)取力箱与油路系统

取力箱从汽车变速箱取力,并直接带动油路系统的齿轮油泵,高压油经齿轮泵泵出后,经

过溢流阀、转向阀,操纵液压电机正反旋转工作,以驱动卷管器进行收放管的工作。

5)卷管器和布管器

卷管器和布管器安装在车后部,卷管器由液压电机驱动。高压水经回转接头通过卷管器,并进入高压胶管到喷头。布管器可将卷管器收回的胶管整齐排列在卷筒上。

6)操纵盘

操纵盘有放在车前的,也有放在车后的。例如,伐克多冲洗车在车前,阿科泰克冲洗车在车后。一般来说,它是与高压水管的卷筒在一起。其上装有冲洗所需要的各种操纵杆和压力指示器、水位指示器等。

7)喷头与喷枪

喷头分为组合式与整体式两种。组合式喷头分为前后两部分。喷嘴可拆卸、更换、调节水量,以适应各种作业。

整体式喷头又分为两种形式:前端有喷孔的,适用于堵塞管道的疏通清洗;前端无孔的,用于下水管道养护清洗。由于喷孔的孔径不同,数量的多少不同,因此,可选择不同的压力和流量。根据物理原则,压力取决于阻力。同时,在射流中压力与水流量成反比,即压力高、流量小;压力低、流量大。

排水管道清洗时,水流量是主要的,为保证清洗也需要一定的水压力;排水管道流通时,水压力是主要的,为保证疏通也需要一定的水流量。因此,冲洗(射流)车的压力一般选为 8~14 MPa。压力过大,会损伤管道,还会损伤水泵。流量一般为 120~200 L/min。

6.3.3　吸泥车

吸泥车是用于排水管道清理的单一功能特种车辆。它一般是由汽车底盘通过传动装置带动吸泥装置进行吸泥作业的。此车一般自带污泥罐并有自卸及清洗装置。根据汽车底盘不同,可分为不同的类型。根据吸泥装置的不同,可分为风机式吸泥车和真空式吸泥车两种。

1)风机式吸泥车

该车利用汽车本身的动力源(有用单独发动机的),通过从变速箱上的取力变速装置把功率传给风机,使其高速旋转。通过风道、储泥罐、吸引管等装置,在吸引管管口处形成一种高速高压气流,物料在其作用下沿吸管被送入罐体内,经罐体内的分离过滤装置使介质留在罐内,过滤后的空气经风道被风机吸出,排入大气从而达到清污的目的。

风机式吸泥车的工作特点如下:

①不仅能清理水泥混合污物,也能清理出水口半湿状、半干状污物。对板结物可利用管

口刀齿破碎后清理。

②排卸污物时，罐体液压控制自动倾斜，罐盖可自动打开，排污彻底，操作简单。

③该车吊杆在平面内可回转，上下有行程。利用专用开关，可根据不同吸深要求，任意调整吸管高度。

④罐内有污水分离装置，可有效地利用罐容积，提高功效。

⑤该车有压力水箱，可利用清水清洗罐体及罐口。罐体内设置满量报警装置。

2）真空式吸泥车

该车的工作原理也是利用汽车本身的动力源，从该车本身的变速箱，通过取力箱的输出轴到皮带后传给真空泵，通过吸空管将污泥罐内的空气排除，使污泥罐内形成负压。这时，在吸管口处由于大气压力，将污物压入处在负压状态的罐体内。真空泵连续工作，污泥罐内保持负压，直到罐体内装满污泥。

真空式吸泥车的主要结构和组成与风机式吸泥车大致是相同的，不同的是真空吸泥系统。

真空式吸泥车所用真空吸泥系统一般由真空泵（包括泵体、泵轴、泵芯、叶片、弹簧等）、进排气道、安全阀、润滑油路、油水分离器、气水分离器及仪表等组成。真空泵可换方向，作为正压供气，利用压力（压水冲水）将水从水罐经水管排出。

真空式吸泥车吸管的工作位置与风机式不同，它要求使用时必须把管口插入泥水中，以保持罐内的真空度。它最适合在水中捞泥作业，而风机式吸泥车适宜较稠的污物和干料。现在经过技术革新，新研制的风机式吸泥车也可将专用吸管插入泥水中，抽吸污物，但使用效果明显不如真空式。

风机式吸泥车与真空泵式吸泥车，哪种先进现在还不能断言。风机式吸泥车开发得较晚，技术体现与实际使用还有待完善。一般来说，在相同的条件下，风机式吸泥车的风机体积较大，配套的动力也较大，并且多安放在大型汽车底盘上，致使风机式吸泥车的工作场地较大。但是，风机吸泥系统很简单，而真空吸泥系统要求污泥罐密封度高，致使加工制造难度加大。因此，风机式吸泥车和真空泵式吸泥车各有所长，都有发展前途。

6.3.4　联合疏通车

联合疏通车是排水管道养护综合作业车，是一种大型排水管道吸通、疏通、冲洗综合功能的联合作业车。它是将真空式吸泥系统与高压冲洗、疏通系统合在一起，并带有泥水分离装置而形成的联合作业体。

伐克多810型排水管道联合疏通车是专门设计供城镇雨水、污水管道系统之用的。该车附带一切清洗排水管道所需的设备。因此，可节省时间，并不需动用几辆专用车来同时作业，即可完成清洗排水管道的全部作业过程。

使用该车,只要从机上卸下喷嘴、导管(小喷管)和真空管,把高压水管的喷头放入管道检查井口内。该机具有强大有力的高压水泵,可用高压水来驱动喷头沿管道往前推进。在其独特的水压式水击作用下,高压泵送出的高压水流,通过喷头产生巨大的压力,击碎排水管道内的污物。污物在喷头喷出旋转高压水流的不断冲击下粉碎,然后沿着管道内壁回流到导管插入的检查井。污物便可被风机吸入机上的污泥罐内,且可自行卸出。这些作业是一次性同时进行并完成的,它同时可清洗检查井和雨水口、附建物,还可用于污水厂的清理作业,以及对各种道路标志的清洗及清除杂草等作业。

伐克多810型排水管道联合疏通车装有储水箱供高压水泵用水。高压水泵以汽车原发动机作为动力,靠液压系统操纵工作。车上还有风机吸泥系统,它由车上的辅机驱动,可在高压水冲洗管道的同时吸取污物。车上装有密封污泥罐,用以储、运、卸污泥。

伐克多810型排水管道联合疏通车仅需一人操作(作业中,需要施工安全员、相邻井距观察员等),机上所有的控制开关,如高压水泵、高压软管、真空抽吸装置等均设在车前,以保证操作人员的人身安全。

下面分别介绍组成部分。

1)污泥罐

污泥罐为圆形,由高强防腐钢板焊成。罐门用氯丁橡胶密封圈作门封,以防渗漏。罐身有一根排水管,芯在罐门上,使多余的污水由此排除。罐身外设有液量指示器,指示污泥是否装满。罐前方装有滤气屏,用于滤去空气中的灰尘。罐两侧装有卸泥用的液压油缸。污泥罐的自卸装置在车前右侧,以保证卸泥安全。

2)水箱

水箱用钢板焊接而成,内涂防锈层。水箱设有防虹吸作用装置,并有水位计,设在操作人员易于观察的位置。

3)高压水泵(喷射冲洗)

高压水泵(喷射冲洗)为往复式活塞水泵。该泵动作慢,但压水量大,既可达到工作目的,又可保护水泵减少磨损。此泵流量为200 L/min,压力为14 MPa,设有调节阀可调节流量,工作流量过大可自动报警。操作人员可在不改变发动机转速的情况下控制水泵开关,水泵往复一次约需5 s。

4)喷头与高压软管及附件

喷头与高压软管及附件安装在独立支架上,并可在车架上卸开,卷筒向前或向后,卷管是通过机构内设置的装置液压传动机构进行的,卷筒的转速及方向都是由操作人员控制的。喷头的所有操作开关均安装在卷筒前的操作板上,软管长达 183 m。喷头是用加强工具钢制成的,并附带导管器。必要的工具可引导高压软管进入污水管道内。此外,配有高压水枪。

5)空气输送(风机真空吸泥)系统

伐克多 810 型排水管道联合疏通车采用风机式吸泥系统,即利用一台高压风机迅速将罐内空气排出,形成内真空状态,并利用高速流动的风流,将污泥等杂物带入罐内。风机由一台 100 马力的发动机驱动,吸污泥时必须与被吸物质保持一定的距离。

6)吸泥管

吸泥管装在车前方可使车停在检查井前,以便清理污物,并给操作人员安全的位置。吸泥管与一悬臂相接,该悬臂能在人行道一侧水平、垂直方向移动,在主干道一侧伸展 3.35 m。

悬臂用电动液压传动系统控制,吸泥管的操作则通过液压系统驱动,由操作人员按按钮即可实现。吸泥管直径 8 in(1 in=25.4 mm),可分段接长,连装压力胶管。该管可弯曲,可吸深 6 m。

6.4 排水管道养护技术

排水管道及其构筑物在使用过程中会不断损坏,如污水中的污泥沉积淤塞排水管道,水流冲刷破坏排水构筑物,污水与气体腐蚀管道及其构筑物,以及外荷载损坏结构强度等。

6.4.1 排水管道的病害

1)污泥沉积淤塞作用

排水管道中各种污水水流含有各种固体悬浮物,在这些物质中相对密度大于 1 的固体物质,属于可沉降固体杂质,如颗粒较大的泥沙、有机残渣、金属粉末。其沉降速度与沉降量取决于固体颗粒的相对密度与粒径的大小、水流流速与流量的大小。流速小、流量大而颗粒相对密度与粒径大的可沉降固体,沉降速度及沉降量大、管道污泥沉积快。因管道中的流速实际上不能保持一个不变的理想自净流速或设计流速,同时管道及其附属构筑物中存在局部阻力变化,如管道分支、管道转向、管径断面突然扩大或缩小,这些变化越大,局部阻力和局部水头损失,对降低水流流速影响越大。因此,管道污泥沉积淤塞是不可避免的。问题的关键是沉积的时间与淤塞的程度,它取决于水流中悬浮物含量大小和流速变化情况。

2)水流冲刷作用

水流的流动将不断地冲刷排水构筑物,而一般排水工程水流是以稳定、均匀、无压流为基

础的,但有时管道或某部位出现压力流动,如雨水管道瞬时出现不稳定压力流动,水头变化处的水流及养护管道时的水流都将改变原有形态,尤其是在高速紊流情况下,水流中会有较大悬浮物,对排水管道及构筑物冲刷磨损更为严重。这种水动压力作用结果使构筑物表层松动脱落而损坏,这种损坏一般从构筑物的薄弱处(如接缝)受水流冲击部位开始而逐渐扩大。

3)腐蚀作用

污水中各种有机物经微生物分解,在产酸细菌作用下,即酸性发酵阶段有机酸大量产生,污水呈酸性。随着二氧化碳、氨气、氮气、硫化氢的产生,并在甲烷细菌作用下二氧化碳与水作用生成甲烷,此时污水酸度下降,此阶段称为碱性发酵阶段。这种酸碱度变化及其所产生的有害气体,腐蚀着以水泥混凝土为主要材料的排水管道及构筑物。

4)外荷载作用

排水管道及构筑物强度不足,外荷载变化(如地基强度降低、排水构筑物中水动压力变化而产生的水击、外部荷载的增大而引起土的压力变化),使构筑物产生变形并受到挤压而出现裂缝、松动、断裂、错口、沉陷、位移等损坏现象。

6.4.2　排水管道检查

如上所述,为了使排水系统构筑物设施经常处于完好状态、保持排水通畅、不积水淤泥、发挥排水系统的排水能力,必须对排水系统进行养护工作。排水管道养护工作的目的就是保持排水系统的排水能力和正常使用。养护的对象有管道及检查井、雨水口、截流井、倒虹吸、进出水口、机闸等管道附属设施。养护工作内容包括排水管道设施定期检查、日常养护、附建物整修、附建物翻建、有毒有害气体的监测与释放、突发事件的处理等。在不同的季节,如旱季、雨季、冬期的不同,排水管道水量和水质也会有不同。因此,随着季节的变化,排水管道养护工作内容和重点也会有所不同。

排水管道日常养护工作内容包括排水管道设施检查、清洗、疏通、维修等。现将日常养护工作情况分述如下:

1)设施检查方法

排水管道的设施检查一般采用现场检查、水力检测和排水管道检测仪检查等方法。其中,现场检查可分为井上检查和井下检查。

井上检查包括进出水口、雨水口、沟渠等地面排水设施完好程度、排水系统中地面雨水状况、生活污水与工业废水的水质水量变化等情况。井下检查包括地下排水设施完好状况,地下管道及各种构筑物是否处于正常使用状况,以及排水能力与效果是否合格。

如果需要进行井下检查作业,必须将检查的井段相邻井盖打开,自然通风换气 30 min;打开的井盖必须有专人看管,或设置明显标志,遇有死井、死水、死沟头地段需用送风机以人工送风方式向管道进行通风换气工作。

下井工作人员必须了解管沟中的水质、水深、流速及流量情况。必要时,事先经过化验测定出污水中有毒有害物质的成分,在下井前做好防毒、防火、防流、防空袭等工作。

处于长期密封状态的污水管道中的有机物质(人畜粪便、动植物遗体、含有机物的工农业废渣废液)在一定温度、湿度、酸性和缺氧条件下,经厌氧性微生物发酵,有机物质会腐烂分解而产生沼气(甲烷)——一种无臭易燃的气体,同时还可能产生一氧化碳、硫化氢、氨气等有毒气体,易使人中毒或缺氧窒息。因此,下井前必须用有关气体监测仪或排水管道气体监测车进行有毒有害气体的检测。下井时,必须有相应的安全措施,如佩戴防护设备和防护绳,不得带有任何明火下井。井下采用手电筒照明或用平面镜子反射阳光方法进行照明,地面上有专门监督执行保护安全操作的人员。

排水管道的水力检测主要是检测管道内水流的流速、流量以及管道的充满度。

对管道内结构的损坏,尤其是一些管径小、井距长的管道,人工检查难度较大,则需要引进新的检测设备,如闭路电视检测车(CCTV)、排水管道检测仪等,对管线是否直顺,有无渗漏,接口是否完好,以及管道腐蚀程度等均能提供确切的证据。

每一次检查均须作好详细记录,以此作为设施养护维修的依据。

2)设施检查内容

①排水管道设施各部位结构完好情况:检查井(盖座、井筒、踏步等)、雨水口、进出水口、管道等是否完整,有无损坏现象。

②管道中水流通畅情况:了解污水管道充满度和变化系数,雨水、合流管道的满流和溢流期,测量管道流速流量,查看管道存泥情况。

③检查井及雨水口的淤塞和清洁程度。

④倒虹吸、截流井、跌水井(或泵站)及机闸的运行使用情况(见表6.8)。

表6.8 排水管道检查的内容

序号	设施种类	检查方法	检查内容
1	管道	井上检查	违章骑压、地面塌陷、水位水流、淤积情况
		井下检查	变形、腐蚀、渗漏、接口、树根、结构等
2	雨水口及检查井	井上检查	违章骑压、违章接入、井盖井座、雨水箅子、踏步及井墙腐蚀、井底沉泥、井体结构等
3	明渠	地面检查	违章骑压、违章接入、边坡稳定、渠边植被、水位水流、淤积、涵洞、挡墙结构等
4	倒虹吸	井上检查	两端水位差、检查井、闸门或挡板等
		井下检查	淤积腐蚀、接口渗漏等

3）检查方式

检查方式分定期和不定期的检查,并将检查的结果与原始情况进行记录。

（1）定期检查

定期检查是指在一定期限内进行检查,如年度、季度、月度等检查。

（2）不定期检查

不定期检查是指在特定情况下进行的检查,如在汛前、汛中、汛后及重要保障活动期间,对设施的使用与突发性损坏、水质水量变化等进行检查。

6.4.3　保洁疏通

排水管道设施日常维护项目一般包括排水管道疏通保洁、清理附建物、翻新整修附建物及支管等。

1）冲洗保洁工作

冲洗保洁工作包括雨水口、检查井和管道3个部分。因这些部分在使用过程中随时有沉淀物沉积下来,尤其是转弯井、跌水井后面、接入很多支线的管段、污水流速由大变小的管段等,这些沉积物如不及时清除,积泥越积越多,将会逐渐堵塞管道,降低管道的排水能力,直至使管道丧失排水能力。沉积物的程度一般用管道存泥度来反映,即

$$管道存泥度 = \frac{管道中泥深\ h}{管道断面高度或直径\ D} \tag{6.3}$$

《城镇排水管渠与泵站维护技术规程》规定,管道的允许积泥深度为管径的1/5;检查井的允许积泥深度为主要管径的1/5。当积泥深度超过上述要求时,应进行冲洗疏通。

2）水力冲洗

水力冲洗的原理是通过提高管道中的水头差、增加水流压力、加大流速和流量来清洗管道的沉积物,就是用较大流速来分散或冲刷掉管道污水中可推移的沉积物,用较大流量挟带输送污水中可沉积的悬移物质。人为加大的流速流量,必须超过管道的设计流速和流量,才有实际意义。各种粒径的泥沙在水中产生移动时所需的最小流速见表6.9。

表6.9　沉积物移动的最小流速

沉积物	产生移动的最小流速/($m \cdot s^{-1}$)
粉砂	0.07
细砂	0.2
中砂	0.3
粗砂(<5 mm)	0.7
砾石(10~30 mm)	0.9

按上述原理,管道水力冲洗的条件是:有充足的水量,如自来水、河水、污水等;水量、管道断面与积泥情况要相互适应;管道要具有良好的坡度等条件。管径 D200—D600 的管道断面,具有最佳冲洗效果。

在任一条管道上冲洗应从上游支线开始,冲洗干线,水从上游开始,在一个系统中有条件时,可在几条支线上同时冲洗,将支线水量汇集并备好吸泥车配合吸泥。

按采用的水源,可分为污水自冲、自来水冲洗和河水冲洗。

(1)污水自冲

在某一管段,根据积泥的情况,选择合适的检查井作为临时集水井,用管塞子或橡胶气囊堵塞下游管道口,待管塞内充气后,将输气胶管和绳子拴在踏步上。当上游管道水位涨到要求高度后,突然拔掉管塞或气堵,让大量污水利用水头压力加大流速来冲洗中下游管道。这种冲洗方法,因切断了水流,故可能使上游沟段产生新的沉积物。但在打开管塞子放水时,因积水面增加了上游沟段的水力坡度,故使上游沟段的流速增大,从而带走一些上游沟段中的沉积物(见图 6.4)。

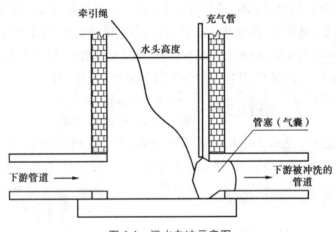

图 6.4　污水自冲示意图

(2)冲洗井冲洗

在被冲洗的管道上游,新建冲洗井,依靠地形高差使冲洗井高程高于管道高程管道,以制造水头差来冲洗下游。一般把冲洗井修建在管道上游段,管径较小、坡度小不能保证自净流速的管段,通过连接管把冲洗井与被冲洗的管段相互连接起来。冲洗井的水可利用自来水、雨污水、河湖水等作为水源,以定期冲洗管道(见图 6.5)。

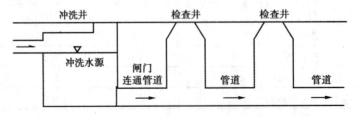

图 6.5　冲洗井冲洗示意图

（3）机械冲洗

机械冲洗是采用高压射流冲洗管道，将上游管道淤泥冲到下游管道上修建的沉泥井中，最后利用真空吸泥车将沉泥井的积泥吸入车内运走。

①高压水冲车冲洗

高压水冲车用汽车底盘改装，由水罐、机动卷管器、高压水泵、高乐胶管、射水喷头和冲洗工具等组成。其工作原理是用汽车引擎供给动力、驱动高压水泵，将水加压通过胶管到达喷头，将喷头放在需冲洗管道下游口，喷头尾部有射水喷嘴（见图6.6）。

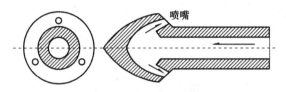

图6.6 喷头构造示意图

水流出喷嘴中射出，产生与喷头前进方向相反的强力水柱，喷射在四周泥沙或管壁上，借助所产生的反作用力，推动喷头与胶管前进。根据试验，当水泵压力达到6 MPa时，喷头前进推力为190~200 N，喷出的水柱冲动着管内沉积物使其松动，成为可移动的悬浮物质流向下游沉泥井中（见图6.7）。

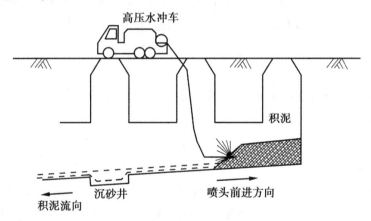

图6.7 喷头前进冲洗示意图

当喷头走至管口时，减少射水压力，卷管器自动将胶管描回，同时边卷管边射水，将残存的沉淀物全部冲刷到沉砂井中。如此反复冲洗，直到管道冲洗干净后再转移到下游沟段作业（见图6.8）。

高压水冲车的作业位置要随着管道的淤泥状况而有所不同。当水流完全不通，处于阻塞状态时，要从管道的最下游井段开始，高压水冲车放在清洗管道下游检查井下侧；当污水还能流动时，要从管段的上游井段开始，高压水冲车放在清洗管段下游检查井的下侧。冲洗作业要根据管径的大小，选用适用的喷头和射水压力。

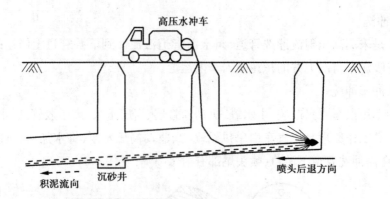

图 6.8　喷头返回冲洗示意图

②吸泥车使用

吸泥车有风机式和真空式两种类型:一种方式是利用离心高压风机旋转,使吸污管口处产生高压高速气流,污泥在其作用下被送入泥罐内;另一种方式是利用真空泵,通过气路系统把罐内空气抽出形成一定的真空度,应用真空负压原理将沉泥井中污泥经过进泥管口吸入罐内,达到吸泥的目的。排放污泥时,开启罐后部球形阀门,把污泥放出或往罐内充气。首先将污水喷出,然后打开端门,将罐体向后倾斜,靠重力排除污泥。一般吸泥深度的有效吸程为 6~7 m。

综上所述,排水管道冲洗保洁工作,具体采用单一或综合方法,必须根据当地构筑物的实际情况、管径大小、管道存泥状况及设备条件而定,这也是管道养护工程中的一项设计工作。

3)掏挖疏通

当管道积泥过多甚至造成堵塞时,一般的冲洗方法解决不了,必须对管道进行掏挖才能清除积泥堵塞物。此项工作往往是由日常养护冲洗工作不及时或管理不善、意外故障等原因造成。

(1)绞车疏通法

在需要疏通的井段上下游井口地面上,分别各设置一台绞车(人工绞车或机动绞车),将 5~6 cm 宽的竹片衔接成长条,用竹片相邻检查井连通一个井段。竹片的作用是使钢丝绳穿过管道,把钢丝绳两端连接上通沟工具。这些工具一般可分为以下 3 种类型(见图 6.9):

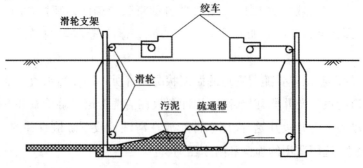

图 6.9　绞车疏通示意图

①能耙松积泥的耙犁工具,如铁锚(见图6.10),对坚实沉积物有较好的松动效果;用薄钢片制成的弹簧拉刀(见图6.11),可将树根、破布拉断。

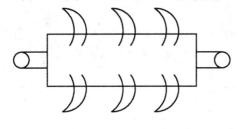

图6.10 铁锚

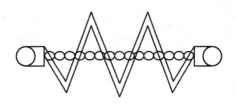

图6.11 弹簧拉刀

②起推移清除积泥作用的疏通工具,如泥刮板(见图6.12)。

③起清扫作用的刷扫工具,如管道刷子等(见图6.13)。

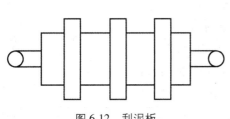

图6.12 刮泥板

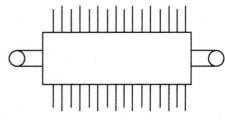

图6.13 管道刷子

如上所述,按管道积泥具体情况,分别使用这些工具,这种方法一般适用于中小型管道。

(2)人工掏挖

一般不能用绞车疏通掏挖的管段、附建物和较大的管道,均可采用人工掏挖作业方式,但人工掏挖时的井下作业,必须遵守井下安全作业守则。

6.4.4 养护周期

为了做好管道的养护工作,必须了解管道内积泥的基本规律,它取决于以下两个因素:

①管道积泥快慢程度,与管道内污水的实际流速、流量成反比。

②管道积泥快慢程度,与进入管道内污水中的可沉降固体悬浮物含量(一般可用 SS 值表示)成正比。水里的悬浮物含量取决于当地居住环境、卫生条件、地面铺装覆盖状况以及水流进入管道的时间长短。

因此,在排水管道的日常清洗养护工作中,应记载各条管道清洗日期,出泥数量和清洗周期,并根据管道的位置、长度、管径、坡度、水质、水量、各类污泥的含水率,预测管道内的积泥深度,结合本次与上次疏通间隔,计算出管道清洗周期,从而掌握所有管道系统的积泥规律,确定整个系统的清洗周期,统一安排冲洗计划进行周期养护。

1)确定水冲周期

根据不同时期观测的管内淤泥深度,首先计算不同年度、不同管段的平均泥深,然后取最近连续 3 年的泥深平均值作为养护单元管道的积泥深度代表值(见表 6.10)。

表 6.10　查泥表

管线名称	管段	管径/mm	第一年			第二年			第三年			平均泥深/mm	备注
			上次清洗日期	查泥日期	泥深/mm	上次清洗日期	查泥日期	泥深/mm	上次清洗日期	查泥日期	泥深/mm		

根据养护规范和养护方案,确定管道的允许积泥深度。

用允许积泥深度,除以年平均积泥深度,得出水冲周期(年)为

$$水冲周期(年) = \frac{允许泥深}{一年平均实际泥深} \tag{6.4}$$

【例 6.2】　已知××管线的泥深数据见表 6.11,求该管线的月水冲周期。

表 6.11　管线的泥深数据

管线名称	管段	管径/mm	年平均泥深/(mm·年$^{-1}$)	相同管径平均泥深/(mm·年$^{-1}$)	允许泥深/mm	各管段水冲周期/年	管线综合周期/年
××管线	A 管段	800	225		160		
	B 管段	800	240	233	160		
	C 管段	1 000	255		200		
	D 管段	1 000	260	258	200		
	E 管段	1 200	281		240		
	F 管段	1 200	310		270		

解　根据式(6.4),计算该管线水冲周期(年)数据见表 6.12。

表 6.12　管线水冲周期(年)数据

管线名称	管段	管径/mm	年平均泥深/(mm·年$^{-1}$)	相同管径平均泥深/(mm·年$^{-1}$)	允许泥深/mm	各管段水冲周期/年	管线综合周期/年
××管线	A 管段	800	225		160	0.71	
	B 管段	800	240	233	160	0.67	
	C 管段	1 000	255		200	0.78	0.78
	D 管段	1 000	260	258	200	0.77	
	E 管段	1 200	281		240	0.85	
	F 管段	1 200	310		270	0.87	

因为

$$管线的综合周期=(0.71+0.67+0.78+0.77+0.85+0.87)年÷6=0.78 年$$
$$管线的月水冲周期=0.78×12 月=9.3 月$$

因此,这条管线冲洗周期为 9~10 个月。

2)影响水冲周期稳定性的因素

①淤泥来源、污水性质对管道积泥影响较大,与水冲周期有直接关系,必须调查清楚,不断积累,分析资料。

②一般情况下,合流制管道在夏季突然性的暴雨排入管道,加大管内流速起到自清作用,达到冲洗效果。应摸清此规律,充分考虑这个因素,利用暴雨集中排放的有利条件疏通管道,可延长水冲周期。

③中途泵站、出口泵站的排水状况直接影响管内淤泥的沉积,要根据管道的水力条件,科学地规定水位高程和开泵时间,保持管道的正常水位排水,即可减少管内积泥。

④保持水冲周期相对稳定,必须加强排水设施管理,加强工业废水管理和接入户线的管理,控制工业废水乱排放,防止居民生活污水乱泼乱倒。加强各种排水构筑物的维护保养,防止腐蚀损坏,提高使用率。

⑤适当改善一些居民区卫生条件,结合每个地区实际情况有些居民区卫生设施不健全,雨污水串流现象严重,特别是沿街住户没有污水池,生活污水随意排放,流入雨水口内,污染河道,增加了管内积泥数量,减小了水冲周期,增加了水冲次数。因此,在排污设施不完善的居民区,应合理增建污水池、污水支管等。

6.4.5　管道维修

为了提高排水管道构筑物耐久性,延长排水设施的使用寿命,对排水构筑物出现的各种损坏状况应及时进行维护与修理。

1)维修方法

根据设施的损坏情况,将养护维修工程项目进行分类,可分为整修、翻修、改建及新建4 类。

(1)整修工程

整修工程是指原有排水管道设施,遭受到各种局部损坏,但主体结构完好,经过整修来恢复原设施的完整性。

(2)翻修工程

翻修工程是指原有排水管道设施,遭受到各种局部损坏,但主体结构完全损坏,必须经过重新修建才能恢复原有设施的完好性。

（3）改建工程

改建工程是指对目前原有排水管道设施等级现状进行不同规模的改造和提高,使原有排水管道设施能适应当前和以后排水方面的需要。一般是指使用年限长,全线腐蚀损坏严重,且在管理高程、位置、结构等方面存在不合理或不满足技术要求的现象,而以普通的养护手段无法达到排水技术标准和功能标准,并影响其排水效能的管段,应对其进行改造。

（4）新建工程

新建工程是指完善原有排水管道排放系统,发挥设施排水能力所实施的工程。

同时,按照维修工程规模大小(以工程量和工作量)划分,可分为大修、中修、小修及维护4类。

2）维修工作内容

（1）雨水口

①有下列损坏情况影响使用与养护应进行维修:雨水箅子损坏、短缺,混凝土井口移动损坏,井壁挤压断裂,位置不良或短缺,以及深浅不适、高低不平等。

②一般维修项:升降雨水口:雨水口高程不适宜,雨水口周围路面有积水现象或路面平整度受到影响。

整修雨水口:混凝土井口错位、移动、损坏,箅子损坏、短缺,井壁底砖块和水泥抹面腐蚀、松动、脱落,雨水口被掩埋、堵塞等。

翻修雨水口:井壁挤压断裂损坏、深浅不适等。

改建雨水口:原雨水口位置不合理、类型数量不适宜等。

新建雨水口:原地面雨水口短缺,需要新添加雨水口。

（2）雨水支管

由于翻修、改建、新建雨水口而发生的雨水支管翻修、改建、新建的工程。

翻修雨水支管:是指原雨水支管位置、长度、管位不变,只是埋深和坡度的改变。

改建雨水支管:是指原雨水支管位置、长度、管径、埋深、坡度都可以有改变。

新建雨水支管:是指原地位置没有任何雨水支管,需新建雨水支管。

（3）进出水口

当翼墙、护坡、海漫、消能设施等部位受到冲刷挤压而出现断裂、坍陷、砖石松动、勾缝抹面脱落、错动移位影响设施的完整使用和养护时,均需按损坏情况进行整修与改建工作。

（4）检查井

有下列损坏情况,影响使用与养护工作应进行维修:井盖、井口、井环损坏、错动、倾斜、位移、高低不适,井内踏步松动、短缺、锈蚀;流槽冲刷破损、抹面勾缝脱落;井壁断裂,腐蚀、挤塌、堵塞、井筒下沉等。

新建检查井:原管道上检查井短缺,根据使用与养护需要而新建的检查井。

一般维修项目：

整修油刷踏步：对踏步松动、缺损和锈蚀的维修。

更换井盖：对井盖、井环缺损或原井盖不适宜使用者。

升降检查井：指井高程不适宜，影响路面平整与车辆行驶或日常养护工作。

整修检查井：检查井的井盖错动倾斜位移，井壁勾缝抹面脱落、断裂、井中堵塞。

翻修检查井：井筒下沉，井壁断裂错动或挤塌，将井在原位置进行重建。

改建检查井：井位置不良或类型、大小、深浅、高程已不适应使用与养护工作要求。

（5）管道

管道有下列损坏情况，影响使用与养护应进行维修：堵塞淤死、腐蚀、裂缝、断裂、下沉、错口、反坡、塌帮、断盖、无底、无盖等。

一般维修项目：

整修管道：原管道堵塞、裂缝、断裂、错口、勾缝抹面脱落、塌帮、断差等局部损坏应进行整修工作。

翻修管道：原管道淤死、腐蚀、反坡、沉陷、断裂、无底，无盖等严重损坏，将在原位置、原状重新修建。

改建管道：原管道位置不良成原断面形状尺寸、深浅高程等已不适应使用与养护要求。

新建管道：原地点位置没有管道，按使用与养护工作需要新建管道系统。

6.4.6　重点设施的养护

为了排除污水，除管道本身外，还须有管道系统上的某些附属构筑物，这些构筑物包括雨水口、连接暗井、溢流井、检查井、跌水井、倒虹吸管、冲洗井、防潮门、出水口等。在排水系统中，有一些设施对整个排水系统的正常使用有重大的影响，并且在使用中容易出现问题。因此，在维护时要作为工作重点加以关注。

1）倒虹吸管

排水管遇到河流、山涧、洼地或地下构筑物等障碍物时，不能按原有的坡度埋设，而是按下凹的折线方式从障碍物下通过，这种管道称为倒虹吸管。倒虹吸管由进水井、下行管、平行管、上行管及出水井等组成。倒虹吸管一般为双孔：一孔为使用管，另一孔为备用管（见图6.14）。

由于倒虹吸管位置低，容易积泥，也比一般管道清通困难。因此，必须采取各种措施来防止倒虹吸管内污泥的淤积。一般可采取以下措施：

①提高倒虹吸管内的流速。

②在进水井中，设置可利用河水冲洗的设施。

③在进水井或靠近进水井的上游管渠的检查井中，当条件允许时，可设置事故排放口。

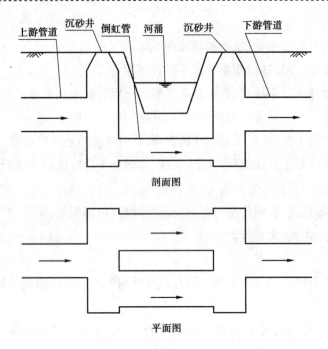

上游管道　沉砂井　倒虹管　河涌　沉砂井　下游管道

剖面图

平面图

图 6.14　倒虹吸管示意图

当需要检修倒虹吸管时,可让上游污水通过事故排放口直接排入河道。

④在上游灌渠靠近进水井的检查井底部做沉观槽。

⑤为了调节流量和便于检修,在进水井中应设置闸门或闸槽,有时也用溢流堰来代替,进出水井应设置井口和井盖。

⑥倒虹吸管的上行管与水平线不大于30°。

因倒虹吸管的特殊性,更应加强日常的检查,定期用高压射流车进行冲洗,及时打捞漂浮物,关闭备用的一孔虹吸管。

2)截流设施

在城市排水中,由于排水系统的限制,有些管道是合流管,既排雨水也排污水,最后都流入了河流,对水体的污染很大。当排水系统逐渐完善后,为了减少对水体的污染,需要将合流(或雨水)管道中的污水截入纯污水管线,最后进入污水处理厂,经处理后,再排入水体。而下雨时,雨污混合水在截流管满流后,越过截流或截流槽,流入水体。在晴天保障了污水不污染自然水体,在雨天保障了雨水排除通畅,但还是不能彻底解决污染自然水体的缺点。

截流的主要形式有堰式、槽式、槽堰结合式及漏斗式,如图 6.15 所示。

养护截流设施,要了解截流下游排水设施的运转情况,如泵站是否提升,水是否倒灌,并经常检查截流管是否堵塞,定期清理井内,以防堵塞截流管。

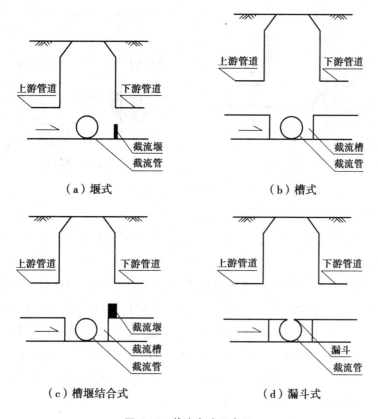

图 6.15　截流方式示意图

3）出水口

一般在排水管渠的末端修建出水口，出水口与水体岸边连接处，应采取防冲、加固等措施。一般用浆砌块石作护墙和铺底。在受冻胀影响的地区，出水口应考虑用耐冻胀材料砌筑，其基础必须设置在冰冻线以下。

出水口的形式一般有淹没式、江心分散式、一字式及八字式。

如果出水口损坏，要进行整修或翻修。翻修时，要根据损坏的部位，确定维修的方法，自上而下拆除旧损的砌体，按原设计形式和尺寸进行恢复。出口如被淹没，在施工前必须做好围堰。修理海漫不能带水作业，须采取技术措施把水导流后方可施工。海漫处于流沙地段的，采用打梅花桩等技术方案进行施工，以保护海漫的稳固。

4）闸门井

临河或邻海的地区，为了防止河（海）水倒灌，在排水管渠出口上游的适当位置设置装有防潮门（或平板闸门）的检查井（见图 6.16）。

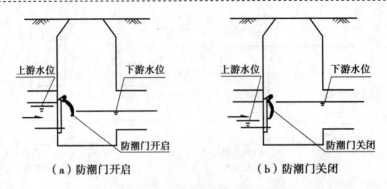

（a）防潮门开启　　　　　（b）防潮门关闭

图6.16　带防潮门的检查井

防潮门一般为铁制,其座子口部略带倾斜,倾斜度一般为1∶10~1∶20。当排水管渠中无水时,防潮门靠自重密闭。当上游排水管渠来水时,水流顶开防潮门排入水体。涨潮时,防潮门靠下游潮水压力密闭,使潮水不回灌入排水管渠。设置了防潮门的检查井井口,应高出最高潮水位或最高河水位,或井口用螺栓和盖板密封,以免潮水或河水从井口倒灌至市区。

闸门养护先要了解清楚闸门形式及技术状况,以便有针对性地进行维护。一般情况下,每个季度汛期每个月对闸井内的启闭机进行一次清洗、涂油(包括启闭机外壳、螺杆,启闭机丝杠,卷扬启闭机的钢丝绳、闸门、导轮),同时要检查各部件的运转情况,电动机闸要检查电路的绝缘情况。下到井内进行维护时,要遵守排水管道安全操作规程,并详细记载闸门启闭时间、水位差以及闸门启闭机的运转情况等。

6.4.7　季节性养护

季节性养护就是把经常性养护内容根据季节特点,科学地组织排水管道构筑物及整个排水系统的养护工作,确定养护的规律性与周期性,以提高养护管理工作水平。

干旱时期,应进行管道的冲洗保洁工作和完善排水管道设施与排水系统,如添建支线和附属构筑物等。

寒冷时期,应对管道系统构筑物进行疏通掏挖,确保管道通畅。

潮湿时期,应整修排水系统构筑物,以维持完好状况。

汛期养护的根本目的是发挥排水系统与构筑物的最大排水能力,保证汛期排水的安全性,如水量的控翻与宣泄,包括水流方向、水流流速和水的流量大小等,以及排水系统地区内的积水与滞水状况。

1)汛期养护工作的要点

①充分了解当地排水系统的最大排水能力,掌握排水系统的管道性质、水流方向、断面大小、排水范围、附建物状况,以及管渠完好率、使用和养护等方面的情况。

②在防汛期间,做到"雨情就是命令",及时出巡,打捞雨水口上的杂物。

③对雨中和雨后排水系统的排水能力以及积滞水状况进行观测,考察原排水系统设计标

准和泄水能力,积累资料。汛后通过对资料的分析,对存在问题的排水系统进行修复和改建。

2)汛前准备工作

在汛期到来之前,要将整个地区的排水系统,包括管道、进出水口、雨水口、机闸等进行检查、疏通、掏挖、维修,保证正常使用。通过日常掌握的设施情况,确定重点积滞水地区,采取预防措施,制订应急预案。采取的措施一般有:

(1)增加雨水支线及雨水口

根据往年雨期的积滞水情况,对因缺少雨水支线和雨水口等排水设施造成积水的地区,在汛前完成增加排水设施的工作。

(2)建雨水调节池

由于降雨最大流量一般发生时间很短,根据这一特点,在雨水管道上游可利用天然洼地、池塘、可分流的沟渠或临时建造的人工调节池,调节雨水管道流量。其作用是在降雨高峰期将雨水引进池中暂存起来,待降雨高峰流量过后,再将池内蓄水陆续向下游排泄。这种调节作用,可提高雨水管道的排水利用率和雨水泵站的负荷量,因而应用较广,并且一般在管道设计时就已考虑了。

(3)建立临时排水与防护构筑物

为了保护排水设施中某些重要构筑物,如水泵站、进出水口等免遭水毁,保护街道、工矿企业、居民区等免遭水淹,可采取各种防水抢险措施,主要是修建临时围堰。围堰是一种临时挡水防护构筑物,因此,要求具有坚固、稳定、不透水等性能。围堰种类很多,可按情况选择合理的形式,通常采用土围堰、草袋围堰等。

(4)防汛材料设备的准备

在汛期来临之前,根据设施情况,要准备一定数量的应急抢险材料,如木板,方木、草袋、砂石料以及各种规格预制盖板等,存放在适当的位置,同时还要准备一定数量工况良好的水泵、发电机等。一日出现险情,材料与设备能及时到达现场,投入使用。

3)汛期排水安全工作

①降水时,雨水口算子和检查井均不宜打开。在必要时,一定要有明显标志,专人看护,防止行人、车辆发生意外。

②对闸门的启闭必须按照控制运行要求与上级指示执行。

③在降雨过程中和降雨后一段时间内,任何人员不得下井和下到进出水口、明渠等处进行维护作业与检查工作。

④发现险情,应及时进行防护与抢修,并立即上报。必要时,要有专人防守,以防险情扩大或危及行人车辆及建筑物的安全。

6.5 排水管道养护的安全管理

6.5.1 安全作业一般要求

排水管道的养护工作必须注意安全。由于管道中的污水通常能析出硫化氢、甲烷、一氧化碳等有毒有害气体,有些生产污水还能析出石油、汽油、苯等气体,这些气体与空气中的氧气混合能形成爆炸性气体。此外,煤气管道失修渗漏也能导致煤气逸入排水管道中造成危险。因此,排水管道养护作业人员如果要进行井下作业,除应有必要的劳保用品外,下井前必须先将有毒有害气体监测仪器放入井内检测。如仪器发出报警声,说明管道中有毒有害气体超标,必须采取有效措施排除。可将相邻两个检查井的井盖打开通风一段时间,或用抽风机进行抽风,排气后再进行复查,即使确认有害气体已排除,养护人员下井时仍应有适当的预防措施。操作人员必须穿戴齐全的防护用品(安全带、安全绳、安全帽、胶鞋、防毒面具及口罩等);井上监护者不得少于两人,以备随时给予井下人员必要的援助,并要与井下人员预订好联系信号。

井上监护人员应熟悉操作和防护、急救要领。监护人要严密分工、坚守岗位、互相呼应,发现问题及时处理。

养护人员在沟内作业应组成工作小组,该小组至少由 4 人组成。如果是污水自冲作业,工作小组应由两人组成。如果是带工具冲洗排水管道,工作小组由 4 人组成。清理进出水口时,工作小组最少两人。

遇有管道堵塞,一般不得在下游疏通。必须疏通时,应戴好呼吸器及安全带。

遇有化工、制药、科研单位的废水直接通入排水管道又必须下井操作时,须经有关部门研究批准,采取安全措施后,方准进入操作。

6.5.2 管道、井下作业的注意事项

管道、井下作业的注意事项如下:

①在井内,不得携带有明火的灯,不得点火或抽烟。井下采用手电照明或利用平面镜子反射太阳光方法。

②如果在管道内作业,沟深大于 1 m 的排水管道,泥水深度不超过 0.25 m 时,方可入内作业;否则,应在送风后再进入作业区,且边送风边作业,作业前进方向应与送风方向相反。在沟内连续作业不得超过 2 h。在井内或沟内作业时,不得迎水作业,应侧身操作。所有从事排水管道养护作业的人员在上岗前必须经过专业知识及安全知识的培训。

③井下作业人员出现头晕、腿软、憋气、恶心等不适感觉时,必须立即上井,并同时通知井上监护人员。

④如果在危险沟段内作业,同时还应对有毒有害气体检测仪进行监测。发现异常情况,及时报警,并采取有效措施。

⑤遇有死井、死水、死勾头地段,必须用通风机强制通风,通风时间不得小于 15 min,并且在作业中不停止人工送风,以补充氧气,井口周围设置明显的防护标志。在沟内连续操作不得超过 2 h。

6.5.3　存在危险性的管道

能危及进入人员生命安全的排水管道和检查井有:

①坡度小于 0.49% 的管道。

②管道井距离大于 90 m。

③带有倒虹吸管的排水管道。

④经过工业区的排水管道。

⑤经过煤气总管或汽油储罐附件的排水管道。

6.5.4　有毒气体监测

污水中的有机物质(人畜粪便、动植物遗体、含有机物的工农业废渣废液等)在一定温度、湿度、酸性及缺氧条件下,经厌氧性微生物发酵,有机物会腐烂分解而产生沼气(甲烷),同时还可能产生一氧化碳、硫化氢、氨气等有毒气体,使人中毒、缺氧、窒息,其中一氧化碳、硫化氢比空气重,一般聚集在水表面或污泥中,清除起来较为困难,而甲烷、氨气比空气轻,可通过孔道向上往四周扩散渗漏。甲烷气体在空气中含量大于 5% 时,遇火会燃烧,放出热量而形成爆炸性的气体。

一般情况下,空气中氧的含量为 20.9%。如小于 18%,即表明空气缺氧;当小于 6% 时,人会缺氧窒息死亡。

硫化氢在空气中的浓度为 0.001 ~ 0.002 mg/L 时,就能闻到气味(臭鸡蛋味)。当达到 1.0 mg/L 时,就能使人瞬时中毒死亡。

二氧化碳是无色无臭气体,一般空气中含量为 0.5%。当空气中浓度达到 5% 时,即会刺激呼吸中枢神经,使人晕倒。

一氧化碳是一种无色、无臭、无味、易燃、有毒气体。氨气也是一种无色而具有强烈刺激性异臭的气体。

除上述气体外,有时也可能产生氢氰酸、二氧化硫、苯、酚、挥发性油酚(如汽油)等有毒有害气体。

有毒气体的检测方法,目前较为常用的是一种"四合一"复合气体检测仪,可同时检测排水管道中最常见的 4 种气体:硫化氢、一氧化碳、可燃气、氧气。当排水管道中这些气体的含量超过设定的警戒值时,仪器会自动报警。

6.5.5　发生中毒、窒息事故时的抢救措施

发生中毒、窒息事故时的抢救措施如下：

①在井下管道中有人发生中毒窒息晕倒时，井上人员应及时汇报施工负责人，并采取措施及时抢救。

②从事抢救的人员应在佩戴好防护用品、扎好安全绳后，方可下井抢救。

③照明应用手电筒，不准用明火照明或试探，以免燃烧爆炸。

④抢救窒息者，应用安全带系好两腿根部及上体，不得影响其呼吸或受伤部位。

⑤及时联系医务人员和急救车辆，组织好现场抢救或送医院急救。

思考题

1.市政排水系统的组成有哪些？

2.排水管道设施管理的等级划分为哪几类？

3.简述几种排水管道养护机械。

4.排水管道的病害有哪些？

扩展资源6

第7章 人行道及附属设施的养护

1.掌握人行道养护内容。

2.描述人行道及其附属设施的病害原因。

3.描述人行道与侧平石的养护方法。

4.描述路名牌的安装与养护内容。

5.掌握开设人行道口的形式。

进行开设人行道口的施工。

7.1 人行道的养护

人行道是指道路中用路缘石或护栏及其他类似设施加以分隔的专供行人通行的部分。人行道作为城市道路中重要的组成部分之一,随着城市的快速发展,其使用功能已不再单纯是行人通行的专用通道,它在城市发展中被赋予了新的内涵,对城市公用设施的依托、地下空间的利用、城市交通的疏导、城市景观的营造都发挥着重要的作用。人行道及附属设施主要包括人行系统、盲道系统、路缘石及道路名牌等。人行道及附属设施的好坏直接影响行人交通、行人安全和市容市貌等城市形象。

7.1.1 养护内容

人行道养护应包括人行道基层、面层及人行道无障碍设施、人行道缘石、树池和踏步等。对人行道及其附属设施,应经常养护,使其处于完好状态。

1)面层

人行道面层养护维修主要包括砌块填缝料散失的补充,路面砖松动、破损、错台、凸起或凹陷维修,较大面积的沉陷、隆起或错台、破损维修,检查井沉陷和凸起维修。人行道面层砌块铺装必须设置足够强度的基层和垫层,面层砌块发现松动应补充填缝料,缝隙应填灌饱满,

砌块排列应整齐,面层应稳固平整,排水应通畅。垫层材料可采用干砂、石屑、石灰砂浆、水泥砂等。面层养护应满足以下规定:

①更换的砌块色彩、强度、块型、尺寸均应与原面层砌块一致。

②面层砌块发生错台、凸出、沉陷时,应将其取出,整理垫层,重新铺装面层,填缝。维修的部位应与周围的面层砌块砖相接平顺,砌块的修补部位宜大于损坏部位一整砖。

③对基层强度不足产生的沉陷、破碎损坏,应先加固基层,再铺砌面层砌块。

④检查井周围或与构筑物接壤的砌块,应切块补齐,不宜切块补齐的部分应及时填补平整;盲道砌块缺失、损坏应及时维修。盲道的块型、位置应安装正确。

人行道面层砌块应具有防滑性能。其材质标准应符合表7.1的要求。

表7.1 人行道面层砌块材质标准

项目	技术要求
抗折强度/MPa	不低于设计要求
抗压强度/MPa	≥30
对角线长度/mm	±3(边长>350 mm),±2(边长<350 mm)
厚度/mm	±3(厚度>80 mm),±2(厚度<80 mm)
边长/mm	±3(边长>250 mm),±2(边长<250 mm)
缺边掉角长度/mm	≤10(边长>250 mm),≤5(边长<250 mm)
其他	颜色一致,无蜂窝、露石、脱皮、裂缝等

2)基础

①当人行道变形下沉和拱胀凸起时,应对基础进行维修。

②修复挖掘的人行道基础时,要求沟槽回填的最小宽度应满足夯实机械的最小工作宽度,且不得小于600 mm;应分层回填夯实,分层的厚度应小于夯实机械最大振实厚度。当不能满足回填最小宽度时,可采用灌筑混凝土等方法回填密实。沟槽回填应高于原路床,夯实后再整平,恢复面层。

3)缘石

①混凝土缘石应经常保持稳固、直顺,发生挤压变形、拱胀变形应予以调整,调整后的缘石应及时勾缝。更换的缘石规格、材质应与原路缘石一致。

②花岗岩、大理石类的缘石,其缝宽不得小于3 mm;最大缝宽不得超过10 mm。

③道路翻修、人行道改造时,砌筑缘石应采取C20水泥混凝土作立缘石背填。

④缘石养护质量标准应符合表7.2的规定,缘石标准应符合表7.3的规定。

表 7.2　人行道缘石养护质量标准

项目	技术要求	检验频率		检查方法取最大值
		范围	点数	
直顺度	≤10 mm	20 m	1	20 m 小线
相邻块高差	≤3 mm	20 m	3	钢尺
缝宽	±3 mm	20 m	1	钢尺
高程	±10 mm	20 m	1	水准仪

表 7.3　缘石标准

项目	技术要求
抗折强度/MPa	不低于设计要求
抗压强度/MPa	≥30
长度/mm	±5
宽度与厚度/mm	±2
缺边掉角/mm	<20,外露面、边、棱角完整
其他	颜色一致,无蜂窝、露石、脱皮、裂缝等

7.1.2　养护状况检查

人行道及附属设施养护状况的检查分为日常检查和定期检查。

1)日常检查

日常检查的内容如下:

①道面及侧石顶面是否完整,排水是否通畅,有无积水。

②道面砌块及侧石是否完整、牢固,砌块间缝宽及相邻砌块间高差是否符合要求,道路纵横坡是否符合原设计要求,侧石外边线是否直顺。

③道面上的树穴位置是否正确,绿化带内是否整洁,树枝有无影响行车或遮挡交通标志。

④各种立柱是否竖直并稳定,交通标牌字迹是否清晰、完整,金属构件表面的油漆是否完好。

⑤附属设施的位置是否正确,表面是否清洁、齐整,有无被路树遮蔽的现象。

⑥场内的绿地、绿树和花坛的布置是否合适,是否美观大方。

2)定期检查

对人行道及附属设施的定期检查属详细检查,每月进行一次。定期检查要使用测量工具详细地检查人行道及附属设施的病害,并同时做好检查内容的记录,发现病害应及时修复。

定期检查的内容及其标准如下:

①人行道面上的坑槽(包括树穴边缘人行道缺损),其深度大于 20 mm,则要修复。

②人行道面上的 1 m² 范围内深度大于 20 mm 时,则要及时修复。

③人行道上的错台、预制板与侧石、板与板之间的高度大于 10 mm 时,则要修复。

④人行道上拱起,低点与高点之差大于 30 mm 时,则要及时修复。

⑤人行道上的各类井框高于或低于人行道 20 mm 时,应进行修理。

⑥人行道路面残缺损坏长度超过 400 mm 时,则要进行修复。

⑦侧平石的损坏长度超过 400 mm 时,应及时修复。

⑧各类路(名)牌的垂直偏差超过 50 mm,字迹不清晰,玻璃钢路名牌脱落,以及混凝土路名牌等严重缺损、露筋时,应及时修复。

⑨护栏的垂直偏差超过 50 mm、油漆大面积脱离时,需要修复。

7.1.3　病害分析

1)人行道病害的原因

预制混凝土板常见病害有坑槽、沉陷、高低差、平整度、井框高差;整体铺装人行道常见病害有坑槽、沉陷、井框高差、脱皮、裂缝等。

人行道病害的主要原因如下:

①预制块混凝土人行道板受雨水冲刷,嵌缝料流失造成板块的松动,以及由基层土壤流失造成的沉陷、坑槽、板块出现高低差及井框高差等。

②整体铺装的人行道板受雨水冲刷造成基层土壤流失,在水的不断侵蚀下,面层产生裂缝。裂缝扩大后,造成坑槽、沉陷。

③施工期间因基层没有夯实,密实度达不到要求,造成路面沉降,形成沉陷、裂缝和高低差。

④各类井框周围,因施工覆土没有达到标准密实度,发生局部沉降形成井框高差。

⑤整体铺装,人行道板因抹面等工序没有处理好而造成裂缝、脱皮等现象。

⑥在人行道上停放重车,堆积重物而形成人行道坑槽和裂缝。

2)缘石病害的原因

①施工过程中,因侧平石不牢固,使用后造成倾倒、沉降。

②在使用过程中,因重型车辆撞击造成侧平石的沉降、残损、断裂等。

③因侧平石成品质量有问题而出现的裂缝、蜂窝等病害。

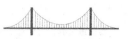

3)路名牌病害的原因

①路名牌因遭日晒雨淋或受烟熏造成字迹模糊,难以辨认。

②路名牌因施工中不牢固,没有达到规定要求而造成倾斜或倒落。

③路名牌在使用中因悬挂重物或受车辆碰撞造成损坏及倾倒。

7.1.4 养护措施

1)日常养护

①应经常保持人行道的平整,及时清除人行道上的尘土及杂物。两侧建筑物的管道排水不得漫流于地面。

②禁止机动车在人行道上行驶。防止机动车上人行道的措施如下:

a.在人行道上安装防护栏或布置绿化带,且在进出口坡度两侧安装反光立杆(间距1 m),以防止机动车辆驶入人行道。

b.提高侧石及整个人行道的高度,一般为22~30 cm,以阻止机动车辆驶入人行道上。

c.加强人行道的整体强度,铺设水泥混凝土人行道,以提高人行道基础和面层的强度,使人行道停放机动车后不致损坏。

③经常保持块料铺装人行道块体的稳定,发现松动及时补充嵌缝材料,充填稳固。若垫层不平,应重新铺砌。

④应保养好整体铺装人行道的伸缩缝和施工缝以及人行道同检查井口的接缝。局部损坏要及时修补。

⑤侧石及平石的接缝,要定期清缝及勾缝。

⑥对损坏或歪斜的侧石及平石,应及时调整或更换。

⑦因树根挤坏人行道及侧石而影响行人和排水时,应同园林部门联系并解决。

⑧发现人行道和附属设施被占压和破损,应及时处理。

2)人行道板的养护

人行道道面、彩色和盲人人行道板如有破损,应用同种颜色的材料进行修复。修复时,应根据损坏情况采取局部调整或重新翻排。

(1)局部调整

对人行道板的高低差及局部损坏,应采用局部调整。其主要内容是翻挖有高低差或损坏的道板,整理垫层,铺填黄沙或1:2水泥砂浆找平,以及放置新道板、灌缝、扫净余砂等。

(2)翻挖重排

①清楚表面杂物,翻挖坑槽、沉陷范围内的道板。翻挖时,应按砌块接缝线留100 mm进

行开挖。

②将损坏基层中的混凝土破碎至一定深度后作为填充材料铺筑,并整理夯实,回填土及基层压实度不小于90%。

③基层混凝土铺筑强度应达到设计强度的75%,方可进行铺筑面层工作。

④在混凝土基层上用1:2水泥砂浆作黏结层,厚度控制在3~4 cm。

⑤将修补处人行道板或需要更换的人行道板,按所放定位线逐块铺于黏结层上,板底应完全坐实,上下结成一体。相邻板块紧贴,表面平整,线条顺直。

⑥挂线定位。以一条横缝为基准线向前或双向铺筑(一般以侧石顶面和原有混凝土板为基准线),在人行道边线距离基准横线一块预制板铺筑宽度处用钉钉一杆,用麻线的一端套结在钉杆上,其高度与放样麻线相平;另一端栓一垂球,骑挂在侧石外侧,并使此线平行于基准横道。

⑦铺设彩色或盲人人行道板,应根据原有图案规格进行修补,以保证色彩、图像的完整。

⑧预制道板铺筑完成后,应用丁字镐轻击板面,但不得撞击板的四角。道板铺筑完毕后,即用垫层材料嵌相邻道板间的缝隙,扫缝2~3次。

3)整体铺筑人行道的维修

(1)表面补修

整体铺筑人行道的表面出现脱皮和细小裂缝,一般采用表面补修。其主要补修方法如下:

①首先敲除脱皮面层,并清扫干净。

②挖除裂缝中的杂物及松动的混凝土,并用清水冲洗和毛刷轻刷。

③用M10水泥砂浆嵌补并抹平裂缝或脱皮部分。修补部位的新旧接茬应密实平整。

④养生期为3 d,完毕才能开放交通。

(2)挖补方法

①沿损坏范围边缘放大10 cm画线框,呈矩形。用切割机或人工切缝,刀割深度一般为5 cm左右。

②将损坏的混凝土道板用空压机或风镐破碎至一定细度后作为碎石基层。

③铺筑基层和夯实,并用3 m直尺检验平整度,误差控制在5 mm范围内。

④铺筑面层应从四角开始,同时用插入式振捣器振实。新铺的混凝土强度和厚度应不低于原混凝土面层。

⑤混凝土面层振实后,用平板振捣器及振动夯板整平、抹面。

⑥收水抹面后,应及时分块滚花、压线。滚花应清晰,花眼深度一致,并防止将泥浆带起。

⑦铺筑、振实、收水、抹面及压线等工序应连续施工,不宜间隔过长。施工时,中断时间不得超过0.5 h。

⑧修补成型后,应遮盖湿法养生 3 d 后开放交通。

4)侧平石维修养护

侧石及平石表面风化剥落或有少量破损可采用表面修补方法,表面修补的方法同整体铺筑修补;如侧平石倾斜、沉降或侧平石大面积缺损应进行翻修。

①将损坏的侧平石用空压机及风镐挖除。翻挖时,应注意避免破坏道路面层。

②侧平石基础如有松动,应予挖除。翻挖后,应及时用混凝土填补、整平。

③在翻挖两侧的原侧平石缝中插入铁钎,并在铁钎上拉一麻线与原侧石顶面高程一致。

④排砌侧平石,侧石顶面应与麻线一致;再用 1 m 直尺检验后及时进行缘石坞塝。

⑤侧石坞塝符合强度要求后,铺筑平石混凝土基础。平石基础铺筑完后,应及时排砌平石,平石内侧应紧靠侧石外侧或直线,相邻平石应紧靠,且无倒落水现象。

⑥平石排砌完毕后,进行混凝土坞塝,并用水泥砂浆进行侧平石灌缝,灌缝必须饱满嵌实。水泥砂浆强度达到 10 MPa 后,应采用平缝或凹形缝勾缝,如图 7.1、图 7.2 所示。

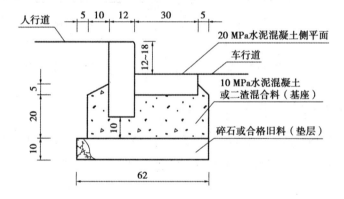

图 7.1　侧平石柔性路面坞塝(单位:cm)

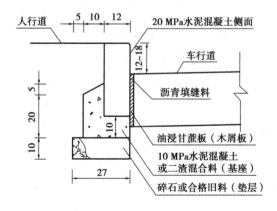

图 7.2　侧平石刚性路面坞塝(单位:cm)

⑦侧平石修补完毕后,应用护栏围护,同时进行湿法养生。

7.2 路名牌的养护

7.2.1 路名牌的设置

道路的起点、终点和主要道路的交叉口处,应设置路名牌。路名牌设置在道路起止点通视的路口斑马线前,离侧石40 cm(见图7.3)。当路线较长(超过2 km)可在中间干道路口增设路名牌。同路名的道路在转弯角大于45°时,应在转弯角前进方向曲线拐点处人行道上设路名牌,如图7.4所示。

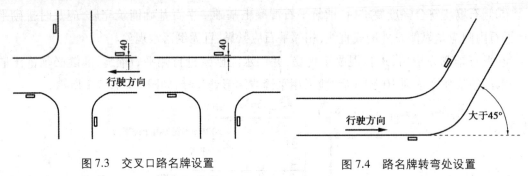

图7.3　交叉口路名牌设置　　　　图7.4　路名牌转弯处设置

7.2.2 路名牌的安装

路名牌底距地面高度应大于2 m,垂直于地面安装,基础深度不得小于0.5 m。路名牌立柱埋入地下部分应用抗压强度为10 MPa的水泥混凝土坞脚,并捣实。路名牌安装质量标准见表7.4。

表7.4　路名牌安装质量标准

项　目	标准及允许偏差	检验频率		检验方法
		范围	点数	
高度/mm	20	块	2处	用尺量
垂直偏差/mm	10	块	1处	用垂线吊量
位置/mm	30	块	2处	用尺量

7.2.3 路名牌的养护

路名牌的养护工作主要有以下内容:

①应经常清除路名牌周围杂草、阻碍视线的枝杈树叶,其他堆积物及时清理,并清洗立杆上的污秽部分。

②路名牌应保持其特有的色泽和字迹鲜明与清晰。

③路名牌有变更时,应及时更换新的路名牌。

④路名牌发生挤弯、变形、倾斜时,应尽快修复或更换。立杆锈蚀应按护栏原漆及养护要求及时油漆。

7.3　开设人行道口

7.3.1　人行道口的形式

在城市道路养护工作中,为满足道路沿线的单位、街坊里弄的车辆和行人出入的需要,在人行道应开设道口。人行道口一般采取以下 3 种形式:

1)通道式道口

通道式道口的形式如图 7.5(a)所示。顺道两侧设置等高侧石,适用于较大的道口,而转弯的半径一般为 2~5 m。

2)过渡式道口

过渡式道口的形式如图 7.5(b)所示。顺道两侧设置不等高侧石,适用于一般的道口,而转弯的半径一般为 0.7~2.0 m。

3)敞开式道口

敞开式道口的形式如图 7.5(c)所示。它的路边侧石降平,人行道面呈斜坡式,适用于较小道口或无障碍路口。

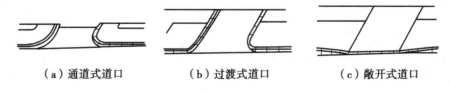

| （a）通道式道口 | （b）过渡式道口 | （c）敞开式道口 |

图 7.5　人行道口的形式

7.3.2　开设人行道口的施工方法

开设人行道口,具体步骤包括铺筑碎石基层、铺筑侧石和铺筑面层等。

1)铺筑碎石基层

①采用挖掘机或推土机等机械设备,将原人行道翻挖至土基,并把挖出的废土及时运走。

②基层用碎石(或砾石)粒径为 0~7.9 mm,超过最大粒径的石子含量不得超过 10%,且不得大于 10 mm,在 5 mm 以下的颗粒含量不得大于 20%~25%。

③碎石(砾石)经摊铺后应达到设计要求的厚度,并且进行认真夯实,用 3 m 直尺检验其平整度,应符合设计要求。

2)铺筑侧石

铺筑侧石应将侧石按进出口斜坡宽度降低,一般比平石高 2~3 cm,两端接头应作成斜坡。

3)铺筑面层

①选用材料。水泥混凝土的强度不得低于 42.5 MPa,砂、碎石的尺寸及质量应符合要求。在工期短的情况下,尽可能地使用外加剂。

②混凝土摊铺必须达到其设计厚度,摊铺从边角开始。用插入式振捣器初步振实后,再用平板振捣器振实整个浇筑面。

③振实及整平工作必须在混凝土初凝之前完成,否则无效果。

④抹平道路表面的施工应在振平后立即进行,否则抹面的工作不能起到应有的作用。

⑤第二次抹面应在混凝土泌水基本结束且处于初凝状态而表面尚湿润时进行。

⑥养生期一般为 8 d,使用外加剂可大大缩短养生期。用草包进行湿法养生,并用护栏维护,防止行人进入而破坏路面。

⑦道口与车行道和人行道接茬应平顺。斜坡与人行道接茬的过渡段坡度宜不大于 20%。

道口施工质量应符合表 7.5 的施工质量标准。

表 7.5　道口施工质量标准

项　目	标准及允许偏差	检验频率		检验方法
		范围	点数	
土基压实度/%	≥90	每个	1	用环刀法
基层压实度/%	≥95	每个	1	用灌砂法
沥青混凝土面层压实度/%	≥95	每个	1	蜡封法
水泥混凝土强度	不低于设计规定	每个	1	
平整度/mm	5	每个	1	用 3 m 直尺量取最大值
厚度/mm	+10,-5	每个	2	用钢尺量

7.4　广场与停车场的养护

7.4.1　广场的养护

城市广场是指城市中由建筑物、构筑物、道路或绿地等围合而成的开敞空间,是城市公共社会的中心。广场又是集中反映城市历史文化的空间和城市建筑艺术的焦点,是最具艺术魅力、最能反映现代都市文明的开放空间。

广场按其主要性质、用途以及在道路网中所处的地位,可分为 5 类:公共活动广场、集散广场、纪念广场、交通广场及商业广场(有的广场兼有多种功能,也可成为综合性广场)。

①作好广场的绿化。随着生活水平的提高和生活节奏的加快,人们希望广场和公共绿地成为舒适、方便、卫生,空间构图丰富,充满阳光、绿化和水的富有生机的优美的休闲场所,以满足人们日益增长的生理和心理需求。因此,要派专人经常检查与维修,定期修剪植物的枝叶,以达到完美的视觉效果。

②保持广场的整洁。派专门的保洁人员保持公共设施的干净整齐。

③在花坛或绿地上竖立警示牌,提醒行人或游人注意自己的言行,维护广场的优美环境。

7.4.2　停车场的养护

停车场是指城市中露天集中停放车辆的场所。城市公共停车场是指在道路外独立地段为机动车和非机动车设置的场地。

①停车场管理得当对提高道路服务能力、保障行车安全和交通畅通具有重要意义。要派专人进行管理,使车辆有序地停放。

②经常检查停车场出入口及停车场内的交通标志、标线,若缺失应及时补充,以指明场内的通道和停车车位。

③要确保场地平整、坚实、防滑。

思考题

1.人行道常见的病害有哪些? 应采取怎样的养护措施?

2.人行道与侧平石日常养护的内容是什么?

3.开设人行道口应如何进行施工?

扩展资源 7

第8章　市政道路沿线设施的养护

知识目标

1. 掌握道路交通标志的分类。
2. 描述道路交通标志养护的内容及方法。
3. 描述交通安全设施的内容及养护方法。
4. 描述市政管线检查的内容及维护措施。

能力目标

进行标柱横断面布设图的绘制。

8.1　市政道路沿线设施的基本概念

市政道路沿线设施是道路交通安全、管理、服务、环保等设施的总称,是道路的重要组成部分。它与行车、行人的安全和交通的畅通有着密不可分的关系,对提高道路服务性能以及保障行车安全和交通畅通具有重要意义。市政道路沿线设施主要包括交通标志、交通标线、安全设施及机电系统(监控系统、通信系统、供配电系统及照明系统)等。道路沿线设施应经常处于良好的服务状态,与其他道路设施一样需要进行养护,有损坏的应及时维修或更换,缺失或需要增加的应及时按技术要求进行补充,保持完整、齐全和良好的工作状态,满足道路的各种功能要求。

8.2　道路交通标志的养护

城市道路交通设施
整治示例新增项目

8.2.1　概述

道路交通标志是用图形符号和文字传递特定信息,用以管理交通,保证道路交通安全,协助车辆顺利通行的安全设施。道路交通标志包括禁令标志、警告标志、指路标志、指示标志、旅游区标志、作业区标志、告示标志等主标志,以及为表示时间、车辆种类、区域或距离、警告、禁令理由等辅助说明作用的辅助标志及其他标志。道路交通标志形状、颜色、尺寸、图案种类

及设置地点均按现行道路交通标志和标线系列标准的规定执行。

道路交通标志的设置,应按照各类标志的设置条件,根据实际需要,结合具体情况合理设置。总的来说,应保持位置适当,表达准确、完整、醒目、美观;夜间交通量大的道路,应采用反光标志;国际道路和重要的旅游道路,宜同时标注英汉两种文字。道路标志的设置应遵循下列原则:

①交通标志的设置,要以保证交通畅通和行车安全为目的。总体考虑布局,避免出现标志内容互相矛盾、重复的现象,尽量用最少的标志把必需的信息展现出来。

②交通标志应设在车辆行进方向最容易看见的地方。可根据具体情况,设置在道路右侧、中央分隔带或车行道上方。

③同一地点需要设置两种以上标志时,可安装在一根标志柱上,但最多应不超过 4 种。解除限制速度标志、解除禁止超车标志、干路先行标志、停车让行标志、减速让行标志、会车先行标志、会车让行标志应单独设置。

④标志牌在一根支柱上并设时,应按警告、禁令、指示的顺序,先上后下、先左后右地排列。

⑤路侧式标志应尽量减少标志版面对驾驶员的眩光影响。在装设时,应与道路中线垂直或成一定角度:指路和警告标志为 $0°\sim10°$,禁令和指示标志为 $0°\sim45°$,如图 8.1 所示。

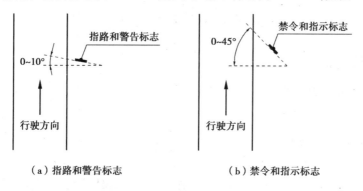

（a）指路和警告标志　　　　　　　　（b）禁令和指示标志

图 8.1　路侧式标志应与道路中线垂直或成一定角度

一般将交通标志的标志板安装于专门的交通标志立柱或门架上,也可将标志板安装在上跨桥和附近构造物上。

交通标志的标志板可用薄钢板、铁板、铝合金板及合成树脂类材料制作。标志板的尺寸和正面图案应严格按照国家标准制作,在需反光的部位漆反光油漆或贴反光薄膜。标志板的反面可选用美观大方的颜色,最好用乳白色或浅灰色。

交通标志立柱可选用角钢、槽钢、钢管及钢筋混凝土等材料制作。断面尺寸应根据风力、板面大小及支持方式计算确定。标志立柱一般应浇筑混凝土基础,其埋设深度决定于地基承载力。

标志板和立柱的连接可采用多种方法。在设计连接部件时,应考虑安装方便、连接牢固,联接螺钉应进行强度验算。

8.2.2　交通标志的检查

道路交通标志应经常检查是否受到树木等物体的遮挡,以及标志牌、支柱是否受到损坏。另外,一般还应进行定期检查。遇到有风暴等异常气候及洪水、地震等自然灾害或交通事故时,应进行临时检查。检查包括下列内容:

①标志牌、支柱的变形、损坏、污秽及腐蚀情况。

②油漆及反光材料的褪色、剥落情况。

③标志牌设置的角度及安装情况。

④照明设施情况。

⑤基础或底座情况。

⑥反光标识的反射性能。

⑦交通标志的缺失情况。

此外,还需要根据公路条件(如新增或取消平面交叉、新建或改建桥梁、窄路拓宽、局部现行变更)或交通条件(如增加或变更交通限制等)的变化,检查公路交通的设置地点、指示内容、各标志之间的相互位置、标志的高度和尺寸是否适当等。

通过检查,发现道路交通标志出现异常时,应及时恢复到正常状态。

8.2.3　交通标志的养护

道路交通标志的养护主要包括以下内容:

①交通标志有污秽或贴有广告等时,应尽快进行清洗。清洗的方法是:先用清水喷洒标志表面,再用清洁液、软毛刷、抹布等刷洗,最后用清水冲洗干净,特别注意在使用清洁液或工具时,不可擦伤标志板面(使用清洁液应先取小面积试验后,再决定用何种材料、何种清洁剂为宜,清洁液的选择应注意无磨损性、无强酸、强碱之特性,pH 值为 6~8,不可用苯类、醇类等芳香族溶剂)。去除标志面上的沥青、油质、柴油污点或其他杂质时,可用抹布浸湿煤油、矿物晶、戊烷或石油擦拭后,再用洗洁剂及清水冲洗。标志面清洗完成后,就进行反光性能测试。

②交通标志如有树木遮蔽时,必须清除阻碍视线的物体,或在规定范围内及时变更设置位置。

③定期刷新。结合当地实际情况,对立柱应周期性刷漆一次,油漆应选择防腐性、耐久性和装饰性好的油漆。

8.2.4　交通标志的维修

①标志变形、支柱弯曲、倾斜应尽快修复。

②标志牌、支柱损伤及生锈引起油漆剥落,其范围不大时,可对剥落部分重新油漆;油漆

严重剥落或褪色,应重新油漆。

③标志牌或支柱松动,应及时紧固。

④破损严重、缺失、反光膜效果不好,应及时更换或补充。反光膜有轻微损坏时,用选用相同材质的反光膜覆盖修补。

⑤当基础或底座有损坏时,应及时修补恢复。如无法恢复时,宜在原处附近重新设置基础或底座。

⑥连接紧固件如有缺失、损坏,要及时进行更换和补充。

⑦部分路段因路面多次维修、罩面,路面高程有所提高,致使某些标牌的净空已不能满足路上行驶车辆的要求时,应及时调整标志牌高度。具体操作如下:

A.升高部件的制造。采用与原标牌立柱直径相同的无缝钢管和相适应的法兰盘、筋板焊接而成,表面进行防腐处理。

B.吊装原立柱。

a.连接件加松动剂。

b.用吊车拴住立柱,再拧松连接螺母,吊出立柱。

c.对原基础和地脚螺栓进行必要的处理(如除锈、防腐等)。

d.将制作好的升高部件安装到位,拧紧地脚螺栓并调平上表面。

e.对原立柱进行清理后吊装到位,调正立柱,拧紧联接螺栓。

⑧交通标志的更换及变更设置位置。

a.因腐蚀(生锈)、破损而造成辨认性能下降或夜间反光反射能力降低的标志,应予以更换。

b.设置的标志有类似、重复、影响交通的情况,或设置位置和指示内容不符合时,应进行必要的变更。

c.缺失的,应及时补充。

8.2.5　移动交通标志的养护

除固定位置交通标志之外,在道路养护管理、交通事故处置等作业过程中,为保证车辆、行人安全和施工正常进行,应按国家标准规定设置路栏、锥形交通路标、导向标等告示性和警告性标志。应经常检查是否按照规定设置了标志,并应保持标志的良好状态。这些标志主要包括:

①在施工作业、落石、塌方等危险路段或周围设置路栏。

②在指引车辆绕过的施工、维修作业区或其他障碍物路段,应设置锥形交通路标。

③在路线方面发现明显变化处,应设置指示性导向标;在施工和维修作业区两端,应设置警告性导向标。

④路栏、锥形交通路标和导向标,有移动性临时设置设施,也有固定的永久性设施,应分

别采用不同的养护和修理方法。应及时清除和修剪导向标周围的杂草和树枝；保持表面、牌面清洁和油漆或反光材料的完好,损坏严重或缺失时,及时更换或补充。

⑤为预告前方公路阻断情况,指示车辆改变行车路线或提醒驾驶人提高警惕的路段两端,应设置临时性的情报告示牌。

a.当前方道路因路面翻浆、路基坍塌、桥梁破坏、隧道冒顶或水毁等原因发生阻断需指示车辆改变行驶路线时,宜采用"前方×千米处,因××不能通车,请从××公路绕行"标志的告示牌。设置位置在公路阻断处两端绕行公路的交叉路口前。

b.当公路虽遭破坏,但尚能通过或因气候原因改变行车条件,需告示车辆注意行车安全时,宜采用"前方××,注意瞭望""××××,车辆慢行"等标志的告示牌。设置位置在需告示地点前100~200 m处的右侧路肩上。

c.情报指示牌应保持牌面清洁,字体工整醒目。道路一旦修复、恢复正常行车后,应立即将情报告示牌撤除。

⑥道路上进行开挖沟槽等作业以及禁止车辆驶入的施工区,除按规定设置醒目的施工标志外,夜间应设置施工标志灯。施工标志灯可因地制宜选用,但必须具备夜间有足够的照明时间、亮度和不易被熄灭的功能。

⑦在高等级道路和一级公路上,宜设置因交通、道路、气候等状况变化可改变显示内容的可变信息标志。根据系统的形态或显示器种类、操作频度、机器设置地点周围环境等不同,按照各种机器说明书所规定的保养要点进行保养,一般由专职人员负责进行整修。

8.2.6 交通标志的养护要求

道路交通标志的养护应符合下列要求：
①应保持交通标志设置合理,结构安全,版面内容整洁、清晰。
②标志板、支柱、连接件、基础等标志部件应完整、无缺损,且功能正常。
③标志应无明显歪斜、变形,钢构件无明显剥落、锈蚀。
④标志面应平整,无明显褪色、污损、起泡、起皱、裂纹、剥落等病害。
⑤标志的图案、字体、颜色等应符合相关标准要求。
⑥反光交通标志应保持良好的夜间视认性。

8.3 道路交通标线的养护

道路交通标线是管制和引导交通安全的安全设施。道路交通标线包括路面上的各种线条、箭头、文字、立面标记、突起路标和轮廓标等所构成的交通安全设施。它可与标志配合使用,也可单独使用。

所有高等级道路、一级道路和二级道路,均应设置路面标线。其他等级的道路可根据需

要设置。道路交通标线设置后,应按管理责任分工再认真保养,经常保持完整、齐全、鲜明。

8.3.1　标线材料的要求

路面标线应采用耐磨耗、耐腐蚀、与路面黏着力强、具有较好的辨认性、便于施工、对人畜无害的路标漆、塑胶标带、陶瓷和彩色水泥等材料制作。标线材料的选择,应从涂料性能和施工方便两个方面加以考虑。

1)涂料性能

①车辆行驶时,无论是白天或黑夜都能因光泽和色彩的反衬而清晰地识别和认清标线。

②涂料必须保持与路面之间的紧密结合,一定时期内不会因为车辆和行人来往通行而剥落。

③涂料必须具有优良的耐久性,能经受车轮长久的磨耗,不会产生明显的裂缝。

④涂料应具有很好的防滑性能,车辆驶过标线时产生较小的噪声和振动。

⑤涂敷作业要安全、无毒、无污染。

⑥反光标线涂料,应确保较好的反光性能,并在相当长的使用期间不会显著下降。

⑦保持路面标线颜色的均匀一致,一定时期内不会因气候、路面材料等作用而变色。

2)施工性能

①标线涂料应具有快干的特性,涂敷作业应尽量减少对交通的干扰。

②标线涂料应具有良好的施工性能,划出的标线边缘整齐、表面平整,不会产生涂料流淌,表面产生沟槽、气泡等缺陷。

③标线施工过程中,按规定控制标线厚度。

④标线施工过程中,应严格控制施工温度,常温涂料施工温度为 4 ℃以上,加热型涂料施工温度为 50~80 ℃,热熔涂料施工温度为 180~230 ℃,注意气温低于 4 ℃,以及雨雪天不能施工。

8.3.2　标线材料的分类

路面标线材料中的涂料按施工温度,可分为常温型(冷用)、加热型和热熔型 3 类。常温型和加热(50~80 ℃)型属于溶剂型涂料,呈液态供应。加热型涂料固体成分多一些,黏度也高。热熔型涂料呈粉末状固体,需高温加热(180~230 ℃)使其熔解才可涂敷于路面。欧美国家把这种涂料称为热塑涂料。

除涂料用作标线材料外,还有各种粘贴材料。路面标线材料的分类见表 8.1。

表 8.1　路面标线材料的分类

序号	分　　类			施工条件
1	标线涂料	溶剂型	常温涂料	常温施工
			加热涂料	加热施工
		熔融型	热熔涂料	熔融施工
2	贴附材料		贴附成型标带	粘贴施工
			热熔成型标带	加热施工
			铝箔标带	粘贴施工
3	标线漆		突起路标	粘贴或埋入施工
			分离器	螺栓固定施工

8.3.3　标线涂料的适用范围

标线涂料的适用范围见表 8.2。

表 8.2　标线涂料的适用范围

道路分类	路面状况	路面标线的划分	温暖地带		寒冷地带	
			交通量大	交通量小	交通量大	交通量小
一般道路	一般道路	纵向标线	M	M,H	M,H	H
		横向线、文字记号	M	M	M	M
	临时道路	纵向标线	C	C	C	C
	龟裂多的道路	纵向标线	H,C	H,C	H,C	H,C
	石路面、砖路面	纵向标线	C	C	C	C
高等级道路	一般路面	纵向标线、横向线、文字记号	H,M	H	H	H
		立面标记	C	C	C	C

注:C—常温型;H—加热型;M—热熔型。

8.3.4　交通标线的养护与维修

1)路面标线、导向箭头、文字标记

①路面标线污秽,影响辨认性能时,应及时进行清扫或冲洗。

②路面标线磨损严重或脱落,影响辨认性能时,应重新喷刷或修复,并注意避免与原标线

错位。

③进行路面局部修理使路面标线局部缺损或被覆盖,应在路面修理完工后予以修补或喷刷。

2)立面标记

①立面标记应保持颜色鲜明、醒目,并经常清除标记表面污秽。

②对用反光膜制作的立面标记,若被破坏,应及时重新更换、贴补。

③对用油漆涂刷制作的立面标记,若已褪色或油漆剥落,应及时重新涂漆。

3)突起路标

为辅助和加强标线,可设置固定于路面上的突起路标。突起路标是安装于路面的一种块状突起结构,一般与路面交通标线配合使用,设置在行车道的边缘外侧或车行道分界线的虚线处。

①突起路标的主要养护内容是保持其反射性能。应经常清扫突起部位周围的杂物,清除反光玻璃球表面污秽。

②突起路标的主要修理内容是保持其完好的反射角度,发现松动的应予固定;发现损坏或丢失的,应及时修复或更换。

③突起路标的养护应符合下列要求:

a.突起路标应无严重的缺损。

b.破损的突起路标应不对车辆、人员等造成伤害。

c.突起路标应无明显的褪色。

d.突起路标的光度性能应保持其在夜间良好的视认性。

4)轮廓标

轮廓标是设置于道路边缘,用于诱导视线的一种设施。轮廓标上具有逆反射体或逆反射材料,在夜间车灯的照射下,显示出道路边缘的轮廓,对行车进行安全引导。汽车专用道路和实施 GBM 工程的道路或路段,应设置路边轮廓标,其他道路可视实际需要设置。

凡设置示警桩和护栏路段,以及路肩上已种植整齐的行列式乔木路段,可不再设置路边轮廓标。路边轮廓标与百米桩结合设置时,应在桩下部标明百米桩号。

(1)轮廓标养护与修理的主要内容

①反光矩形色块剥落,应及时贴补。

②清除表面污秽和遮蔽轮廓标的杂草、树木和物体。

③油漆剥落的,应重新漆涂。

④标柱倾斜或松动的,应予扶正固定。如已变形、损坏,应尽量修复或更换。

⑤丢失的应及时补充。

（2）轮廓标的养护应符合的要求

①轮廓标应进行表面清洗。

②轮廓标应无缺损。

③轮廓标应无明显的褪色。

④轮廓标的光度性能应保持其在夜间良好的视认性。

8.3.5 交通标线的养护要求

道路交通标线的养护应符合下列要求：

①具有良好的可视性，边缘整齐，线性流畅，无大面积脱落。

②颜色、线形等应符合相关标准要求。

③反光标线应保持良好的夜间视认性。

④重新画设的标线应与旧标线基本重合。

8.4 交通安全设施的养护

交通安全设施是用来标明道路边缘及线型，诱导驾驶员视线，防止车辆驶出路外，保护行人安全以及起隔音、遮光等作用的保证道路交通安全，提高道路服务质量的安全设施。它主要包括护栏、标柱、隔离设施、防眩设施、视线诱导设施、震颤设施、照明设施、平曲线反光镜、安全岛、人行天桥、人行地道及分隔带等。

8.4.1 护栏

护栏是一种重要的交通安全设施。它通常设置于道路两侧和中央分隔带，主要用于防止失控车辆越出路外或穿越分隔带闯入对向车道，同时吸收碰撞能量，保护车辆和驾乘人员生命安全。它一般设置在高等级道路的中央分隔带及高速、一级道路的路基边缘及其他各级道路的高路堤、桥头、极限最小半径平曲线、陡坡、依山傍水等路段的路基边缘。

1）护栏的检查

日常巡查和每季度定期检查相结合，检查的主要内容如下：

①各类护栏的损坏或变形情况。

②立柱和水平构件的紧固状况。

③污秽程度及油漆损坏状况。

④拉索的松弛程度。

⑤护栏及反光膜的缺损情况。

2）护栏的养护与维修

护栏的养护与维修主要包括以下内容：

①经常清理护栏周围的杂草、杂物等。

②护栏表面油漆损坏,应及时修补。反光层脱落,应随时贴补。

③因交通事故或自然灾害造成护栏缺损或变形,应及时修复或更换。

④因道路高程调整,原护栏不符合规定时,应对护栏的高度进行调整。

⑤侵蚀严重的金属护栏应予以更换。

⑥不能及时按原样修复而又对交通安全威胁较大的路段,应采用应急材料临时补救。

3）护栏的养护要求

护栏的养护应符合下列要求：

（1）波形梁钢护栏

①保持波形梁钢护栏的结构合理、安全可靠。

②护栏板、立柱、柱帽、防阻块（托架）紧固件等部件应完整、无缺损。

③护栏质量符合相关标准要求。

④护栏的防腐层应无明显脱落,护栏无锈蚀。

⑤护栏板搭接方向正确,螺栓紧固。

⑥护栏安装线形流畅,无明显变形、扭转、倾斜。

（2）水泥混凝土护栏

①保持水泥混凝土护栏线形流畅、结构合理。

②水泥混凝土护栏应无明显裂缝、掉角、破损等缺陷。

③水泥混凝土护栏使用的水泥、砂、石、水、外加剂、钢筋等材料质量应符合相关标准、规范及设计要求。

④水泥混凝土护栏的几何尺寸、基础强度、埋置深度,以及各部件之间、护栏与基础之间的连接应符合设计要求。

（3）缆索护栏

①缆索护栏各组成部件应无缺损（见图 8.2）。

②缆索护栏各组成部件应无明显变形、倾斜、松动、锈蚀等现象。

③缆索护栏使用的缆索、立柱、锚具等材料质量应符合相关标准、规范及设计要求。

图 8.2 缆索护栏示意图

（4）油漆要求

油漆是保证金属护栏正常工作、延长使用寿命的重要措施。护栏表面油漆损坏除应及时用速干油漆修补外，还应定期重新涂漆。重新涂漆的周期可根据当地气候特点、护栏污染褪色程度、油漆质量而定，一般每隔1~2年重新涂漆一次。在交通量大及容易受有害气体、盐腐蚀路段的护栏，涂漆的周期应相应缩短。钢质护栏在涂漆前应将铁锈完全打磨干净，埋入地下部分用磷酸盐等进行覆膜处理。

8.4.2 中央分隔带

中央分隔带以及在城镇附近混合交通量大的路段沿道路纵向设置的分隔行车道用的分隔带，应经常保持完好。

1）中央分隔带的检查

①中央分隔带或分隔带的排水通道是否阻塞。
②路缘石的变形、损坏情况。

道路隔离设施
设置规范

2）中央分隔带的养护与修理

①排水通道阻塞应及时疏通。
②清理中央分隔带或分隔带内的杂物，修剪蒿草。
③修复变形的路缘石，更换损坏的路缘石。

8.4.3 隔离设施

隔离设施主要是指隔离栅或称防护网。隔离栅是为防止牲畜、行人、非机动车等进入高等级道路、汽车专用道或其他禁入区域，防止非法侵占道路用地的设施。

隔离设施一般有金属网、钢板网、刺铁丝网及常青绿篱等形式。隔离栅的形式选择必须考虑隔离栅的性能、经济性、美观性、与道路周围环境的协调性，以及施工条件、养护维修等因素。

1）隔离栅的检查

除日常巡回检查外，每季度还应进行一次定期检查。检查包括下列内容：
①隔离栅的损坏或变形情况。
②污秽程度。
③油漆损坏及金属锈蚀情况。

2）隔离栅的养护与修理

隔离栅的养护与维修主要包括以下内容：

①污秽严重的应定期清理。

②2~4 年定期重新涂漆一次。

③损坏部分应及时修复或更换。

④对常青绿篱等植物性隔离设施,应加强抚育管理,及时松土、除草、浇水、施肥,定期修剪和防治病虫害。若有缺失成死亡,应立即更换补植。

3)隔离栅的养护要求

隔离栅的养护应符合下列要求:

①应保持隔离栅完整无缺、功能正常。

②隔离栅金属网片、立柱、斜撑、连接件、基础等部件应无缺损。

③隔离栅质量应符合相关标准要求。

④隔离栅应无明显倾斜、变形,各部件稳固连接。

⑤隔离栅防腐涂层应无明显脱落、锈蚀现象。

8.4.4　标柱

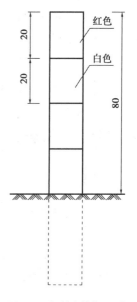

标柱(见图 8.3)分为警示标柱和道口标柱两种。警示标柱是设置在漫水桥和过水路面两侧及平原地区路堤高 4 m 以上、山岭地区路堤高 6 m 以上路段和危险路段,以表明道路边缘及限行的示警标志。道口标志是设在道路沿线较小交叉路口两侧,表明平面交叉位置的设施。

标柱制作材料可采用金属、钢筋混凝土、混凝土、木料或石料等。标柱间距 6~10 m,断面 15 cm×15 cm,高出地面 80 cm,高出地面部分一律涂以间距为 20 cm、顶端为红色的红白相间油漆。

应经常检查标柱有无歪斜、变形、缺少、损坏,油漆有否剥落、褪色。应经常保持标柱表面清洁,清除遮蔽标柱的杂草和树木。养护和修理的主要内容是及时扶正标柱,修理或更换变形、损坏部分,缺少的应填补,保持标柱位置正确、颜色鲜明、醒目。

图 8.3　标柱(单位:cm)

8.4.5　防眩板

防眩板是使夜间行车的驾驶员免受对向来车前照灯眩光干扰而设置在中央分隔带的设施。

1)防眩板的检查

在日常巡回中,应经常检查防眩板有无缺损歪斜、油漆剥落、锈蚀,支柱有无变形。

2)防眩板的养护与修理

①损坏部分应及时修复。歪斜的,应扶正。
②定期重新涂漆。锈蚀和变形严重的,应予以更换。

3)防眩板的养护要求

防眩板的养护应符合下列要求:
①防眩板应保持完整、清洁,具有良好的防眩效果。
②防眩板应安装牢固,无缺损。
③防眩板应无明显变形、褪色或锈蚀。
④防眩板的质量应符合相关标准要求。

8.4.6 声屏障

声屏障是指为减轻行车噪声对附近居民的影响而设置在道路侧旁的墙式构造物。它是缓和道路噪声源等噪声的最有效方法。它分为纯隔声的反射型声屏障和吸声与隔声相结合的复合型声屏障。其主要材质有金属声屏障、混凝土声屏障、PC声屏障及玻璃钢声屏障等。

应经常保持声屏障表面清洁,维持透明型声屏障透光度,避免影响司机视野。清洗时,不得使用腐蚀性溶剂,不得使用利器刮铲屏体表面及玻璃等;发现声屏障歪斜、变形、缺损,应及时维修更换;定期涂漆,避免锈蚀、褪色;定期对基础、立柱、螺栓进行检查,确保稳固。

8.4.7 震颤设施

震颤设施是设在路面上并高出路面,用以警告驾驶人员减速的安全设施。它一般设在进入主干线的次要道路的路口处、一般道路下坡路段急弯的前方和禁止超车的多车道道路的隔离区内。震颤设施一般为半球状体,也有其他如搓板、门槛等形式。当汽车通过震颤设施时受到冲击和震动,起到警告驾驶员和强制减速作用。

1)震颤设施必须定期仔细检查

①与路面的固定有无松动。
②设施本身有无裂缝、损坏。

2)震颤设施养护维修

①经常清扫设施上的杂物。
②对因磨损而影响震颤性能时,应予以更换或修复。
③发现有松动,应立即将固定部件紧固。不易紧固时,应更换。

④严重缺损的震颤设施,应拆除重新设置。

8.4.8　反光镜

视距不足的急转弯和路线平面交叉处,可根据需要设置能使驾驶员从镜中看到对方来车的平曲线反光镜。由于反光镜与交通安全密切相关,因此,应经常进行检查与养护维修。

1)反光镜的检查

除在日常巡回检查反光镜的反射能力外,还应进行定期检查。检查包括下列内容:
①反光镜的设置位置、方向和角度是否正确。
②支柱有无倾斜和损坏。
③镜面有无污秽和损坏。
在发生风雨等异常气候时,应立即进行上述相同内容的检查。

2)反光镜的养护

①保持镜面清洁和反射能力。
②及时清除反光镜周围树枝、杂草等遮蔽物。
③检查出的病害,应立即修复。

8.5　市政管线的养护与维修

8.5.1　市政管线的养护

城市市政管线主要沿人行道或车行道布置,并在直线段适当距离处、转弯处设置有检查井,为排除路面雨水,一般在侧平石处设置有雨水口。路面上的检查井盖、雨水口,应安装牢固并保持与路面平顺相接,检查井及其周围路面 1.5 m×1.5 m 范围内不得出现沉陷或凸起。经常清除雨水口顶面的杂物,防止砂、石、渣土、垃圾及泥浆落入井内。雨水口应经常清捞、疏通,以保持井内清洁,连管畅通。检查井井座、雨水口出现松动,或发现井座、井盖、井算断裂、丢失,应立即维修补装完整。在路面上设置的其他种类的检查井,其井盖强度应与人行道、车行道道路等级相称,符合国家标准《铸铁检查井盖》(CJ/T 511—2017)的规定,井盖宜采用五防井盖,安装位置正确,安装质量牢靠。

一般情况,检查井、雨水口的井座砌筑砂浆强度应不小于 20 MPa。检查井井座与路面的安装高差,应控制在±5 mm 以内。当检查井低于或高于路面 10 mm 以上时,高速行车会产生强烈的颠簸,同时也会对检查井自身产生撞击,造成松动或安装破坏。当检查井、雨水口发生沉陷时,应按以下方法处理:

----

①井筒腐蚀、损坏或井墙塌帮,应拆除到完好界面重新砌筑。

②砌筑材料宜采用页岩砖、建筑砌块或预制混凝土检查井。

③整平、调整井口高度时,不得使用碎砖、卵石或土块支垫。

另外,对维修后的检查井、雨水口,在养生期间应设置围挡和安全标志加以保护。维修后的检查井、雨水口在修补路面以前,井座周围、面层以下道路结构部分应夯填密实,其强度和稳定性应不小于该处道路结构的强度。雨水口安装高度应低于该处路面标高20 mm,应在雨水口向外不小于1 m范围内顺坡找齐。

排水管道、雨水口疏通、清捞宜采用机械作业。当管道清洗完成后,在检查井内气体符合安全要求后,由施工人员佩戴自供气式呼吸面具进入检查井,首先使用高压射水对检查井井壁进行仔细清洗,然后将检查井内原有的以及由排水管道内清理出的垃圾、淤泥等杂物捞出至地面,确保检查井干净、见底、无残留物。由于清理出的淤泥对环境危害较大,因此,不能随意放置和丢弃,所有淤泥垃圾必须当天装袋并转运至业主指定地点,保证淤泥在转运及处理过程中不造成二次污染。

8.5.2　市政管线的维修

市政管线的维修,将对车行道、人行道造成破坏,维修中应加强车行道、人行道的保护,避免对车行道、人行道的性能造成影响。

①由于检查井周围的沥青混凝土或水泥混凝土受渗水影响较大。因此,设计时必须考虑其排水情况,以便降低其对路面的破坏程度。

②检查井维修前,查明其破坏类型,并从检查井基础承载力不够、检查井本身质量问题、检查井周边回填不实、路面面层质量、盖板盖座的质量等方面分析其产生破坏的原因。

③检查井本身质量、盖板盖座的质量问题,可采用新型井盖,引进自调试防沉降盖座等新型设计技术。

④检查井沉降维修施工一般操作规程:

a.基坑开挖。宜为圆形,采用圆形井周铣刨机,以检查井中心为圆心,半径应以出现凹陷、龟裂部位范围的半径加上50 cm为宜,画圆切割井周病害路面,切割深度应以路面沥青面层结构层厚度而定,切割范围内路面结构层用风镐破除,破除范围应小于基坑尺寸,具体清理深度要看病害程度,如果路面基层底基层也出现龟裂松散病害,一并清除。基坑预留边缘部分采用人工凿出,保证坑壁整齐、圆顺、坚实,基底应清理干净,基底如果清理至路基必须用冲击夯夯实,并做5~10 cm碎石垫层。水泥混凝土浇筑前,基坑底部、侧立面应用水湿润。

b.高程控制。井盖安装高程按测量定位的4个点用"十字法"控制,必须在水泥混凝土振捣完成后,准确复核。实际控制中,井盖标高应较周边沥青混凝土标高低2~3 mm,确保在沥青混凝土铺筑时压路机不直接作用至井盖。

c.水泥混凝土浇筑,养护。宜采用低强度等级的水泥混凝土,要求具有早强且干缩小的

特性并振捣密实。预留道路路面中、上面层的厚度,最后一次性用沥青混凝土铺筑碾压成型。

d.铺筑井周沥青混凝土。沥青混合料宜采用与老路面相同规格的混合料,在井周加固水泥混凝土表面及基坑侧立面喷洒黏层油,摊铺、碾压沥青混合料一次成型,铺筑过后积聚在窨井盖上的细料应用小铲子铲除,清扫干净。压实机具的选用应保证井周沥青混合料压实度,满足道路设计要求。加强井周维护,保证沥青混合料温度降至 50 ℃以下时,方可开放交通。

e.严格控制窨井井底标高,不得超挖,如遇超挖现象不得用土回填,宜增加基础水泥混凝土厚度找平。

8.6　涵洞的养护

涵洞是道路上数量很多、形式多样且分布很广的一种构造物。它是保证道路畅通无阻的环节之一。因此,必须认真做好涵洞的养护工作。

8.6.1　涵洞养护的要求与检查内容

1)涵洞养护的要求

涵洞养护的要求是:确保涵洞行车安全、排水顺畅和排放适当;保持涵洞结构及填土完好;维护涵洞表面清洁、不漏水。

2)涵洞检查内容

涵洞应定期进行检查。在洪水和冰雪季节前,应对有缺陷和损坏的涵洞进行实地检查。主要检查下列内容:

①涵洞的位置是否恰当,孔径是否足够,洞内有无淤塞、冲刷。

②涵洞有无开裂,或其他破损,填土有无沉陷,涵底、涵墙有无漏水,八字冀墙是否完整。

③进水口是否堵塞,沉砂井有无淤积,洞口铺砌有无冲刷脱落。

④涵洞内有无积水、积雪,洞身有否冻裂。

⑤现有涵洞设备是否能满足需要,是否需新建涵洞。

8.6.2　涵洞的日常养护

涵洞日常养护的主要任务与要求如下:

①及时清除洞口和洞内的淤积杂物和积雪,并将其抛弃到路基边以外的适当地点。

②洞口和洞底铺砌发生变形、沉陷、破损和漏水时,均须及时修理,并整理上下游沟槽,使水流的坡度保持顺适。

③涵洞出水口的跌水、急流坡,若与洞口结合发生裂缝时,应采用干燥麻絮浸透沥青后填

实。构件也应根据损坏程度及时修理或更换。

④木涵上的螺栓、铁件如有松动、锈蚀、失落及损坏,应及时拧紧、更换或补充齐全。木构件也应根据损坏的程度及时修理或更换。

⑤倒虹吸管易破裂、漏水,要认真检查。若虹吸管顶面出现湿斑,应及时停止使用,挖开修理,更换软化的路基填土和破裂的管节。接头处必须填塞紧密。

⑥管涵的接头处和四铰涵管铰点的接缝处,若发生填缝料脱落时,应用干燥麻絮浸透沥青后填实,不得采用灰浆抹缝的办法修理。

⑦砖、石涵洞的表面如发生局部风化轻微裂缝时,一般可用水泥浆或环氧树脂封闭。灰缝脱落,应及时修补。

⑧涵洞上下游的路基护坡、引水沟、泄水槽、窨井及沉淀井发生变形或沉陷时,一般是设计和施工不良造成的,必须认真修复。

⑨砖石拱涵的洞顶漏水,应挖开填土,用高标号水泥砂浆修理损失部分,再衬铺胶泥防水层 10~15 cm,或用油毡防水层(两层毡三层油),应认真重做,以防渗漏。

⑩涵洞的日常养护维修,在开挖修理时,必须开设便道或采取半幅施工,设立标志、护栏,以保障施工和行车安全。

8.6.3　涵洞的雨季养护

在一年四季中,涵洞均有可能不同程度地遭受暴雨、洪水和风沙、冰雪等自然灾害,尤以雨季最为严重。因此,不同的季节养护应以雨季为重点。

1)涵洞雨季养护的原则

涵洞雨季养护必须遵循"预防为主"的原则。因此,每年的汛前检查十分重要,必须认真做好涵洞的水毁预防。在检查中,发现水毁隐患,应采取适当的工程技术措施,及时防治,并应注意提高其抗御的能力,以减少水害。

尤其对一些涵洞孔看其是否偏小,应验算其在设计洪水条件下是否具有充分的抗洪能力,作出评定,并提出处治办法。陡坡涵洞的上下游必须增设消能设施时,应采取适当的山坡排水工程技术措施。涵洞的孔径大多按无压力式计算,因此,对无压力式涵洞,可根据洞内顶点至最高流水面净高,作出抗洪能力的评定。

2)涵洞水毁的主要原因

防治水毁,均要做到有的放矢。涵洞水毁的主要原因归纳如下:

①抗御洪水能力极差的危险涵洞。

②进水口或洞孔淤积严重,甚至堵塞。

③洞口、洞底铺砌层破损,易被洪水冲刷破坏,基础冲空。

④进水口或洞孔被漂浮物堵塞。

⑤遭受大型漂浮物、流冰或波浪冲击。

⑥涵洞位置不当,其主要原因有二:一是设计、施工所致;二是后来沟床的不利演变,致使水流不顺畅,洪水冲击翼墙和周围路堤,进而造成水毁破坏。

⑦洞孔偏小,或发生超过设计频率的洪水,造成过高的涵前壅水,从而产生过大的动水压力的浮力,乃至水过涵顶,致使涵洞被推倒或冲移破坏。

⑧傍河路线上的涵洞,因河道的不利演变而造成的水毁破坏。

3) 涵洞雨季养护的注意要点

①山区公路,因沟床坡度陡,流速大,洞口、洞底铺砌层和跌水、急流槽易受洪水或漂流的大块石冲击破坏。

②平原区公路,洞口、洞孔和上下游沟槽被泥沙杂物淤积,造成水毁。

③傍河路段的下游洞口易遭大河洪水冲击破坏。

4) 预防涵洞水毁的主要工作

在洪水来临之前,必须认真做好水毁预防,以保证涵洞具有良好的技术状况和抗洪能力。因此,在洪水来临之前,必须做好以下工作:

①清除洞口和洞孔淤积杂物。

②整修沟床,使水道平整、顺畅,并注意清除涵洞上游有可能漂流的大块石,以免洪水冲击洞或堵塞洞孔。

③认真完成遗留病害的处治和拟建水毁预防工程。

④涵洞位置不当的,一般可改建上游沟槽,并用水泥砂浆砌片或混凝土预制块加固沟底和沟壁,使水流顺适,不漏水。

⑤山区涵洞,必须增设上游或下游陡坡排水设施时,应力争在洪水来临前修剪。

⑥孔径偏小的涵洞,应按汛前检查时验算的结果,根据地形、地质情况进行设计,采取一侧或两侧加孔,或扩大孔径(尽可能利用一侧涵台)的办法。施工时,要开设便道,或采取半幅施工,并设临时标志、护栏,以保证交通安全和施工安全。

5) 涵洞汛期养护

大雨或洪水期间,除组织昼夜巡视外,还必须有重点地加强养护。

①洪水期间,有些沟谷,往往有大量草木等漂浮物或漂流的大块石,在有些高寒地区会有流冰冲击或堵塞涵洞。傍河路线,因为河道的不利演变,洪水波浪和漂浮物也会冲击涵洞。因此,在大雨或洪水期间应做好下列主要工作:

a.在涵洞上游,及时打捞清除漂浮物。

b.洞口发生堵塞现象时,必须立即排除。

c.洞口及其周围路堤被洪水破坏时,应立即用草袋、麻袋、编织袋装土石防护,以免水毁扩大。

d.当涵洞发生局部和全部水毁,危及行车安全或阻车时,必须立即在其两端竖立危险警告标志或停止通车标志,以保证行车安全。

②每次雨后或洪水以后,都要立即进行检查、维修,以减轻水害。检查维修内容有:

a.清除沟槽、洞口和洞沟淤积杂物,尤其是要清除涵洞上游沟床里的可能漂流的大块石。

b.进出水口或洞身、洞底的水毁破损处,均需及时修补,以防扩大。

c.洞口、洞底已冲刷成深坑或基础冲空时,应及时加固。一般可用拌成半干湿的凝土装入麻袋或草袋(约2/3),将冲空部位堆置密实,然后灌注混凝土。若冲空部位无水流或积水时,可用片石混凝土(或混凝土)填实。

d.傍河路线,因河道的不利演变,危及涵洞安全或造成水毁时,应立即用装土石草袋(麻袋或各种编织袋)或石笼防护,待雨季后再按设计增设防护工程,修复水毁涵洞。

6)涵洞水毁抢修

涵洞的局部或全部遭受水毁破坏,危及行车安全或阻车时,必须立即组织抢修,并尽量缩短阻车时间。根据"先抢通,后恢复"的原则,一般应采取以下抢修措施:

①开设便道或搭设便涵,以维持雨季交通。

②对水毁破坏的部位,无法在雨季抢修恢复时,必须根据具体情况立即采取临时性的防护措施,以免继续扩大,如抛石、装土石草袋(麻袋或各种编织袋)和石笼防护等。

③在降雨量较少的地区且地质情况较好的小涵洞,也可在雨季抢修恢复,并应采取雨季施工的必要措施,免遭水毁。

7)涵洞水毁恢复

涵洞遭受局部或全部水毁破坏后,进行恢复时应有充分的科学依据。因此,必须认真调查,分析发生水毁的原因,精心设计,精心施工,修一处,保一处,并提高其抗洪能力,减少涵洞水毁。

8.6.4 涵洞的维护措施

1)疏通清理

当涵洞进出口或洞身中淤积有泥沙或杂物、积雪时,应及时进行清理,疏通孔道,以保持流水畅通、洞底铺砌层、洞口上下游路基护坡引水沟、泄水精、警井和沉砂井等处如发生淤积变形、坍陷,致使排水受阻,应及时清理,疏通所有排水设施,并对破损部分加以修理。

2）堵漏和修理

涵底和涵墙、出水口的跌水设施与洞口结合处开裂,管涵的接头处及四铰涵管铰点接缝处出现裂缝或填料脱落而发生露缝,浆砌砖石涵洞(底)顶漏水,管涵的管节因基础沉落发生严重错裂等破损现象时,应根据具体情况,及时进行堵漏和修理。可采用下述措施:疏整水道,使洞口铺砌与上下游水槽坡道平齐顺适;保持洞中底面平顺和一定纵坡,使水流不发生漩涡,并用水泥砂浆勾缝、铺底;衬砌胶泥防水层等。

3）加固

对有些破损,必须采取加固措施。木涵洞上的螺栓铁件如有遗失、损坏、松动、锈蚀,应分别拧紧或补充更新;有的部件损坏严重时,应予更换。砖石、混凝土及钢筋混凝土端墙和翼墙,如有离开路堤向外倾斜或鼓肚现象,应视情况采取开挖填土更换,或加固基础等措施。管节因基础被压沉而发生严重错裂,则可采取挖开填土加固基础,并重做砂垫层。砖石拱涵的加固,一般可采取拱圈上加拱的方法。对涵洞出水口处冲刷严重者,可浆砌块石铺底,并加水泥砂浆勾缝,铺砌末端设置混凝土或浆砌块石抑水墙,或在出口加做缓流的消力槛、消力池等设施。

对涵洞开挖修理加固时,应采取边施工、边维持通车方式,并应设立标志、护栏,以确保安全。

8.7　路灯设施的养护

8.7.1　基本要求

路灯养护的基本要求如下:路灯亮灯率(亮灯率指所检查路灯的亮灯数与检查路灯的总灯数之比)达则 99%以上;设施完好率(主要包括灯杆灯具完好率、线路完好率、配电箱完好率、照明及交通设施清洁率等)达到 97%以上;城市照明及其附属设施外观整洁、安全、完好,按时亮灯熄灯,在盛夏高温季节按照有序用电要求实施亮灯;电杆配电箱等附属设施完好,无破损、油漆剥落和锈斑;灯杆无倾斜,路灯设施无缺损现象;照明质量好,照明亮度在标准范围内,无缺亮、断亮现象;控制箱完好无损;内部线路连接整齐、牢固;重大节庆活动、重大会展活动、重大体育赛事、重要接待活动或其他临时应急活动期间的亮灯保障安全有序,亮灯率达100%;路灯养护采用机械化作业,文明安全施工,无安全责任事故。

8.7.2　日常及夜间路灯巡检

进行日常及夜间路灯巡检,做好巡检记录:

1)定期巡视

路灯每周一次定期巡视,并做好记录;地埋路灯电缆线路每半年巡查一次。为了掌握路灯设施的完好状态,及时发现和消除缺陷,预防事故,确定检修周期、内容,保证安全运行,必须对路灯设施定期进行巡视与检查。

2)特殊巡视

因台风、暴雨、节假日、线路异常,故障跳闸等情况,对路灯进行特殊巡视,并做好记录:接地(或接零)装置每年在干燥季节进行一次检查,测试其接地电阻是否不大于 10 Ω。

一般性安全隐患 24 h 内处理完毕,并及时填写故障处理记录。特殊性安全隐患,做好现场防护措施及填写处理记录,及时上报领导,提出解决方案,尽快解决该安全隐患,做好检查记录。

每周定期对路灯集中监控系统设备及路灯各配电室(柜)、工具及环境卫生进行检查和清扫,工具摆放要规范、整齐,环墙干净整洁。定期刷防锈漆,以防锈蚀。灯具、灯架、引下线每年巡查一次,每半年做一次清洁工作。

8.7.3　路灯巡检注意事项

根据路灯设施维护进行检修时,应对灯具、光源电器、线缆等设备进行全面认真检查。采用临时电源线连接灯盘上电源插头通电修理时,为安全起见,必要时可加装触电保护器以防触电,同时对下列问题进行常规维护保养:

①钢丝绳在收放过程中,一方面检查钢丝绳索外观状况;另一方面注意钢丝绳是否出现重叠、绞股、锈蚀、断股以及严重受力等现象,检查各滑动部件是否灵活可靠。

②更换损坏的光源电器、电缆等,并检查所有固定螺栓是否松动、牢固、安全可靠,定位销和自动挂钩是否灵活可靠等,锈蚀严重的应予更换。

③固定在灯杆底部的电动机、齿轮箱等传动机构,应尽可能进行封闭遮盖,以防线圈受潮而绝缘损坏,检查齿轮箱内油液是否足够,机油是否发黑或有杂质。可移动电机传动机构,应放置在干燥地方,运行前应用摇表测试其绝缘电阻(不得小于 1 MΩ)才能使用。

④路灯的控制电路中的交流接触器、热继电器、行程开关、指令控制器等控制电器,操作前应全面进行认真细致的检查。发现有问题的电器元件,应尽快更换,严禁带病操作。

⑤高杆照明设施的接地保护装置、避雷装置每年雨季前必须例行检查,对接地电阻进行测试。若达不到接地电阻值(应小于 10 MΩ),应及时进行处理。

⑥以上各项检修内容都必须建立台账记录在案。

8.7.4　路灯杆的巡查检修

①杆身是否倾斜、被撞,杆基有否下沉或变形,底座及地脚螺丝是否稳固,如有以上情况,

应及时处理并逐级报告。

②未经允许严禁在路灯杆上牵挂广告牌或横幅,一经发现给予拆除。

③每年对金属电杆的接地电阻测试一次,接地电阻应不大于 4 Ω。若超过,应采取一些电杆漏电保护措施处理。

④灯杆如有外漆脱落或生锈,视情况需更换或重新刷漆。

⑤路灯铭牌是否完好,若有缺失需尽快补挂。

8.7.5 电缆线路的巡查检修

①地下电缆路径上的路面是否正常,有无挖掘痕迹,如有施工单位施工,应提醒注意,并加强巡视。

②电缆线路上不得栽种树木、堆置重物、排泄化工污染物、汽油、机油、易燃物或埋设任何东西。

③检查电缆有无破损,接头有否过热及存在烧蚀情况。

④低压电缆绝缘电阻用 500 V 摇表测量,绝缘电阻值必须在 0.5 MΩ 以上。

8.7.6 路灯配电箱(室)的巡查检修

①巡查检修人员应熟悉掌握配电箱(室)设施、运行方式、控制方式、供配电容量及运行情况。

②配电箱(室)应保持清洁、明亮,防止小动物窜入,检查配电箱(室)是否漏雨积水,门窗、电缆等设施是否齐全有效。

③开关断合标志、指示灯指示是否正确,开关、磁吸开关、灭弧罩应完整无烧痕,保险管应完整,熔断丝应工作正常,内部无响声。

④检查避雷器外壳无破损裂纹、内部无异声,接地良好。

⑤电缆应绝缘良好,接头无过热、烧焦等现象。

⑥配电箱基座应稳固,接地良好。

8.7.7 电缆的维护

电力电缆故障一般为绝缘层老化变质,电缆过热,护层腐蚀,以及电缆安装工艺故障等问题。

①对中间头和终端头制作工艺,可加强入网电缆头附件试验指导,在执行相应规定的基础上,严格把关。剥离护套、绝缘屏蔽层、半导体层时细心操作,对绝缘表面进行彻底打磨和清洁,防止杂质颗粒遗留在绝缘层上,安装环境的湿度保持低于70%。

②对电缆安装作出一系列明确规定,铠装层和铜屏蔽层必须单独接地,且截面不小于 25 mm²,单芯电缆必须是受电端一点接地,三芯电缆必须两端接地,同时要对电缆线鼻做镀锡

处理。

③为防止电缆回外力受损,可对受力部分做穿管保护并加以固定,中间接头外部加以保护,接头两端固定防护。在养护过程中,保证线鼻不被外力扭动变形,如果必须要做扭动处理的,应采取措施使表面平整。电缆附近有施工队施工时,要增加醒目牌,必要时派人提醒施工人员。

④切开接头,在切开前首先要检查接头内是否有积水及潮气。若存在,不能用喷灯切开接头,因喷灯加热会使潮气从接头两侧赶向电缆内部,最好用铁锤和斫刀切开套管。如果没有潮气及水分,则可用喷灯把铅套烫开,除去铅套污垢,刮净锈斑,擦去焊锡渣,从电缆连接处,以备再用。

⑤相关灯具及管线应根据相关型号及配比做总量3.5%~5%的物资储备。

8.8　机电系统的养护

市政道路机电系统是指以电子、信息、控制、通信、电气、机械工程等技术为基础,发挥道路设施交通功能的主要辅助系统,有综合监控、通信、火灾自动报警和消防、隧道通风、隧道给排水、供配电和照明等系统组成。

市政道路机电系统养护的主要内容包括:定期对监控系统的地图屏、投影显示屏、计算机系统、区域控制器、匝道控制器、车辆检测器、可变信息标志、闭路电视、气象检测仪,交通调查数据采集设备,照明、风机、消防喷淋等设备的控制系统的工作环境、状态和性能进行检查、检测和维护;定期对通信系统的光电缆传输线路、数字传输系统(包括准同步系列 PDH、同步数字系列 SDH)、数字程控交换机、IP 网络设备、紧急电话系统及无线通信系统进行检查、检测和维护;应定期对道路专用的供配电系统(包括高压配电装置、电力变压器、低压配电装置、配电线路和照明设备等)进行检查、检测和维护;应定期对火灾报警系统、消防系统(包括消防喷淋泵组、消防泡沫泵组、消火栓、气体灭火、泡沫灭火、消防管路等)、通风系统、给水系统、排水系统进行检查、检测和维护。

市政道路养护部门应认真做好道路机电系统的检查、检测和维护工作记录。

8.8.1　通信设施养护的内容和周期

通信设施检查、检测及维护的主要项目内容和周期参见《公路养护技术规范》(JTG H10—2009)附录 1。其具体内容见表 8.3。

表 8.3　通信系统检查、检测及维护的主要项目和周期表

序号	项　目	周期	备　注
1	数字传输系统监测和记录	d	包括误码秒(ES)、严重误码秒(SES)事件次数,误码计数、误码率(BER)、不可用时间和各类告警等
2	电源和设备状态显示检查	d	每天交接班时检查记录,紧急电话电源每季一次
3	数字程控交换机、IP 网络设备运行状况检查	d	告警、工作电压,数字程控交换机还应包括中继闭塞、设备和电路变更等情况,IP 网络设备还应包括路由器的路由表、端口流量、交换机的 VLAN 表和商品流量等
4	机房与设备保洁、除尘	周	设备表面清扫除尘每周一次,机顶,走线架、配线架及机框内部清扫除尘每年一次
5	浪涌保护器检测	月	性能测试,夏季雷雨季节应及时检查
6	数字程控交换机、IP 网络维护	月	包括防潮滤网除尘或更换,数字程控交换机磁带机清洁、系统时间核准,后备磁带(光盘)制作、告警记录分析等
7	紧急电话总机、分机外观与功能检查维护	月	检查并进行通话试验
8	数字传输系统网管数据备份	季	数据修改后和网管系统升级前应及时做好数据备份
9	光电缆线路巡视检查	季	尾纤(缆)、终端盒、配线架外观检查每月一次,入孔内检查有无积水、垃圾每半年一次
10	数字程控交换机性能测试	季	包括告警性能、中继线电路、迂回路由、I/O 设备诊断等,障碍自动诊断、信号音电平、计费差错率等测试每年一次
11	无线通信设备的检查	季	转发器功率及接收灵敏度、收信机分路器隔离度及损耗、反馈系统、发信机合路器损耗和系统控制器功能等测试
12	数字传输系统倒换试验、光功率测试	半年	包括与壳的滤尘网,网管无此功能可不测发送和接收光功率
13	电缆绝缘电阻测试	年	绝缘电阻测试仪抽测 10% 芯线
14	光纤通道后向散射信号曲线测试检查	年	OTDR 测试
15	数字传输系统通道误码性能测试	年	每个组抽一个通道,在线测试 24 h
16	无线铁塔检查	年	天线、避雷针、地线、紧固螺钉及基础等
17	强电端与外壳的绝缘电阻测试	年	500 V 兆欧表测试
18	防雷和接地检查	年	防雷测试仪和接地电阻测定仪测试

8.8.2 监视设施养护的内容和周期

监视设施检查、检测及维护的主要项目内容和周期参见《公路养护技术规范》(JTG H10—2009)附录1。其具体内容见表8.4。

表8.4 监视设施检查、检测及维护的主要项目和周期

序号	项　目	周期	备　注
1	除尘、保洁	d	机房保洁每日一次,摄像机(含镜头)为每月一次,外场设备为每季一次,其他设备每周一次
2	地图屏、投影显示屏各项显示功能检查	d	键入命令观察
3	闭路电视设备检查	周	观察、检查,编解码器和视频切换器每季检查一次
4	车重测量仪设备检查	周	现场检查积水或杂物,机箱、紧固螺(栓)钉。车重测量仪应定期送检
5	一氧化碳浓度、烟雾浓度等环境检测装置	周	观察、检查、保洁和维护
6	交通调查数据采集设备检查	周	检查,检测精度测试每季一次,其中车速用手持式测速器测试对照,车型、流量与工人测试对照
7	浪涌保护器检测	月	性能测试,夏季雷雨季节应及时检查
8	计算机系统维护	月	功能测试,数据保存、备份设备整理,网络及系统目录和文件的维护,系统软件、防病毒软件升级与补丁
9	隧道照明、风机、消防喷淋等的控制系统	月	实际操作,检查其控制功能
10	桥梁检测装置的检查和检测	月	试验、检查
11	通信功能与传输性能测试	季	测试
12	车辆检测器性能测试	季	车速用手持式测速器测试对照,流量与人工测试对照
13	线缆、电源、接插件检查、测试	季	万用表测试(室内为每周一次)
14	可变信息标志显示屏亮度与光控	季	亮度计检测,光控功能试验
15	区域控制器、匝道控制器功能检测	季	试验
16	视频光端机发送功率、接收灵敏度检测	年	用光功率计测试
17	气象检测仪检查	年	检查和调整灵敏度,必要时检查和校准传感器
18	外场设备的箱体、门架和紧固件	年	检查、紧固螺(栓)钉,除锈、油漆
19	绝缘电阻测试	年	500 V兆欧表测试
20	接地电阻测试	年	接地电阻测定仪测试

8.8.3 主要设备使用年限管理

机电系统内的设备和附属设施应处于良好的运行状态,系统的主要设备完好率应达到 90%。其设备完好率为

$$设备完好率 = \left(1 - \frac{故障设备台数 \times 故障天数}{运行设备总台数 \times 日历天数}\right) \times 100\%$$

机电系统内的设备或附属设施,当其设备完好率不足,或维护记录及其分析报告载明,以及检测、专项测评确定其存在运行安全问题,不能达到业务应用要求时,机电系统维护管理单位应及时组织小修、中修、大修。机电系统的设备和附属设施在达到设计使用年限或生产厂商的产品寿命,或达到表8.5 建议的使用年限时,宜予以更换。

表8.5 主要设备建议使用年限

序号	设备名称	建议使用年限	序号	设备名称	建议使用年限
1	小型机	7	16	光传输设备	7
2	PC 服务器	5	17	以太网交换机	5
3	计算机终端	5	18	路由器	6
4	储存设备	5	19	会议系统设施	6
5	打印机	5	20	网络安全设备	4
6	摄像机	6	21	报警控制器	6
7	录像机	4	22	入侵探测器	6
8	室外云台	5	23	报警主机	10
9	室内云台	6	24	环境监测器	5
10	视频矩阵主机	8	25	气体灭火储气瓶	10
11	视频切换器	4	26	火灾报警探测器	8
12	可变信息标志	6	27	UPS 主机	7
13	车辆检测器	6	28	蓄电池组	4
14	展示设备	5	29	动力开关柜	20
15	程控交换机	8	30	柴油发电机组	10

注:柴油发电机组的建议运行使用时间为 2 500~3 000 h。

思考题

1.道路交通标志有哪些?它们各自的作用是什么?应怎样养护?

2.道路交通标线包括哪些?其养护要点是什么?

3.交通安全设施包括哪些内容？应如何养护？

4.涵洞日常检查和定期检查包括哪些内容？

5.路灯设施的养护包括哪些内容？

扩展资源 8

第9章 市政道路绿化

知识目标

1.掌握道路绿地的概念及组成。

2.描述市政道路绿化的基本原则。

3.描述城市道路的绿化横断面类型及绿化特点。

4.描述绿化施工要点。

5.掌握路树采伐应符合的规定。

能力目标

进行市政道路绿化养护。

9.1 市政道路绿化的基本概念

道路绿地是指道路及广场用地范围内的可进行绿化的用地。它以线状、圈状和网状的形式将城市绿地连成一个整体,是城市绿地系统的重要组成部分。道路绿化是指经过科学、合理、艺术的设计,在各种不同性质、等级和类别道路的绿地上栽植植物,达到改善环境、辅助交通组织、美化环境景观、创造宜人活动空间的目的,发挥道路的综合功能的活动。道路绿化有广义和狭义之分。广义的道路绿化,是指城市干道、居住区、公园绿地和附属单位等各种类型绿地中的道路绿化;狭义的道路绿化,仅指城市道路绿化。

道路绿化最早只是单纯地理解为"一条路、两行树"简单模式的行道树概念,随着经济社会的发展,为顺应人民群众对美好生活的向往,城市道路绿化又被赋予了更多功能。它不仅改善城市气候遮阴、防尘、降噪等,具有良好的生态功能,也赋予城市春、夏、秋、冬多样的季相变化,影响城市的景观面貌,直接反映一个城市的文明程度、经济水平和社会风尚。

9.1.1 市政道路绿化的基本原则

道路绿化应统筹考虑道路的功能性质、人行与车辆交通的安全要求、道路环境条件与植物生长的要求、环境保护、景观的艺术性等因素,并遵循以下基本原则:

1）应与城市道路的类别、功能相适应

市政道路交通是一个多层次、多功能的系统路网。从功能上，除有机动车道、非机动车道和人行道等交通用地外，还有地上架空线和地下各种管道、电缆等许多市政公用设施。根据道路类别、宽度、市政工程设施的不同要求以及绿地定额等因素，合理安排绿化与交通、建筑、市政设施的空间位置和地下管线、沟道的配合，确定道路绿化的植物种类、布局和断面形式，从而达到道路绿化与城市道路的和谐统一。

2）应保证道路行车安全

道路绿化要符合行车视线要求。其一，在道路交叉口视距三角形范围内和弯道内侧的规定范围内种植的树木不影响驾驶员的视线通透，保证行车视距；其二，在弯道外侧的树木沿边缘整齐连续栽植，预告道路线形变化，诱导驾驶员行车视线。还要符合行车净空要求。道路设计规定在各种道路的一定宽度和高度范围内为车辆运行的空间，树木不得进入该空间。具体范围应根据道路交通设计部门提供的数据确定。

3）应合理选择适应环境的树种

道路绿化应选择能适应当地自然条件和城市复杂环境的乡土树种。选择树种时，要选择树干挺直、树形美观、夏日遮阳耐修剪，能抵抗病虫害、风灾及有害气体等的树种。还应注意保护古树名木。古树是指树龄在百年以上的大树。名木是指具有历史纪念价值和稀有、珍贵的树木。在实际中，对几十年以上生长良好的大树均应有意识地给予保留，并使之成为道路景观的有机组成部分。

4）应使道路绿地景观艺术性

道路绿化应根据城市性质道路功能自然条件、城市环境等因素，合理地选择种植位置、种植形式、种植规模，布局适当树种、草皮、花卉，促进城市道路绿化与建筑、街道和广场等城市景观节点有机融合，形成城市生态系统与道路景观。

5）应立足于环境改善和保护

道路绿地要结合交通安全、环境保护城市美化等要求，从促进城市交通畅通、降低汽车废气污染、解决道路环境中噪声等方面考虑，优化道路宽度、树种选择和种植结构，为道路绿地的新建、扩建和改建作出指导性意见。

9.1.2　市政道路绿化的基本概念

道路绿地根据城市道路的分级及路型的不同，可分为道路绿带（包括分车带绿地、人行道

绿地、路侧绿地及街道小游园绿地）、交通岛绿地、广场绿地及停车场绿地等（见图 9.1）。

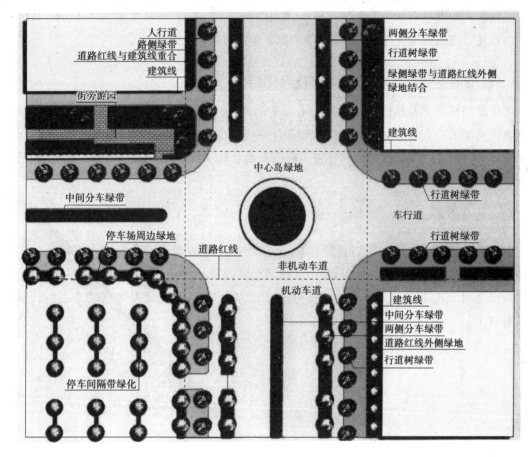

图 9.1　市政道路绿地名称示意图

①道路绿带是指道路红线范围内的带状绿地。道路绿带分为分车绿带、行道树绿带和路侧绿带。

　　a.分车绿带。车行道之间可绿化的分隔带,其位于上下行机动车道之间的为中间分车绿带;位于机动车道与非机动车道之间或同方向机动车道之间的为两侧分车绿带。

　　b.行道树绿带。布设在人行道与车行道之间,以种植行道树为主的绿带。

　　c.路侧绿带。在道路侧方,布设在人行道边缘至道路红线之间的绿带。

②交通岛绿地是指可绿化的交通岛用地。交通岛绿地分为中心岛绿地、导向岛绿地和立体交叉绿岛。

　　a.中心岛绿地。位于交叉路口上可绿化的中心岛用地。

　　b.导向岛绿地。位于交叉路口上可绿化的导向岛用地。

　　c.立体交叉绿岛。互通式立体交叉干道与匝道围合的绿化用地。

③广场绿地、停车场绿地是指广场、停车场用地范围内的绿化用地。

④装饰绿地是指以装点、美化街景为主,不让行人进入的绿地。

⑤开放式绿地是指绿地中铺设游步道,设置座椅等,供行人进入游览休息的绿地。

⑥通透式配置是指绿地上配植的树木,在距相邻机动车道路面高度为0.9~3.0 m,其树冠不遮挡驾驶员视线的配置方式。

9.1.3 城市道路的绿化横断面类型及绿化特点

城市道路横断面是指垂直于道路中心线的剖面,道路用地的总宽度包括车行道(机动车道和非机动车道)、人行道、分隔带、绿地带等。在城市道路采用不同的隔离绿带形式,组织城市交通,保证行车速度和交通安全,可将道路横断面分成4种形式,俗称一板块、二板块、三板块及四板块。

1)一块板形式

如图9.2所示为一板二带式道路断面。车行道1条(机动车道与非机动车道不分),不设分隔带,人行道绿带2条的道路。这种形式适用于路幅窄、占地困难或拆迁量大的旧城区,是一种混合交通形式,即机动车与非机动车在一条道路上进行,绿化是在人行便道上以行道树形式种植。

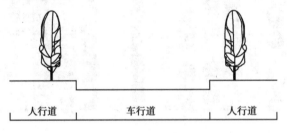

图9.2 一板二带式道路断面

2)两块板形式

如图9.3所示为二板三带式道路断面。车行道2条(机动车道与非机动车道不分),设置分隔带,人行道绿带2条的道路。这种形式常应用于交通量比较均匀以及郊区快速车道。在中央分车带上进行绿化,道路被中央分车带分成两块路面,形成上下行的对向车流,可减少车辆对向行驶时相互的影响,但仍未解决机动车与非机动车的混行问题。

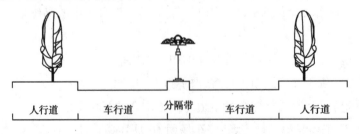

图9.3 二板三带式道路断面

3)三块板形式

如图 9.4 所示为三板四带式道路断面。车行道 3 条(1 条机动车道,2 条非机动车道),设置 2 条分隔带,人行道绿带 2 条的道路。这种形式适用于机动车交通量大、车速要求高、非机动车多的道路。将机动车道与非机动车道用分车带隔开,机动车道在中间,非机动车道在两边,有利于解决机动车与非机动车的混行问题,确保提升车速和保障交通安全。道路红线一般为 40 m 以上。

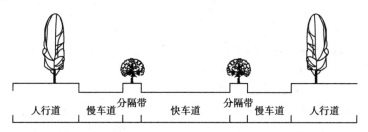

图 9.4　三板四带式道路断面

4)四块板形式

如图 9.5 所示为四板五带式道路断面。车行道 4 条(2 条机动车道,2 条非机动车道),设置 3 条分隔带,人行道绿带 2 条的道路。这种形式适用于大城市的交通干道,各种车辆均单向行,保证了行驶安全。但用地面积较大,建设投资大。道路红线一般为 50 m 以上。

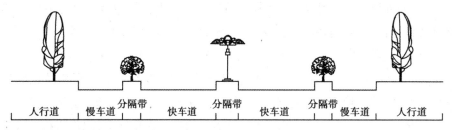

图 9.5　四板五带式道路断面

5)城市道路绿化的特点

①快慢隔离带是市政道路绿化的重点,应根据自身宽度、地下管线布置进行规制设计,宽度为 2 m 以下或有地下管网的,以色叶灌木和宿根花卉为主;宽度在 2~4 m 且无地下管网的,可采用灌草结合的方式,做灵活多样的大色块;宽度为 4 m 以上且无地下管网的,除灌草结合外,还可配以小型乔木。

②中央隔离带为避免干扰司机视线,一般不成行种植乔木,也不宜选用树冠太大的树种。隔离带内可种植修剪整齐,具有丰富视觉韵律感的大色块模纹绿带,绿带内树种选择不宜过多,色彩搭配不宜过艳,以红花檵木等低矮花灌木配以草坪、花卉的种植为主。

③林荫带要同时兼顾观赏和游憩功能,以方便市民步行和休息为前提,参照公园、游园、街头绿地进行乔、灌木、花、草的合理化配置,可设置园林游步道,点缀各种雕塑小品,充分发挥其观赏和休闲功能。

④有架空线路通过的主干道,行道树可采用规则式冠形,将树体修剪成杯状或心形。一般公路感到或较为狭窄的巷道,可以自然式冠形为主。行道树的主干高度,在同一条道路上应选择一致,树体大小也尽可能统一;每年还可通过裁剪的方式,调整树冠高度,避免因高低错落不等、大小粗细各异而影响景观效果。

9.2 市政道路绿化的内容与要求

9.2.1 道路绿化配置方式

市政道路绿化的配置方式有自然式和规则式。自然式的布置方式用对植、丛植、孤植等;规则式的布置方式用对植、丛植、列植、带植、绿篱、绿块等。

①对植是指将两株树在道路两旁,作对称种植或均衡种植的一种布置方式。如在路面宽度较窄的街道两旁进行对称的行道树种植。自然式的对植,其植树的树形及大小是不对称的,但在视觉上要达到均衡,也不一定就是偶数株,可采取树种不同,株数在两株以上的布置方式,如左侧是一株大树,右侧可以是同种的两株小树;也可以在道路两旁种植树形相似而不相同的两个树种,如街道一侧种植桂花,另一侧种植紫叶李;还可在道路两侧丛植,丛植树种的形态必须相似。树种的布置要避免呆板的对称形式,但又必须对应。两侧行道树或两侧丛植还可构成夹景,利用树木分枝状态或适当加以培育,构成相呼应的自然街景。

②丛植是指由两株到十几株乔木或灌木组合而成的种植类型,布置树丛道路以路型而定,可以是草坪或缀花草地等。组成树丛的单株树的条件必须是庇荫、树姿、色彩、香味等有突出特点的树木。树丛可分为单纯树丛和混交树丛两类。在功能上,除作为构成绿地空间构图的骨架外,有作庇荫用的,作主景用的,作配景用的,以及作诱导用的等。

③列植是指乔木或灌木按一定的株行距或有规律地变换株行距,成行成排种植的布置方式。列植的树木可以是同一树种、同一规格,也可以是不同树种。以道路宽度的宽窄有 1 至多列的布置。1 列多布置在河溪边的小路旁,路面较窄的,只能种植在一侧;一般市政道路的行道树多布置为 2 列;有隔离带的道路除两侧种植行道树外,其车道中间的隔离带也种一行行道树,布置方式为 3 列,如北京、南京、杭州等城市行道树有 4 列、8 列布置的,12 列布置的见于北京等城市的行道树。树种常选"市树"或本土有代表性的树种,又可尽量选择应用一些新优品种,做到树种丰富,力求植物的多样性。例如,北京的槐树、杭州的樟树、南京的悬铃木、福州的小叶榕、广州的木棉、广东新会的蒲葵,以及法国巴黎的七叶树均形成具有鲜明特色的城市道路景观。

④带植分为规律式带植和自然式带植。规律式带植是指树木栽植成行成排,各树木之间均为等距,种植轴线比较明确,树种配置也强调整齐,平面布局对称均衡或不对称均衡,分段长短的节奏,按一定尺度或规律划分空间,常用于郊区公路的防护林带等。其树种的选择可依据防护功能及林带结构的不同,多选用乡土树种。自然式带植的林带即带状树群是指树木栽植不成行成排,各树木之间栽植距离也不相等,有距离变化。天际线要有起伏变化,林带外缘要曲折,林带结构如同树群,由乔木、小乔木、大灌木、小灌木、多年生草本地被植物等组成。当林带布置在道路两侧时,应成为变色构图,左右林带不要对称,但要互相错落、对应。常用于郊区公路或高速公路两侧的风厚林带,能体现较好的景观效果,同时改善环境也不会让司机眼睛疲劳,有利行车安全。

⑤绿篱是指由灌木或小乔木以较小的株行距密植,栽成单行或双行的一种规则的、紧密结构的种植形式。依绿篱本身高矮形态可分为高、中、矮 3 个类型。高绿篱,高度在 120~160 cm,人的视线可通过,但不能跳跃而过;绿篱,高度在 50~120 cm,人需较费力才能跨过;矮绿篱,高度在 50 cm 以下,人可毫不费力地跨越。在绿化带中常以绿篱作分车绿带,有两侧绿篱,中间是大型灌木和常绿松柏或球根花卉间植。这种形式绿量大,色彩丰富,但要注意修剪,注意路口处理,不要影响行车视线。分车带在 1 m 及以下的,只能种植如大叶黄杨、圆柏等绿篱。

绿篱树种根据依观赏功能与要求,可分为普通绿篱、常绿绿篱、刺篱、花篱、果篱、彩篱、落叶篱、蔓篱及编篱等(见表 9.1)。

表 9.1　不同观赏性绿篱的植物构成

绿篱种类	特　点	常用植物
普通绿篱	—	锦熟黄杨、黄杨、大叶黄杨、女贞、圆柏、海桐、珊瑚树、凤尾竹、白马骨、福建茶、千头木麻黄、九里香、桧柏、侧柏、罗汉松、小腊、锦熟黄杨、雀舌黄杨、冬青等
常绿绿篱	由常绿灌木或小乔木组成,一般常修剪成规则式	珊瑚、大叶黄杨、冬青、小叶女贞、海桐、蚊母、龙柏、石楠等
刺篱	一般用枝干或叶片具钩刺或尖刺的种类	枳、酸枣、金合欢、枸骨、火棘、小檗、花椒、柞木、黄刺玫、枸橘、蔷薇、胡颓子等
花篱	一般用花色鲜艳或繁花似锦的种类,由开花灌木组成,一般任其生长,不修剪成规则式	扶桑、叶子花、木槿、棣棠、五色梅、锦带花、栀子、迎春、绣线菊、金丝桃、月季、杜鹃花、雪茄花、龙船花、桂花、茉莉、六月雪、黄馨、红花檵木等
果篱	一般用果色鲜艳、累累的种类,秋季结果,一般不作大修剪	南天竹、火棘、枸骨、胡颓子、小檗、紫珠、冬青、杜鹃花、雪茄花、龙船花、桂花、栀子花、茉莉、六月雪、金丝桃、迎春、黄馨、木槿、锦带花等

续表

绿篱种类	特　点	常用植物
彩篱	一般用终年有彩色叶或紫红叶斑叶的种类	洒金东瀛珊瑚、金边桑、洒金榕、红背桂、紫叶小檗、矮紫小檗、金边白马骨、彩叶大叶黄杨、金边卵叶女贞、黄金榕、红叶铁苋、变叶木、假连翘等
落叶篱	由落叶树组成,北方常用	榆树、丝棉木、紫穗槐、柽柳、雪柳等
蔓篱	由攀缘植物组成,在建有竹篱、木栅围墙或铅丝网篱处	叶子花、凌霄、常春藤、茑萝、牵牛花等
编篱	植物彼此编结起来而呈网状或格状,以增加绿篱的防护作用	木槿、杞柳、紫穗槐等

⑥孤植也称孤立树,是指乔木的单株种植形式。有时,为较快、较好地达到预期效果,可采取两株以上相同树种紧密栽植在一起,形成单株效果,也称孤植树。孤植在自然式种植或规则式种植中都可采用,它着重反映自然界植物个体良好生长发育的健美景观,在构图中多作为局部地段的主景。孤植树也可布置在自然式林带的边缘;也可作为自然式绿地中的焦点树、诱导树;还可把它种在道路的转折处,在花色、叶色上与周围的环境有明显的对比,以引人入胜。孤植常选用具有高大雄伟的树形、独特的姿态或繁茂的花果等特征的树木,如油松、白皮松、华山松、银杏、枫香、雪松、圆柏、广玉兰、玉兰、七叶树、樱花、元宝枫、冷杉、樟树、悬铃木等。

9.2.2　道路环境与绿化植物的特性选择

道路绿地的环境条件和空间特性对其栽植地的树种特性提出要求。因此,依据树种的特性来选择适合各类道路绿地环境的绿化植物。

1)适用于各地区的树种

适用于各地区的树种见表9.2。

表9.2　适宜于各地区的树种

地　区	平原(包括岔地及河谷地)		山　地	
	一般地区	水分较多地区	土层较厚	土层浅及石质山
东北	小叶杨、大青杨、水曲柳、落叶松、榆	柳、水曲柳	落叶松、红松、油松、水曲柳、黄波罗	蒙古栎

续表

地　区	平原（包括岔地及河谷地）		山　地	
	一般地区	水分较多地区	土层较厚	土层浅及石质山
华北、西北东南部、东北南部	毛白杨、加拿大杨、洋槐、香椿、桑、榆、白蜡	柳、箭杆杨、加拿大杨、杞柳	核桃、板栗、梨苹果、柿、枣、油松、洋槐、青杨	山杏、侧柏、元宝、枫、油松
华东、华中、贵州东南部	桑、樟、麻栎、梓、泡桐、香椿、重杨木、法桐、三角枫、银杏	柳、枫杨、赤杨、水杉、乌桕	杉木、擦树、栓皮栎、麻栎、锥栗、楠木、油茶、油桐、茶、核桃、板栗、棕榈、杨梅、杏、苹果	马尾松、枫香、麻栎
华南	樟、桉树、红椿、石栗、凤凰树、棟榕树	木棉、水松、重阳木、岛桕	柑橘、乌榄、橄榄、荔枝、龙眼樟、酸枣杉木	马尾松、相思、木荷、枫香
内蒙古、西北西部	榆、小叶杨、胡杨、杏	柳、怪柳	榆、怪柳	山杏
四川、贵州北部	楠木、樟、香椿、柏木、桉树、喜树、梧桐、泡桐柳、枫杨	杨、柳	杉木、柏木、楠木、华山松、油桐、油茶、核桃、棕榈，柑橘、苹果	马尾松、柏木、麻栎、栓皮栎
云南、贵州西南部	杨、冲天柏、桉树、滇楸	杨、柳、水冬瓜、乌桕	华山松、楠木、滇楸、柏木、梨、桃	云南松、油松
西南高原高山	杨树、槭树	柳、榆、核桃	落叶松、云杉	冷杉

2）适用于各环境的树种

适用于各环境的树种见表9.3。

表9.3　适用于各环境的树种

序号	环境分类	树种名称
1	抗有害气体（二氧化硫、氯、氯化氢)的树种	大叶黄杨、黄杨、锦熟黄杨、珊瑚树、广玉兰、夹竹桃、海桐、棕榈、构树、龙柏、圆柏、茶花、栀子花、枸骨、苦楝、合欢、蚊母树、紫穗槐、槐树、怪柳、柑橘、凤尾兰、白蜡树、木槿、臭椿、刺槐等

续表

序号	环境分类	树种名称
2	抗粉尘较强的树种	油松、白皮松、侧柏、垂柳、核桃、椰榆、榉树、朴树、构树、无花果、黄葛树、银桦、蜡梅、海桐、蚊母树、英桐、枇杷、合欢、紫穗槐、刺槐、槐树、臭椿、重阳木、乌桕、大叶黄杨、冬青、丝棉木、茶条槭、栾树、梧桐、白蜡树、绒毛白蜡、紫丁香、女贞、桂花、夹竹桃、泡桐、梓树、珊瑚树、棕榈等
3	防火性较强的树种	银杏、金钱松、木荷、栓皮栎、海桐、枫香、相思树、紫穗槐、乌桕、木棉、珊瑚树、棕榈、大叶黄杨、厚皮香、山茶、卫矛、灯台树、女贞、悬铃木等
4	防火性中等的树种	雪松、鹅掌楸、青桐、梧桐、檞树等
5	耐火性较强的树种	刺槐、垂柳、杨树、麻栎、白蜡等
6	防风、抗风较强的树种	油松、金钱松、雪松、白皮松、樟子松、湿地松、落羽杉、池杉、福建柏、沙地柏、罗汉松、毛白杨、新疆杨、青柳、旱柳、木麻黄、枫杨、栓皮栎、榆树、榉树、朴树、桑树、构树、银桦、广玉兰、樟树、海桐、枫香、蚊母树、杜梨、相思树、重阳木、乌桕、黄连木、丝棉木、冬青、元宝枫、三角枫、茶条槭、栾树、刺桐、怪柳、大叶桉、雪柳、蒲葵、大叶合欢、黄槿、台湾栾树、铁刀木、番石榴、榕树等
7	抗盐碱较强树种	侧柏、青杨、榆树、大果榆、大麻黄、杜仲、杜梨、杏、榆叶梅、紫穗槐、刺槐、臭椿、苦楝、黄杨、火炬树、黄栌、栾树、怪柳、沙枣、白蜡树、绒毛白蜡、夹竹桃、枸杞、金银花、接骨木、黄槿等
8	耐湿树种	红皮云杉、水松、湿地松、落羽杉、池杉、河柳、旱柳、垂柳、馒头柳、木麻黄、长山核桃、桑树、枫杨、紫穗槐、重阳木、乌桕、栾树、丝棉木、三角枫、怪柳、沙枣、胡颓子、君迁子、白蜡树、绒毛白蜡、金银花、接骨木、慈竹、蒲葵、凤尾兰等
9	耐旱树种	油松、红皮云杉、华北落叶松、兴安落叶松、雪松、白皮松、马尾松、樟子松、火炬松、池杉、挪威云杉、侧柏、美国侧柏、香柏、福建柏、柏木、圆柏、沙地柏、铺地柏、新疆杨、小叶杨、青杨、馒头柳、木麻黄、栓皮栎、榆树、大果榆、椰榆、桑树、构树、拓树、无花果、银桦、台湾赤杨、皂角树、二乔木兰、蜡梅、月桂、山梅花、枫香、英桐、山楂、石楠、海棠花、杜梨、黄刺玫、金老梅、杏、山桃、榆叶梅、郁李、樱桃、合欢、相思树、葛藤、紫藤、刺槐、锦鸡儿、金雀儿、胡枝子、槐树、臭椿、苦楝、锦熟黄杨、黄连木、火炬树、扶芳藤、卫矛、丝棉木、元宝枫、七叶树、栾树、木槿、木棉、怪柳、沙枣、胡颓子、石榴、柿树、君迁子、白蜡树、绒毛白蜡、连翘、紫丁香、夹竹桃、枸杞、金银花、金银木、接骨木、蒲葵、棕榈、红花毛刺槐（墨槐）、变色金叶黄杨、紫叶女贞、华盛顿棕、加那利海枣、银海枣、盘龙棕、欧洲棕、布迪椰子等

续表

序号	环境分类	树种名称
10	耐寒树种	红松、兴安落叶松、华山松、白皮松、雪松、池杉、樟子松、银杏、毛白杨、小叶杨、小青杨、青杨、银白杨、加杨、新疆杨、榆树、早柳、香椿、元宝枫、杜仲、水曲柳、柿树、鹅掌楸、相思树、泡桐、银桦、榕树、棕榈、蒲葵、核桃、枫杨、长山核桃、白桦、栓皮栎、小叶朴、构树、白玉兰、二乔玉兰、广玉兰、蜡梅、英桐、山楂、石楠、杜梨、樱花、稠李、红叶李、刺槐、槐树、臭椿、锦熟黄杨、火炬树、黄栌、三角枫、槭树、猕猴桃、瑞香、石榴、灯台树、雪柳、白蜡树、绒毛白蜡、紫丁香、小叶女贞、枸杞、梓树、接骨木、天目琼花、桂竹、淡竹、罗汉竹、紫竹、丝兰等
11	严冬需要保护幼苗的树种	在-5℃以下：桉树、楠木等 在-10℃以下：樟树、海桐、夹竹桃、柑橘等

9.2.3 各种绿化植物的选择

1) 乔木的选择

乔木在街道绿化中，主要作为行道树。其作用主要是夏季为行人遮阳，美化街景。因此，选择品种时，主要从以下6个方面着手：

①株形整齐，观赏价值较高（或花型、叶型、果实奇特，或花色鲜艳，或花期长）。

②生命力强，病虫害少，便于管理，管理费用低，花、果、枝叶无不良气味，如阴香。

③行道树树冠整齐，分枝点足够高，主枝伸张、角度与地面不小于30°，叶片紧密，有浓荫；如细叶榕、盆架子、阴香、木棉等。

④繁殖容易，移植后易于成活和恢复生长，适宜大树移植；如大叶榕、高山榕等。

⑤有一定耐污染、抗烟尘的能力。

⑥树木寿命较长，生长速度不太缓慢。

2) 灌木的选择

灌木多应用于分车带或人行道绿带（车行道的边缘与建筑红线之间的绿化带），可遮挡视线、减弱噪声等。选择时，应注意以下3个方面：

①枝叶丰满、株形完美，花期长，花多而显露，防止过多萌蘖枝过长妨碍交通。

②植株无刺或少刺，叶色有变，耐修剪，在一定年限内人工修剪可控制它的树形和高矮。

③繁殖容易，易于管理，能耐灰尘和路面辐射。

3）地被植物的选择

根据气候、温度、湿度、土壤等条件选择适宜的草坪品种是十分重要的。目前,南方大多数城市主要选择台湾草、马尼拉草等作为地被植物。另外,近10年兴起用假花生作地被植物,假花生属藤蔓植物,种植后遍地开金黄色小花,花期长,不需修剪,远望一片金黄色。因此,该品种种植发展非常快。

4）草本花卉的选择

一般露地花卉以宿根花卉为主,与乔灌草巧妙搭配,合理配置;一年生、二年生草本花卉只在重点部位点缀,不宜多用。

9.2.4　绿化种植要求与标准

1）综合考虑总体布置

①道路绿化布置应综合考虑沿街建筑性质环境、日照、通风等因素,分段种植。在同一路段内的树种形态、高矮与色彩不宜变化过多,并做到整齐一致。绿化布置应注意乔木与灌木、常绿与落叶、树木与花卉草皮相结合,色彩和谐,层次鲜明,四季景色不同。

②城市道路绿化宽度宜为规划红线宽度的15%~30%。对游览性道路、滨河路及美化要求的道路,可提高绿化比例。

③分隔带与路侧带上的行道树的枝叶不得侵入道路限界。弯道内侧及交叉口视距三角形范围内,不得种植高于最外侧机动车车道中线处路面标高1m的树木。弯道外侧应加密种植道。以诱导视线。快速路的中间分隔带上,不宜种乔木。

④植树的分隔带最小宽度为1.5m,较宽的分隔带可考虑树木、草皮、花卉等综合布置。当人流、车流较多或两侧有大型建筑物时,应采用既隔离又通透的开敞式种植。

⑤郊区道路应根据各路段地势、土壤等分段种植。种植方式避免单调,在通往风景区的游览性道路及有美化要求的重要路段应加强绿化,反映城市特色,在填方或挖方地段可在路堤或路堑边坡上种植草皮,在不影响视线地段可种灌木。

⑥在道路平面绿化设计时,应注意保护古树名木。对现有树木、树林等应注意保存,以改善沿路环境,并考虑沿线风景点的组成。

2）立交、广场、停车场绿化种植要求

①环形交叉口中心岛的绿化应在保证视距的前提下进行诱导视线的种植,并与城市景观结合,体现城市特点。

②根据互通式立体交叉各组成部分的不同功能进行绿化设计。沿变速车道及匝道应种

植诱导视线的树木,并保证视距。此外,应充分利用匝道范围内平缓的坡面布置草坪,点缀有观赏价值的常绿树、灌木、花卉等。

③广场绿化应根据广场性质、规模及功能进行设计。结合交通导流设施,可采用封闭式种植。对休憩绿地,可采用开敞式种植,并可相应布置建筑小品、座椅、水池及林荫小路。

公共活动广场的集中成片绿地宜不少于广场总面积的 25%。

交通广场绿化必须服从交通组织的要求,不得妨碍驾驶员的视线,可用矮生常绿植物点缀交通岛。

集散广场可用绿化分隔广场空间以及人流与车流,集中成片绿地宜为总面积的 10% ~ 25%;民航机场前与码头前广场集中成片绿地可为总面积的 10% ~ 15%。

纪念性广场应利用绿化衬托主体,组织前景,创造良好环境。

④停车场绿化应有利于汽车集散、人车分隔、保障安全、不影响夜间照明,并考虑改善环境,为车辆遮阳。

停车场绿化布置可利用双排背对车位的尾距间隔种植乔木,树木分枝高度应满足车辆净高要求。停车位最小净高:微型和小型汽车为 2.5 m;大中型客车为 3.5 m;载货汽车为 4.5 m。此外,还应充分利用边角空地布置绿化。风景区停车场应充分利用原有自然树木遮阳,因地制宜布置车位。

⑤靠车行道的行道树应满足侧向净宽的要求。株距 4 ~ 10 m,绿化带净宽度见表 9.4。树池宜采用方形,每边净宽度大于或等于 1.5 m;采用矩形时,净宽与净长宜大于或等于 1.2 m× 1.8 m。

表 9.4　绿化带净宽度

绿化种植	绿化带净宽度/m
灌木丛	0.8 ~ 1.5
单行乔木	1.5 ~ 2.0
双行乔木平列	5.0
双行乔木排列	2.5 ~ 4.0
草皮与花丛	0.8 ~ 1.5

9.2.5　绿化与照明、交通等设施的关系

①绿化不得影响照明与交通信号及标志。

a.绿化不应遮挡路灯照明,当树木枝叶遮挡路灯照明时,应合理修剪。

b.在距交通信号灯及交通标志牌等交通安全设施的停车视距范围内,不应有树木枝叶遮挡。

②架空电力线与路树最小距离要求。根据电压的大小,确定架空电力线路的导线与路树

树冠的最小垂直距离,见表9.5。

表9.5　架空电力线与路树的最小垂直距离

电压/kV	1~10	35~110	154~220	330
最小垂直距离/m	1.5	3.0	3.5	4.5

③路树于地下管线水平距离要求。根据管线的种类不同,确定树木中心与地下管线外缘的最小水平距离,见表9.6。

表9.6　架空电力线与路树的最小垂直距离

序号	管线名称	距乔木中心最小水平距离/m	距灌木中心最小水平距离/m
1	电力电缆	0.70	—
2	电信电缆(市话)	0.75	0.75
3	给水管	1.50	—
4	雨水管	1.5~20	—
5	煤气管	1.20	1.20
6	热力管	1.50	1.50
7	消防龙头	1.20	1.20
8	排水盲	1.00	—

9.3　市政道路绿化施工与管理

9.3.1　绿化施工

道路绿化施工应由具备资质的建设队伍施工,由具备统一绿化资质审查通过的专业资质的建设队伍来承担。这些队伍技术力量雄厚,施工设备齐全,专业化水平较高,同时使用达到规范制订所要求的标准绿化用苗进入施工市场。这些队伍又能遵守道路绿化招投标相关制度施工质量标准和规范及相应的监理制度,使道路绿化的施工质量从根本上得到保证。绿化施工要点如下:

1)施工前清理现场

在市政道路绿化建设施工之前,必须详细调查施工环境,切实分析各种因素,并制订一套可行的绿化施工方案,以免影响施工进度。同时,在进行施工时,应对施工现场进行及时清理,将现场的垃圾和杂物清理干净,种植前应平整土地。此外,相关成本核算部门在进行施工

时,还应对所需要的资金成本进行分析,在保证质量的同时尽可能降低成本,并投资于植被维护,以确保绿化植被的更好生长。

2)植被种植要求

道路绿化植被通常在春季和秋季进行栽培。落叶的植物通常在秋天或落叶后的 3 月内种植;常绿植物通常在春季种植。春季还适宜种植一些耐寒性差的植物。阔叶植物通常在秋天种植。同时,市政道路绿化植被一般采用土球苗和裸根苗两种种植方式。土球苗主要用于根系不发达的常绿阔叶树种。种植土球苗时,首先将土球放置于坑中,使用少量土填充,再检查树干是否垂直。如果发生弯曲,应使其朝着大地的方向生长。然后拉出土球苗包装袋,用 20～30 cm 厚的土壤填充,最后填满。裸根苗的种植方法是首先将表土放入坑中,然后再将裸根苗放入坑中。半填满时,将树苗提起,使根部平行于地面或略低于地面,填满土壤并形成复合层。通常大多数道路绿化都使用低成本的裸根苗种植方法。

3)加强安全管理

市政道路的绿化工程通常需要大量的工人同时进行施工,并且往往在交通量大、交通事故风险高的地段进行。因此,在道路绿化施工过程中,一定要对绿化施工的安全管理进行一定的加强,以保证工程的安全进行。施工人员应严格按照计划路线施工,并在施工区周边设置带有警告语的标志标牌,穿戴好施工服,防止出现危险。同时,应修剪种植的植被,以防止其遮挡车辆和行人的视线而引发交通事故。

4)做好植物移栽后工作

由于植物种植时容易折断,因此,可将草绳绑在树干上,并使用杆子固定植物,以增强植物抵抗外力的能力。为了提高种植的植物的成活率,应在夏季早晨或冬季晚上进行灌溉和喷洒农药。做好雨季防洪工作,开挖排水沟,及时清除绿化带中的积水。冬季施工时,要做好植物的防寒措施。

5)注重土质的检测和土壤的改良

用于道路绿化的植物品种丰富多样,其营养的主要来源就是土壤,它对植物的生长起着关键性作用。因此,施工单位需要加强对土壤质量的监督,以确保土壤能够为植被生长提供养分。通过确定土壤成分,施工管理人员可了解土壤质量并根据土壤质量选择合适的植被。土壤 pH 值(酸碱度)、EC 值(可溶性盐含量)和有机成分含量是土壤测量时管理人员应首先掌握的内容。通常情况下,土壤 pH 值的合理范围应保证在 8.3 以内,EC 值应控制在 0.12～0.5 ms/cm,平均土壤有机质含量应大于 10 g/kg。

6)确保道路绿化工程建设资金到位

按城市规划的标准,道路中绿化用地通常达 30%以上,而绿化建设资金就大多数城市而言,往往占整条道路建设资金的 5%~10%,投入规模显然较少。因此,确保道路绿化建设资金到位是有效保证施工质量的前提。

7)设计与施工相衔接的问题

①道路绿化实施必须与主体道路工程同时设计、同时施工、同时投入使用,即要符合国家有关"三同时"的原则。

②设计人员和施工人员必须坚持进行图纸会审和技术交底制度。施工人员充分领会设计人员的设计意图,严格按图纸施工,使设计意图能很好地在施工和施工养护管理中得到体现,做到设计和施工无缝对接。

③设计与施工、管养一条龙服务。一些施工单位仅对道路绿化施工后期管理养护一年,进行道路绿化施工时,只考虑短期本单位的经济效益,不顾及施工质量,使用苗木规格小,种植密度低,养护管理水平较差。同时,园林部门对道路绿化处于失控状态,使绿化施工质量无论好坏,只要工程结束,均予以接收,这种局面必须改变。

针对道路绿化中存在的这些问题,应实行设计施工、养护一条龙服务制度,正如俗话所说的"三分栽,七分管"。设计人员应根据现有养护能力做设计,否则道路绿化最终只能昙花一现,纸上谈兵。同时,施工人员和管理人员也要很好地衔接,施工和养护不能人为地脱节,即建设和管理要互相衔接。

9.3.2 绿化施工与立交桥

立交桥或平交道都有分散的较大面积的地块需绿化,特别是大型立交桥,需要绿化的地块达到 10 块以上,总面积一般都在 4 公顷(1 公顷=0.01 km²)以上。在绿化施工过程中,施工人员必须结合实际情况先进行有效整地,进行场地平整和彻底的清理,使场地内的平整度和土壤状况满足绿化要求。根据设计和现场情况灵活布局、放线,对要栽植的绿化品种必须心中有数,如品种位置、数量、规格、生长状况、栽植顺序。首先挖好相应规格的树坑和开好带状种植沟,然后选择好较适宜的天气,突击完成栽植任务,同时浇足定根水。

9.3.3 市政道路绿化的养护

1)道路绿化树木养护的方案

(1)春季养护管理

①春季苗木管理。防寒材料不可突然式过早拆除,要采用逐渐过渡的办法,防止苗木的

不适应。保温棚拆除根据天气,一般较冷地区的防风障拆除时间在 4 月初、清明过后。为避免树体遭受风害,提前在保温棚东南侧打孔放风,待树木适应后再全部拆除。

②浇水、施肥。春季管理以增加地温,适时浇足春水和增施有机肥为主。树木通过浇水、施肥,增加抵抗病害的能力,利于生根。实际中,行道树施肥可采用棒肥,在树池四周用钉子打孔,埋入棒肥,可起到追肥作用。

(2)夏季养护管理

①夏季的养护管理。注意水肥管理,同时道路中心隔离带和绿化带中色块的造型修剪,一般结合一年两次的养护大检查及五一节、国庆节来进行修剪整理。

②夏季的养护。以病虫害的防治为主,由于行道树受小气候多样性、人口密集的影响,病虫害的发生时间不齐,不易防止。同时,防治过程中还应考虑对人和对环境的影响,以及对植物天敌的保护。因此,近几年来,一直在推广使用生物防治,如采用新性引诱剂防治叶柄小蛾、苏云金杆菌防止天蛾,以及灭幼尿防止尺蠖等都取得了很好的效果。

(3)秋季养护管理

秋季的养护管理工作,主要是合理浇冻水和施肥。

①合理的冻水既能保证植物的地上部分吸收充足的水分,又能保护地下根系抵抗干燥多风的冬季,有利于植物安全越冬和来年萌芽。浇冬水要根据天气变化不可过早浇灌,导致新芽徒长。在 10 月减少浇水次数,增加抗旱性。最后一次冻水浇到结冰封冻为最佳。

②秋季合理进行施肥,有利于促进植物的生长和树木的木质化,同样有利于植物的安全越冬和来年的生长,这就要选择好施肥时间、种类和施肥量。

(4)冬季养护管理

冬季,在较寒冷地区,特别是在道路两边一般的地形开阔,空气对流,加上高速行驶的车辆带动风速,引起树木的剧烈摇摆,容易导致树木根系受到损伤,并加快了树木水分的损耗,降低树木御寒防冻、防寒的能力。在冬季,可采用以下防冻保温措施:

①缠树干的措施。例如,在北京经济技术开发区的行道树,对法桐落叶乔木冬季防寒处理用所料布缠裹树干,把树干包严,再用草绳缠上,既保湿又防寒,再用地膜把树根部保温防寒,使次年的法桐成活率达到 99%。

②搭风障的措施。例如,雪松等树种在北京越冬困难,特别是春季风大使雪松适应能力降低,可采用搭风障减弱风速,保证树木的安全越冬。

③建保温棚。对当年栽植的大叶黄杨、小叶黄杨和铺地龙柏等苗木,面积较大时,采用一般的防寒措施不太理想,可以根据面积大小,用木条和无纺布搭建保温棚的方法,即可使苗木安全过冬。对疏植的大叶黄杨、红枫等苗木,可用无纺布包裹的方法进行防寒。

④对根茎培土,盖地膜。在绿带内的河南桧、玉兰等苗木,灌完冻水后在树木整个树坑内覆盖地膜,然后根茎培土 20~30 cm 的土堆。利用细土将四周培实。这样既能防止冻伤植株根系,又能减少水分蒸发。

⑤覆土封垄。对当年新栽植月季,在灌完冻水后覆盖 30~40 cm 的土堆,一般不做修剪,过早修剪会导致"烧条"现象,一般待来年开春后再进行修剪。

⑥树干涂白防冻。这是行道树冬季防寒、防病的一项重要工作,特别是新植落叶乔木,涂白时间一般在 10 月下旬至 11 月中旬。涂白的配比度为:水∶生石灰∶硫黄粉∶盐 = 40∶10∶1∶0.5。高度一般为 1.2 m。同一路段区域高度一致,可达到整齐美观的效果。

2)道路绿化草坪养护的方案

冷季型草坪,春季要浇好返青水,并加强施肥,并梳理枯草,把腐烂的草用丝扒梳理干净,并打孔后施复合肥。然后浇水,刺激草坪的新根萌发和增加肥力。增强抵抗病害的能力,才能安全越夏。

夏季根据要求 10~15 天修剪草坪一次,修剪后要及时喷药,或灌根 25% 的多菌灵可湿性粉剂,可控制病害的发生。在 7 月份天气湿热时,对草坪的生长不利,也是草坪休眠期,养护最困难的时期,应按及时清除枯草层,因枯草层往往存在大量的病原物,是新病害的病源来源,同时原来的枯草层减弱了通透性。另外,在高温、闷热、连阴雨期间,要每周或放晴就开始喷甲基托布津、多菌灵、白菌清等农药,交替使用可防止褐斑病、腐霉菌枯萎病和镰刀菌的枯萎病。

秋季雨水变少后天气变凉,一般病害减轻,草坪锈病发生严重。例如,可采用 1 000~1 500 倍的粉锈宁进行防治有很好的效果,但要与速保利、甲基托布津交替使用。

3)道路绿化色带养护的方案

绿篱是萌芽力和成枝力强、耐修剪的树种,密集成带状栽植,具有分隔功能和优美造型。如大叶黄杨、金叶女贞、红叶小檗、桧柏蒿、小叶黄杨是常用的绿篱造型树种。

随着彩叶植物的增加,使用彩叶树种组成的色块,如紫叶矮樱、迎春、连翘、棣棠等,都是大环境绿化常用运用的树种。但有着不同的修剪方法。道路中央分隔带修剪,以能挡住人的视线 1~1.2 m 高为宜,要修剪得横平竖直,整齐美观。为使绿篱生长茂盛,由于植物的生长高度不同,采用不同的修剪方式。

4)立交桥绿化养护的方案

立交桥绿化的养护应区别于道路绿化的养护。立交桥的绿化相对集中,数量较大,品种较多,管理相对方便。但是,因场地内植物品种丰富而管理难度更大。首先要坚持中耕除草,原则上不使用除草剂化学药品除草,以免影响有关绿化植物的成活与生长。夏季抗旱是保证绿化质量的又一关键措施。由于立交桥各地块土壤状况不一致,因此,在管理过程中,必须结合每块地的具体情况确定管理办法,如有的除草次数可少些,有的松土次数必须多点,有的浇水抗旱次数要多点等。总之,对立交桥绿化的管理必须加强,但为了减少人员进场次数,可将多种理程序集中安排,尽量延长每天的工作时间,以减少进场天数,人员安排必须合理。

5)养护效果与管理

养护效果的好坏与管理成正比关系,只有精细、认真地管理,才能保证有好的绿化效果。道路绿化效果与坚持不懈的集中管理分不开。在施工管理之前,工程技术人员必须对道路各段的树木生长状况、土质状况、气候情况及道路状况有明确的了解,确定恰当的有区别的管理方法。如填方护坡,受风多,树木、土壤失水较多,重点是抗旱和防寒害;挖方护坡受风少,树木较填方护坡和平地处的生长好,重点是防虫害;平地的居中,既要注意抗旱防寒,又要注意防虫害。另外,道路绿化还必须注意防止人为破坏,要加强宣传、多作解释。同时,或多或少地补栽也避免不了。

9.4　道路树木的采伐

根据《中华人民共和国公路法》(2017 修正本)第四十二条,公路绿化工作由公路管理机构按照公路工程技术标准组织实施。公路用地上的树木不得任意砍伐;需要更新砍伐的,应当经县级以上地方人民政府交通主管部门同意后,依照《中华人民共和国森林法》的规定办理审批手续,并完成更新补种任务。不能及时补种的,应当交纳补种所需费用,由公路管理机构代为补种。其主要作用是保护道路,改善环境条件,因此,不应进行采伐。

当道路路树过密时,应进行抚育采伐;当道路改善、路树过成熟、路树发生严重病虫害或其他原因急需采伐时,宜在冬、春季节采伐。路树采伐应符合下列规定:

①抚育采伐。风景林、防护林在郁闭度达 0.9 以上时,应进行透光伐,伐除过密、生长不良的树木。其原则是间密留匀、伐劣留优、伐密留稀,促进树木生长。

②更新采伐。道路改善需要采伐的路树,应先审批后采伐。对采伐后出现的空白路段应在工程竣工后的第一个绿化季节内及时绿化好。成段衰老路树的更新采伐问题,应按批准的计划办理,不得另行改变。

③路树采伐前,应先写出更新采伐报告,经道路管理机构审核发放采伐许可证后方可采伐,未经批准,不得采伐。

苗圃是培育道路绿化所用苗木、花草的主要基地。道路管理机构应建立育苗基地,满足绿化、美化的需要。苗圃用地面积的大小应根据条件和任务确定。

苗圃用地应选择交通方便、水源充足、排水良好、地势平坦、土地肥沃的壤土、沙壤土或轻黏壤土。土壤酸或度(即 pH 值)以 6.5~7.5 为宜。土层厚度应不小于 40~50 cm,地下水位以 1.5~2.5 m 为宜。土质不好的,应进行土壤改良。苗圃主要培育适合本地区栽植又符合绿化设计要求的品种。

思考题

1.道路绿地由哪些部分组成？

2.道路绿化配置方式有哪些？

3.应如何选择道路绿化的树种？

4.如何进行道路绿化树木养护？

5.道路树木的采伐有什么要求？

扩展资源9

第 10 章　市政道路养护管理

知识目标

1.描述市政道路养护管理体系。
2.描述市政道路养护工程的检查与验收。
3.描述市政道路养护管理系统。
4.掌握路政管理的概念。
5.描述路政管理的任务和方法。

能力目标

进行市政道路养护工程的检查与验收。

10.1　市政道路养护管理体系

市政道路养护的管理体系大体上设置以下管理机构进行分层管理:市建委→城建局→市政工程管理处→管理所→工区。

以上海市市政工程管理局为例。上海市市政工程管理局是上海市建设和管理委员会管理的负责全市市政工程建设和管理的行政机构,其下设有上海市市政工程管理处、上海市公路管理处、上海市燃气管理处、上海市道路管线监察办公室、上海市贷款道路建设车辆通行费征收管理办公室、上海市公路养路费征收管理办公室及上海市市政工程质量监督站。

上海市市政工程管理处(上海市城市路政管理大队)是受市政局委托行使部分政府管理职能的行政性事业单位,主要承担对城市道路桥梁的建设规划、建设管理、养护维修、运行管理及路政管理,履行对行业的业务指导、专业管理等职能。

在政府机构改革以后,广州市由市交通委员会对市政设施进行行业管理,城市区域的市政设施,由各行政区的建设主管部门负责具体养护施工,各区建设主管部门(建设局)下设维护管理所,负责具体管养作业。

10.2　市政工程预算定额的组成内容

10.2.1　市政工程预算定额的组成内容

1)组成内容

不同时期、不同专业和不同地区的预算定额,在内容上虽不完全相同,但其组成和基本内容变化不大,主要包括目录、总说明、分部(章)说明(或分册、章说明)、分项工程表头说明、定额项目表、定额附录及附件组成。

有些定额为方便使用,将工程量计算规则编入定额,作为确定预算工程量的依据,与预算定额配套应用。

(1)目录

目录主要便于查找,把总说明、各类工程的分部分项定额的顺序列出并注明页数。

(2)总说明

总说明是综合说明定额的编制原则、指导思想、编制依据、适用范围以及定额的作用,定额中人工、材料、机械台班耗用量的编制方法;定额采用的材料规格指标与允许换算的原则;使用定额时,必须遵守规则;定额中说明在编制时已经考虑和没有考虑的因素和有关的规定、使用方法。因此,在使用定额时,应先了解并熟悉这部分的内容。

(3)分部(章)说明(或分册、章说明)

分部(章)说明(或分册、章说明)是预算定额的重要内容,是对各分部工程的重点说明,包括定额中允许换算的界限和增减系数的规定等。

(4)定额项目表及分项工程表头说明

分项工程表头说明列于定额项目表的上方,说明该分项工程所包含的主要工序和工作内容;定额项目表是预算定额的最重要部分,包括分项工程名称、类别、规格、定额的计量单位以及人工、材料、机械台班的消耗量指标,供编制预算时使用。

有些定额项目表下面还有附注,说明设计与定额不符时如何调整,以及其他有关事项的说明。

(5)定额附录及附件

定额附录及附件包括各种砂浆、各种标号混凝土配合比表,人工、各种材料、机械台班的单价计算方法,以及工程施工费用计算规则等。

另外,在量价分离的定额中,还包括相应的人工、各种材料、各类机械台班的市场价信息,以供参考。

2)《上海市市政工程预算定额(2000)》简介

为了更详尽地了解市政工程预算定额的组成内容,下面以《上海市市政工程预算定额(2000)》(以下简称"2000 市政定额"或"本定额")为例进行介绍,使学生尽快了解预算定额。

"2000 市政定额"包括两部分:第一部分为工程量计算规则,第二部分为预算定额。其中,预算定额共分为 7 册,包括通用项目、道路工程、道路交通管理设施工程、桥涵及护岸工程、排水管道工程、排水构筑物及机械设备安装工程、隧道工程。

该定额的最大特点,就是实现量价分离后的一种新的计价模式,即定额的消耗量和工程量计算规则相对固定(工程量的计算规则是市政建设市场参与各方必须遵守的规则),并与市场的动态价格信息及相应费率相配套,运用计算机及市政预算软件进行计算,从而编制市政工程造价。

下面对有关内容分别进行说明介绍:

(1)市政定额总说明介绍

"2000 市政定额"中的总说明是对各分册定额中带有共性问题的规定说明,对正确应用定额具有重要作用。要想熟练而准确地运用定额,必须透彻地理解这些说明。

定额总说明涉及定额使用方面的全面规定和解释,共有 22 条,其大致内容如下:

第一条　定额为量价分离的预算定额

定额的表现形式是量价分离,本定额是市政工程预算定额。本定额是在"93 市政定额"以及全国统一市政工程预算定新的基础上,结合这些年以来,"四新技术"广泛应用于市政工程,按量价分离表现形式,只编制工料机消耗量,定额消耗量相对固定,而价格参照市场价格,使定额能真正适应市场经济的需要。

第二条　定额适用范围

本定额是上海市市政工程(不包括公路工程)专业统一定额,适用于新建、扩建、改建及大修工程,不适用于中小修及养护工程。

工厂、居住小区、开发区范围内的道路、桥梁、排水管道,采用市政工程设计、标准、施工验收规范及质量评定标准时,也可套用本定额。

在城市建成区道路上,如需掘路铺设雨污水管道及其他公用管线时,道路开挖执行本定额,而道路掘路修复应套用《上海市城市道路掘路修复工程结算标准(1998)》,按此结算标准所列出同路面结构的平方米综合单价计算。此结算标准只适用掘路修复工程,而不适用于大型市政综合工程(即新建、改建、扩建及大修工程)。

第三条　定额作用

本定额是完成规定计量单位分项工程所需的人工材料、施工机械台班消耗量标准,是统一本市市政工程预结算工程量计算规则、项目划分、计量单位的依据,定额中的工程量计算规则是建设市场参与各方必须遵守的规则。本定额是编制施工图预算、办理竣工结算的基础,是编制招标标底及投标报价的基础,也是编制市政概算定额、估算指标的基础。

第四条　定额包括内容

本定额包括预算定额和工程量计算规则二部分,预算定额分七册,第一册"通用项目"、第二册"道路工程"、第三册"道路交通管理设施工程"、第四册"桥涵及护岸工程"、第五册"排水管道工程"、第六册"排水构筑物及设备安装工程"、第七册"隧道工程"。工程量计算规则是确定预算工程量的依据,与预算定额配套执行。

第五条　定额反映市政工程社会平均消耗水平

本定额是按正常施工条件,合理的施工工期、施工工艺和劳动组织,目前大多数施工企业施工机械装备程度进行编制的。因此,定额反映的是本市市政工程的社会平均消耗水平。

第六条　定额编制依据

本定额是在"93 市政定额"、全国统一市政定额基础上,依据国家及本市强制性标准、推荐性标准、设计规范、施工验收规范、质量评定标准、安全操作规程编制的,并参考有代表性施工实测资料及其他资料编制的。

第七条　定额人工

本定额人工不分工种、技术等级,均以综合工日表示。定额中人工包括基本用工、辅助用工、超运距用工及人工幅度差。基本用工就是根据施工工序套用劳动定额计算的工日数(包括 50 m 的材料场内运输)。超运距用工就是材料内超过 100 m 所增加的工日数。因此,定额中人工已包括基本用工、辅助用工、材料 150 m 的场内运输和人工幅度差。

第八条　定额计算的工作时间

定额中人工都是按每工日 8 h 工作制计算,但隧道掘进机垂直顶升按每工日 6 h 工作制。

第九条　定额中材料及损耗计算

本定额中的材料分为主要材料、辅助材料、周转性材料及其他材料。定额中的材料、成品、半成品均按品种、规格逐一列出用量,并已包括相应的损耗。因此,不得再增加损耗。损耗的内容和范围包括从工地仓库、现场集中堆放地点或现场加工至操作或安装地点的现场运输损耗、施工操作损耗、施工现场堆放损耗。至于材料场外运输损耗已包括在材料价格之中。因此,不得单独计算场外运输损耗。

第十条　周转性材料

周转性材料(钢模板、钢管支撑、木模板、脚手架等)已按规定的周转次数所计算的摊销量计入定额中,并包括周转性材料回库维修。

第十一条　定额材料场内运输

隧道盾构掘进定额中已包括管片的场内运输,排水管道铺设定额中已包括成品管的场内运输,桥涵及护岸工程预制构件的场内运输按该册"预制构件场内运输"定额子目计算,但小型预制构件要超出 150 m 才能计算场内运输。其他材料、成品、半成品定额中均已包括 150 m 场内运输。

第十二条　定额中的机械消耗量

本定额中机械类型、规格是在正常施工条件下按常用机械类型确定的。机械台班消耗量中已包括机械幅度差。

第十三条　其他材料费及其他机械费

对难以计量的零星材料综合为其他材料费,对小型施工机械综合为其他机械费,分别以该项目材料费之和、机械费之和的百分率计算。

第十四条　定额包括的工作内容

定额子目中的工作内容不可能列出所有的工序,只是扼要说明主要工序,但已包括该子目的全部施工过程。

第十五条　定额中混凝土及砂浆强度等级换算

定额中的混凝土及砂浆均采用强度等级计算,混凝土采用"C"表示,砂浆用"w"表示,如定额中强度等级与设计强度等级不同时,可按设计强度等级进行换算,但实际施工配合比的材料用量与定额配合比用量不同时,不得换算。当设计图纸要求采用抗渗混凝土(P6 及以上者),可按原混凝土强度等级增加 C5 计算,抗渗混凝土即原防水混凝土,抗渗等级 P6 即原标准 S6。

例如,现浇混凝土柱式墩台身(S4-6-23)子目现浇混凝土为(5~40 mm)C20,表示混凝土强度等级为 C20,碎石粒径为 5~40 mm,若设计图纸为 C25,碎石粒径为 5~20 mm 时,可按(5~25 mm)C25 换算。又如,某泵站沉井井壁混凝土为(5~40 mm)C30 计算。但定额中混凝土的消耗量 1.015 m^3/m^3 不允许调整。

定额中混凝土的养护,除另有说明外,均按自然养护考虑。

第十六条　关于定额中的钢筋混凝土工程

定额中钢筋混凝土工程,按照混凝土、模板、钢筋分列子目,如现浇混凝土柱式墩台身,定额列有混凝土、商品混凝土、模板和钢筋 4 个子目,这是 2000 市政定额的较大变化。2000 定额混凝土分为现浇、预制混凝土、商品混凝土。根据实际浇灌混凝土时采用的是现场拌制还是商品混凝土分别套用子目。定额中列出混凝土消耗量,但未列出级配材料的用量,级配材料用量可根据定额配合比计算。

钢筋定额中已计入损耗。钢筋按设计图纸数量(不再加损耗)直接套用相应定额计算。施工用钢筋经建设单位认可后增列计算。预埋铁件按设计数量(不再加损耗)套用第一册"通用项目"预埋铁件定额。注意的是施工用"铁件"已包含在定额之中,不能再计算。

模板工程量除另有规定者外,均按混凝土与模板的接触面积以平方米计算。

第十七条　挖土土壤类别

按开挖的难易程度将挖土土壤类别划分为四类,即 Ⅰ,Ⅱ,Ⅲ,Ⅳ 类土。定额中人工挖土分为 Ⅰ 类土、Ⅱ 类土、Ⅲ 类土、Ⅳ 类土。而机械挖土方则综合了土壤类别。

第十八条　土方体积计算

①挖土方按天然密实体积(即自然方)计算。

②填土方按压实后的体积计算。

③关于填土土方体积变化。

当填土有密实度要求时,土方挖、填平衡及缺土时外来土方,均应按填土土方的体积变化系数(见表 10.1)来计算回填土方数量。道路工程定额车行道填土土方有密实度 90%,93%,95%,98% 4 种,道路填土应按不同密实度要求,依据表 9.1 填土土方的体积变化系数计算土方数量,其他各册填土方定额中虽未列出密实度要求,当填土密实度要求 ≥90% 时,也应按表 10.1 计算土方数量。

表 10.1　填土土方的体积变化系数表

密实度	填方	天然密实方	松方
90%	1	1.135	1.498
93%	1	1.165	1.538
95%	1	1.185	1.564
98%	1	1.220	1.610

单位工程应考虑土方挖、填平衡。当挖方可利用时,应作平衡处理。当挖土不能作为可利用土及土方平衡后发生余土时,可作外运处理。挖填平衡后,仍缺土时则需要计算外来土方数量。

挖土现场运输定额及填土现场运输定额中,均已考虑土方体积变化。

【例 10.1】　市政某段路车行道土路基工程:挖土 1 300 m^3(天然密实),挖土可利用方量为 800 m^3;设计图纸路基填土数量为 2 000 m^3(密实度为 98%);采用机械填筑,挖、填土采用现场平衡,其余采用外来土方。

要求计算土方平衡、外运土方、缺土外来土方的数量。

解　①填土数量为 2 000 m^3(密实度为 98%),查表 9.1,密实度 98% 填方与天然密实方的填土土方体积变化系数为 1.22,路基工程填土所需天然密实体积为 2 000 $m^3 \times 1.22 = 2 440 m^3$,而可利用方为 800 m^3,则缺土外来土方数量 = 2 440 m^3 - 800 m^3 = 1 640 m^3(天然密实方)。

②外运土方数量 = (1 300 m^3 - 800 m^3) × 1.8 t/m^3 = 900 t

③套用道路定额时,机械挖土 1 300 m^3 车行道填土方(密实度为 98%)2 000 m^3,土方外运 500 m^3。另按实计算 1 640 m^3 外来土方的费用。

第十九条　土方场外运输

土方场外运输按吨计算,外运土方的堆积密度(容重)按天然密实方(即自然方)为 1.8 t/m^3 计算。

第二十条　泥浆外运工程量计算

①钻孔灌注桩按成孔实土体积计算。

②水力机械顶管、水力出土盾构掘进实土体积计算。

③水力出土沉井下沉按沉井下沉挖土数量的实土体积计算。

④树根桩按成孔实土体积计算。

⑤地下连续墙按成槽土方量的实土体积计算。地下连续墙废浆外运按挖土成槽定额中护壁泥浆数量折算成实土体积计算。

第二十一条　关于大型机械安拆、场外运输

本定额中未包括大型机械安拆、场外运输、路基及轨道铺拆等。可参照工程造价管理机构发布的有关市场价格信息,在合同中约定。

第二十二条　本定额中,凡注明"××以内"或"××以下"者均包括"××数本身",注明"×× 以外"或"××以上者"均不包括"××数本身"。

(2)册、章说明

"2000市政定额"册、章说明对于正确运用定额也具有重要作用,由于册、章说明内容繁多,无法全部介绍,现摘录道路工程这一册中的有关册、章说明。

道路工程册说明

①本册定额由路基、基层、面层、附属设施共四章组成。

②本册定额中挖土运土按天然密实方体积,填方按压实后的体积计算。

③基层及面层铺筑厚度为压实厚度。

④机械挖土不分土壤类别已综合考虑。

道路工程第一章路基工程说明

①碎石盲沟的规定。

A.横向盲沟规格选用见表10.2。

表 10.2　横向盲沟规格选用　　　　　　　　　　单位:cm

路幅宽度	$B \leqslant 10.5$	$10.5 < B \leqslant 21.0$	$B > 21.0$
断面尺寸	30×40	40×40	40×60

B.横向盲沟长度按实计算,两条盲沟的中间距离为15 m。

C.纵向盲沟按批准的施工组织设计计算,断面尺寸同横向盲沟。

②道砟间隔填土和粉煤灰间隔填土的设计比例与定额不同时,其材料可换算。

③袋装砂井的设计直径与定额不同时,其材料可换算。

④铺设排水板定额中未包括排水板桩尖,可按实计算。

⑤二灰填筑的设计比例与定额不同时,其材料可换算。

道路工程第二章道路基层说明

本章定额厂拌石灰土中石灰含量为 10%;厂拌二灰中石灰:粉煤灰＝20:80;厂拌二灰土中石灰:粉煤灰:土＝1:2:2。如设计配合比与定额标明配合比不同时,材料可调整换算。

道路工程第三章道路面层说明

①混凝土路面定额中已综合了人工抽条压缝与机械切缝、草袋养生与塑料薄膜养生、平整与企口缝。

②混凝土路面的传力杆、边缘(角隅)加固筋、纵向拉杆等钢筋套用构造筋定额。

③混凝土路面纵缝需切缝时,按纵缝切缝定额计算。

道路工程第四章附属设施说明

①升降窨井、进水口及开关箱和调换窨井、进水口盖座、窨井盖板定额中未包括路面修复,发生时套用相关定额。

②铺筑彩色预制块人行道按路基、基础、预制块分别套定额。现浇彩色人行道按路基、基础、现浇纸膜(压膜)分别套用定额。

③现浇人行道及斜坡定额中未包括道砟基础。

④升高路名牌套用新装路名牌定额,并扣除定额中的路名牌。

(3)定额项目表

定额项目表是各类定额的最基本的组成部分,是定额指标数额的具体表现。其式样见表10.3、表10.4。

表 10.3　沥青混凝土面层

工作内容:清扫浮松杂物、放样、凿边、烘干工具、涂乳化沥青、遮护各种井盖、铺筑、碾压、封边、清理场地

定额编号			S2-3-16	S2-3-17	S2-3-18	S2-3-19
项　目		单位	人工摊铺细粒式		人工摊铺砂粒式	
			厚度 2.5 cm	每增减 0.5 cm	厚度 2 cm	每增减 0.5 cm
			100 m²	100 m²	100 m²	100 m²
人工	综合人工	工日	2.090 0	0.100 0	2.000	0.081 0
材料	细粒式沥青混凝土(AC-13)	t	5.836 2	1.167 2		
	砂粒式沥青混凝土(AC-5)	t			4.669 0	1.167 2
	乳化沥青	kg	30.900		30.900 0	
	重质柴油	kg	0.393 7	0.084 0	0.315 0	0.078 7
	水	m³	0.087 6	0.012 6	0.087 6	0.012 6
	其他材料费	%	0.110 0	0.110 0	0.100 0	0.100 0
机械	液压振动压路机	台班	0.035 7	0.004 8	0.035 7	0.004 8

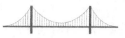

表 10.4　现浇人行道

工作内容:人行道及斜坡:放样、混凝土配制、运输、浇筑、抹平、粉面滚眼、养护、清理场地

纸模:铺纸模、撒料、抹平、揭模、清洗、封面养护、切缝、灌缝、清理场地

压模:压模、撒料、抹平、清洗、封面养护、切缝、灌缝、清理场地

定额编号			S2-4-16	S2-4-17	S2-4-18
项　目		单位	人行道		斜坡
			厚度 6.5 cm	厚度 15 cm	每增减 1 cm
			100 m²	100 m²	100 m²
人工	综合人工	工日	13.300 0	24.500 0	1.040 0
材料	现浇混凝土(5~20 mm)C20	m³	6.597 5		
	现浇混凝土(5~40 mm)C25	m³		15.225 0	1.015 0
	草　袋	只	47.840 0	47.840 0	
	水	m³	14.700 0	15.041 2	0.980 0
机械	400 L 双锥反转出料搅拌机	台班	0.216 7	0.500 0	0.033 3
	1 t 机动翻斗车	台班	0.524 2	0.209 7	0.080 6
	平板式混凝土振动器	台班	0.216 7	0.500 0	0.033 3

10.2.2　市政工程预算定额的初步应用

在预算定额的初步应用中,要用到具体预算定额,现以《上海市市政工程预算定额(2000)》为基础,来介绍定额的初步应用。

公路养护预算　　路线施工图
编制导则　　　　预算实例

1)市政工程预算定额的项目划分及定额编号

项目的划分首先是根据工程类别来定,从第一册到第七册共七册内容来划分册;每册又根据此类工程的不同部位性质等分成若干章;每章根据施工方法、规格、厚度等分成许多项目(子目)。

定额编号规则为:S 册-章-子目

【例 10.2】 据定额编号 S2-3-30 说出各编号意义及项目名称:

解 "S"表示市政工程。

"2"表示第二册道路工程。

"3"表示第三章道路面层。

"30"表示第 30 个子目,即现场拌制现浇水泥混凝土道路面层(厚度为 22 cm)。

【例 10.3】 据项目名称"人工摊铺细粒式沥青混凝土道路面层(厚度为 2.5 cm)"查找定额编号。

解 道路工程第二册。道路面层为第三章。然后再找查找具体子目。即定额编号 S2-3-16。

在实际使用中,可根据施图纸列出工程项目,然后查找定额编号,并查出该定额的数量消耗标准;也可根据定额编号,核对工程名称及校核定额是否套用正确。

2)预算定额的直接套用

定额的直接套用,即施工图中的项目名称、规格、施工方法与定额项目中的名称规格施工方法完全相同,可直接应用定额进行有关计算。

【例 10.4】 某工程需人工摊铺细粒式沥青混凝土道路面层($h=2.5$ cm),已知定额项目见表 10.3。请问:

①定额编号是多少?定额单位是什么?

②定额中的工作内容是什么?

③定额中综合人工的时间定额是多少?产量定额是多少?

④定额中需消耗哪些主要材料?其数量消耗标准为多少?

⑤定额中使用哪种机械?该机械的时间定额是多少?产量定额是多少?

解 ①定额编号为 S2-3-16,定额单位为 100 m^2。

②本定额的工作内容是清扫浮松杂物、放样、凿边、烘干工具、涂乳化沥青、遮护各种窨井铺筑、碾压、封边、清理场地。

③其时间定额为 2.090 0(工日/100 m^2)。

产量定额为 47.846 9(m^2/工日)。

④需消耗的主要材料及其消耗量为细粒式沥青混凝土(AC-13)5.8362(t/100 m^2),乳化沥青为 30.900 0(kg/100 m^2),重质柴油为 0.393 7(kg/100 m^2),水为 0.087 6(m^3/100 m^2)。

⑤该项目使用液压振动压路机,其时间定额为 0.035 7(台班/100 m^2);产量定额为 2 801.120 4(m^2/台班)。

为了正确应用预算定额,必须注意以下事项:

①学习预算定额的总说明、分章说明等。对说明中指出的编制原则、依据、适用范围、已经考虑和没有考虑的因素,以及其他有关问题的说明,都要通晓和熟悉。

②了解定额项目中所包括的工程内容,人工、材料、机械台班耗用数量与计量单位,以及附注的规定,要通过日常工作实践,逐步加深理解。

③定额项目套用,必须根据施工图纸、设计要求、操作方法,确定套用项目。套用时,工程项目的内容与套用定额项目必须完全相符,否则应视不同情况,分别加以换算。在换算时,必须符合定额中有关规定,在允许的范围内进行。

④注意区别定额中的"以内""以上""以下",按照习惯,凡定额中注有"以内""以下"都均包括其本身在内,而注有"以外""以上"者,则不包括其本身。

3)定额的换算

在定额的应用中,如工程项目与定额项目名称相同,但其厚度、材料规格等不同时,定额中又允许调整的,便可对定额进行换算。现通过几个例子来说明定额的几种换算方法。

(1)厚度增减的换算

【例 10.5】　已知:某工程需人工摊铺细粒式沥青混凝土道路面层(厚度为 3 cm),求其定额消耗量。

解　据定额 S2-3-16 和 S2-3-17(见表 10.3)将 2.5 cm 厚再增加 0.5 cm 厚的消耗量,求得此施工项目的消耗量指标。

综合人工:$2.090\ 0$ 工日/100 m^2+$0.100\ 0$ 工日/100 m^2=$2.190\ 0$(工日/100 m^2)

细粒式沥青混凝土(AC-13):$5.836\ 2$ t/100 m^2+$1.167\ 2$ t/100 m^2=$7.003\ 4$(t/100 m^2)

乳化沥青:$30.900\ 0$ t/100 m^2+0=$30.900\ 0$(t/100 m^2)

重质柴油:$0.393\ 7$ kg/100 m^2+$0.084\ 0$ kg/100 m^2=$0.477\ 7$(kg/100 m^2)

水:$0.087\ 6$ m^3/100 m^2+$0.012\ 6$ m^3/100 m^2=$0.100\ 2$(m^3/100 m^2)

液压振动压路机:$0.035\ 7$ 台班/100 m^2+$0.004\ 8$ 台班/100 m^2=$0.040\ 5$(台班/100 m^2)

(2)水泥混凝土强度调整后的换算

【例 10.6】　某工程需现浇人行道斜坡 50 m^2,厚度 15 cm,原定额中使用 C25(5~40 mm)混凝土,现据实际需求改用 C30(5~40 mm)混凝土。求级配调换后:

①该项目的人、材、机消耗量。

②如采用现场拌制,需要的水泥、砂、碎石、水的数量。

解　①据定额 S2-4-17(见表 10.4)可知,虽混凝土强度变化,但其定额中的量没有变化,即

综合人工:　　　　　　　　$0.5×24.50$ 工日=12.25(工日)

现浇混凝土(5~40 mm)C30:　　$0.5×15.225$ m^3=7.612 5(m^3)

草袋:　　　　　　　　　　$0.5×47.84$ 只=24(只)

水:　　　　　　　　　　　$0.5×15.041\ 2$ m^3=7.520 6(m^3)

②如采用 C30(5~40 mm),虽然混凝土消耗量没有变,但混凝土的配合比已变化,据《上海市建设工程普通混凝土、砂浆强度等级配合比表(2000 版)》(见表 10.5)可求出各自消耗量,即

表 10.5　普通混凝土、砂浆强度等级配合比表　　　　　　单位:cm

编　号		35	36	37	38
项　目	单位	碎石(最大粒径:40 mm)			
		混凝土强度等级			
		C25		C30	
		数量	数量	数量	数量
32.5 级水泥	kg	388.00		446.00	
42.5 级水泥	kg		300.00		344.00
中砂	kg	630.00	747.00	574.00	681.00
5~40 mm 碎石	kg	1 271.00	1 248.00	1 265.00	1 266.00
水	M³	0.19	0.19	0.19	0.19

32.5 级水泥:　　　　　$7.621\,5\times446.00=3\,395.18(\text{kg})$

砂(中砂):　　　　　$7.621\,5\times574.00=4\,369.58(\text{kg})$

碎石(5~40 mm):　　$7.6215\times1\,265.00=9\,629.81(\text{kg})$

水:　　　　　　　　$7.6215\times0.19=1.45(\text{m}^3)$

(3)设计配合比与定额标明配合比不同时定额的换算

【例 10.7】　某工程需进行道砟间隔填土,其道砟:土的设计比例为 0.5:2.5,求按此比例的定额消耗量。

解　从定额 S2-1-26 可知,道砟间隔填土中的道砟:土的定额中的配合比=1:2,其道砟(30~80 mm)和土(松方)的消耗量分别为 0.622 7 t/m³,1.076 6 m³/m³,设计配合比改变后,道砟的标准消耗量设为 X,则

$$\frac{1}{0.5}=\frac{0.622\,7}{X}$$

$$X=\frac{0.622\,7\times0.5}{1}=0.311\,4(\text{t/m}^3)$$

土(土方)的标准消耗量设为 y,则

$$\frac{2}{2.5}=\frac{1.076\,6}{y}$$

$$y=\frac{1.076\,6\times2.5}{2}=1.345\,8(\text{m}^3/\text{m}^3)$$

而其他综合人工、机械台班的消耗量标准不变,仍为:综合人工 0.431 0(工日/m³);轻型内燃光轮压路机 0.001 6(台班/m²),重型内燃光轮压路机 0.005 1(台班/m³)。

（4）定额中规定可乘以系数的有关换算

【例 10.8】　某排水管道工程需开挖直沟槽,现需翻挖 8 粗 2 细沥青混凝土路面,求此项目的定额消耗量标准。

解　据市政工程预算定额第一册第三章说明:开挖沟槽或基坑需翻挖道路面层及基层时,人工数量乘以 1.20 系数。

根据 S1-3-1 翻挖沥青油类路面(厚 10 cm)。

综合人工消耗量为 0.064 7 工日/m²×1.20=0.077 6(工日/m²)。

而其他消耗量不变,即风镐凿子为 0.020 0(根/m²),6 m³/min 内燃空气压缩机为 0.006 3(台班/m²),风镐为 0.012 6(台班/m²)。

10.3　市政道路养护的施工组织

10.3.1　施工准备工作

1)施工准备工作的重要性

施工准备工作的基本任务是为市政工程的施工建立必要的技术和物质条件,统筹安排施工力量和施工现场。施工准备工作是施工企业搞好目标管理,推行技术经济承包的重要依据,也是施工得以顺利进行的根本保证。因此,施工企业在承接施工任务后,要尽快做好各项准备工作,创造有利的施工条件,使工作能连续、均衡有节奏、有计划地进行,从而按质、按量、按期完成施工任务。认真地做好施工准备工作,对于发挥企业优势、合理供应资源、加快施工进度、保证工程质量和施工安全、降低工程成本、增加企业经济效益,为企业赢得社会效益、实现企业管理现代化等都具有重要的意义。

以往的工程实践经验已经充分证明,项目领导重视,施工准备工作做得好,施工就能顺利进行,工程的成本就能得到有效控制,质量和安全就有保证;而思想上不重视,准备工作做得不好的工程项目,则往往会造成施工混乱,进度上不去,因而难以保证工程质量和施工安全,会因资源的浪费而导致增大工程成本,甚至给工程带来灾难性的后果。

根据施工阶段的不同,可将施工准备工作分为以下两类:

（1）工程项目开工前的施工准备

这是在工程正式开工之前所进行的一切施工准备工作。其目的是为工程正式开工创造必要的施工条件。

（2）各个施工阶段前的施工准备

这是在工程项目开工之后,每个施工阶段正式开工之前所进行的一切施工准备工作。其目的是为施工阶段正式开工创造必要的施工条件。例如,一座简支梁桥的施工,一般可分为基础、墩台身、盖梁、梁的预制和安装、桥面工程等施工阶段,而每个施工阶段的施工内容都是不同的,所需要的技术条件、物资条件、组织要求和现场的布置等也各不相同。因此,在每个施工阶段开工之前,都必须认真做好相应的施工准备工作。

从上述的分类可知,不仅在工程项目开工之前要做好施工准备工作,而且随着工程施工的进展,在各个施工阶段开工之前同样也要做好施工准备工作。施工准备工作既要有阶段性,又要有连贯性,必须有计划、有步骤、分期分阶段地进行,要贯穿于工程项目施工的整个过程。

2)施工准备工作的内容

施工准备工作主要包括技术准备、劳动组织准备、物资准备及施工现场准备等。

(1)技术准备

技术准备是施工准备的核心。由于任何技术的差错和隐患都可能引起人身安全和质量事故造成生命、财产和经济的巨大损失。因此,必须认真做好技术准备工作。技术准备的具体内容如下:

● 熟悉设计文件,研究核对设计图纸

为使参与施工的工程技术人员充分地了解和掌握设计意图、结构和构造特点以及技术质量要求,能按照设计要求顺利地进行施工,在收到拟建市政工程的设计图纸和有关技术文件后,应尽快组织技术人员熟悉、研究核对所有技术文件和图纸。通过熟悉和研究核对,全面领会设计意图,透彻地了解工程的设计标准、结构和构造细节,检查核对设计图纸与其各组成部分之间有无矛盾或错误,在几何尺寸、坐标、高程、说明等方面是否一致,技术要求是否正确等。在进行研究核对的同时,要将从设计文件和图纸中发现的疑问、问题或错误作出详细记录。当发现按设计要求进行施工确有在当时技术条件下难以克服的困难,或设计上确有不合理之处时,应尽早提出,及时与设计单位和监理工程师协商解决。

● 进一步调查分析原始资料

尽管设计文件中已提供了有关资料,在施工前仍应对施工现场进行实地勘察,以尽可能多地获得有关原始数据的第一手资料。这对正确选择施工方案、制订技术措施、合理安排施工顺序和施工进度计划以及编制切合实际的施工组织设计都是非常必要的。

①自然条件的调查分析:

a.地质。应了解的主要内容有地质构造、基岩埋深、岩层状态、岩石性质、覆盖层土质、土的性质和类别、地基土的允许承载力、土的冻结深度、妨碍基础施工的地下障碍物、地震级别和烈度等。

b.水文。主要应调查以下内容:河流的流量和水质、年水位变化情况、最高洪水位和最低枯水位的时期及持续时间、流速和漂浮物、地下水位的高低变化、含水层的厚度和流向;冰冻地区的河流封冻时间、融冰时间、流冰水位、冰块大小;受潮汐影响河流或潮水域中潮水的涨

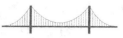

落时间、潮水位的变化规律和潮流等情况。

　　c.气象。应调查的内容一般包括气候、气温、降雨、降雪、冰冻；台风、龙卷风、雷雨大风、风向、风速等变化规律及历年纪录；冬、雨期的期限及冬期地层冻结厚度等情况。

　　d.施工现场的地形地物、工程所在地区的国家水准基点和绝对标高等情况。

　　②技术经济条件的调查分析：主要内容包括施工现场的动迁、当地可利用的地方材料、砂石料场、水泥生产厂家及产品质量、地方能源和交通运输、地方劳动力和技术水平、当地生活物资供应、可提供的施工用水用电条件、设备租赁、当地消防治安、分包单位的力量和技术水平等状况。

　　③施工前的设计技术交底：通常由建设单位主持，设计、监理和施工单位参加。首先由设计单位的设计负责人说明工程的设计依据、意图和功能要求，并对特殊结构、新技术和新材料等提出设计要求，说明施工中应注意的关键技术问题等，进行设计技术交底。然后施工单位根据研究核对设计文件和图纸的记录以及对设计意图的理解，提出对设计图纸的疑问、建议或变更。最后在统一认识的基础上，对所探讨的问题逐一做好记录，形成"设计技术交底纪要"，由建设单位正式行文，参加单位共同会商盖章，作为施工合同的一个补充文本。这个补充文本是与设计文件同时使用的，是指导施工的依据，也是建设单位与施工单位进行工程结算的依据之一。

　　④确定施工方案，进行施工设计。在全面熟悉掌握设计文件和设计图纸，正确理解了设计意图和技术要求，以及进行了以施工为目的的各项调查之后，应根据进一步掌握的情况和资料，对投标时拟订的初步施工方法和技术措施等进行重新评价和深入研究，以制订出详尽的更符合现场实际情况的施工方案。

　　施工方案一经确定，即可进行各项临时性结构的施工设计。如桥梁工程的临时结构有：基础施工的围堰、沉井或钢围堰的制造场地及下水、浮运、就位、下沉等设施，钻孔桩水上工作平台，连续梁顶推施工的台座和浇筑场地，悬浇施工的挂篮，装配式桥梁的预制台座，安装导梁或架桥机，模板、支架和脚手架，自制起重吊装设备，施工便桥便道及装卸码头等等。施工设计应在保证安全的前提下尽量考虑使用现有的材料和设备，因地制宜，使设计出的临时结构经济适用、装拆简便、通用性强。

　　⑤编制施工组织设计和施工预算。施工组织设计是施工准备工作的重要组成部分，也是指导施工现场全部生产活动的基本技术经济文件。编制施工组织设计的目的在于全面、合理、有计划地组织施工，从而具体实现设计意图，优质高效地完成施工任务。因此，在施工之前，必须根据拟建市政工程的规模、结构特点和施工合同的要求，在对原始资料调查分析的基础上，编制出一份能切实指导该工程全部施工活动的组织设计。

　　施工预算是在工程中标价的基础上，根据施工图纸、施工组织设计、施工定额等文件进行编制的。施工预算是施工企业内部控制各项成本支出、考核用工、签发施工任务单、限额领料以及进行经济核算的依据，也是签订分包合同时确定分包价格的依据。那种不编制施工预算,而仅用投标书中的标价来指导施工的做法,并不能对施工过程中全部经济活动进行切实有效的控制。因此,在施工前,还应认真地编制施工预算。

(2)劳动组织准备

①建立施工组织机构。施工组织机构的建立应根据工程项目的规模、结构特点和工程的复杂程度来决定。为了有效地进行各项管理工作,在项目经理之下应设置一定的职能部门,分别处理有关职能事务。人员的配备应适应任务的需要,要力求精干、高效。机构的设置要符合精简的原则,坚持合理分工与密切协作相结合,分工明确,责权具体,便于指挥和管理。

②合理设置施工班组。施工班组的建立应认真考虑专业和工种之间的合理配置,技工和普工的比例要满足合理的劳动组织,并符合流水作业方式的要求。同时,要制订出工程所需的劳动力需要量计划。

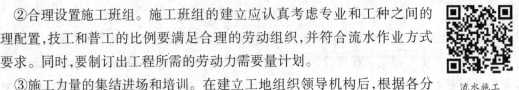

流水施工

③施工力量的集结进场和培训。在建立工地组织领导机构后,根据各分部分项工程的开工日期和劳动力需要量计划,分批分阶段地组织劳动力进场,并及时组织进行入岗前的培训教育工作。因施工生产中的决定性因素是人,故施工力量的集结进场和特殊工种及缺门工种的培训教育工作是施工准备工作的一项重要任务。施工中需要的工种很多,如木工起重工、混凝土工、钢筋工、电焊工、预应力张拉工、测量工、试验工、机械修理工等都是市政工程施工中不可缺少的工种。而潜水工、新工艺的操作等属于特殊工种,对这些直接为施工服务的工种及其他缺乏的工种或技术水平要求较高的工种,进场前都应进行技术、质量、安全操作、消防和文明施工等方面的培训教育。

④向施工班组和操作工人进行开工前的交底。在单位工程或分部分项工程开工之前,应将工程的设计内容、施工组织设计、施工计划和施工的技术质量要求等,详尽地向施工班组和操作工人进行讲解、交代,以保证工程能严格按照设计图纸、施工组织设计、施工技术规范、安全操作规程和施工质量检验评定标准的要求进行施工。交底工作应按照管理系统自上而下逐级进行,根据不同对象交底可采取书面、口头和现场示范等形式。

交底的内容主要有:工程的施工进度计划、月(旬)作业计划;施工组织设计,尤其是施工工艺、质量标准、安全技术措施、降低成本措施和施工验收规范的要求;新技术、新结构、新材料和新工艺的施工实施方案和保证措施;有关部位的设计变更和技术核定等事项。

班组和操作工人在接受交底后,要组织其成员对所担负的工作进行认真的分析与研究,弄清结构的关键部位、要达到的质量标准、需采取的安全措施以及应遵循的操作要领,并明确任务,做好分工协作。

⑤建立健全各项管理制度。工地必须建立健全各项管理制度,以使各项施工活动能顺利进行。在施工过程中,有章不循其后果是严重的,无章可依则更是危险。工地一般应建立技术质量责任、工程技术档案、施工图纸学习、技术交底、职工考勤考核、工程材料和构件的检查验收、工程质量检查与验收、材料出入库和保管、安全操作、机具使用保养等管理制度。

（3）物资准备

各种材料、构件、制品、机具及设备是保证工程施工顺利进行的物质基础。这些物资的准备工作必须在相应的工程开工之前完成，方能满工程连线施工的要求。

物资准备工作的内容主要包括：工程材料如普通钢材、预应力材料、木材、水泥和砂石材料等的准备；构件和制品的加工准备；施工机具设备的准备以及各种工具和配件的准备等。

物资准备工作的程序一般为：根据施工预算、分部分项工程的施工方法和施工进度安排制订需要量计划；与有关单位签订供货合同；拟订运输计划和运输方案；按施工平面图的要求，组织物资按计划时间进场，在指定地点、按规定方式进行储存或堆放，以便随时提供给工程使用。

（4）施工现场准备

施工现场的准备工作，主要是为工程的施工创造有利的施工条件和物资保证。

①做好施工测量控制网的复测和加密工作。按照设计单位提供的工程总平面图及测量控制网中给定的基线桩、水准基桩和重要保护桩等资料，在施工现场进行三角控制网的复测，并根据工程的精度要求和施工方案，补充加密施工所需要的各种标桩，建立满足施工要求的工程测量控制网。

②做好施工现场的补充钻探工作。工程在设计时所依据的地质钻探资料，有时因钻孔数量较少或钻孔位置相距过远而不能充分反映实际的地质情况。为满足施工的需要，有必要对一些墩位或桩位进行补充钻探，以查明实际的地质情况或可能存在的地下障碍物，为基础工程的施工创造有利条件。

③搞好"三通一平"。"三通一平"是指路通、水通、电通及平整场地。为满足采用蒸汽养生和寒冷冰冻地区取暖的需要，还要考虑做好供热工作。

④建造临时设施。按照施工总平面图的布置，建造各种生产、办公、生活居住及储存等临时房屋，以及施工便道、便桥、码头、混凝土搅拌站和构件预制场等大型临时设施。由于临时设施的项目繁多，内容庞杂。因此，建造时应精打细算，做好规划，合理地确定项目、数量和进度等。要因地制宜，降低造价，使之尽量标准化和通用化，以便于拆迁和重复利用。

⑤安装调试施工机具。按照施工机具需要量计划，组织施工机具的进场，并根据施工总平面图的布置将施工机具安置在规定的地点。对所有施工机具都必须在开工之前进行检查和试运转。

⑥原材料的试验和储存堆放。按照材料的需要量计划，应及时提供材料试验，如钢材的机械性能试验，预应力材料的力学性能试验，水泥、砂石等原材料的试验，以及混凝土的配合比试验等的申请计划。材料的进场要及时组织，进场后应按规定的地点和指定的方式进行储存和堆放。

⑦做好冬雨期施工安排。按照施工组织设计的要求，落实冬雨期的临时设施和技术措施，做好施工安排。

⑧落实消防和保安措施。建立消防和保安等组织机构,制订有关规章制度,布置安排好消防保安等措施。

10.3.2 施工组织设计的编制

1)编制施工组织设计的基本原则

根据工程建设的现实,以及实施施工组织设计中的经验和教训,施工组织设计一般应遵循以下基本原则:

(1)认真贯彻我国基本建设和改革开放的方针政策

市政工程建设的投资巨大,耗用的人力、物力等各种资源多,必须纳入国家的计划安排,工程建设才有可靠的保障。组织施工应严格按基本建设程序办事,认真做好施工组织设计,充分发动群众,建立和健全各项施工的技术保障措施和相应的施工管理制度,确保正常的施工秩序。在当前全面改革开放的形势下,随着国家经济的发展,市政建设突飞猛进。市政工程施工更应以现行政策为依据,利用施工组织设计调动各方面的积极性,努力提高劳动生产率,加快工程进度,提高工程质量,降低成本,全面完成市政建设计划。

(2)根据建设期限的要求,统筹安排施工进度

市政工程施工的目的是保质保量地把拟建项目迅速建成,尽早交付使用,早日发挥工程的社会经济效益。因此,保证工期是施工组织设计中需要考虑的首要问题。根据规定的建设期限,按轻重缓急进行工程排队,全面考虑、统筹安排施工进度,做到保证重点,让控制工期的关键项目早日完工。在施工部署方面,既要集中力量保证重点工程的施工,又要兼顾全面,避免过分集中而导致人力、物力的浪费,同时还需要注意协调各专业间的相互关系,按期完成施工任务。

(3)采用先进技术,实现快速施工

先进的科学技术是提高劳动生产率、加快施工进度、提高工程质量、降低工程成本的重要源泉。同时,积极运用和推广新技术、新工艺、新材料、新设备,减轻施工人员的劳动强度,是现代化文明施工的标志。施工机械化是市政工程实现优质、快速的根本途径。扩大预制装配化程度和采用标准构件是市政施工的发展方向,只有这样,才能从根本上改变市政施工手工操作的落后面貌,实施快速施工。在组织施工时,应结合当时机具的实际配备情况、工程特点和工期要求,作出切实可行的布置和安排。注意机械的配套使用,提高综合机械化水平,充分发挥机具设备的效能。对基础工程路基土石方、起重运输等用工多和劳动强度大的工程,以及特殊路基、高级路面等工序复杂的工程,尤其应优先考虑机械化施工。

(4)实现连续、均衡而紧凑的施工

市政工程施工系野外流动作业,受外界的干扰很大,要实现连续、均衡而紧凑的施工,就必须科学、合理地安排施工计划。计划的科学性就是对施工项目作出总体的综合判断,采用

现代数学的方法,使施工活动在时间上、空间上得到最优的统筹安排,即施工优化。计划的合理性是指对各个项目相互关系的合理安排,如施工程序和工序的合理确定等。要做到这些,就必须采用系统分析、流水作业、统筹方法、电子计算机辅助系统及先进的施工工艺等现代化科学技术成果。施工的连续性和均衡性,对施工物资的供应、减少临时设施、生产和生活的安排等都是十分必要的。安排工程计划时,在保证重点工程施工的同时,可将一些辅助的或附属的工程项目作适当穿插,还应考虑季节特点,将一些后备项目作为施工中的转移调节项目。采取这些措施才能使各专业机构、各工种工人和施工机械,不间断地、有秩序地进行施工,尽快地由一个项目转移到另一个项目上去,从而实现在全年中能连续、均衡而又紧凑地组织施工。

(5)确保工程质量和安全施工

市政设施是永久性的建筑物,工程质量的好坏不但影响施工效果,而且直接影响国民经济的发展和人民的生活。本着对国家建设高度负责的精神,严肃、认真地按设计要求组织施工,确保工程质量,这是每个施工组织者应有的态度。安全施工既是施工顺利进行的保障,也是党和国家对劳动者关怀的体现。如果施工中发生质量、安全事故,不但会耽误工期、造成浪费,有时甚至引起施工工人思想情绪波动,造成难以弥补的损失。因此,在进行施工组织设计时,要有确保工程质量和安全施工的措施。在组织施工时,要经常进行质量、安全教育、遵守有关规范、规程和制度。实行以预防为主的方针,质量和安全保障措施要具体可靠,认真贯彻执行,把质量事故和安全事故消灭在萌芽中。

(6)增产节约,降低工程成本

市政工程建设耗费的巨额资金和大量物资,是按工程概、预算的规定计算的,即有一个"限额"。如果施工时突破这一限额,不仅施工企业没有经济收益,而且从基本建设管理角度也是不允许的。因此,施工企业必须实行经济核算,贯彻增产节约的方针,才能不断降低工程成本,增强企业自身的经济实力和社会竞争力。

社会经济实力的增长,一方面是以现有生产条件为基础,挖掘潜力、增加生产;另一方面则是依靠资金的积累进行投资,增加生产设备,实现扩大再生产。市政施工涉及面广,需要资源的品种及数量繁杂,在施工组织设计和施工管理中,只有认真实行经济核算,增加生产,厉行节约,对施工计划进行科学合理的安排,才能取得更大的经济效益。此外,还应做到一切施工项目都要有降低成本的技术组织措施,尽可能减少临时工程,充分利用当地资源,并降低一切非生产性开支和管理费用。

2)编制施工组织设计的依据

为了切合实际地编好施工组织总设计,在编制时,应以下资料为依据:

①招标文件、计划文件及合同文件,如国家批准的基本建设计划、可行性研究报告、工程项目一览表、分期分批投产交付使用的期限和投资计划、工程所需设备和材料的订货指标、建

设地点所在地区主管部门的批件、施工单位上级主管部门下达的施工任务计划、招投标文件及工程承包合同或协议、引进材料和设备供货合同等。

②建设文件,如已批准设计任务书、初步设计或技术设计或扩大初步设计、设计说明书、建设区域的测量平面图、工程总平面图、总概算或修正概算、建筑竖向设计等。

③工程勘察和技术经济资料,如地形、地貌、工程地质、水文地质、气象等自然条件,建设地区的建筑安装企业、预制件、制品供应情况,工程材料、设备的供应情况,交通运输、水、电供应情况,当地的文化教育、商品服务设施情况等技术经济条件。

④类似工程的有关资料、现行规范、规程和有关技术规定,如类似建设项目的施工组织总设计和有关总结资料,国家现行的施工及验收规范、定额、技术规定和技术经济指标。

⑤企业 ISO 9002 质量体系标准文件。

3) 施工组织总设计的编制程序

施工组织总设计的编制程序如图 10.1 所示。

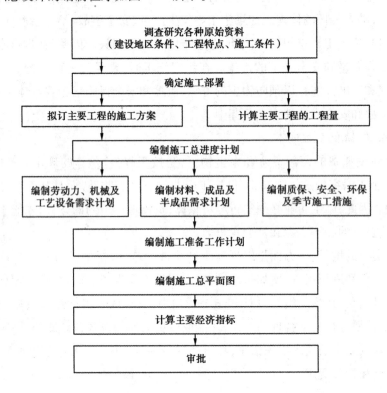

图 10.1　施工组织总设计的编制程序

4) 施工组织设计的内容

(1) 总体施工组织设计的内容

①编制说明。

②编制依据。

③工程概况。

④施工准备工作总计划。

⑤主要工程项目的施工方案。

⑥施工总进度计划。

⑦资源配置计划。

⑧资金供应计划。

⑨施工总平面图设计。

⑩施工管理机构及劳动力组织。

⑪技术、质量、安全组织及保证措施。

⑫文明施工和环境保护措施。

⑬各项技术经济指标。

⑭结束语。

（2）单位工程施工组织设计的内容

①编制说明。

②编制依据。

③工程概况。

④施工方案选择。

⑤施工准备工作计划。

⑥施工进度计划。

⑦各项资源需要计划。

⑧施工平面图设计。

⑨质量、安全的技术组织及保证措施。

⑩文明施工和环境保护措施。

⑪主要技术经济指标。

⑫结束语。

（3）分部分项工程施工组织设计的内容

①编制说明。

②编制依据。

③工程概况。

④施工方法的选择。

⑤施工准备工作计划。

⑥施工进度计划。

⑦动力、材料和机具等需要计划。

⑧质量、安全、环保等技术组织保证措施。

⑨作业区施工平面布置图设计。

⑩施工进度计划的表现形式。

10.4 市政道路养护工程的检查与验收

10.4.1 检查验收的一般要求

市政道路养护工程的检查与验收应包括保养小修、中修工程、大修工程、加固、改扩建工程等。养护单位应对保养小修质量进行自查,并建立自查技术档案,将自查结果报管理单位备案,管理单位应进行质量抽检。

1) 中修工程的检查与验收

①养护单位、管理单位的质量管理人员应对施工过程和隐蔽部分的施工进行检查和验收。

②工程完成后,养护单位、管理单位应对工程外观质量及整体恢复程度提出验收意见。

③中修工程竣工资料应及时验收归档。

④中修工程宜由有相应资质的监理单位对工程全过程进行监理。

2) 大修工程检查与验收应满足的要求

①大修工程应由有相应资质的监理单位对工程全过程进行监理。

②大修工程应按分项工程逐项进行验收。

③大修工程竣工验收应按以下程序进行:

a.工程竣工后,施工单位应按设计文件和城市道路维修作业验收标准进行自检,作出质量自评,并组织初验。

b.监理单位应对工程质量作出监理评价,设计单位应对工程质量按设计要求作出评价。

c.管理单位接到施工单位申请办理正式验收的报告后,应及时组织竣工验收,进行质量评定,并报有关单位备案。

d.如工程未达到验收标准,管理单位应提出整改意见,由施工单位及时整改,达到标准再行复验。

e.当工程内容符合设计文件、工程质量符合验收标准、竣工文件齐全完整时,管理单位应及时办理交验手续。

f.大修工程竣工资料应及时验收,并由管理单位归档。

10.4.2　沥青路面养护工程的检查与验收

沥青道路养护工程检查内容应包括凿边质量、铺筑质量、平整度、接茬质量、路框差、横坡度等。沥青道路养护质量验收应满足表 10.6 的要求。

表 10.6　沥青道路养护质量验收标准

项目	规定值及允许变偏差	检验方法
凿边	1.四周用切割机切割整齐不斜 2.如采用铣刨机或其他工程机械施工,边口应整齐不斜 3.四周修凿垂直不倾斜,凿边宽度不小于 50 mm,深度不小于 30 mm	用量尺
铺筑	1.面层铺筑厚度 5~10 mm 2.细粒式沥青混凝土面层厚度不得低于 30 mm,粗粒式沥青混凝土面层厚度不得低于 50 mm,中粒式沥青混凝土面层厚度不得低于 40 mm 3.表面粗细均匀无毛细裂缝碾压紧密无明显,无明显轮迹	用量尺
平整度	路面平整,人工摊铺不大于 7 mm,机械摊铺不大于 5 mm	3 m 直尺量
接茬	1.接茬密实无起壳、松散 2.与平石相接不得低于平石,高不得大于 5 mm 3.新老接茬密实,平顺齐直,不得低于原路面,高不得大于 5 mm	1 m 直尺量
路框差	1.各类井框周围路面无沉陷 2.各类井框与路面高差不得大于 5 mm	1 m 直尺量
横坡度	与原路面横坡相一致,不得有积水	目测

10.4.3　水泥混凝土路面养护工程的检查验收

水泥混凝土道路养护检查内容应包括切割质量、铺筑质量、平整度、相邻板差、伸缩缝及纵横坡度等。水泥混凝土道路养护质量验收应满足表 10.7 的要求。

表 10.7　水泥混凝土道路养护质量验收标准

项目	规定值及允许偏差	检验方法
切割	四周切割整齐垂直,不得附有损伤碎片,切角不得小于 90°	用尺量
铺筑	1.抗压、抗折强度不低于原有路面强度,板厚度允许误差+10 mm,−5 mm 2.路面无露骨,麻面,板边蜂窝麻面不得大于 3%,面层拉毛应整齐	试块测试及用尺量
平整度	路面平整度高差不大于 3 mm	3 m 直尺量
抗滑	抗滑值 BPN≥45 或,横向力系数 SFC≥0.38	测试

续表

项目	规定值及允许偏差	检验方法
相邻板差	新板块接边,高差不得大于 5 mm	1 m 直尺量
伸缩缝	1.顺直、深度、宽度不得小于原规定 2.嵌缝密实高差不得大于 3 mm	1 m 直尺量
路框差	1.座框四周宜设置混凝土保护护边 2.座框或护边与路面高差不得大于 3 mm	1 m 直尺量
纵横坡度	与原路面纵坡、横坡相一致,不得有积水	目测

10.4.4　人行道养护工程的检查与验收

1)人行道养护工程验收标准

人行道养护检查内容应包括材料质量、铺筑质量、平整度、路框差、接茬质量、凿边及滚花质量等。人行道养护质量验收应满足表 10.8 的要求。

表 10.8　人行道养护质量验收标准

项目	规定值及允许偏差	检验方法
铺筑	1.设置盲道的城镇道路人行道宽度不小于 3 500 mm 2.避开各类地面障碍物,并距人行道边线 250~600 mm	用 10 m 线量测
强渡	1.现浇水泥人行道强度、厚度符合设计要求,振捣坚实 2.表面无露骨,麻面。厚度偏差+10 mm,−5 mm	试块检验用尺量
平整度	预制块和现浇水泥人行道的平整度不得大于 5 mm	3 m 直尺量
路框差	1.检查井及公用事业井盖框和人行道高差不得大于 5 mm 2.现浇水泥人行道不得大于 3 mm	1 m 直尺量
接茬	1.新老接茬齐平,高差不得大于 5 mm 2.人行道面应高出侧石顶面 5 mm	1 m 直尺量
凿边及滚花	1.现浇水泥人行道四周凿边整齐不斜,四周不得有损伤碎石 2.现浇混凝土粗底完成后紧跟,做细砂浆,表面平整美观 3.纵横划线垂直齐整、缝宽和缝深均匀,滚花整齐	目测

2)道路无障碍设施养护检查

道路无障碍设施养护检查应满足以下要求:

①无障碍设施应包括缘石坡道、缓坡道、盲道等。

②应检查盲道类型、位置、宽度等。

③应检查坡道位置、宽度、坡度、接茬平顺等。

盲道养护质量验收应满足表 10.9 的要求。无障碍坡道养护质量验收应满足 10.10 的要求。

表 10.9　盲道养护质量验收标准

项目	规定值及允许偏差	检验方法
位置	1.设置盲道的城镇道路人行道宽度不小于 3 500 mm 2.避开各类地面障碍物,并距人行道边 250~600 mm 3.盲道中因无障碍物,检查井盖框高低差不超过 10 mm	用尺量
宽度	1.人行道铺设盲道宽度宜为 300~600 mm 2.在人行道转弯处设置的全宽式无障碍坡道形式,设置提示盲道,宽度应大于行进盲道的宽度	用尺量

表 10.10　无障碍坡道养护质量验收标准

项目	规定值及允许偏差	检验方法
坡度	1.缘石坡道正面坡的坡度不得大于 1∶12 2.避开各类地面障碍物,并距人行道边线 250~600 mm 3.盲道中应无障碍物,检查井盖框高低差不超过 10 mm	用尺量
高度	缘石坡道正面坡中缘石外露高度不得大于 20 mm	用尺量
宽度	1.三面坡缘石坡道的正面坡道宽度不得小于 1 200 mm 2.扇面式缘石坡道的下口宽度不得小于 1 500 mm 3.转角处缘石坡道的上口宽度宜不小于 2 000 mm 4.其他形式的缘石坡道的宽度应不小于 1 200 mm	用尺量

10.4.5　其他路面养护工程的检查与验收

其他路面包括水泥混凝土预制块、彩色预制板、广场砖、大理石及花岗石等。其检查内容包括平整度、相邻块高差、路框差、缝宽及纵横线中心偏差等。其他路面养护质量验收应满足表 10.11 的规定。

表 10.11　其他路面养护质量验收标准

项　目	规定值及允许偏差	检验范围	检验方法
平整度	大理石、花岗石 0~5 mm,彩色预制块、广场砖 0~7 mm	10 m 检 1 点(取最大值)	3 m 直尺量
相邻块高差	大理石、花岗岩 1 mm(光面)、2 mm(毛面),彩色预制块、广场砖 2 mm	10 m 检 3 点(取最大值)	用尺量
路框差	大理石、花岗岩 2 mm,彩色预制块,广场砖 3 mm	每井检 1 点	用尺量
缝宽误差	大理石、花岗岩 ±2 mm,彩色预制块、广场砖 ±2 mm	10 m 检 3 点(取最大值)	10 m 线用尺量

10.4.6　道路附属设施养护工程的检查与验收

附属设施包括隔离护栏、路名牌等。隔离护栏检查内容包括设置位置、顺直度、高度、固定式垂直度及相邻隔栅错缝高差等,具体验收标准见表 10.12。路名牌检查内容包括字体、指向、高度、垂直度、位置等。具体验收标准见表 10.13。

表 10.12　隔离护栏养护质量验收标准

项　目	允许偏差/mm	检查频率		检验方法
		范围/m	点数	
护栏顺直度	20	100	1	用 20 m 线量取最大值
护栏高度	+20,-10	100	3	用钢尺量
固定式垂直度	10	100	3	用垂线吊量
相邻隔栅错缝高差	±5	100	3	用钢尺量

表 10.13　路名牌养护质量验收标准

项目	允许偏差/mm	检验频率		检验方法
		范围	点数	
高度	20	每块	2	用尺量
垂直度	10	每块	1	用垂线吊量
位置	35	每块	2	用尺量

10.5　市政道路养护管理系统

10.5.1　路面养护管理系统

1）概况

路面养护管理系统运用计算机和现代管理科学等先进技术来实现养护管理的目标。整个系统是道路工程学、管理科学、计算机科学三者的有机结合。其中,道路工程学是路面管理系统的基础,它综合考虑了技术、经济、社会、环境等多方面的因素,使整个管理过程系统化、科学化和现代化,为管理部门的决策人员提供了分析的方法和工具,并为管理部门的科学体提供了可靠依据。系统的核心在于研究如何在有限的资源(资金、劳动力、材料、能源等)下,以最低的消耗提供并维持路面在预定的使用期内具有足够的服务水平。也就是,在预定的标准和约束条件下,选用费用-效果最佳的方案。

路面管理系统经过几十年的发展,已从一个概念变成在很多国家的省、市和地区实际运行的系统,几十年的实践为路面管理系统的建立和实施积累了丰富的经验。本节将介绍这些经验说明系统建立和实施的过程或步骤,分析系统的结构和组成。

2）路况调查

路况调查是养护工作中的一项常见内容,也是路面管理系统中数据采集的重要组成部分。通过路况调查进行动态数据采集,输入路面管理系统中,可自动生成路面评价指标及各种表格。

路况调查分为平整度调查、路面破损状况调查、结构承载力调查(沥青路面)及抗滑能力调查。路面调查可采用全面调查或抽样调查的方式。

（1）路面破损调查

路面破损的调查指标为综合破损率(DR)。

高速公路和一级公路路面破损数据调查,宜采用先进快速的调查方法。其他等级公路,可采用人工调查的方法。

路面各种破损的损坏范围按实测损坏面积计,不规则形状的损坏面积按当量矩形面积估算。对各种单条裂缝,其损坏面积按裂缝长度乘以 0.2 换算系数计算。对车辙、拥包、波浪、坑槽,可用 3 m 直尺测最大间隙。

调查结果应按破损路段进行汇总。二级及二级以下公路,路段长度采用 1 000 m。以整公里桩号为起讫点,并考虑以公路交叉及政区分界为分段点;高速公路和级公路,路段长度可为 100~500 m。将每个路段内各类损坏数据分别统计后,计入汇总表。

（2）路面强度的调查

路面强度的调查指标为路面弯沉值。

调查设备可采用贝克曼梁或自动弯沉仪测量回弹弯沉值。如采用自动弯沉仪测定时，应建立与贝克曼梁测定结果的对比关系。

路面强度测定应在不利季节进行，并注意温度修正。在非不利季节测定时，应作季节修正。

（3）路面平整度的调查

路面平整度的调查指标为国际平整度指数（IRI）。

路网的全面调查宜采用车载式颠簸累积仪快速检测平整度仪或 3 m 直尺检测。各种方法的测定结果应建立其与国际平整度指数之间的关系。

（4）路面抗滑能力的调查

路面抗滑能力的调查指标为轮胎与路面的摩擦因数。

调查设备可采用摆式仪和横向力系数（SFC）测定仪。高速公路和一级公路，宜采用横向力系数测定仪。

摆值的调查应在每个评价路段选 5 个测点，每个测点重复测定 5 次，取其均值作为该测点的测量值。

3）路面管理系统的构建

路面管理系统的建立和实施过程包括以下步骤：

（1）可行性研究

在决定建立系统之前，要进行可行性研究，了解路面管理的现状和存在的问题，分析系统实施后可能带来的效益，确立系统的目标和目的（预期用途或功能），估算建立和实施系统所需的资源（人力、设备、时间和经费）。以充分的材料和分析来论述系统建立和实施的必要性和可能性。

建立路面管理系统的主要目的是改善和提高现有的管理工作，因而需要了解现状和存在的问题现状，包括路面养护和改建的年度预算和单价中的路面状况，使整个路网的状况达到某一水平所需的费用和这一费用同单位财政能力的比较等。了解的现状要同其他类似的单位相比，依据现状存在的不足之处分析出可能存在的管理问题，如项目的优先顺序确定，预算要求的满足，路面损坏速度与预期的差异，某一路段何时需要改善和采用什么措施，以及对经济有效等，针对这些问题可较明确地提出建立系统的必要性，系统应设立的目标和实施系统可能带来的效益。

为系统确立的目标和目的，可以是确定需要进行养护和改建的项目所编制的养护和改建计划，也可以是确定资金在养护、改建和新建之间，或者在各地区（行政区划之间）的合理分配，也可能要兼顾两方面的需要。同时，还需要考虑的是所建立的系统的席位及建立网及系

统还是建立项目级系统。目标和目的的确定与现状和存在的问题有关,也与主管领导对系统的预期用途有关,当然还应考虑单位的实际条件和管理水平

（2）领导认可或批准

将上述可行性研究结果向单位主管领导汇报,以取得领导对整个计划和所需资源的认可或批准。由于所建立和实施的是一个管理系统。因此,成功的关键是取得行政领导的接受和支持。

（3）制订工作计划

首先成立由本单位各部门人员组成或者邀请有关咨询单位和人员参与的课题组,由课题组研究制订工作计划。其主要工作内容包括:系统设计和分阶段实施计划;确定路面使用性能参数以及指标采集的方法和频率;确定建立使用性能预估模型的方法;规定各项决策标准（如使用性能最低,可接受水平养护和改建对策等）;确定数据采集和处理所需设备的类型和数量数据处理和分析所需计算机硬件和软件设备的类型和数量,制订人员培训计划,编制预算和进度计划等

（4）建立初步系统

通常采用分阶段建立系统的方法。例如,第一阶段可确定为数据采集和处理,明确养护和改建需要。通常也可选择部分地区作为试点。初步建立系统后,应尽早在试点地区测试和验证,并对所出现的问题进行调整或修改。

（5）向领导汇报

向领导演示初步建立的系统,使之了解前阶段的成果和实施时可能带来的效益,并取得下阶段工作的指示和支持。同时,可邀请其他有关部门参加,并取得理解和协调。

（6）确定系统在机构内的位置。

课题组需要了解和掌握全路网路面使用性能的状况,并提出全路网资金合理分配的方案及养护和改建计划的建议,虽然课题组不作出决策,但其可为上层决策者提供最有价值的决策信息,因而课题组应尽量设置接近上层决策者的部门,并明确其同决策者和其他部门间的关系。课题组还应避免受到计划设计或养护等部门倾向性意见的左右。

（7）建立完整系统

在完善初步系统并付诸实施的基础上,按预定的系统目标进一步建立下阶段的子系统。

（8）日常运行系统维护和改善

系统需进行维护,以保持日常运行,并依据运行中出现的问题及新技术不断更新和改善现有系统。

路面管理系统的建立和实施是一个不断调整、完善和提高的过程,也是一个逐步取得领导和有关部门的理解、支持和应用的过程,更是一个逐步改变管理体制、方法和习惯的过程。这一过程通常需要 3～5 年,并经历若干个发展阶段。

4)路面管理系统的结构

不同级别的路面管理系统具有大体上类似的结构,它们的差别主要在于使用性能参数的指标和测定方法的选用,各项决策标准、分析的方法和输出的报表。路面管理系统的建立和实施,需花费好几年时间,投入大量经费、人力和设备,也需要不断地得到单位领导和各个部门的理解、支持和配合。为使系统能得到顺利的实施和应用,且采用分阶段建立和实施方法,逐步地投入资源、积累数据,不断完善。

系统宜采用模块式结构(见表10.14),以便于分阶段建立和实施。

表 10.14　路面养护管理系统模块结构

模　块	主要内容	典型输出结果
数据库管理	路段划分、几何尺寸、路面结构、交通量、路面使用性能、路面历史	路面现状报告(报表、图等形式),路面历史状况报告
养护和改建需要的分析	使用性能最低可接受水平,决策标准,使用性能预估模型	目前需要养护和改建路段,今后需要养护和改建路段,路面使用性能曲线
养护计划	典型养护措施和单价,养护政策(养护政策的决策标准),养护水平对路况的影响分析	各路段的养护措施、养护计划、不同养护预算水平的分析报告
改建计划	典型改建措施和单价,改建政策(改建政策的决策标准),优序原则或优化分析(费用最小,效益最大)	各路段的改建方案优先计划(按年龄、道路等级、地区等),预算水平分析,财务计划(按待定使用性能水平要求)
养护和改建综合计划	按预算水平养护和改建计划	各路段的养护和改建措施,养护和改建综合计划
项目级分析	路面弯沉和材料性能测定,改建路面结构设计,寿命周期费用分析	结构分析报告,改建方案分析报告

每一个模块对应一个可区分的发展阶段,依次建立和应用各个模块,可使系统不断扩大其功能,达到不同的发展阶段。而每个模块都有独立的分析接口输出,每个模块都以前一个模块的分析结果为基础,增加新的分析内容而建成。各个模块可根据以下顺序依次建立和实施:

①建立简单的数据库管理模块,为管理部门提供路面历史和现状资料。

②随着更多人力和设备的投入以及数据的积累,可建立使用性能预估模型形成可分析目前和今后养护和改建所需要的模块。

③引入决策标准经济分析方法和优先规划方法后,建立养护计划和改建计划模块。

④在系统中,加入路面改建设计方法和改建方案经济比较等内容,可得到项目分析和设计模块,至此便形成完整的路面管理系统。

如图 10.2 所示为加拿大阿尔伯达省城市路面管理系统(MPMS)整体结构示意图。该系统是一个包含了上述各个模块的较完整的路面管理系统。

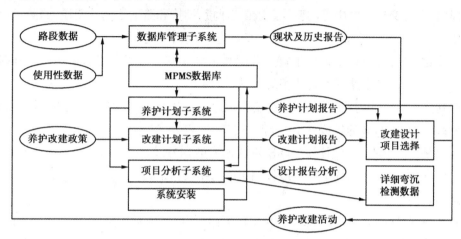

图 10.2　MPMS 整体结构示意图

5)数据库和数据库管理

路面管理系统的数据库包含了进行各种分析和决策者所需要的各种路况数据,这些数据以不同的方式采集后输入计算机,通过数据库进行处理和管理。

(1)数据库在路面管理系统中的作用

数据库在路面管理系统中主要有以下作用:

①通过数据转换接口,与数据采集设备相连接直接接收并存储来自数据采集设备的数据。

②通过数据库管理模块,接收并存储手工输入的数据。

③通过数据通信接口,接收来自其他应用系统的数据,或向其他应用系统传送数据。

④储存并管理系统的模型参数数据。

⑤为网络和项目及系统提供数据。

⑥通过结果输出模块输出路网基本数据信息。

(2)路面管理系统的数据类型

路面管理系统的数据包含 6 种类型的数据文件:路段划分和识别、道路几何尺寸、路面结构数据、交通数据、路面使用性能数据及路面处置历史数据。

●路段划分和识别

在数据入库之前入网,必须划分为若干个均匀路段。这一项工作对整个数据采集的工作量,系统今后的运行以及报告和分析的质量与可靠性都有十分重要的影响。

在路面管理系统的分析中,将一个路段作为一个单元,同一单元的路面具有相同的表现,对养护和改建措施有着同样的反应。因此,路段内的路面在路龄、结构、施工方法、路况、交通量及道路等级等方面应相同。为避免路段划分过细、过碎,使数据库因数据量过大而难以处理,可允许某些因素在一个路段内有一定的变异范围。例如,在路龄、结构和道路等级相同的一个路段内,允许交通量由中等的变异;或在交通量、结构和路况相同的路段,路龄可以有1~2年的差异等。在划分路段前,应对允许的变异范围作出规定。分段的标准还应考虑是否便于养护和改建工作的进行,是否便于资金分配和工作安排。在双向交通量相差悬殊时,还应按方向划分路段,以考虑路况恶化速率的差异。

路网划分为若干均匀路段后,给每一个路段命名,规定其时点和识别代码,并注明其道路等级和所属管辖区(行政养护或其他区划)。

识别码是路段的唯一识别标志,以便迅速输入数据并及时产生报告。另外,还应建立一个编号系或参照系,可使系统更方便地找到正确的路段识别码。

- 道路几何尺寸

道路几何尺寸包括路段的长度、宽度和路面面积,这些数据可从道路建设档案记录中查得到。但在输入数据库之前,应到现场核对。交叉口处的长度可能重复计入,应事先作出约定,哪一类路(等级或交通量)先行考虑。路面宽度变化多的路段可用平均宽度计。

- 路面结构数据

路面结构数据包括整个结构(路基、垫层、基层、面层和各种表面处理)的组成和各层的厚度。这些数据可通过施工原始记录得到,也可部分钻取芯样采集,或经逐步积累而得到。

交通数据

- 交通数据包括两类:

一类是交通量调查数据,另一类是交通量统计数据。交通量调查数据通过交通量观测得到。可由各级交通量观测站提供,包括各种类型车辆的数量、轴载组成空载率和满载率。交通量统计数据通过交通量调查数据统计得到,包括年平均日交通量、小时交通量和承载能力交通量。

- 路面使用性能数据

路面使用性能数据的采集是路面管理系统的核心,许多管理决策和报告都以路面使用性能数据所提供的信息为依据。

路面使用性能数据包括路面损坏状况、路面行驶质量、路面结构能力及路面抗滑能力4个方面。每一方面可用不同的指标来表征,采用不同的方法量测。例如,路面损坏状况用损坏类型、严重程度和范围3个方面属性表征。各个系统依据系统的预期功能及当地的经验和习惯不同,选取不同的损坏类型、严重程度分析和范围度量方法,也可仅考虑某一方面或几方面的使用性能属性。

除了将采集到的路面使用性能数据输入数据库外,还要按所选用的使用性能评价指标(如PCI,PSI,RQI 等)和计算方法,将各路段的原始数据换算成相应的性能指标及输入数据库内。

●路面处置历史数据

路面处置历史数据库以路段为单位,记录每个路段的修建及处置数据,包括各路段从施工完毕交付使用后到目前为止的全部养护和改建活动记录(竣工验收日期、养护措施、罩面和加铺层结构类型、施工记录,大修记录等)。

路面管理系统的数据采集工作量很大,需消耗较长时间,数据库的建立可采取分阶段进行的方式,先采集部分数据,以建立数据库的构架,供系统下阶段分析用,而后随着系统的继续开发,不断补充数据采集,逐步完善数据库。

数据库管理工作包括采集路面数据并将其输入数据库,及时更新数据库类信息,以及组合数据库内数据以编写报告等。

数据库结构应便于从数据库内提取各种数据并组合成各种报表。路面管理系统第一阶段实施时的主要功能便是提供报表,这些报表包括:路面状况分类情况,如按道路等级、养护管理规划、路面类型或结构等进行分类的各种清单;路面养护维修状况,如不同年份修建或采取不同养护和改建措施的路段清单;路面使用性能报告,如各种路面使用性能指标在路段内的分布频率,或某使用性能指标达到某一水平的路段位置和长度等。数据库的报表编制功能应便于路面管理人员经常使用。

6)养护计划子系统

养护计划子系统用于制订和管理养护计划,分析和评价养护对策,确定养护计划对路面使用性能和资金预算的影响。该子系统中应包含可能采取的养护措施和养护决策参数两方面的信息。可能采取的养护措施信息包括收集总结当地养护经验,整理出可采用典型(或标准)养护措施,并提出实施各项养护措施的单价。养护决策参数则是依据当地养护经验和管理单位的养护政策,为每一种损坏类型和严重程度等级提出一种事实的养护措施,可用表10.15的形式表述,也可用如图 10.3 所示的决策树形式表达。

表 10.15　养护对策信息表

损坏类型	严重程度	养护措施	材　料	单价(略)
龟裂	轻	不采取措施	—	—
	中	表面修补	沥青混合料 C	
	重	全厚度修补	沥青混合料 B	
纵(横)向裂缝	轻	不采取措施	—	—
	中	表面修补	橡胶沥青	
	重	全厚度修补	沥青混合料 B	
块裂	轻	不采取措施	—	—
	中	表面修补	橡胶沥青	
	重	全厚度修补	沥青混合料 B	

续表

损坏类型	严重程度	养护措施	材　料	单价(略)
车辙	轻	不采取措施	—	—
	中	表面修补	沥青混合料 C	
	重	全厚度修补		
松散	轻	不采取措施	—	
	中	表面修补	—	
	重	全厚度修补	沙砾式乳化沥青混凝土	

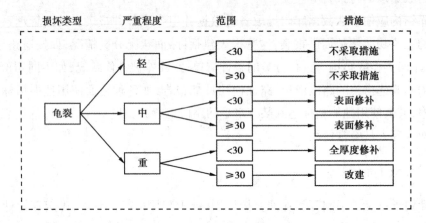

图 10.3　养护对策决策树(单位:mm)

养护计划子系统可利用上述信息进行养护需要和养护对策分析。

(1)养护需求分析

养护需求分析是确定为修补路面损坏所需进行的养护活动。首先从路网内筛选出路面有损坏的路段,然后利用上述信息,根据每一个路段的损坏类型和严重程度确定相应的养护措施及单价,由此列出养护需要分析报表。

通过对采取养护措施前后路面损坏状况的比较,可为各项养护措施确定其效益,以评价养护计划方案和优化养护费用支出。例如,养护前后路面状况指数 PCI 相差 25,则采用该养护措施后所得到的效益为 25,此效益也称效果。各项养护措施的效果,可从各类损坏的评分表中近似地估算得出。为了更确切地反映路网内各路段采取不同养护措施所取得的不同效果,各路段估算得出的效果应以单位长度或面积表示,还可根据交通量的大小乘以相应的权数。由此得出的效果值应按效果大小列入养护需要分析表,使养护决策部门能方便快捷地看出效果最佳的路段。

(2)养护对策分析

进一步分析不同预算水平,条件下的养护需要是养护对策分析的主要内容。它包含以下内容:

①用 PCI 平均值或 PCI 分布频率表示整个网络(或进一步按道路等级或地区分类)的地面现状。

②估算对养护需要分析表所列的全部路段进行修补所需的预算额和实施后所达到的路面状况。

③选择几种不同的预算水平,分别为每一种预算水平按效果大小顺序选择路段,并确定相应的路面状况水平,用平均值和分布频率表示。

④由经济分析结果确定分界标准,将需要养护费用过多的路段转为采取改建措施的路段而纳入改建计划。

经上述分析后提出养护对策分析报告,该报告应能反映不同养护预算水平可能取得的效果,供养护决策部门参考

7)改建计划子系统

改建计划子系统用于确定路网内需进行改建的路段和所采取的改建方案,分析和评价改建对策,编制改建计划。

路面管理系统建立改建计划是指系统的方法在简繁程度上有较大差异,最简单的方法就是规定某一使用性能指标的最低可接受水平,由此确定路网内需改建的路段,应按预定的改建政策为每一改监项目选定改建措施、设定优先排序的原则,最后据此排定各路段的优先顺序、预算水平,确定项目,编制改建计划。针对路面改建后使用性能将变化很大,且改建所需的费用也很大的情况,建立改建计划子系统的较复杂的方法,包含各种改建措施,实施后的使用性能预估模型以及以费用最小和效益最大为目标的优化方法。改建计划子系统通常包含以下 3 个方面的内容:

①输入信息可能采取的典型改建措施和改建决策参数,使用性能最低可接受水平和改善政策及不同路况与采取的改建措施。

②改建路段和改建措施分析。应用使用性能预估模型和使用性能标准分析各年需改建的路段,按改建政策选择改建措施,分析各项措施的效益或效果。

③改建计划优先分析,对改建项目进行排序或优化,编制改建计划和分析路网的使用性能水平。

上述分析结果可为决策者编制改建项目和方案分析报告及项目优先顺序分析报告等提供参考。

8)项目及子系统

经改建计划子系统分析确定的改建项目,可进一步送入项目及子系统进行分析,以确定最佳改建方案项目及子系统分析过程。具体包含以下 3 个方面的内容:

①输入路面完成实测数据,包括测定日期、路面温度、季节性调整系数及完成数据的

分析。

②输入交通数据,即并进行路面结构分析,确定各改建方案所需的路面结构厚度。如果路段内的完成时变化较大,需要划分若干个子路段,则对每一个子路段分别进行路面结构分析。

③应用路面使用性能预估模型预估分析期内路面使用性能的变化,而后进行费用和效益的计算,得到各方案的各项经济指标,包括效益费用比、净现值或费用效果等,供系统比较和选择。

9)公路养护决策与管理要求

公路的养护管理包括多方面内容,其中一个重要的组成部分是路基、路面的养护管理。路基、路面的管理需求来自路面结构破损以及荷载疲劳损坏和偶发事件(洪水、事故等)引起的破损。这些破损要求周期或随时进路面养护和修补。在公路养护决策时,将主要遇到以下问题:

(1)路面使用状况评价

路面使用状况评价的主要功能是对公路路面状况进行客观的使用性能评价。评价内容包括:

①路面状况指数(PCI)。

②行驶舒适性指数(RQ1)。

③路面结构强度指数(PSSI)。

④车辙深度指数(RDI)、路面抗滑指数(KSI)和综合指数(PQI)。

(2)路网养护需求分析(指定养护标准)

路网养护需求分析的主要功能是在指定的道路服务水平限制下,根据公路网的路面状况,进行路面养护的需求分析,确定未来定年度内的路面大、中修和日常养护工作量或资金需求。

(3)路面养护需求分析(指定道路服务水平)

路面养护需求分析的主要功能是在指定的道路服务水平限制下,根据公路网的路面状况进行路面养护的需求分析,确定未来一定年限内,把路面状况维持在要求的服务水平之上所需要的养护方案和最小道路养护预算。

(4)养护预算分配

养护预算分配的主要功能是把确定的道路养护预算,以最经济的方式优化分配到指定的公路网上,确定公路的最佳路面养护方案。通过优化决策让决策者了解,在给定的预算条件下路网中哪些路、在什么时候、用什么方法进行路面养护管理。

(5)投资水平与道路状况分析

通过分析道路投资和路面养护状况的关系,为决策者提供公路养护投资的选择方案。养

护投资水平与道路状况分析的作用就是通过养护分析建立投资与路面状况的数学关系,用于公路养护的辅助决策。

根据上述需求分析和优化分析结果,编制公路年度路面养护计划和公路路面养护规划。

10)沥青路面养护管理系统

(1)沥青路面损坏与评价

路面现有使用质量评价的内容包括路面破损状况、平整度、强度及抗滑性能。

(2)路面使用性能预测

根据交通运输部公路科学研究所的研究结果,认为可采用马尔科夫链预测模型即概率模型来预测沥青路面性能。

(3)维护养护对策

①小修保养对策:路面状况指数(PCI)评为优、良,行驶质量指数(RQI)也评价为优、良的路段,以日常养护为主,并对局部路面破损进行小修。

②中修对策:路面状况指数(PCI)评价为中,或行驶质量指数(RQI)为中的路段,应进行中修罩面。

③大修对策:对强度不满足要求的路段,则应进行大修补强。

(4)抗滑处理

公路的路面行驶质量、路面破损状况和强度均满足要求,但抗滑能力不足的路段,应加铺抗滑磨耗层。

(5)改建对策

因路面不适应现有交通量或载重的需要,应提高现有路面的等级,或通过加宽等措施提高道路的通行能力。

(6)专项养护

因自然灾害致使路面受严重的损坏,可申请专款对路面进行修复。

11)水泥混凝土路面管理系统

(1)水泥混凝土路面评价方法与指标

水泥路面使用质量评价参见《公路水泥混凝土路面养护技术规范》(JTJ 073.1—2001)。

(2)维修养护对策

对一定路况的路面,选择合适的修复对策是一件十分困难的事。根据有关资料,可根据不同的路况等级确定相应的养护和改建措施。

①路况为优或良级状态,采用小修、保养措施。

②中级路况状态,采用小修或大修措施。

③路况较差时需采用中修或大修措施。

④路况很差的路段,应采用大修措施。

10.5.2 桥梁养护管理系统

1)概况

由于桥梁的初期投资大,使用期长,养护资金投入集中,因此,如何科学地分配庞大的维修改建资金,特别是在资金普遍不足、养护需求得不到全部满足的情况下,如何把资金投到最需要、最重要的地方,将显得更加重要。

国外桥梁养护管理系统诞生于20世纪60年代,经过70年代的发展,80年代逐步完善,进入90年代已到了推广应用的新时代。20世纪80年代中期,我国一些地区初步建立了桥梁的数据库,但没有对养护的经济性及效益进行分析。1991年由北京公路科研所与河南省公路局联合开发的桥梁养护管理系统比较全血地就桥梁养护工作的数据采集、养护对策、养护费用、优先排序及养护计划、计算机处理进行了研究开发。它的研究成果为我国今后桥架养护系统的开发打下了良好的基础。

从1998年起,全国部分省市的高速公路管理部门相继开始使用由交通运输部公路科学研究所开发的高速公路桥梁管理系统(China expressway bridge management system)。该系统现已在山西太旧、江西昌九、福建泉厦、河北石安、海南东线及广东多条高速公路上运用。广东、江西、山西、海南省高速公路管理养护部门已全面完成数据的采集、水人及系统的各功能调试工作,并已将桥梁管理系统所提供的数据、计算分析结果作为养护的辅助依据。

桥梁管理系统(CBMS)基于桥梁结构工程、病害机理、检测技术和数据采集技术,运用计算机系统所提供的数据处理功能、评价决策方法和管理学理论,对现有桥梁进行状况登记、评价分析、投资决策和状况预测。建立CBMS系统能全面地收集、储存和处理各类桥梁数据资源,用户通过系统提供的各个模型和功能的运行,可直观地了解现有桥梁的过去、当前和将来若干年内的营运状况,从而合理安排有限的养护资金,及时、经济和有效地对桥梁进行养护和维修,达到延长桥梁使用寿命、充分发挥桥梁的运营效能、确保交通运输安全畅通的目的。

2)桥梁管理系统数据库

桥梁管理系统数据库主要由桥梁静态数据、桥梁动态数据、文档、图像以及维修加固数据等资料库组成。它是桥梁养护与维修、安全评价的依据。

(1)数据库的建立

数据的采集与录入、建立数据库是桥梁管理系统极其关键的一环。数据采集质量直接影响着整个系统运行效果。因此,必须非常重视数据库的建立工作。

数据采集及录入过程应遵守规定的编目、编码进行,并重点掌握数据库设置、各种数据字段的类型、长度、含义、归属、编码字段的编码规则及代码转换技术。对已损失的内业资料要

进行补充,或通过实测加以修订。在外业数据采集中,对桥梁病害评价代码要正确理解和把握,保证数据的完整与准确。

（2）数据库的功能

①利用数据库,能迅速、正确地输出所需的资料。若发现输出的某些资料有错误,可用编好的程序进行修正。

②按需分类输出资料。管理人员可根据自己工作的需要调出各种资料,进行桥梁维护系统的相关分析,进而评估不同维护方法的效果。

③提供将来工程的基本参考资料。数据库所存储的资料除了为桥梁维护工作提供依据,还可为桥梁未来的改建或建设其他桥梁提供设计参考资料。

3）桥梁管理系统结构及功能设置

（1）系统结构

交通运输部推广应用的 CBMS 系统采用结构设计,以菜单方式调用。其结构可分为以下 4 层:

①总控制层。该层的作用是提供 CBMNS 版本信息,对下层进行调用。

②子系统层。子系统层由数据管理、基本应用、统计处理、国形图像、评价对策、维修计划和费用分析等 7 个系统组成。该层由总控层调用。

③模块层。模块层由若干管理模块组成,受对应的子系统调用。

④功能层。功能层设有 100 余项独立处理功能块,处理某项具体工作。各功能块由相应的上层模块调用。

CBMS 采用层层调用、层层返回的结构方式,结构清晰,各功能相互独立,便于系统维护和功能扩展。

（2）系统功能设置

CRMS 采用 ORACLE 关系数据库,建有桥梁静态、动态、文档及加固方法 4 个数据库,13 个库文件、155 项数字字段,与 C 语言嵌套建有数据管理、评价对策等 7 个子系统,100 余项功能。按其特点,可分为以下 6 个方面:

①数据管理功能。CBMS 提供了很强的数据管理功能,可进行数据输入、修订、查询、删除校验、备份、重装、传输等处理。这些操作通过"数据管理子系统"来实现。

②日常事务处理功能。提供固定检索,任意查询,快速制表,输出桥卡,汇总一览表、定检表以及各种统计功能,满足日常管理工作的需要。

③图像管理功能。提供彩色图像扫描、编辑、分类显示和印刷输出,通过图像信息决策,直观、清晰,一目了然。

④编制桥梁维修检查计划功能。系统根据数据采集所提供的维修检查建议,编制桥梁维修计划、特检计划和定期计划,输出结果按桥梁病害程度、桥龄长短、路网交通量及道路类别

等关键字排序。

⑤提供维修费用估价功能。系统建立多种维修方法基价,用户输入工程量即可估算所需的费用。

⑥评价对策功能。CBMS 提供了桥梁使用功能评定及加固对策、人工智能处理子系统。桥梁使用功能评定是根据桥梁的结构缺损状况、荷载承重足够性和桥面交通适应性 3 个方面,同时考虑交通量、道路类别、绕行距离等条件来评价。通过对桥梁现状评定,以确定桥梁对路网的适应程度,从而为桥梁的维修改造计划的制订提供依据。CBMS 采用了 AHP 层次分析和模糊评判两种评定方法,这两种方法均为系统工程中较为有效的方法。其中,层次分析法(AHP)的评价结果以分数的形式表达(2BMS 中采用 100 分制),模糊评判以模糊数学为理论基础,其结果采用等级形式表示(2BMS 采用 1—5 等级制)

10.6　路政管理

我国道路路政管理是指道路主管部门及其授权的道路管理机构,根据《中华人民共和国公路法》(以下简称《公路法》)等相关法规,对道路依法实施的行政管理。路政管理属于国家行政管理的组成部分,是随着公路路政管理的实践而产生,随着行政管理学的发展而发展的,是社会经济发展到一定阶段的必然产物。

路政管理学是一门专门化的行政管理学,除了普通管理学的一般原理外,还有其自身特点和内涵。它是一门研讨路政管理活动规律以及如何搞好路政管理的科学,其内容广泛,一般包括路政决策、路政管理、路政方法、路政法规、路政业务管理以及路政管理机构的设置、人员编制等。

路政管理学是一门新兴的边缘学科,与之相关的学科主要有行政管理学、社会学、经济学、管理心理学以及现代化管理知识等。

路政管理是公路管理的主要组成部分之一。它是强化公路管理的重要一环,是公路行政管理的集中体现。

路政管理的目的是保障公路使用质量,提高公路的社会效益,保障公路的安全畅通。

路政管理应遵循"管养结合、综合治理、预防为主、依法治路"的原则。

10.6.1　路政管理的概念

1)路政管理性质与管理原则

路政管理是指公路管理机构根据公路主管部门的授权和国家法律、法规和规章的规定,为保护公路、公路用地、公路设施,维护公路合法权益和为发展公路事业所进行的行政管理。

路政管理的对象包括人、社会组织、物质资源(路产)、时空资源(路权)及信息资源。

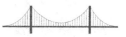

2）路政管理的特点

公路是国民经济赖以发展的重要基础设施,是现代化建设的先行官。路政管理随着公路的产生而产生、发展而发展,是公路行政管理的集中体现。整个路政管理工作正逐步走向正规化、法治化、科学化。

路政管理具有广泛性、法制性和复杂性的特点,是一项系统工程。

（1）广泛性

路政管理的广泛性主要表现在以下两个方面:

①衣食住行是人类最基本的生活内容,"行"即交通。人们的生产和生活,都离不开公路交通。因此,路政管理涉及千家万户,与人民群众有着密切的联系。

②公路线长面广,它牵涉农业、市政、水利、林业、电信、电力、厂矿、铁路、商业、建筑、汽车运输及公路沿线乡、镇等许多部门,路政管理必然要与这些部门发生密切的联系。因此,它具有较强的广泛性。

（2）法制性

路政管理是代表国家履行管理职能的一种执法活动,是国家行政管理的一部分,属于法制的范畴。路政管理活动直接牵涉路政管理相对人（个人和组织）的切身利益,有时经济价值很大,如一幢违法建筑价值几万元甚至几十万元。路政执法活动是国家意志的体现,由国家强制力保证实施,任何个人和组织违反路政管理法,都要受到法律制裁。

（3）复杂性

路政管理的复杂性主要表现在:一是该项工作关系千家万户,涉及许多部门;二是路政管理机构与公安交通等部门工作职责上有交叉;三是交通、公安、土地管理、工商、城建等部门的法规和政策不配套,造成各行其是、多头审批,尤其在公路沿线建筑控制工作中最为明显;四是路政管理机构缺乏必要的权威和手段。已知,任何管理活动都必须以鲜明的服从为前提,否则管理活动就无法实现。路政管理员在执行公务时,往往会受到各方面的阻挠和制约,有时甚至会遭到围攻、谩骂和殴打。因此,路政管理机构和路政管理员在履行路政职责时不得不借助其他部门的权威手段,在查处路政案件以及进行路政大整顿时,往往要取得公安、法院、土地管理、工商等部门的支持和协助。

10.6.2　路政管理的任务和方法

路政管理是公路管理的组成部分。它与公路交通管理互有差别。路政管理主要对公路、公路用地、公路设施及活动在这些范围的既有客体行为的静态管理,而公路交通管理是对人、车、路的动态管理。

路政管理与公路建设、养护地位相等,目标一致。公路建设、养护是路政管理的前提与基础,路政管理是公路建设、养护的必然结果和保障。

1) 路政管理的任务

路政管理的中心任务是保护路产路权,具体地说主要有以下 4 个方面:

(1) 保护路产

保护路产的完好、保障公路畅通是路政管理的中心任务。主要表现在制止和查处如超限运输、在公路上试刹车、挖掘公路,以及毁坏和破坏公路的路基、路面、桥梁、隧道、涵洞、排水设施、防护构造物、花草林木、苗圃等违法为。

(2) 维护路权

维护路权不受侵犯是路政管理的重要任务。其主要表现在控制公路两侧建筑红线、审理跨越公路的各种管线和渠道,审理各种道路与公路交叉,废弃公路的产权归属等。

(3) 维持秩序

维持公路工作的正常秩序是路政管理的任务之一,主要表现在维持公路渡口、公路养护施工作业的正常秩序、公路外部行政管理的常秩序。

(4) 保护权益

保护权益主要是保护公路管理机构、路政管理机构的合法权益,以公路养护施工作业人员、公路管理人员从事生产、执行公务时的合法权益。

2) 路政管理方法

路政管理方法是指能保证路政管理活动朝着预定的方向发展,达到路政管理目的的各种专门的方式、手段、技术措施的总称。它是路政管理活动的主体作用于路政管理的客体的桥梁。路政管理机构实施路政管理活动时,必须运用一定的方法,路政管理活动的过程也就是各种管理方法的应用过程。

在路政管理活动中,由于管理对象的特点和条件的不同,因此,路政管理方法也具有多方面的内容和形式。路政管理对象的多样性,决定了路政管理方法的多样性。

采用什么样的管理方法,取决于管理对象的性质和发展规律。路政管理活动的内容一旦发生了变化,路政管理方法也要随着发生变化。路政管理方法如果不符合其管理对象的性质和发展规律,就达不到预期的管理目的,甚至会出现某些无法预料的情况。

一般的管理方法主要有定量管理法、系统管理法和心理行为管理法。

(1) 定量管理法

定量管理法就是运用数学方法从量的角度分析、控制和协调管理对象及其运行过程,进行精确而迅速的决策。定量管理是管理的一个基本方面,这是由作为管理对象的客观事物固有的规定性决定的。它是管理发展的一个基本趋势。

(2) 系统管理法

系统管理法是从系统性原理为指导,把对象作为系统进行定量化、模型化和择优化研究

的科学方法。

（3）心理行为管理法

心理行为管理法就是通过调整或改变人们的社会关系和精神状态,满足人们的社会生活和精神生活需要来调动其工作积极性和创造性的管理方法。

3）路政管理的实施

现代路政管理方法的主要特点是效率化和科学化。在路政管理中,如果不争取地方政府的重视和支持,不与有关部门联系,不注重宣传,不借助群众的力量,只是独来独往、方式简单,一旦碰到实际问题,往往束手无策;反之,路政管理方法正确、科学、规范,就可不走弯路或少走弯路,达到"事半功倍"的效果。

（1）宣传先行的方法

任何一项法规的施行,总是从宣传开始,路政管理法也不例外。要把人们无意识的自由交通行为,变为有意识的依法交通的自觉行动,需要广泛深入地宣传。不少路政违法行为是由于群众对路政管理的无知造成的。要改变这种状况,就必须增加路政管理法的透明度,达到家喻户晓、人人皆知的深度和广度。

（2）行政干预的方法

这里的行政干预,主要是指路政管理机构及其路政管理人员为完成路政管理任务,争取地方政府和领导的重视,通过政府和领导的行政干预,实现路政管理目标。

路政管理是现代行政管理的组成部分,现代行政机关规模庞大,单位众多,没有有效协调,就会各自为政,而政府的协调职能主要是协调政府部门之间、政府部门与企业之间的矛盾,以达到综合平衡、协调发展。由于路政管理工作政策性强、情况复杂、难度大,必须得到当地政府的重视和支持,尤其是解决长期得不到解决的"钉子户"和"老大难"问题。

（3）行政沟通的方法

行政沟通有下行沟通、上行沟通和平行沟通,这里主要是指平行沟通,即路政管理机构及路政管理人员为顺利完成路政管理任务,与平行的有关部门进行沟通,这种沟通以会商和协调为主,带有相互支持、相互促进的性质。

路政管理工作具有广泛的群众性和社会性,关系千家万户,牵涉许多单位,如邮电、电力、水利、石油、农业、商业、铁路、乡镇企业等部门和单位。因此,路政管理工作必须取得沿线单位和人民群众的支持协助。

（4）舆论监督的方法

路政管理中,运用行政、经济、法律等手段都无法解决的问题,通过各种媒介曝光,引起公众舆论,给违法者以舆论压力,使其自觉纠正违法行为。这种舆论监督的方法作用面广、收效大。

（5）经常性与突击性相结合的方法

在路政管理中,必须把经常性和突击性的管理方法结合起来。经常性的巡查管理,便于及时发现违法苗子,及时处理违法行为,使违法行为不再继续。突击性管理主要以专项整治活动的形式进行。专项整治活动必须是有组织有计划地进行,要制订方案,明确目标,组织发动,措施落实。

（6）典型示范,以点带面的方法

路政管理的典型示范,即以具有代表性的先进单位、先进经验和做法作为路政管理系统内其他单位学习的典范,借以推动全面工作。路政管理工作中,典型示范的形式有:召开路政管理工作现场会;召开路政管理作经验交流会;路政管理对口检查;路政管理模范人员的事迹介绍等。

思考题

1.以《上海市市政工程预算定额(2000)》为例,试述市政工程预算定额的组成内容。

2.市政道路检查与验收的要求有哪些?

3.简述桥梁养护管理系统结构。

4.试述路政管理的特点。

5.试述路政管理的任务。

6.试述路政管理的方法。

扩展资源10

第 11 章　道路养护的作业安全防护

知识目标

1.描述安全养护维修作业的基本要求。
2.掌握机动车道养护维修作业控制区的组成。
3.掌握养护维修安全设施。

能力目标

进行养护维修作业及安全文明施工。

11.1　安全养护作业的基本要求

安全养护作业的基本要求如下：

①在进行道路养护维修作业前,应根据道路类型、施工周期和沿线交通等实际情况,结合施工组织设计,制订安全保障方案和总体应急预案。

②养护维修作业现场应设置明显的安全标志,并采取有效的安全防护措施。

③养护维修作业人员上岗前,必须进行安全教育和技术培训。进入养护作业现场内的人员,必须穿戴具有反光功能的安全标识服和防护帽。

④应由专职的安全人员对施工作业安全进行监督,并由经过安全培训的人员进行现场交通疏导。

⑤养护维修作业人员不得随意走出安全保护区,不得将施工机具和材料置于安全保护区外。如需穿越行车道,应在确保安全的情况下通过。

⑥进入养护维修作业现场的作业车辆,应配置警示标志、灯具,车身两侧应注有"道路养护"字样。

⑦施工机械、车辆、维修用料应整齐堆放于施工围挡区内,扬尘物料还应注意覆盖。

⑧实施路面铣刨工艺时,应根据清扫、运输能力分段施工,及时将残料和粉尘清除干净,并在未铺路前洒水降尘。

⑨施工垃圾必须集中堆放在围挡区内,现场无法围挡封闭时应日产日清。施工及清运应符合《大气污染防治条例》的有关规定。四级以上风力天气时,原则上不得实施扬尘作业。必

须施工时,应采取洒水降尘等相应措施。施工噪声应符合《建筑施工场界环境噪声排放标准》(GB 12523—2011)的规定。

⑩沥青作业车辆周围应设隔离区,派专人疏导行人、车辆绕行通过。沥青喷洒作业时,应做好设施遮盖防护工作,不得污染邻街设施。

⑪施工时,应加强市政公用管线设施保护。若发生破坏,必须及时向有关主管部门报告。

⑫当遇大雾、大雨、冰雪天气时,应暂停养护作业。在应急抢险、排除道路积水、消除冰雪时,宜封闭或疏导交通。

⑬养护维修作业的安全设施应始终处于完好的工作状态。在未完成养护维修作业之前,任何人不得随意撤除或改变安全设施的位置、扩大或缩小养护维修作业控制区范围,以保证养护维修作业控制区安全控制的有效性。

⑭工程施工应结合施工进度,局部缩小施工区域,逐步恢复交通,并采取切实可靠的措施,确保车辆和行人的安全。

⑮道路管理部门应加强养护维修安全作业的管理。

⑯发生施工安全事故,应在有序组织人员抢险救援的同时,按规定及时向养护施工主管部门、安全主管部门报告。

⑰养护维修管理应自觉接受媒体、交通管理部门等社会相关方面和市民的监督,定期以不同形式征询社会各界对养护作业的安全防护、应急处置及文明施工与环境保护的意见和建议,热情接待,并处理各类来信、来访、建议和投诉,不断改进、完善工作方案和措施,提高养护管理水平。

⑱养护维修单位应贯彻"预防在先,措施在前"的方针,坚持长效管理,定期组织养护作业安全、应急处置及文明施工与环境保护等工作的检查与抽查,及时发现、纠正各种隐患,把责任落到实处,提高养护人员安全作业、文明服务、文明养护的自觉性和责任性。

11.2　养护流动的作业要求

养护流动的作业要求如下:

①道路养护流动作业包括道路养护车、道路检测车、清扫车、牵引车、洒水车、冲水车、绿化浇水养护车、吊车、登高车等车辆的行走作业。作业车辆后方必须悬挂醒目的施工标志。

②行走作业车辆必须开启双侧转向指示灯、警示灯或箭头导向灯牌。

③作业车辆应限速行驶,不得任意调头、倒车和逆向行驶。

④随车作业人员必须在车辆前方区域内作业,如需停留作业时,应在车辆后方设置锥形交通路标。

11.3　养护维修的安全设施

养护维修的安全设施如下：

①养护维修作业控制区布置的安全防范措施必须符合《城镇道路养护技术规范》(CJJ 36—2016)的要求,各类养护维修车辆必须配备带有箭头导向灯牌的车辆或强光警示灯;设立的标志标牌应符合《城市道路交通标志和标线设置规范》(GB 51038—2015)的规范要求,做到"标志鲜明、图案清晰、意图明了、安全有效"。

②养护维修的标志标线属于道路施工临时性安全设施,交通标志与标线应组合使用。

③在养护维修作业期间,长期定点养护维修作业应根据实际情况改变道路原有的标志标线。

④在养护维修作业中,可用作渠化交通的安全设施有锥形交通路标、路栏、施工隔离墩及防撞桶(墙)等。

⑤在养护维修作业中,其他设施可采用移动式标志车、警告灯、闪光箭头板、夜间照明设施。路面标记主要有反光成型标线、临时导向箭头和文字标记。

11.4　养护维修作业控制区

11.4.1　机动车道养护维修作业控制区

①机动车道养护维修作业控制区由警告区、上游过渡区、缓冲区、工作区、下游过渡区及终止区组成。快速路养护维修作业控制区布置见表 11.1。

表 11.1　警告区最小长度

道路类型	警告区最小长度 S/m	备　注
快速路	1600	考虑道路交通流量、时段、封闭道路车道数、原来道路车道数、养护期间道路的同行能力等因素,设置施工标志,加强交通引导
主干道	100	
次干道		

②当需要封闭车道时,必须设置过渡区。过渡区的设置应使车流的变化平缓。每车道封闭上游合并车道过渡区的最小长度 L 应按表 11.2 选取。每车道封闭上游变换车道过渡区的最小长度取 $0.5\,L$。当在隧道内时,从隧道入口起每车道封闭上游过渡区的最小长度取 $1.5\,L$。每车道下过渡区的最小长度取 $0.5\,L$,但每车道的长度应不大于 30 m。双向两车道的道路上,其中一车道封闭养护维修作业,另一车道用双向通行,此时过渡区长度最大取 30 m。

表 11.2 每车道封闭上游合并车道过渡区长度

限制速度/(km·h⁻¹)	车道宽度 L_s/m		
	3.0	3.5	3.75
60	70	90	90
40	30	40	40
30	20		

③缓冲区长度按表 11.3 选取。

表 11.3 缓冲区长度

限制车速/(km·h⁻¹)	30	40	60
H/m	35	50	85

④快速路的终止区最小长度宜取 30 m。主干道、次干道和支路终止区长度宜取 10 m。

⑤非机动车道养护维修作业控制区。

a.非机动车道的养护维修作业控制区在不同路况下的布置,应根据养护维修作业的需要来确定。

b.非机动车道和机动车道间无两侧分车带或分隔物时,非机动车道的养护作业区应按照机动车道的养护维修作业区布置。

c.非机动车道应留出 2 m 供非机动车通行,缓冲区取 2 m,不设警告区、下游过渡区及终止区,上游过渡区取 5 m。

d.非机动车道不能留出 2 m 供非机动车通行,人行道宽度不小于 3 m,非机动车借用人行道通行,缓冲区取 2 m,不设警告区、下游过渡区及终止区,上游过渡区取 5 m。

e.非机动车道不能留出 2 m 供非机动车通行,人行道宽度小于 3 m,非机动车借用机动车道通行,非机动车道的养护维修作业区布置应按照机动车道的养护维修作业区布置。

11.4.2 人行道养护维修作业控制区

①人行道可留出 1 m 供行人通行,并应保证行人的安全,不设警告区、缓冲区、下游过渡区及终止区,上游过渡区取 2 m。

②人行道不能留出 1 m 供行人通行,而非机动车道宽度不小于 3 m,行人需占用非机动车道通行,人行道的养护维修作业控制区布置应按照非机动车道的养护维修作业区布置。

③人行道不能留出 1 m 供行人通行,而非机动车道宽度小于 3 m,行人需占用非机动车道通行,非机动车需占用机动车道通行,人行道的养护维修作业控制区布置应按照机动车道的养护维修作业控制区布置。

④人行道不能留出 1 m 供行人通行,没有专门的非机动车道,行人占用机动车道通行,人行道的养护维修作业控制区布置应按照机动车道的养护维修作业区布置。

⑤工作区长度根据养护维修作业的需要确定。

11.5　养护维修作业的安全

11.5.1　养护维修作业安全的要求

①养护维修作业必须保障养护维修作业人员和设备的安全以及车辆的安全运行。在进行养护维修作业前,应制订安全保障方案。

②养护维修作业单位应建立安全管理制度,实施对养护维修人员的安全培训和教育。养护维修作业人员必须接受安全技术教育,遵守各项安全技术操作规程。

③养护维修作业单位或经营单位应加强养护维修作业安全的管理。各级管理机构应加强对养护维修作业安全的监督和检查。

④养护维修作业的安全设施在未完成维修作业之前应保持完好,任何人不得随意撤除或改变安全设施的位置、扩大或缩小控制区范围,以保护养护维修作业控制区的安全。

11.5.2　养护维修作业安全的具体措施

①在道路上进行养护维修作业的人员,必须穿着带有反光标志的橘红色工作装(套装),管理人员必须穿着带有反光标志的橘红色背心。

②夜间养护维修作业时,养护维修作业区内所有的临时标志必须采用高强级反光膜;养护维修作业工作区内必须保证有充分的照明;必须依据有关规定备案。

③在养护维修作业时,必须按作业控制区交通控制标准设置相关的渠化装置和标志;快速路大中修养护维修作业时,必须有专职的安全员,其他类型的养护维修作业需指派专人负责维持交通。

④在养护维修作业控制区内,应保持场地场貌整洁,无渣土撒落、泥浆、废水流溢,保持施工现场道路畅通,排水系统处于良好状态。

⑤施工区域与非施工区域必须设置分隔设施。中心区域、商业中心、交通枢纽等区域长期养护维修作业时,必须设置连续、密闭的围栏,采用全封闭分隔设施。设置固定分隔设施的,其高度不低于 2.5 m,即下部砌筑 0.5 m 高的砌块,水泥砂浆抹面,上部采用 2 m 高的涂塑钢板或其他质量更好的硬性材料,使用的材料应保证围栏稳固、整洁、美观。短期养护维修作业和临时养护维修作业,应设置活动式路栏。

⑥在工地围栏内,建筑材料、垃圾和工程渣土等物的堆放高度应低于围栏或路栏的高度,不得在工地围栏外堆放建筑材料、垃圾和工程渣土等物。在经批准临时占用的区域,应严格

按批准的占地范围和使用性质存放、堆卸建筑材料或机具设备。

⑦登高作业必须严格按照《建筑施工高处作业安全技术规范》（JGJ 80—2016）的相关规定执行。

⑧为确保交通安全，交叉路口养护维修作业区域需采用通透性材料进行围护，保证交叉口视距三角形内区域的通透和整洁。

⑨各种施工机械进场须经过安全检查，合格后方能使用。施工机械操作人员必须建立机组责任制，并依照有关规定持证上岗，应用符合规定的车辆接送养护维修作业人员。养护维修作业人员不得在控制区外活动或将任何物体置于控制区以外。

⑩养护维修作业时，应根据工作实际情况，了解可能涉及的各种管线和公共设施（煤气、水管、电缆、光缆、架空线等），施工期间采取相应的措施进行保护，应与有关单位联系，取得配合。

⑪应对需要养护维修作业区的实际交通及道路情况做出相应的交通管理方案。

⑫养护维修作业车辆尾部必须设置箭头导向灯。

11.6 文明施工与环境保护

①严格实施标准化养护，严格控制噪声、废气、粉尘排放，严禁随意处置养护废旧料，最大限度地减少养护作业对附近区域交通及环境的影响。

②以文明施工为准则，规范布置警告、警示及文明施工告知铭牌，不随意封闭交通。养护区域与非养护区域间必须采用安全隔离设施进行隔离，保证车辆和行人的安全。

③养护作业人员应按规定统一着装。作业时，不穿拖鞋、不赤膊，拒绝"七不规范"。养护施工作业时，不大声喧哗。发现问题，及时整改，严肃处理。

④加强车辆、养护机械的管理，定期进行维修保养、年检，杜绝废气、噪声超标现象，不使用降尘装置失效的机具设备，严格控制施工时的烟尘。

⑤规范养护材料、废旧料的堆放，妥善停放机械设备和车辆，加强养护废旧料再生利用。加强建筑材料及土方的运输进出场管理，做好车辆所经过路线的道路保洁工作。施工现场每天做到工完、料净、场地清。

⑥养护作业现场应有食用水供应，养护班组应配备急救药品，根据季节变化，做好季节性防病和防暑降温等工作。

⑦确保办公场所和宿舍等内部的环境清洁、卫生，实行卫生责任区域值日制。

思考题

1.安全养护维修作业的基本要求是什么?

2.机动车道养护维修作业控制区的组成有哪些?

3.养护维修安全设施包括哪些内容?

扩展资源 11

第 12 章　预防性养护技术

1.描述预防性养护技术的理念。

2.描述养护前的准备。

3.掌握预防性养护技术及各自的适用范围。

根据不同技术的适用范围进行预防性养护技术。

12.1　预防性养护理念

预防性养护是养护的一种新型理念。它是指养护部门在路面结构良好或在路面病害发生初期,即对其进行养护,不让病害进一步向更深层次发展,从而达到延长路面使用寿命、保持道路完好率和平整度、提高道路质量、降低道路成本、延长中修或大修期限目的的作业方式和使用手法。它与过去道路养护遵循的"先损坏后维修"的传统养护方式截然不同。路面预防性养护技术在欧美发达国家和地区已普遍推广使用。预防性养护具有施工方便、施工期短、社会效益和经济效益良好的优点。

路面的预防性养护应依靠科技进步,采用先进的检测手段,定期采集路况数据。应采用路面管理系统,准确评价路况现状,预测路况发展趋势,提出科学的预防性养护对策。在实施过程中,应积极推广应用新技术、新材料、新工艺及新设备。按照延缓设施设备老化、延长设施设备寿命的原则,主动寻找预防性养护对象,开展预防性养护工作,积极探索道路沥青路面的预防性养护技术,引进稀浆封层及微表处等预防性养护措施。这些预防性养护措施大大保持了道路完好率和平整度,有效提高了路面质量,延长了大中修的养护周期,从而降低了综合养护成本。

与预防性养护对应的是矫正性养护。两种养护策略之间的区别主要在于养护的时机不同,并没有明确的界线,有时同一种养护措施可用于预防性养护,也可用于矫正性养护。研究表明,路面使用性能不是直线下降的。在使用初期,其服务能力下降较缓慢,但当损坏状况超过某一限值时,路面的服务能力就开始急剧下降,病害迅速增多。若在此之前就采取预防性养护措施,则可及时阻止或延缓这种发展趋势,从而使路面始终维持较好的服务状况,有效地延长路面寿命,减少矫正性养护的次数和费用。

12.2　养护前的准备

养护前的准备工作如下:

①做好气象、地形和水文地质情况的调查,地上、地下情况的调查,以及各种物质资源和技术条件的调查,特别要做好路况的调查和巡视工作。

②组织材料按计划进场,并做好验收工作。

③提出机具、运输计划,保证养护工作的需要。

④根据所需工种的劳动力情况,安排施工班组进场。

⑤积极与相关部门联系,以保证养护工作顺利进行。

⑥提出科技进步在养护工作中的具体实施计划。

12.3　预防性养护技术

预防性养护措施应满足路面状况、交通量、公路等级等技术要求,并充分发挥其应有的预防性养护性能。预防性养护措施应具有良好的费用效益,使之比其他措施具有更低的养护成本,应满足管理单位对路面养护质量和效果的要求、用户对路面使用性能的要求以及环境保护的要求。根据路面状况、交通量、道路技术等级和天气条件等情况,选择预防性养护措施以及最佳预防性养护措施的流程。

预防性养护主要措施有稀浆封层、微表处、复合封层、薄层热拌沥青混凝土罩面及沥青再生处置等。

沥青路面应进行经常性和预防性养护。预防性养护是指在不增加路面结构承载力的前提下,对路面结构尚好时有计划地采取某种技术措施,以达到保养路面、延缓损坏、保持或改进路面功能状况的目的。

当路面出现小于本标准沥青路面裂缝、松散、坑槽、拥包、啃边等病害界定时,可按表 12.1 和表 12.2 采用裂缝填缝、表面封层、薄层罩面或复合再生剂预防性养护措施。

表 12.1　城市道路快速路、主干路沥青路面预防性养护措施

路面主导损坏类型		严重程度	预防性养护措施
裂缝类	不规则裂缝	轻	微表处
	横向裂缝	轻	灌缝或封缝
	纵向裂缝	轻	灌缝或封缝
	龟裂	轻	微表处
变形类	车辙	轻	微表处
松散类	麻面	—	微表处
	松散	轻	微表处
其他类	泛油	—	微表处
	磨光	—	微表处

表 12.2　城市道路次干路、支路沥青路面预防性养护措施

路面主导损坏类型		严重程度	预防性养护措施
裂缝类	不规则裂缝	轻	稀浆封层
	横向裂缝	轻	灌缝或封缝
	纵向裂缝	轻	灌缝或封缝
	龟裂	轻	稀浆封层
变形类	车辙	轻	稀浆封层
松散类	麻面	—	稀浆封层
	松散	轻	稀浆封层
其他类	泛油	—	稀浆封层
	磨光	—	稀浆封层

　　沥青表面处置宜在城市道路支路、郊区道路上使用,路面裂缝病害的单层沥青表面处置厚度应不超过 15 mm;网裂病害的多层式表面处置厚度应不超过 30 mm。

　　乳化沥青稀浆封层宜用于城市次干路、支路工程,稀浆封层不得作为路面补强层使用;稀浆封层施工时,其施工、养生期内的气温应高于 10 ℃,并不得在雨天施工;施工方法应符合《路面稀浆罩面技术规程》(CJJ/T 66—2011)的规定。

　　微表处(聚合物改性乳化沥青稀浆封层)宜用于城市快速路、主干路的上封层,对原路面应进行整平处理,应采用稀浆封层摊铺机进行施工。其施工方法和质量要求应符合《路面稀浆罩面技术规程》(CJJ/T 66—2011)的规定。

12.3.1 裂缝填封

为了及时控制路面裂缝的进一步发展,防止因水的渗透使路面裂缝扩大,延长道路使用寿命,应及时采取裂缝填封的养护措施。

填缝料可分为加热施工式填缝料和常温施工式填缝料。市区施工一般采用常温施工式填缝料。填缝料应富有弹性,在交通的作用下能被揉压成形并作用于修补位置,保证在一定的温度范围内持久地保持其柔韧性。

1)基本要求

①沥青表面处置采用的沥青材料应符合 CJJ 1—2008 的规定,经检验评定合格后才能使用。

②沥青面层所用的沥青标号应根据地区气候条件、施工季节气温进行选择。沥青储运站必须将不同来源、不同标号的沥青分开存放。沥青使用期间,沥青罐或储油池中储存的温度宜处于 130~180 ℃。

③道路石油沥青在储运、使用及存放过程中应采取良好的防水措施,应避免雨水或加热管道蒸气进入沥青池中。

④用于沥青面层的粗集料包括碎石破碎碎石、筛选砾石、破碎砾石以及符合要求的矿渣等。粗集料的粒径规格按沥青表面层用粗集料规格的规定选用。粗集料应具有洁净、干燥、无风化、无杂质、强度高、耐磨耗等特点。

2)施工工艺

①根据路况调查结果分析,不同破坏程度的路段采用不同的处理方式,坑槽、车辙、沉陷等病害严重路段先进行修补整平,以达到良好的平整度。作业前,将路面尘土、沙、石粉等杂物清扫干净,达到下承层干燥、平整、无杂质的状态。

②沥青表面处治施工采用沥青洒布车喷洒沥青,车速和喷洒量保持稳定,喷洒均匀。小规模沥青表面处治施工,可采用手工沥青洒布车洒布沥青,喷洒工人要具有熟练的操作技能,沥青的洒布温度控制为 130~170 ℃。

③撒布集料可用集料撒布机进行,不仅工作进展快,而且集料撒布更平整,撒布量更精确。撒布集料后,应及时扫匀,达到全面覆盖、厚度一致、集料不重叠,也不露出沥青的要求。局部有缺料时,应适当找补;积料过多时,应将积料扫出。

④撒布集料后,用钢筒双轮压路机从路边向路中心碾压 3~4 遍,轮迹重叠约 30 cm,碾压速度宜不超过 2 km/h。

12.3.2　乳化沥青稀浆封层

1）基本要求

①稀浆封层矿料中可掺加矿粉、水泥、消石灰等填料。填料应干燥、疏松、无结团,填料及混合料结束指标应符合《城镇道路工程施工与质量验收规范》(CJJ 1—2008)的相关要求。

②稀浆封层用粗集料、细集料应符合 CJJ1—2008 的规定,细集料宜采用碱性石料生产的机制砂或洁净的石屑。矿料中超规格粒径的矿料颗粒要彻底清除。

③稀浆封层宜采用改性乳化沥青。采用的添加剂包括无机盐类添加剂、有机类添加剂等。未经试验验证的添加剂不得在施工中采用。

④稀浆封层采用专用机械施工。稀浆封层机宜有精确计量装置。一般采用单轴螺旋式搅拌箱,摊铺槽中设有一排布料器。

⑤稀浆封层施工、养生期内的气温应高于 10 ℃,不得在雨天施工。严禁在过湿或积水的路面上进行稀浆封层施工。

⑥稀浆封层施工前,原路面必须有足够的结构强度。原路面整体结构强度不足的,不应采用稀浆封层翠用;原路面局部结构强度不足的,必须根据具体情况按 CJJ 1—2008 中 7.2—7.4 节的规定,选择合适的方法进行补强。

⑦原路面为沥青路面时,一般不需喷洒黏层油。原路面为非沥青路面,应预先喷洒黏层油。用于半刚性基层沥青路面的下封层时,应首先在半刚性基层上喷洒透层油。

⑧稀浆封层正式施工前,应选择合适路段摊铺作试验段。其试验段长度不小于 200 m。当工程量较小或工期较短时,可将第一天的施工段作为试验段。通过试验段的摊铺,确定施工工艺。

2）施工工艺

①放样画线,根据路幅宽度调整摊铺箱宽度,尽量减少纵向接缝数量。在可能的情况下,宜使纵向接缝位于车道附近。据此宽度从路缘开始放样,一般均从左边开始画出走向控制线。

②将符合要求的矿料、乳化沥青、填料、水、添加剂等分别装入摊铺机的相应料箱,一般应全部装满,并保证矿料的湿度均匀一致。

③将装好料的摊铺机开至施工起点,对准走向控制线,并调整摊铺箱厚度与拱度,使摊铺箱周边与原路面贴紧。操作时,再次确认各料门的高度或开度。开动发动机,接合拌和缸离合器,使搅拌轴正常运转,并开启摊铺箱螺旋分料器。打开各料门控制开关,使矿料、填料、水几乎同时进入拌和缸。当预湿的混合料推移至乳液喷出口时,乳液喷出。调节稀浆在分向器上的流向,使稀浆均匀地流向摊铺箱左右。调节水量,使稀浆稠度适中。

④当稀浆混合料均匀分布在摊铺箱的全宽范围内时,操作手就可通知驾驶员启动底盘,并缓慢前进。一般前进速度为 1.5~3.0 km/h,但应保持稀浆摊铺量与生产量的基本一致。快开放交通型稀浆封层施工时,摊铺箱中稀浆混合料的体积为摊铺箱容积的 1/2 左右;慢开放交通型稀浆封层施工时,保持摊铺箱中稀浆混合料的体积为摊铺箱容积的 1/2~2/3。

⑤混合料摊铺后,应立即进行人工找平。找平的重点是起点、终点、纵向接缝、过厚、过薄或不平处,尤其对超大粒径集料产生的纵向刮痕;应尽快清除并填平。

⑥摊铺机上任何一种材料用完时,应立即关闭所有材料输送的控制开关,让搅拌缸中的混合料搅拌均匀,并送入摊铺箱摊铺完后,摊铺车停止前进,提起摊铺槽,将摊铺车移出摊铺点,清洗摊铺槽。施工中,不得随意抛掷废弃物。

12.3.3 微表处

微表处适用于结构强度足够高、表面状况良好的路面。允许的路面损坏类型和程度包括轻微不规则裂缝、轻微龟裂、轻微车辙、麻面、轻微松散、泛油及磨光。微表处的施工应在温暖且日温差较小的天气进行,一般要求气温高于 10 ℃,而且在 24 h 内没有冰冻现象;不得在雨天、可能有雨或炎热的天气下进行。

微表处所用材料应符合《微表处和稀浆封层技术指南》(JTG/T F40-02—2005)的有关规定。微表处的施工应按《公路沥青路面施工技术规范》(JTG F40—2004)和《微表处和稀浆封层技术指南》(JTG/T F40-02—2005)的有关规定进行。

1)基本要求

①微表处应选用阳离子快凝型的改性乳化沥青,改性剂剂量(固胶占沥青的质量百分比)宜不小于 3%。

②微表处用矿料可采用不同规格的粗细集料掺配而成,也可用大粒径的块石、卵石等经多级破碎而成。

③添加剂的主要作用是调节微表处混合料可拌和时间、破乳速度、开放交通时间等施工性能,可采用无机结合料类添加剂如普通硅酸盐水泥、消石灰等,无机盐类添加剂如硫酸铝、氧化钙等,有机类增稠剂如聚乙烯醇、羧甲基纤维素等,乳化剂水溶液类添加剂等。

④微表处矿料中,可掺加矿粉,矿粉应干燥、疏松、无结团,并应符合《城镇道路工程施工与质量验收规范》(CJJ 1—2008)的相关要求。矿粉的掺加必须通过混合料设计试验来确定。

⑤微表处前,原路面的病害必须进行修复。

⑥微表处混合料应通过配合比设计,符合技术要求后方可用于施工。

⑦微表处必须采用专用机械施工,施工、养生期内的气温应高于 10 ℃,不得在雨天施工。严禁在过湿或积水的路面上进行微表处施工,渗水严重的路面,宜在雨季到来前完成微表处摊铺。

⑧采用微表处对沥青路面进行预防性养护时,要求原路面符合以下要求:路面强度指数(SSI)评价不得低于良;路面状况指数(PCI)评价宜为优,不得低于良。

2)施工工艺

通常微表处施工采用以下工艺流程:封闭(管制)交通→清扫路面→放样→旧路面病害处理→摊铺机就位摊铺→局部人工处理→初期养护→开放交通。一般操作规程如下:

①由于微表处只是一个超薄的罩面层,厚度仅为 10 mm 左右。因此,其效果受原路面状况影响较大,为了保证使用效果,微表处施工前先对路面进行清理,清除原路面上的松散材料、泥土、各种杂物等。

②微表处厚度薄,主要起防水、防滑、耐磨和改善路面平整度的作用。在路面结构体系中,只能作为表面保护层和磨耗层,而不起承重性的结构作用。原路面必须具有足够的强度和刚度,表面平整、密实、清洁、整体稳定。因此,对路基强度不足造成的严重网裂、坑槽,应先注浆补强;对大于 3 mm 的纵横向裂缝,应开槽灌缝,以保证路面符合微表处施工条件;当路面具有大于 10 mm 的连续车辙、大的拥包时,不宜直接采用微表处填补处理,应先进行铣刨和填补。

③路面修补完成后,对需加铺封层的路面,应事先将所有杂草、松动的材料泥块等任何障碍性的东西加以清除。但是,如果原路面空隙率很大或透水性太高时,应避免用水冲洗,可采用高压气吹方法进行清理。原路面有大块油污时,应将其清除,以免影响稀浆封层与原路面的黏结。

④摊铺施工时,要控制铺筑机的前进速度,确保铺筑厚度均匀。对摊铺后路面的局部缺陷,应及时进行人工找平,以保证该处表面和机械摊铺的表面一致。

⑤摊铺过程中,要保证混合料浆状均匀,不能出现乳液、细集料与粗集料离析的现象。同时,派专人检查各组成材料的使用情况,当任何一种材料接近用完时,立即关闭各材料的输出,待摊铺槽中的混合料全都摊铺到路面上后,摊铺车停止前进。

⑥对微表处施工过程中的纵横向接缝,需采用适当的方法进行处理,以保证接缝处质量及美观。

⑦摊铺后的局部缺陷应及时使用橡胶耙等工具进行人工找平,特别应注意个别超大粒径矿料产生的纵向刮痕等。

12.3.4 沥青再生

沥青再生处置适用于结构强度足够高、表面状况尚好的路面。允许的路面损坏类型和程度包括轻微不规则裂缝、麻面和轻微松散。施工应在温暖干燥的天气下进行,一般要求气温高于 10 ℃,下雨天气严禁施工。再生剂的使用量应根据沥青再生剂的类型和路面的老化程度确定。沥青再生处置的施工工艺是采用专用机械按照设计用量在路面上均匀地喷洒沥青

再生剂。待路面干燥后,即可开放交通。为了保证行车安全,开放交通初期应限制车速在 40 km/h 以内。

①可采用 ERA-C 型、HW 型和金熊油等沥青再生剂进行沥青再生。

②沥青再生使用的沥青再生(还原)剂是一种具有很强渗透性的黑色油状液体材料,活性高、能渗透沥青表层并能激活沥青分子结构的结合剂。涂刷后,它可使表层约 5 mm 厚的沥青面层的硬化程度和脆性显著降低,从而增强路面的柔韧性和弹性。沥青再生剂不适用于裂缝宽度>5 mm 的路面。

12.3.5　稀浆封层

稀浆封层适用中小交通量,AADT≤5000,结构强度足够高,表面状况良好的路面。允许的路面损坏类型和程度包括轻微不规则裂缝、轻微龟裂、轻微车辙、麻面、轻微松散、泛油及磨光。稀浆封层的施工应在温暖且日温差较小的天气下进行,一般要求气温高于 10 ℃,而且在 24 h 内没有冰冻现象;不得在雨天、可能有雨或炎热的天气进行。

稀浆封层所用材料应符合《微表处和稀浆封层技术指南》(JTG/T F40-02—2005)、《路面稀浆封层施工规程》(CJJ/T 66—2011)的相关规定。施工应按《城镇道路工程施工与质量验收规范》(CJI 1—2008)和《微表处和稀浆封层技术指南》(JTG/T F40-02—2005)的相关规定进行。

12.3.6　旧沥青路面玻璃纤维格栅罩面

旧沥青路面玻璃纤维格栅罩面适用于结构强度足够高、无唧泥、无过大变形的路面。允许的路面损坏类型和程度包括各种轻微裂缝、反射裂缝和不规则裂缝。旧沥青路面玻璃纤维格栅罩面在铺设格栅前,必须对旧沥青路面上所有的坑槽、裂缝等病害预先处理,保证路表面光滑、平整、清洁。

旧沥青路面玻璃纤维格栅罩面所用材料、玻璃纤维格栅应满足《公路土工合成材料应用技术规范》JTG/T D32—2012 的规定,网孔尺寸宜为其上铺筑的沥青面层材料最大粒径的 0.5~1 倍,罩面层最小厚度一般为 3~4 cm。沥青混合料应符合 CJJ 1—2008 的相关规定。

旧沥青路面玻璃纤维格栅罩面在铺设格栅时,应先将一端用固定器固定,固定器可用固定钉或固定铁皮。格栅固定后,应选用合适的方法将格栅预先拉紧,张拉伸长率为 1%~1.5%,横向搭接宽度为 8~10 cm,纵向搭接宽度为 5~8 cm,可采用铅线绑扎固定,固定间距不应超过 1.5%。格栅铺设完后,应喷洒热沥青作为黏层油,喷洒量以保证格栅与旧路面的连接良好为准,一般为 0.4~0.6 kg/m²。

沥青混合料的摊铺与碾压应符合《城镇道路工程施工与质量验收规范》(CJJ 1—2008)的规定,且应注意施工车辆不得在格栅上转弯。在摊铺时,如出现沥青混合料摊铺机机轮打滑现象,则应在黏层油表面撒一部分石屑,石屑用量为 3~5 m³/1 000 m²。

12.3.7 表面服务功能减低

目前,汽车驾乘人员对道路交通安全和舒适性的期望越来越高。作为表面服务功能良好的路面,必须要有很好的抗滑性能,在潮湿状态下行车没有水雾、没有眩光、噪声要小。许多沥青路面因泛油、石料磨光,会引起表面服务功能降低,尤其是抗滑性能不足,恶性交通事故时有发生。

需要指出的是,这些破坏现象往往是在远未达到沥青路面设计年限以前发生的,并不是经反复荷载作用而产生的疲劳破坏。我国现行的沥青路面设计理论是建立在层状弹性体系理论基础之上,采用的是耐久性设计方法,主要依据车辆荷载的反复作用而发生结构层材料疲劳破坏这种原理确定路面的设计使用年限。而沥青路面的早期损坏,使路面设计失去了真正的意义。沥青路面预防性养护技术实用性见表12.3。

表 12.3 沥青路面预防性养护技术实用性

项目	技术种类	适用条件	预处理	使用年限/年
裂缝填料	热灌式填缝料	原路面基层和横断面良好,柔性基层沥青路面建成后2~4年,复合路面(下卧层为水泥混凝土层),表面病害可能包括直的纵横向原始裂缝,伴随裂缝处的轻微扩展裂缝和松散,状态良好的补丁或没有修补的裂缝	无	1~2
	有机硅树脂			
	冷灌式填缝料			
表面封层	雾封层	原路面基层和横断面良好,轻度纵、横向裂缝,轻度松散	填缝	2~3
	还原剂封层	原路面在使用过程中,因光照、温度、行车荷载等作用造成的沥青路面老化明显,路面出现大范围的轻微网裂、局部松散现象的路面	对较宽的裂缝、车辙、沉陷、坑洞等路段进行修补	2~3
	石屑封层	原路面基层和横断面良好,表面可见病害为轻微松散,中度纵横向裂缝伴随缝处轻度松散、轻到中度磨光,少量状态良好的修补	无论单层、双层封层,需对裂缝先进行填缝处理	2~3
	稀浆封层	原路面基层良好,横断面均匀,表面病害包括轻到中度车辙、表面不规则、轻到中度的松散	包括填缝、唧泥处置、大的坑槽部位的修补等	2~4
	微表处	原路面基层良好,横断面均匀,表面病害包括中度纵横向裂缝,车辙、少量表面不规则、抗滑能力低、轻到中度的松散	包括填缝、唧泥处置、大的坑槽部位的修补等	2~4

续表

项目	技术种类	适用条件	预处理	使用年限/年
薄层罩面	热薄层罩面 冷薄层罩面 温拌薄层罩面	原路面断面整齐,基层尚好仅有少量轻微病害,表面病害包括中度松散,中度纵横向裂缝,中度疲劳开裂或中度块裂	包括清理和填缝,修补轻度基层病害,填补路面表面空洞,清除黏结差或泛油的修补位置	3~5

　　具有良好服务性的沥青路面是行车安全与舒适的保证。及时对沥青路面出现的病害进行养护维修,不仅可延长沥青路面的使用寿命,还能保证车辆行驶的畅通,减少对经济及社会的不良影响。

　　预防纵向裂缝产生的主要措施包括:做好地基的处理;路基填筑达到要求的压实度,并尽可能保证均匀;做好路基防水、排水。为预防网裂和龟裂要保证合理的路面结构设计,加强货车的载重管理,在路面出现裂缝时要及时修补处理。裂缝类病害的修补方法主要有以下4种:

　　①沥青混合料罩面法。根据交通量的大小,选取细粒式或中粒式沥青混合拌合料进行封层。厚度一般控制为 1.5~4.0 cm。在乳化沥青稀浆封层和罩面法中,引入土工布或土工格栅作为应力吸收层,对抑制裂缝发展可起到良好的效果。

　　②乳化沥青稀浆封层法。当气温在 5 ℃时,可将级配集料(50%石屑、30%粗砂、20%细砂)与乳化沥青混合成稀浆,用专门设备进行封层。稀浆油石比最好控制为 8%~12%。因气候原因破乳慢时,可加入 2%水泥缩短破乳时间或直接采用慢裂快凝性沥青乳化。此法适应于大面积裂缝处置。用稀浆也可直接灌缝处理单缝。

　　③灌油修补法。在秋末深冬季节多产生裂缝类病害,可采用此法。处置时,首先将纵缝裂缝处清扫干净,用液化气或喷灯将裂缝壁加热至黏性状态;然后采用油壶或专门灌缝设备,直接向裂缝内灌入加热的沥青;最后在接口表面撒布热砂或石屑进行养护。对较宽的裂缝,可用铣刀扩展,再按上述程序处理。

　　④灌缝胶处理。

思考题

1.预防性养护技术的理念是什么?

2.养护前的准备工作有哪些?

3.主要有哪些预防性养护技术?

4.乳化沥青稀浆封层技术的适用范围有哪些?

扩展资源 12

参考文献

[1] 金荣庄,尹相忠.市政工程质量通病及防治[M].北京:中国建筑工业出版社,1998.

[2] 徐剑,黄颂昌.沥青路面预防性养护理念与技术[M].北京:人民交通出版社,2011.

[3] 邓学钧.路基路面工程[M].北京:人民交通出版社,2000.

[4] 中华人民共和国住房和城乡建设部.城市道路工程设计规范(2016年版):CJJ 37—2012
    [S].北京:中国建筑工业出版社,2016.

[5] 中华人民共和国住房和城乡建设部.城市综合交通体系规划标准:GB/T 51328—2018
    [S].北京:中国建筑工业出版社,2018.

[6] 中华人民共和国住房和城乡建设部.城镇道路养护技术规范:CJJ 36—2016[S].北京:中
    国建筑工业出版社,2017.

[7] 中华人民共和国交通运输部.公路沥青路面再生技术规范:JTG/T 5521—2019[S].北京:
    人民交通出版社,2019.

[8] 中华人民共和国住房和城乡建设部.路面稀浆罩面技术规程:CJJ/T 66—2011[S].北京:
    中国建筑工业出版社,2012.

[9] 中华人民共和国住房和城乡建设部.城市道路交通标志和标线设置规范:GB 51038—2015
    [S].北京:中国计划出版社,2015.

[10] 中华人民共和国国家质量监督检验检疫总局.建筑施工场界环境噪声排放标准:
    GB 12523—2011[S].北京:中国环境科学出版社,2012.

[11] 中华人民共和国住房和城乡建设部.建筑施工高处作业安全技术规范:JGJ 80—2016
    [S].北京:中国建筑工业出版社,2016.

[12] 交通部公路科学研究所.微表处和稀浆封层技术指南:JTG/T F40-02—2005[S].北京:人
    民交通出版社,2006.

[13] 郭忠印,李立寒.沥青路面施工与养护技术[M].北京:人民交通出版社,2003.

[14] 姜云焕,钦兰成,王立志.改性稀浆封层施工技术[M].北京:石油工业出版社,2001.